네이티브는 쉬운 영어로 말한다

200

대화 편 | 1권 | 001-100 대화

구슬 지음

길벗
이지:톡

네이티브는 쉬운 영어로 말한다 - 200대화 편

The Native English Speaks Easily - 200 Dialogues

초판 1쇄 발행 · 2021년 7월 20일
초판 5쇄 발행 · 2023년 11월 20일

지은이 · 구슬
발행인 · 이종원
발행처 · (주)도서출판 길벗
브랜드 · 길벗이지톡
출판사 등록일 · 1990년 12월 24일
주소 · 서울시 마포구 월드컵로 10길 56 (서교동)
대표 전화 · 02)332-0931 | **팩스** · 02)323-0586
홈페이지 · www.gilbut.co.kr | **이메일** · eztok@gilbut.co.kr

기획 및 책임 편집 · 임명진(jinny4u@gilbut.co.kr) | **표지디자인** · 강은경, 최주연 | **본문디자인** · 최주연
마케팅 · 이수미, 장봉석, 최소영 | **제작** · 이준호, 손일순, 이진혁 | **영업관리** · 심선숙, 김명자 | **독자지원** · 윤정아

편집진행 및 교정 · 강윤혜 | **전산편집** · 이현해 | **일러스트** · 최정을
오디오 녹음 및 편집 · 와이알미디어 | **CTP 출력 및 인쇄** · 금강인쇄 | **제본** · 금강제본

ISBN 979-11-407-0701-0 (03740) (길벗 도서번호 301180)
© 구슬, 2021

정가 21,000원

....

독자의 1초까지 아껴주는 정성 길벗출판사

(주)도서출판 길벗 | IT실용서, IT단행본, 경제경영서, 어학&실용서, 인문교양서, 자녀교육서
www.gilbut.co.kr
길벗스쿨 | 국어학습, 수학학습, 어린이교양, 주니어 어학학습, 학습단행본
www.gilbutschool.co.kr

간단하고 센스 있는 네이티브 영어 한마디로
대화의 분위기가 180도 확 달라집니다!

미국에서 회사생활하던 시절, 상사가 안부를 물을 때 습관처럼 "I'm good."이라고 말했는데요. 똑같은 답변을 한 1년 정도 하자 상사가 농담 반 진담 반으로 "Seul, 어떻게 넌 매일 'good'일 수 있어?"라고 말하더라고요. 그때 딱 느낀 게 전 분명 원어민과 의사소통을 하는 데 아무 문제가 없었음에도 저도 모르게 늘 쓰는 표현만 계속 쓴다는 거였어요. 그게 익숙하고 편하니까요. 어떻게 보면 제겐 상황에 따라 기계처럼 툭툭 나오는 정형화된 답변이 있었던 거죠.

잘했다고 칭찬할 땐 Good job.
칭찬받을 땐 Thank you.
바쁠 땐 I'm busy.

사실 위 표현들도 절대 틀린 게 아닌 원어민도 자주 쓰는 일상 표현이지만, 늘 쓰는 표현만 쓰게 되면 자칫 대화가 단조롭고 지루해질 수 있어요. 때론 칭찬해주는 상사에게 되레 공을 돌리며 "I learned from the best.(다 최고한테 배워서 그래요.)"라며 능청스레 분위기를 띄워주거나 다들 도와줘서 잘된 거라고 "I didn't do it alone.(저 혼자 이룬 게 아닌 걸요.)"이라며 겸손하게 답할 수도 있는데 말이죠. 생각해보면 칭찬할 때마다 매번 'Thank you.'라고 대답하는 사람보다 이런 센스 있는 표현도 섞어 쓰는 사람에게 더 호감이 가지 않나요? 정말 흥미로운 건 막상 이런 센스 있는 표현들을 보면 그리 어려운 단어들로 구성된 것도 아니라는 거예요. 즉 우리 모두 충분히 쓸 수 있는 표현들이란 거죠.

이 책엔 여러분의 영어를 좀 더 다채롭게 만들어 줄 네이티브 표현들만 가득 담았습니다. 책을 한 장 한 장 넘길 때마다 지난 17년 동안 제가 차곡차곡 쌓아왔던 표현 보따리를 하나씩 풀어보는 느낌이 드실 거예요. 그리고 아무리 좋은 표현을 배워도 반복해서 내 표현으로 만들지 않는 한 금방 기억에서 잊기 마련이잖아요. 그래서 여러분이 책을 통해 저와 충분히 복습하실 수 있도록 철벽수비 '망각방지 장치'까지 구성했어요. 여러분이 과거의 저처럼 늘 쓰는 표현만 쓰는 '지루한 영어'를 하지 않도록, 원어민을 미소 짓게 하는 센스 있는 영어 대화를 나눌 수 있도록 구성했으니 이 책에 나온 표현들은 꼭 100% 여러분 걸로 만들어 주세요.

이 책을 사랑하는 나의 엄마, 아빠, 그리고 구독자분들께 바칩니다.
I couldn't have done this without you.
THANK YOU for EVERYTHING.

구슬

네이티브가 매일같이 나누는 일상대화 200편이 1, 2권에 나누어 수록되어 있습니다.
각 권은 네이티브 대화문 100편과 대화문의 주요 영어회화 표현을 정리한 〈본책〉과

• 본책

네이티브가 칭찬할 때, 수다 떨 때, 직장/학교에서, 도움을 청할 때, 고마움을 표현할 때 등
다양한 상황에서 나누는 생생한 대화들이 한 편당 2페이지 구성으로 정리되어 있습니다.

좌 영어 대화의 의미 파악하기 Ⓐ까 ⋯⋯⋯⋯⋯⋯⋯⋯⋯⋯⋯⋯⋯⋯⋯⋯⋯⋯⋯⋯⋯⋯⋯

네이티브 대화 듣기 MP3

파일명 001-1.mp3 ~100-1.mp3

대화 내용을 잘 파악할 수 있도록
2번 반복해서 들려줍니다 MP3는
모두 네이티브가 실제로 대화를
나눌 때의 자연스러운 속도로 녹
음했습니다.

영어 대화문

네이티브가 자주 나누는 대화를 초중
급자에게도 어렵지 않고 유용한 문
장으로 정리했습니다. 영문을 보고
MP3파일을 들으며 대화 내용을 파
악하세요. 상단 박스의 대화 상황과
대화문 아래 표현설명을 참고하시면
내용 파악에 도움이 됩니다.

미니 회화사전

대화에 별표(*) 표시된 주요 표현을
정리했습니다. 표현설명이 어찌나 알
차고 친절한지 어지간한 회화사전 부
럽지 않을 겁니다.

네이티브는 이런 표현으로 말한다!

구슬쌤이 대화에서 뽑은 '간단한 한
마디로 분위기를 확 바꾸는 센스만점
네이티브 표현'입니다. 표현의 정확
한 뉘앙스와 쓰임, 실전 예문과 함께
일대일 강의처럼 설명했습니다.

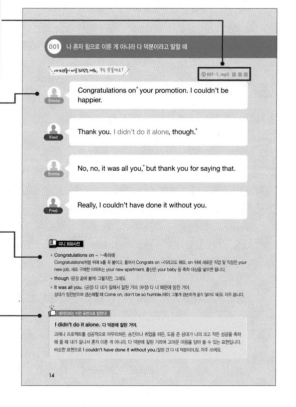

학습한 내용을 잊어버리지 않도록 복습하는 철벽수비 〈망각방지 장치〉의 구성입니다.
하루에 5분, 대화 하나씩 시작해 보세요. 매일 습관이 평생의 영어 실력을 완성합니다.

왼쪽 페이지에서는 대화 속 영어문장을 보면서 우리말 뜻을 떠올려보고, 오른쪽 페이지에서는
우리말을 보고 영어문장을 5초 이내에 바로 말할 수 있을 때까지 확실하게 연습해야 합니다.

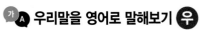

가 A 우리말을 영어로 말해보기 우

네이티브들이 매일 주고받는 대화, 영어로 말할 수 있나요?

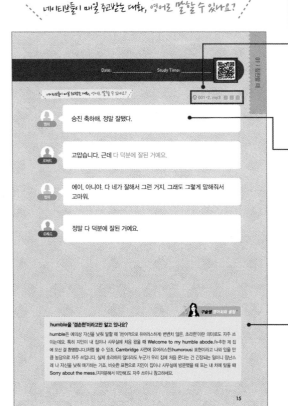

네이티브 대화 연습 MP3
파일명 001-2.mp3~100-2.mp3
우리말을 영어로 말하는 연습을 하는 MP3입니다. 섀도우스피킹으로 네이티브 대화를 따라 할 수 있도록 문장마다 3초의 pause가 주어집니다.

우리말 대화문
영어 대화의 우리말 해석입니다. 영어문장의 뜻과 뉘앙스를 살려 자연스러운 우리말로 옮겼습니다. 우리말 대화를 보면서 영어로 말해보세요. 실제 상황에서도 자신 있게 말할 수 있을 때까지 상황을 상상하며, 감정을 살려, 네이티브와 비슷한 속도로 말할 수 있도록 반복 연습하세요.

구슬쌤의 영어회화 꿀팁
독자에게 하나라도 더 알려주고픈 구슬쌤의 욕심이 가득 담긴 코너입니다. 네이티브와 대화시 주의해야 할 표현과 어법, 놓치면 아쉬울 문화 팁들을 아낌없이 채웠습니다. 영어회화 꿀팁, 놓치면 나만 손해!

• 망각방지 장치

하루만 지나도 학습한 내용의 50%가, 일주일이 지나면 79%가 사라진다는 사실, 아셨나요?
여러분이 본책에서 익힌 표현을 확실히 기억할 수 있도록 '망각방지 장치'를 준비했습니다.

1단계 단어 채워서 문장 완성하기 ·······························

문장 말하기 MP3

파일명 TEST 01-1.mp3 ~ 10-1.mp3

문제를 풀고 난 후 MP3파일로
한 번 더 확실하게 복습하세요.
각 문장은 남녀 성우가 번갈아
한 번씩 총 2회 반복하여 들려줍
니다. 회화는 눈으로만 공부하면
안 되는 거 아시죠? 네이티브의
정확한 발음과 억양을 잘 듣고
따라 해주세요.

문장 말하기

앞에서 배운 네이티브 대화 10개에
나온 핵심 문장들을 제대로 말할 수
있는지 확인하는 코너입니다. 총 20
문항으로 빈칸에 알맞은 표현을 넣어
5초 이내에 문장을 말해보세요. 틀린
문장은 오른쪽 대화 번호를 참고해,
그 표현이 나온 페이지로 돌아가서
다시 한 번 확인하고 넘어가세요.

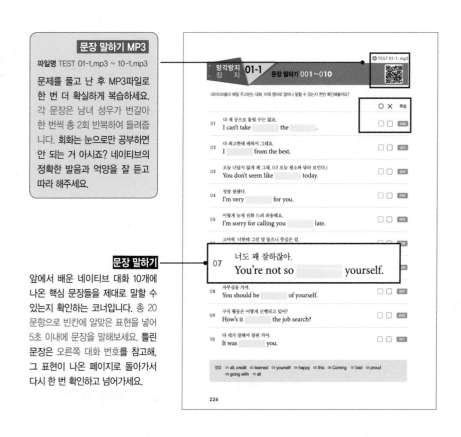

○ TEST 01-1. mp3

망각방지 장치 01-1   문장 말하기 001~010

네이티브들이 매일 주고받는 대화, 이제 영어로 얼마나 말할 수 있는지 한번 확인해볼까요?

　　　　　　　　　　　　　　　　　　　　　　　　　　　　　　○ X 복습

01 다 제 공으로 돌릴 수는 없죠.
　　I can't take   the   .　　　　□ □ 002

02 다 최고한테 배워서 그래요.
　　I   from the best.　　　　　　　□ □ 003

03 오늘 너답지 않게 왜 그래. (너 오늘 평소와 달라 보인다.)
　　You don't seem like   today.　　□ □ 005

04 정말 잘됐다.
　　I'm very   for you.　　　　　　□ □ 004

05 이렇게 늦게 전화 드려 죄송해요.
　　I'm sorry for calling you   late.　□ □ 006

　　고마워. 너한테 그런 말 들으니 뜻깊은 걸.

07 너도 꽤 잘하잖아.
　　You're not so   yourself.

08 자부심을 가져.
　　You should be   of yourself.　　□ □ 007

09 구직 활동은 어떻게 진행되고 있어?
　　How's it   the job search?　　　□ □ 008

10 다 네가 잘해서 잘된 거야.
　　It was   you.　　　　　　　　□ □ 001

정답 01 all, credit 02 learned 03 yourself 04 happy 05 this 06 Coming 07 bad 08 proud
　　09 going with 10 all

10일에 한 번씩, 10개 대화를 공부한 후 '문장 만들기'와 '실전 대화연습'의 2단계로
복습할 수 있게 구성했습니다. 귀찮다고 넘어가지 말고 요긴하게 활용해 주세요.

2단계 ▎네이티브 표현으로 실전 대화연습

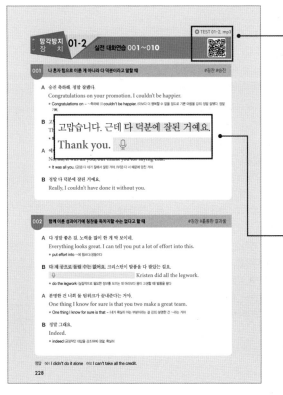

실전 대화연습

자신 있게 외웠다고 생각해도, 막힘
없이 말할 수 있을 것 같아도 막상
실전에서 대화하면 표현이 떠오르지
않거나 버벅댈 수 있습니다. 실제로
네이티브와 대화하고 있다고 상상하
면서 하이라이트로 표시된 우리말을
영어로 바꿔 말해보세요. 대화의 주
요 회화표현도 꼼꼼히 정리되어 있어
서 '네이티브 표현사전'으로도 활용
할 수 있습니다.

1권 차례

Part 01 네이티브가 칭찬할 때

001 나 혼자 힘으로 이룬 게 아니라 다 덕분이라고 말할 때 ··· 14
002 함께 이룬 성과이기에 칭찬을 독차지할 수는 없다고 할 때 ··· 16
003 내가 이룬 성과를 상대의 공으로 돌릴 때 ··· 18
004 좋은 일 있는 친구를 칭찬할 때 ··· 20
005 상대방에게 최고라고 진심을 담아 칭찬하고 싶을 때 ··· 22
006 나를 칭찬하는 상대에게 같은 칭찬을 돌려주고 싶을 때 ··· 24
007 좋은 결과를 만들어낸 친구를 칭찬할 때 ··· 26
008 스스로를 쓰담쓰담 해줄 때 ··· 28
009 사전조사를 철저히 해온 사람을 칭찬할 때 ··· 30
010 상대의 실력을 인정하며 칭찬할 때 ··· 32
011 열심히 노력한 결과 빛을 본 사람을 축하하고 칭찬할 때 ··· 34
012 훌륭한 인상을 받은 일에 대해 꼭 칭찬해주고 싶을 때 ··· 36

Part 02 네이티브가 일정 잡을 때

013 식사나 술자리를 제안할 때 ··· 40
014 대화 중에 갑자기 술자리를 제안할 때 ··· 42
015 바빠 보이는 상대에게 식사하자고 능청스럽게 제안할 때 ··· 44
016 시간 낼 수 있는지 한번 보겠다고 할 때 ··· 46
017 바쁜 와중에 시간을 내준 상대에게 고마움을 전하며 일정을 시작할 때 ··· 48
018 시간 내줘서 고맙다는 상대에게 ··· 50
019 세상이 두쪽 나도 꼭 가겠다는 의지를 전달할 때 ··· 52
020 상대의 사정에 맞춰 시간을 비워두겠다고 할 때 ··· 54
021 상대의 형편을 살피며 약속시간을 잡을 때 ··· 56
022 갑작스러운 일로 약속을 지키기가 힘들 때 ··· 58
023 기다리고 있던 제안을 재치 있게 받아들일 때 ··· 60

Part 03 네이티브가 간단히 수다 떨고 헤어질 때

024 간만에 만난 친구에게 안부를 물을 때 ··· 64
025 상대가 애정하는 대상에 대한 얘기를 나눌 때 관심을 보이며 ··· 66
026 특별한 날이 코앞으로 다가왔다는 말로 화제를 꺼낼 때 ··· 68
027 더 있으라고 붙잡지만 자리를 털고 가봐야 할 때 ··· 70
028 헤어짐의 아쉬움을 담아 말할 때 ··· 72
029 연락하고 지내자고 농담 반 진담 반 말하며 헤어질 때 ··· 74

030 전화통화나 대화를 기분 좋게 마무리 지을 때 ··· 76
031 누구한테 대신 안부 좀 전해달라고 할 때 ··· 78

Part 04 네이티브가 식사할 때

032 식당 직원에게 대기 시간을 물어볼 때 ··· 82
033 식당 손님에게 일행 수를 확인할 때 ··· 84
034 뭐가 맛있는지 추천 메뉴를 물어볼 때 ··· 86
035 메뉴를 정할 시간을 좀 달라고 할 때 ··· 88
036 손님에게 메뉴 결정되면 말해달라고 할 때 ··· 90
037 친구에게 먹고 싶은 걸 물어볼 때 ··· 92
038 취향이 아닌 음식에 대해 말할 때 ··· 94
039 손님에게 어떤 종류의 물을 원하는지 물어볼 때 ··· 96
040 음료 한 모금 하라고 권할 때 ··· 98
041 술자리에서 술을 더 권할 때 ··· 100
042 건배를 제의할 때 ··· 102
043 배불러서 더 못 먹겠다고 할 때 ··· 104
044 남은 음식을 싸가고 싶을 때 ··· 106
045 음식이 정말 맛있었다고 극찬할 때 ··· 108

Part 05 네이티브가 쇼핑할 때

046 원 플러스 원으로 구입했다고 할 때 ··· 112
047 반품 및 환불이 불가한 제품이라고 할 때 ··· 114
048 진열대에 원하는 사이즈가 없을 때 ··· 116
049 보기는 그럴 듯한데 실용적인 제품은 아닌 것 같다고 의견을 말할 때 ··· 118
050 반품을 빌미로 환불을 요청할 때 ··· 120
051 손님에게 원하는 물건은 다 찾았는지 친절하게 물어볼 때 ··· 122
052 계산대에서 1달러 기부하겠냐는 질문을 받았을 때 ··· 124
053 가격 흥정을 할 때 ··· 126

Part 06 네이티브가 직장/학교에서

054 회사에서 뭘 해도 되는 일이 없는 그런 날일 때 ··· 130
055 도움이 필요한 직장동료를 도와줄 수가 없는 처지일 때 ··· 132
056 뭘 좀 봐달라는 요청에 바빠서 당장은 처리할 수 없는 경우에 ··· 134
057 검토사항을 논의하자는 동료에게 조심스럽게 시간을 미루며 ··· 136
058 바쁜 동료가 되레 날 도와주려 할 때 ··· 138
059 도움 받을 만큼 받았다며 부드럽게 동료/친구의 도움을 거절할 때 ··· 140
060 급한 일로 오늘 꼭 연락이 닿아야만 하는 경우에 ··· 142

061 다 피가 되고 살이 되는 일이라고 말할 때 ··· 144

062 동료나 상사가 제3자를 통해 날 불렀을 때 ··· 146

063 갑작스런 프로젝트 취소 등을 체념하고 받아들여야만 할 때 ··· 148

064 어디까지 얘기하다 말았는지 물어볼 때 ··· 150

065 회의나 세미나 등에 늦게 들어갔을 때 ··· 152

066 언제든 물심양면으로 지원할 준비가 되어 있다고 말해줄 때 ··· 154

067 힘들어하는 동료/팀원의 일을 이어받겠다고 할 때 ··· 156

068 의견/생각이 같은지를 확인할 때 ··· 158

069 어떤 일의 성공을 위해 뭐든 다 할 마음이 있는지에 대해 ··· 160

070 딱 보면 알 만한 일에 굳이 에너지 낭비 안 했으면 싶을 때 ··· 162

071 맡은 일에 집중해 정말 열심히 진행 중이라고 할 때 ··· 164

072 상사의 업무지시에 자신 있게 대답할 때 ··· 166

073 서로의 의견/생각을 존중하며 부드럽게 대화를 마무리할 때 ··· 168

074 돌려 말하거나 차근차근 설명할 만한 상황이 아닐 때 ··· 170

075 바쁘니까 본론만 빨리 말하라고 할 때 ··· 172

076 평소답지 않은 동료/친구에게 ··· 174

077 밀린 일이 많을 때 ··· 176

078 공들인 결과물에 대해 칭찬해줄 때 ··· 178

079 분별력 없이 일을 처리한 동료에게 ··· 180

080 중요한 일을 앞둔 동료에게 ··· 182

081 물 건너간 사안일 때 ··· 184

082 동료를 소중하게 여기는 마음을 전할 때 ··· 186

083 요즘 나의 업무 패턴에 대해 ··· 188

084 동지 의식을 강조할 때 ··· 190

085 정확히 모르는 사안에 관한 질문을 받았을 때 ··· 192

086 진행 중인 일에 약간의 문제나 차질이 있을 때 ··· 194

087 황당한 얘기를 들었거나 상대의 말에 헷갈리는 부분이 있을 때 ··· 196

088 동료/친구에게 든든한 지원군이 되어주겠다고 밝힐 때 ··· 198

089 어떤 일에 신경이 거슬리는지 동료의 성향을 파악할 때 ··· 200

090 중요한 일을 앞두고 철저히 준비하며 ··· 202

091 정석대로 다 하고서도 전전긍긍하며 결과를 기다리는 친구/동료에게 ··· 204

092 좋은 결과에 계속 이 기세로 가자고 독려할 때 ··· 206

093 형식적인 절차일 뿐이라고 상대를 안심시킬 때 ··· 208

094 고객과의 미팅 후 후속 연락을 했는지 확인할 때 ··· 210

095 부끄러워 말고 편하게 하라고 독려할 때 ··· 212

096 이런 일이 생길 줄 미처 생각지 못한 걸 안타까워하며 ··· 214

097 장족의 발전을 했다고 말해줄 때 ··· 216

098 실패의 쓴맛을 본 상대를 위로하며 ··· 218

099 회의/수업 등을 마무리하며 ··· 220

100 퇴근 후를 기약하며 ··· 222

망각방지 장치

망각방지 장치 01-1 문장 말하기 (대화문 001-010) ··· 226

망각방지 장치 01-2 실전 대화연습 (대화문 001-010) ··· 228

망각방지 장치 02-1 문장 말하기 (대화문 011-020) ··· 233

망각방지 장치 02-2 실전 대화연습 (대화문 011-020) ··· 235

망각방지 장치 03-1 문장 말하기 (대화문 021-030) ··· 240

망각방지 장치 03-2 실전 대화연습 (대화문 021-030) ··· 242

망각방지 장치 04-1 문장 말하기 (대화문 031-040) ··· 247

망각방지 장치 04-2 실전 대화연습 (대화문 031-040) ··· 249

망각방지 장치 05-1 문장 말하기 (대화문 041-050) ··· 254

망각방지 장치 05-2 실전 대화연습 (대화문 041-050) ··· 256

망각방지 장치 06-1 문장 말하기 (대화문 051-060) ··· 261

망각방지 장치 06-2 실전 대화연습 (대화문 051-060) ··· 263

망각방지 장치 07-1 문장 말하기 (대화문 061-070) ··· 268

망각방지 장치 07-2 실전 대화연습 (대화문 061-070) ··· 270

망각방지 장치 08-1 문장 말하기 (대화문 071-080) ··· 275

망각방지 장치 08-2 실전 대화연습 (대화문 071-080) ··· 277

망각방지 장치 09-1 문장 말하기 (대화문 081-090) ··· 282

망각방지 장치 09-2 실전 대화연습 (대화문 081-090) ··· 284

망각방지 장치 10-1 문장 말하기 (대화문 091-100) ··· 289

망각방지 장치 10-2 실전 대화연습 (대화문 091-100) ··· 291

2권

Part 07 네이티브가 걱정·고민할 때

Part 08 네이티브가 조언하거나 다독일 때

Part 09 네이티브가 습관처럼 자주 쓰는 한 마디

Part 10 네이티브가 도움을 청하거나 호의를 베풀 때

Part 11 네이티브가 고마움을 표현할 때

Part 12 네이티브가 동의/반대 등의 의견을 낼 때

Part 13 네이티브가 품위를 지키며 경고하거나 따질 때

Part 14 네이티브가 불만이나 고충을 말할 때

Part
01

네이티브가

칭찬할 때

칭찬은 고래도 춤추게 한다는 말이 있죠?
역시 너는 최고야! 이게 다 네 덕분이야!
대화의 분위기를 부드럽게 만드는 칭찬의 표현들은
우리가 영어로 대화할 때도 최우선으로 익혀야 한답니다.

년 역시 내가 아는
최고의 ~이야.

다 최고한테
배워서 그래요.

다 덕분에
잘된 거야.

자부심을 가져.

하여튼 네 실력은
알아줘야 해.

001 나 혼자 힘으로 이룬 게 아니라 다 덕분이라고 말할 때

네이티브들이 매일 주고받는 대화, 무슨 뜻일까요?

🎧 001-1. mp3 ⬛⬛⬛

 Emma
Congratulations on* your promotion. I couldn't be happier.

 Fred
Thank you. I didn't do it alone, though.*

 Emma
No, no, it was all you,* but thank you for saying that.

 Fred
Really, I couldn't have done it without you.

📖 미니 회화사전

* **Congratulations on ~** ~축하해
  Congratulations처럼 뒤에 s를 꼭 붙이고, 줄여서 Congrats on ~이라고도 해요. on 뒤에 새로운 직업 및 직장은 your new job, 새로 구매한 아파트는 your new apartment, 출산은 your baby 등 축하 대상을 넣으면 됩니다.

* **though** (문장 끝에 붙여) 그렇지만, 그래도

* **It was all you.** (긍정) 다 네가 잘해서 잘된 거야. (부정) 다 너 때문에 망친 거야.
  상대가 칭찬받으며 겸손해할 때 Come on, don't be so humble.(에이, 그렇게 겸손하게 굴지 않아도 돼.)도 자주 씁니다.

👍 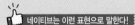 네이티브는 이런 표현으로 말한다!

I didn't do it alone. 다 덕분에 잘된 거야.

과제나 프로젝트를 성공적으로 마무리하든, 승진이나 취업을 하든, 도움 준 상대가 나의 크고 작은 성공을 축하해 줄 때 내가 잘해서 혼자 이룬 게 아니라, 다 덕분에 잘된 거라며 고마운 마음을 담아 쓸 수 있는 표현입니다. 비슷한 표현으로 I couldn't have done it without you.(잘된 건 다 네 덕분이야.)도 자주 쓰여요.

네이티브들이 매일 주고받는 대화, 영어로 말할 수 있나요?

🎧 001-2. mp3 ■ ■ ■

엠마

승진 축하해. 정말 잘됐다.

프레드

고맙습니다. 근데 다 덕분에 잘된 거예요.

엠마

에이, 아니야. 다 네가 잘해서 그런 거지. 그래도 그렇게 말해줘서 고마워.

프레드

정말 다 덕분에 잘된 거예요.

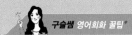
구슬쌤 영어회화 꿀팁

humble을 '겸손한'이라고만 알고 있나요?

humble은 예의상 자신을 낮춰 말할 때 '(반어적으로 유머러스하게) 변변치 않은, 초라한'이란 의미로도 자주 쓰이는데요. 특히 지인이 내 집이나 사무실에 처음 왔을 때 Welcome to my humble abode.(누추한 제 집에 오신 걸 환영합니다.)처럼 쓸 수 있죠. Cambridge 사전에 유머러스한(humorous) 표현이라고 나와 있을 만큼 농담으로 자주 쓰입니다. 실제 초라하지 않더라도 누군가 우리 집에 처음 온다는 건 긴장되는 일이니 장난스레 나 자신을 낮춰 얘기하는 거죠. 비슷한 표현으로 지인이 집이나 사무실에 방문했을 때 또는 내 차에 탔을 때 Sorry about the mess.(지저분해서 미안해.)도 자주 쓰이니 참고하세요.

15

네이티브들이 매일 주고받는 대화, 무슨 뜻일까요?

🎧 002-1. mp3 ■■■

Anna

Everything looks great. I can tell you put a lot of effort into* this.

Stephen

I can't take all the credit. Kristen did all the legwork.*

Anna

One thing I know for sure is that you two make a great team.

Stephen

Indeed.*

 📖 **미니 회화사전**

* **put effort into** ~에 힘쓰다/공들이다
* **do the legwork** (실질적으로 필요한 정보를 모으는 데 머리보다 몸이 고생할 때) 발품을 팔다
* **indeed** (긍정적인 대답을 강조하며) 정말, 확실히

👍 **네이티브는 이런 표현으로 말한다!**

I can't take all the credit. 다 제 공으로 돌릴 수는 없죠.

우리에게 '신용'이란 뜻으로 익숙한 credit엔 '칭찬, 공'이란 뜻도 있는데요. 팀원이나 상사 등 누군가의 도움을 받아 일이 잘 풀렸을 때 나 혼자 모든 칭찬을 다 가로챌 수는 없다는 뉘앙스로 자주 쓰입니다. 또 실질적으로 내가 한 일은 별로 없고 나보다 동료가 더 칭찬받아 마땅할 땐 **Kristen deserves all the credit.**(저보다 크리스틴이 칭찬받아 마땅해요.)이라고 할 수 있습니다.

Date: _____　　　Study Time: _____

네이티브들이 매일 주고받는 대화, 영어로 말할 수 있나요?

🎧 002-2. mp3 ▨ ▨ ▨

안나
> 다 정말 좋은 걸. 노력을 많이 한 게 딱 보이네.

스티븐
> 다 제 공으로 돌릴 수는 없어요. 크리스틴이 발품을 다 팔았는 걸요.

안나
> 분명한 건 너희 둘 팀워크가 끝내준다는 거야.

스티븐
> 정말 그래요.

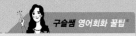
구슬쌤 영어회화 꿀팁

누군가에게 힘을 실어줄 때 make를 쓰세요!

make는 뜻도 많고 정말 다양한 상황에서 쓰인다는 걸 알지만 '만들다' 외에는 쉽게 쓰기 어려운데요. 평소 네이티브가 자주 쓰는 '(성장/발달하여) ~가 되다'의 make와 정붙여 보세요. 곧 아빠가 될 지인에게 You're going to make a great dad.(넌 정말 좋은 아빠가 될 거야.), 매니저로 승진한 지인에게 You're going to make a great manager.(넌 정말 좋은 매니저가 될 거야.) 이렇게 설레는 출발을 앞두고 있는 사람에게 make 로 힘을 실어줄 수 있습니다.

17

네이티브들이 매일 주고받는 대화, 무슨 뜻일까요?

🎧 003-1. mp3 ▪️▪️▪️

 Leo

So, how did the meeting go?*

 Wendy

He had his guard up* at the beginning, but he ended up* signing the contract.

 Leo

Atta girl!* I'm so proud of you.

 Wendy

Well, I learned from the best.

📖 미니 회화사전

* **go** 진행되다
* **have one's guard up** (방어태세를 취하듯) 조심하다, 경계하다
* **end up -ing** 결국 ~하게 되다
* **Atta girl!** (특히 나보다 어린 여자 부하직원을 칭찬할 때) 잘했어!

👍 네이티브는 이런 표현으로 말한다!

I learned from the best. 다 최고한테 배워서 그래요.

다 좋은 스승을 만나서 그런 거라며 공을 상대에게 돌리는 겸손 가득한 표현입니다. 특히 선생님이나 상사가 칭찬했을 때 결국 내가 잘할 수 있었던 건 다 상대 덕분이라며 살짝 아부 섞인 말로 분위기를 띄울 수 있는 좋은 표현이죠.

Date: _____   Study Time: _____

네이티브들이 매일 주고받는 대화, 영어로 말할 수 있나요?

🔊 003-2. mp3 ■ ■ ■

레오

그래서 미팅은 어떻게 됐고?

웬디

처음엔 좀 경계하더니 결국 계약서에 사인했어요.

레오

잘했네! 정말 대견한 걸.

웬디

뭐, 다 최고한테 배워서 그런 걸요.

구슬쌤 영어회화 꿀팁*

진행 현황을 물어볼 때 자주 쓰이는 표현

잘 나아가고 있는지 전반적인 진행 상황을 물어볼 때 go(진행되다)를 자주 쓰는데요. 특정 일이 잘 진행되고 있는지 전반적인 상황을 물어볼 땐 How's it going with ~?(~ 일은 어떻게 진행되고 있어?)라고 합니다.

예 **How's it going with the job search?** 구직 활동은 어떻게 되고 있어?

예 **How's it going with Steven?** (연애할 때 또는 같이 작업할 때 등) 스티븐과는 잘 돼가? / 스티븐 일은 어떻게 진행되고 있어?

구체적인 현황 및 상태를 물어볼 땐 Where are we on ~?(~는 어디까지 진행됐어?/어떻게 되고 있어?)을 자주 씁니다. 현재 어디까지 진행됐는지 또는 어떤 상태인지 묻는 거죠.

예 **Where are we on the negotiations?** 협상은 어디까지 진행됐어?

예 **Where are we on time?** (일정에 맞춰 잘 진행되고 있는지 물을 때) 진행 시간 괜찮아?

네이티브들이 매널 주고받는 대화, 무슨 뜻일까요?

🔊 004-1. mp3 ■ ■ ■

Katy

I just got a call from my boss saying he's promoting me to a regional manager!

Aiden

That's amazing. I'm very happy for you.*

Katy

I didn't even know he was considering me for the position.

Aiden

You practically* live in the office. No one deserves it more than you.

 미니 회화사전

* **I'm happy for you.** 잘됐다. (= Good for you.)

* **practically** 사실상, 거의 ~이나 마찬가지, 조금 보태서 말하면

👍 **네이티브는 이런 표현으로 말한다!**

No one deserves it more. 그 누구보다 열심히 했는데 당연히 네가 돼야지.

열심히 노력한 상대에게 취업, 승진, 월급 인상 등 좋은 일이 생기면 **You deserve it.**(넌 그럴 만해.)이라고 칭찬
하죠. 근데 **You deserve it.**은 정말 기계처럼 툭 튀어나올 정도로 자주 쓰이기에 약간 **cliché**(식상한, 뻔한 말)
하게 느껴질 수도 있겠네요. 조금 더 특별함을 더하고 싶다면 **No one deserves it more.**로 강조해 말해보
세요. 맥락상 생략해도 되지만 뒤에 **than you**를 넣어 '너 말고는 마땅한 사람이 없다'는 점을 더욱 강조해줘도
좋습니다.

네이티브들이 매일 주고받는 대화, 영어로 말할 수 있나요?

🎧 004-2. mp3

케이티 방금 부장한테 전화 왔는데 날 지역 책임자로 승진시켜 준대!

에이든 우와, 대단한 걸! 정말 잘됐다.

케이티 부장이 날 그 자리로 고려하고 있는지도 몰랐어.

에이든 넌 거의 사무실에서 살다시피 하는 걸. 그 누구보다 열심히 일했는데 당연히 네가 돼야지.

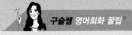
구슬쌤 영어회화 꿀팁

조금 보태서 말할 땐 practically

practically를 보면 '사실상'이란 뜻이 생각나죠. 근데 Cambridge 영영사전을 찾아보면 almost or very nearly란 뜻이 가장 먼저 나와요. 그만큼 일상회화에선 '거의 ~이나 마찬가지, 조금 보태서 말하면'이란 의미로도 자주 쓰인다는 건데요. 예를 들어, 갑자기 겨울 날씨가 되었을 때 It's practically winter.(거의 겨울이나 마찬가지네.), 거저나 다름없을 때 They cost practically nothing.(거의 한 푼도 안 들인 거나 다름없어.)이라고 응용할 수 있죠.

네이티브들이 매일 주고받는 대화, 무슨 뜻일까요?

🎧 005-1. mp3 ◼◼◼

 Jack

What's wrong? You don't seem like yourself today.*

 Mary

I'm just tired. It's hard juggling* work and raising two kids.

 Jack

Let me know if there's anything I can do to help, but you're still the best mom I know.

 Mary

Just saying that helps.

📖 **미니 회화사전**

* **You don't seem like yourself today.** 오늘 너답지 않게 왜 그래. (seem like ~처럼 보이다)
* **juggle** (서커스에서 미소를 유지하며 여유롭게 공을 저글링하듯 여러 일을) 잘 처리하다

 네이티브는 이런 표현으로 말한다!

You're the best ~ I know. 넌 내가 아는 최고의 ~야.

평소 네이티브는 고마움을 표현할 때 **You're the best! Thank you!**(네가 최고야! 고마워!)를 습관처럼 자주 씁니다. 그런데 이 표현을 너무 자주 써서인지 상황에 따라 빈말처럼 들릴 때도 있어요. 상대가 정말 최고라며 강조해 말하고 싶다면 구체적으로 얘기해 주세요.

예 **You're the best engineer I know.** 넌 내가 아는 최고의 엔지니어야.

이렇게 상대의 능력을 칭찬하는 것 외에도 **You're the best person I know.**(넌 내가 아는 최고의 사람인 걸.) 처럼 지인에게 감동을 안겨줄 수도 있는 좋은 표현입니다.

22

Date: _____ Study Time: _____

네이티브들이 매일 주고받는 대화, 영어로 말할 수 있나요?

🎧 005-2. mp3 ■ ■ ■

잭

> 무슨 일이라도 있어? 평소와 달라 보여서.

메리

> 그냥 피곤해서 그래. 풀타임으로 일하면서 아이 둘 키우는 게 정말 힘들다.

잭

> 내가 도와줄 게 있으면 말해줘. 그래도 넌 여전히 내가 아는 최고의 엄마야.

메리

> 그렇게 말하는 것 자체만으로도 도움이 되네.

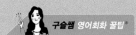
구슬쌤 영어회화 꿀팁*

회사에서 상대를 도와줄 때 자주 쓰는 표현 5개!

1. **Let me know if there's anything I can do to help.** 내가 도와줄 게 있다면 뭐든 말해.

2. **If you need anything, I'm here.** 필요하신 게 있으시면 (제가 여기 있으니) 말씀하세요.

3. **To what do I owe this pleasure?** 어떻게 도와드릴까요?
   ↳ 주로 나이가 있는 분들이 자주 쓰는 표현으로, How can I help you? 느낌

4. **If you need help, you know where to find me.** 도움이 필요하면 언제든 찾아와.

5. **My door's always open.** 내 사무실 문은 항상 열려 있으니 필요한 게 있으면 언제든 찾아와.
   ↳ 특히 상사가 부하직원에게, 교사가 학생에게 자주 쓸 법한 표현

네이티브들이 매일 주고받는 대화, 무슨 뜻일까요?

🔊 006-1. mp3 ◼◼◼

Laurie

Impressive* work! You certainly wowed* everyone.

Dave

Thank you. Coming from you,* that means a lot.

Laurie

I have to say, you're really top-notch* at presentations.

Dave

Oh, you're not so bad yourself.

📖 **미니 회화사전**

* **impressive** (인상 깊을 정도로) 대단한, 훌륭한
* **wow** 열광시키다, (인상 깊은 행동으로) 놀래키다
* **Coming from you,** (다른 사람이 아닌 특히) 너에게 그런 말 들으니,
* **top-notch** 최고의, 일류의

 네이티브는 이런 표현으로 말한다!

You're not so bad yourself. 너도 꽤 잘하잖아.

지인이나 동료가 나를 칭찬할 때 상대를 되려 칭찬해주며 분위기를 훈훈하게 만들 수 있는 표현입니다. 칭찬을 받을 때 매번 **Thank you.**만 쓰지 말고 상대도 으쓱하게 만들어 주세요. 상대가 내 외모를 칭찬할 때도 **You don't look so bad yourself.**(너도 꽤 매력적이잖아.)라고 응용해 쓸 수 있습니다. 장난치듯 능청스러운 말투로 써주세요.

Date: _____ Study Time: _____

네이티브들이 매일 주고받는 대화, 영어로 말할 수 있나요?

🎵 006-2. mp3

로리
정말 잘했어! 다 놀라더라.

데이브
고마워. 너한테 그런 말 들으니 뜻깊은 걸.

로리
근데 넌 정말이지 프레젠테이션은 최고로 잘하는 것 같아.

데이브
에이, 너도 프레젠테이션 꽤 잘하잖아.

구슬쌤 영어회화 꿀팁

칭찬을 할 때 쓰이는 appreciate

미국 회사에 다닐 때 회사에서 상을 받은 적이 있었는데요. 부회장님이 절 포옹해 주시며 Seul, we appreciate and adore you.라고 하신 게 지금도 생생히 생각나요. 우리에게 '고마워하다'란 뜻으로 익숙한 appreciate엔 '진가를 알아보다(recognize the full worth)'란 뜻이 있는데요. 물론 좋은 음료, 음식, 예술 작품 등의 진가를 알아볼 때도 쓰이지만 상대에게 단순히 고마움을 표현하는 것에서 나아가 상대의 존재가 얼마나 가치 있는지를 안다는 뉘앙스로 칭찬할 때 I appreciate you.를 자주 씁니다.

네이티브들이 때뜰 주고받는 대화, 무슨 뜻일까요?

🎧 007-1. mp3 ■ ■ ■

 Billy

Another contract signed! Way to go!

 Julie

Thanks! It was a tough* one.

 Billy

You should be proud of yourself. **You've brought in* more revenue than anyone else on the team.**

 Julie

Well, at the end of the day, if I can make our entire team look good, that's all that matters.

📖 미니 회화사전

* **tough** 힘든, 어려운
  우리에게 '터프가이'로 익숙한 tough는 '힘든, 어려운'이란 뜻으로 일상에서 자주 쓰이는데요. 평소 쉽게 쓸 수 있는 표현으로는 경제가 힘들다는 It's a tough economy. 힘든 결정이라는 It's a tough decision. 힘든 시기라는 Times are tough.가 있습니다. 참고로 -gh는 [f] 발음이 나니 [터프]를 발음할 때 아랫입술 안쪽을 살짝 튕겨주세요.

* **bring in** 들여오다, 가져오다

 네이티브는 이런 표현으로 말한다!

You should be proud of yourself. 자부심을 가져.

네이티브는 proud(자랑스러운)란 단어를 참 좋아해요. 상대가 뭔가를 잘했을 때 I'm proud of you.(대견한 걸), 줄여서 I'm proud.라고 으쓱하게 하고요. 심지어 나보다 연장자일 때도 상대가 자랑스럽다는 I'm proud of you. 또는 구체적으로 I'm proud you're my boss.(당신이 제 상사란 게 자랑스러워요.)라고도 합니다. 근데 그 누구보다 나 자신이 나를 자랑스러워 해야겠죠. 상대가 잘해서 좋은 결과로 이어졌을 때 '스스로에 대한 자부심을 가지라'며 You should be proud of yourself.로 힘을 실어주세요.

Date: _____ Study Time: _____

🔊 007-2. mp3

빌리 또 계약을 따냈다니! 잘했어!

줄리 고맙습니다. 이번엔 좀 힘들었어요.

빌리 자부심을 가져. 팀원 중 가장 많은 수입을 올렸어.

줄리 뭐, 결국 팀 전체를 좋게 보이게 할 수 있다면 그걸로 충분해요.

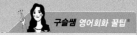
구슬쌤 영어회화 꿀팁

은근 쓰기 힘든 at the end of the day,

특정 상황에서 가장 중요한 사실을 정리해 얘기할 때 at the end of the day(결국 가장 중요한 것은, 결국)를 자주 써요. 예를 들어 I'll talk to her, but at the end of the day, it's not my call.(그 애한테 얘기해볼게, 근데 결국 내가 결정할 수 있는 부분은 아니야.) 또는 It was a tough decision, but at the end of the day, we knew we made the right choice.(힘든 결정이었지만 결국 우리가 옳은 결정을 했다는 걸 알았어.)처럼 씁니다. 모든 걸 고려했을 때 결과적으로 가장 중요한 점을 강조해서 얘기할 때 덧붙여 주세요.

네이티브들이 때로 주고받는 대화, 무슨 뜻일까요?

🎧 008-1. mp3 ⬛ ⬛ ⬛

Debbie
I made it* to the final round!

Pete
Kudos to* you! Give yourself a pat on the back.

Debbie
Well, I still have one more round to go, but I'm just happy that I made it this far.

Pete
I have a feeling that you're going to do great, so keep it up!*

📖 미니 회화사전

* **I made it!** (힘든 고비가 있었지만 잘 이겨내고) 해냈어! 성공했어!

* **Kudos to ~** (칭찬이나 영광을 돌릴 정도로) ~ 대단한 걸, 정말 잘했는 걸
  kudos는 그리스어로 '칭찬, 영광, 명예'란 뜻인데요. 뒤에 〈to + 사람〉을 붙여 직역하면 '~에게 칭찬을/영광을'이 됩니다. 즉 누군가에게 칭찬이나 영광을 돌리고 싶은 정도로 '정말 잘했다!' '대단하다!'라는 어감을 전달하죠. 따라서 공식적으로 상대를 칭찬하거나 인정해줄 때 자주 쓰입니다.

* **Keep it up!** (up한 상태, 즉 상승세를 유지하라는 의미에서) 계속해서 열심히 해!

 네이티브는 이런 표현으로 말한다!

Give yourself a pat on the back. 네 자신을 쓰담쓰담 칭찬해줘.

미국 회사에 근무할 때 상사가 저를 칭찬하며 가장 자주 쓴 말이 Give yourself a pat on the back.인데요. 특히 프로페셔널한 사이의 상대가 뭔가를 잘했을 때 직접 가서 등을 쓰다듬을 수는 없으니 자기 자신을 토닥토닥 쓰다듬으며 칭찬해주라는 뉘앙스로 자주 씁니다. pat on the back을 응용해 You all deserve an enormous pat on the back.(너희 모두 정말 칭찬받아 마땅해.)으로도 쓸 수 있어요.

Date: _____ Study Time: _____

008-2. mp3

네이티브들이 때일 주고받는 대화, 영어로 말할 수 있나요?

데비
최종 라운드에 합격했어요!

피트
정말 대단하네! 네 자신을 쓰담쓰담 칭찬해줘.

데비
뭐, 아직 한 라운드 남았지만 그래도 여기까지 온 자체만으로도 행복해요.

피트
난 네가 잘할 거란 느낌이 들어. 그러니 계속해서 열심히 해!

구슬쌤 영어회화 꿀팁

this는 부사로도 쓰여요!

저에게 가장 중요한 부사를 몇 개 고르라고 하면 전 고민 없이 부사 that(그 정도로, 그렇게)과 this(이 정도로, 이렇게)를 고를 거예요. 사실 this는 명사 '이것'으로는 쓰기 쉬운데 부사로는 쓰기 은근히 어려워요. 아이가 엄마에게 양팔을 크게 벌리며 I love you this much.(이만큼 사랑해.)라고 할 때도 쓸 수 있고요. 늦은 시간에 전화해서 I'm sorry for calling you this late.(이렇게 늦게 전화 드려 죄송해요.)라고 할 때도, 실수나 잘못을 저지르고 I didn't know it would be this big of a deal.(이렇게나 일이 커질 줄 몰랐어요.)이라고 할 때도 쓸 수 있으니, this가 부사로도 쓰인다는 걸 꼭 기억해 주세요!

네이티브들이 매일 주고받는 대화, 무슨 뜻일까요?

🎧 009-1. mp3 ■ ■ ■

Bill

Just a few things before we go into this meeting— they're not numbers guys.* Don't talk figures* with them. Also, Christian is the decision maker.

Luna

Got it. You must have done your homework.

Bill

Anne used to work with them, and she gave me some tips.

Luna

Well, it seems like we're prepared. Let's go in and close the deal.*

📖 미니 회화사전

* **numbers guys** (예산, 수치 등) 숫자에 밝은 사람들   * **figure** 수치
* **close the deal** 계약을/거래를 마무리 짓다, 계약을 따다

 네이티브는 이런 표현으로 말한다!

You must have done your homework. 미리 알아봤구나. (← 미리 알아본 게 분명하구나.)

homework를 '숙제'라고만 알고 있으면 학교를 졸업한 후 쉽게 쓰기 어려워요. 심지어 학교에서도 고학년이 될수록 선생님이 homework보다 assignment를 더 많이 쓰거든요. 특히 회사에서 homework는 '사전조사'란 의미로 자주 쓰입니다. 중요한 미팅 전 부하직원이나 거래처 직원이 미리 사전조사를 철저히 해왔을 때 '미리 알아봤구나.'란 의미로 You must have done your homework.(그럴 거라 확신을 가지고 하는 말) 혹은 You did your homework.(사실 그대로를 두고 하는 말)라고 칭찬해줄 수 있죠. 미리 사전조사를 철저히 해서 상황을 잘 파악하고 있다는 걸 생색내고 싶을 땐 I did my homework.(내가 다 미리 알아봤어.)

Date: _____ Study Time: _____

네이티브들이 매일 주고받는 대화, 영어로 말할 수 있나요?

🔊 009-2. mp3 ▉ ▉ ▉

빌

> 미팅에 들어가기 전 몇 가지 말씀드릴 게 있는데요. 오늘 만나는 분들은 숫자에 밝은 사람들이 아니니 수치를 말할 필요는 없어요. 그리고 크리스천이 결정권을 갖고 있어요.

루나

> 알겠어. 미리 알아봤구나.

빌

> 앤이 같이 일한 적이 있어서 정보를 줬어요.

루나

> 뭐, 미팅에 들어갈 준비는 다 된 것 같고. 가서 계약을 따내자.

구슬쌤 영어회화 꿀팁

must have p.p. 쉽게 쓰는 법

어려운 조동사라 쉽게 쓸 수 없다는 오해를 받는 must have p.p.[머스때v]는 '틀림없이 ~했어, ~한 게 틀림없어/분명해'란 뜻으로, 위로하거나 공감할 때 네이티브들이 자주 쓰는데요. 예를 들어 That must have been worrisome.(되게 걱정됐겠다.) 또는 That must have been frustrating.(답답했겠다.)처럼 걱정되고 일이 원하는 대로 진행되지 않아 답답해하는 건 당연하지만 충분히 공감된다는 뉘앙스로 쓰입니다. 이외에도 내가 기억하지 못하는 특정 내용을 이메일이나 미팅에서 분명 언급했다고 말하는 상대에게 I must have missed that part.(그 부분은 내가 못 보고/못 듣고 넘어갔나 봐.)라며 가볍게 내 실수를 인정하고 넘어갈 때도 자주 쓰여요.

네이티브들이 매일 주고받는 대화, 무슨 뜻일까요?

🔊 010-1. mp3 ⬛⬛⬛

William

This proposal looks solid.* Who worked on* this?

Olivia

I did. I wrote it from scratch.*

William

Honestly, I had my doubts in the beginning, but I gotta hand it to you, you did great.

Olivia

Thank you. I have my moments.*

📖 미니 회화사전

* **solid** 괜찮은, 알찬, 믿음직한
* **work on** (해결 또는 개선하기 위해) ~에 공들이다, 작업하다
* **from scratch** (아무것도 없이) 맨 처음부터
* **I have my moments.** (겸손하게 칭찬을 받아들일 때) 저도 잘할 때가 있네요. 저도 쓸모 있을 때가 있네요.

👍 네이티브는 이런 표현으로 말한다!

I gotta hand it to you. (상대의 실력을 인정하며) 하여튼 네 실력은 알아줘야 해.

〈gotta hand it to (비격식) = have got to hand it to (좀 더 격식) = have to hand it to (격식)〉는 '~를 칭찬/인정해줘야 해'란 뜻인데요. 단순히 누군가의 공을 칭찬할 때도 쓰지만, 평소 좋아하지 않거나 진가를 몰라 봤던 사람이라도 이번에는 실력이나 업적을 도저히 인정하지 않고 넘어갈 수 없다고 할 때도 자주 쓰입니다.

Date: _____   Study Time: _____

네이티브들이 매일 주고받는 대화, 영어로 말할 수 있나요?

🎧 010-2. mp3 ■ ■ ■

윌리엄

이 제안서 괜찮은데. 누가 작업한 거야?

올리비아

제가 했습니다. 처음부터 직접 다 썼어요.

윌리엄

솔직히, 처음엔 네가 잘할 수 있을지 의구심이 들었는데,
실력을 인정할 수밖에 없네. 정말 잘했어.

올리비아

고맙습니다. 저도 쓸모 있을 때가 있네요.

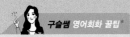
구슬쌤 영어회화 꿀팁

hand와 연관된 핵심 이디엄 3개!

1. **hands-on experience** (책이나 이론에서 배운 게 아닌 현장에서 직접 익힌 지식이나 기술) 실무경험
   예 I was able to get **hands-on experience** from the internship.
   인턴십을 통해 실무경험을 할 수 있었습니다.

2. **It's out of my hands.** (내 손을 벗어난 것처럼 내 권한이나 능력 밖일 때) 제가 할 수 있는 건 없어요.
   예 I wish there were something I could do, but **it's out of my hands** now.
   제가 해드릴 수 있는 게 뭐라도 있으면 좋을 텐데, 이제 제 권한 밖이라 해드릴 수 있는 게 없어요.

3. **hands down** 명백히, 말할 것도 없이
   예 This is, **hands down**, the best coffee I've ever had.
   제가 지금까지 마셔본 커피 중 말할 것도 없이 이게 제일 맛있네요.

네이티브들이 매일 주고받는 대화, 무슨 뜻일까요?

🎧 011-1. mp3 ⬛ ⬛ ⬛

Ivan

Is your daughter still in high school?

Victoria

Yes, she is a senior, and she's going to Stanford next year.

Ivan

It's such a prestigious* school. I remember your telling me that she's a straight-A student.* Her hard work really paid off.

Victoria

She's a good kid. I'm proud of her.

📖 미니 회화사전

* **prestigious** 훌륭한, 일류의
* **straight-A student** (A학점을 연달아 받을 정도로 공부를 잘하는) 우등생

  네이티브는 이런 표현으로 말한다!

Her hard work paid off. 열심히 노력한 보람이 있네.

특정 행동이나 계획이 성공했을 때 **pay off**를 쓰는데요. 열심히 운동해서 다이어트에 성공했을 때, 밤낮으로 공부해 시험에 합격했을 때 내 노력이 드디어 빛을 발했다는 뉘앙스로 **My hard work paid off.**를 씁니다. 열심히 노력한 상대의 공을 인정해주며 축하해줄 때는 **Your hard work paid off.**라고 하고, 대화에서처럼 제3자의 성과에 대해 축하하고 칭찬할 때는 **Her/His hard work paid off.**라고 하면 되죠.

Date: _____ Study Time: _____

네이티브들이 매일 주고받는 대화, 영어로 말할 수 있나요?

🔊 011-2. mp3 ■■ ■■ ■■

이반

따님이 아직 고등학생인가요?

빅토리아

네, 고 3이고 내년에 스탠포드에 진학해요.

이반

정말 좋은 학교인데! 따님이 공부 잘한다고 말씀했던 게 기억나네요.
정말 열심히 노력한 보람이 있겠어요.

빅토리아

정말 착한 아이죠. 대견해요.

구슬쌤 영어회화 꿀팁

pay off(성공하다/빛을 발하다) 쉽게 사용하기

네이티브는 pay off를 평소 자주 쓰는데 대충 뜻만 알고 넘어가면 활용하기가 어려워요. pay off를 쉽게 쓰는
법을 알려 드릴게요. 바로 활용도 높은 문장 딱 하나만 외워두는 거예요! 이것저것 다 외울 필요 없이 일단 내가
생각하기에 활용도 높은 문장 딱 하나만 외워도 충분합니다.

예 I hope our hard work **pays off** one day. 우리가 열심히 일한 게 언젠가 빛을 볼 날이 있으면 좋겠다.

예 My patience **paid off**. (인내심을 갖고) 기다린 보람이 있네.

일상 회화에선 특히 노력 후 성과를 거둘 때 자주 쓰지만, 빚을 갚거나 청산할 때도 pay off를 씁니다.

예 The mortgage is **paid off**. (집) 대출금 다 갚았어.

35

네이티브들이 매일 주고받는 대화, 무슨 뜻일까요?

🎧 012-1. mp3 🔲 🔲 🔲

 Katie

I have to say, that was impressive. **I know that was not easy to pull off,*** **given*** **the time frame.***

 Anthony

I'm glad you liked it. We worked on it day and night.

 Katie

Well, I want to take everyone out* for lunch today. Whatever you want, my treat.*

 Anthony

Sounds great! I'm excited.

📖 **미니 회화사전**

* pull off (특히 힘든 걸) 훌륭히 해내다, 잘 소화하다
* time frame (특정 일에 쓸 수 있는) 시간, 기간
* My treat. 내가 살게/대접할게.
* given ~를 고려해볼 때
* take + 사람 + out ~를 (데리고 나가) 대접하다

 네이티브는 이런 **표현으로** 말한다!

I have to say, that was impressive. 정말 훌륭했다고 꼭 말해주고 싶어.

내가 이 말은 꼭 해야겠다고 느낄 때가 있죠. 개인적인 의견을 밝히고 싶을 때 I have to say(~란 걸 꼭 말해야 겠어/말해주고 싶어)를 문장 앞이나 뒤에 자주 덧붙이는데요. 네이티브는 평소 쉽게 쓰지만 우리는 영어를 할 때 기본적인 의사 표현에 집중하다 보니 I have to say로 살을 붙여 강조할 여유를 갖기 어려운 것 같아요. 뭔가 훌륭하고 대단할 때, 그걸 꼭 말해주고 싶은 마음을 강조해 I have to say, that was impressive.(정말 훌륭 했다고 꼭 말해주고 싶어.)를 써주세요.

Date: _____　　Study Time: _____

네이티브들이 매일 주고받는 대화, 영어로 말할 수 있나요?

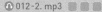
🔊 012-2. mp3 ■ ■ ■

케이티

정말 훌륭했다고 꼭 말해주고 싶어. 주어진 기간 내에 이렇게까지 잘해내기 어려웠을 텐데 말야.

앤써니

마음에 드셨다니 기쁜 걸요. 저희 모두 밤낮으로 공들였거든요.

케이티

음, 오늘 내가 모두에게 점심 사주고 싶네. 뭐든지 말해. 내가 살게.

앤써니

좋아요! 벌써 기대돼요.

구슬쌤 영어회화 꿀팁*

'같이 커피 한 잔 마시자'고 할 때는 이렇게!

앞서 대화 속에 나왔던 〈take + 사람 + out〉을 활용해 I'd like to take you out for coffee.라고 하면 '너 데리고 가서 커피 한 잔 사주고 싶다.'는 의미가 됩니다.

예　**I'd like to take you out for coffee** sometime. **When's a good time for you?**
　　언제 커피 한 잔 사드리고 싶어요 언제 시간 괜찮으세요?

또, 아래처럼 '나 카페 갈 건데, 같이 갈래?'라는 식으로 말해도 커피 한 잔하자는 얘기가 되겠네요.
예　**I'm thinking about going to the café** down the street. **Would you like to join me?**
　　근처에 있는 카페에 갈까 생각 중인데 같이 가실래요?

Part
02

네이티브가

일정 잡을 때

우리는 누구나 혼자서는 살아갈 수 없습니다.
친구와 지인을 만나 대화를 나누면서 놀기도 하고
회사 업무로 거래처 사람을 만나는 등 관계를 맺지요.
일상에서, 직장에서, 크고 작은 약속을 잡을 때, 일정을 변경할 때
우리가 주고받는 대화를 네이티브 버전으로 만나볼까요?

퇴근하고 술 한잔 어때?

일정 좀 확인해볼게.

바쁠 텐데
시간 내줘서 고마워.

무슨 일이 있어도
꼭 갈게.

갑자기 일이 생겼어.

네이티브들이 매일 주고받는 대화, 무슨 뜻일까요?

🎧 013-1. mp3 ■ ■ ■

 Delilah
I'm bombarded* with so much information that I can't even think straight.*

 Stanley
I think we should go get dinner and clear your head* What do you say?

 Delilah
I say, I'm in the mood for* Japanese. I could really use* a break.

 Stanley
Okay. I'll meet you in the lobby in ten minutes.

📖 미니 회화사전

* **bombard** (정보, 질문, 비난 등을) 퍼붓다, 쏟아붓다
* **think straight** 논리적으로/제대로 생각하다
* **clear one's head** ~의 생각을 정리하다
* **be in the mood for** ~하고/보고/먹고 싶은 기분이다, ~가 내키다
* **I could use ~** (필요로 하고 원할 때) ~가 있으면 정말 좋겠다

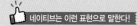 네이티브는 이런 표현으로 말한다!

What do you say we get a drink after work? 퇴근하고 술 한잔 어때?

상대에게 뭔가를 제안할 때 **What do you say?**(어때/어떻게 생각해?)를 자주 쓰는데요. 마치 '내가 이렇게 제안하면 넌 뭐라고 말할 거야?' 이렇게 의사를 물어보는 느낌인 거죠. **What do you say**는 뒤에 구체적으로 제안하는 내용을 붙여도 되고, 위 대화에서처럼 제안 후 단독적으로 써도 됩니다.

Date: _____ Study Time: _____

네이티브들이 매일 주고받는 대화, 영어로 말할 수 있나요?

🎧 013-2. mp3 🔲🔲🔲

델릴라

이것 저것 알아야 할 게 너무 많아서 생각도 제대로 할 수 없네.

스탠리

가서 저녁 먹고 생각 좀 정리하는 게 좋을 것 같은데 어떻게 생각해?

델릴라

그럼 일식이 먹고 싶네. 진짜 휴식이 좀 필요해.

스탠리

그래, 그럼 로비에서 10분 후에 보자.

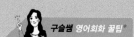

구슬쌤 영어회화 꿀팁

제안을 할 때 What do you say ~? 이렇게 쓰세요.

What do you say를 미국인들이 빨리 발음할 때 유화현상으로 [와르유 쌔이]. 이렇게 t, d 부분이 [ㄹ] 발음으로 뭉개집니다. 그럼 What do you say를 이용한 다양한 제안 표현들 아래 예문을 통해 확인해 보세요.

예 **What do you say** we go for a walk? 산책하러 가는 게 어때?

예 Everyone seems exhausted. **What do you say** we call it a day?
다 피곤해 보이는데 오늘은 여기까지 하는 게 어때?

예 **What do you say** we give it a shot? I mean, we have nothing to lose.
우리 한번 시도해보는 게 어때? 뭐, 잘 안 되더라도 잃을 건 없잖아.

네이티브들이 매일 주고받는 대화, 무슨 뜻일까요?

🎧 014-1. mp3 ■ ■ ■

Allan

I used to be more of a beer person,* but a good glass of wine is growing on me* a little bit.

Mia

Speaking of wine, we gotta get that drink that we keep saying we're gonna get.

Allan

We've got to. When's good?

Mia

How about next Saturday? We can open a nice bottle of Pinot Noir.

📖 미니 회화사전

* **명사 + person** ~을 선호하는/좋아하는 사람
  일상회화에서 자주 쓰이는 대표적인 〈명사 + person〉 표현으로는 morning person(아침형 인간), people person(사교적인 사람), coffee person(커피를 좋아하는 사람), dog person(강아지를 좋아하는 사람)이 있습니다.

* **~ is growing on me** (처음엔 별로였는데) 점점 친숙해지네/좋아지네

👍 네이티브는 이런 표현으로 말한다!

Speaking of wine, ~ 와인 얘기가 나와서 말인데, ~

〈Speaking of + 대상〉은 '~ 말이 나와서 말인데'란 뜻으로 대화 중 앞서 언급한 내용에 대해 말을 덧붙일 때도 쓸 수 있지만, 자연스레 화제를 전환할 때도 유용하게 쓰입니다. 그래서 술 얘기를 하다가 슬그머니 술자리 약속을 제안하고 싶을 때도 요긴하게 쓸 수 있죠. 친구랑 다른 사람 얘기를 하다가 갑자기 그 사람 잘 지내는지 안부가 궁금할 때도 Speaking of ~를 활용해 Speaking of Charlotte, how's she doing?(샬럿 얘기가 나와서 말인데, 걔는 잘 지내?)처럼 쓸 수 있습니다.

Date: _____   Study Time: _____

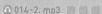
014-2. mp3

앨런 예전엔 맥주를 더 좋아했는데 요즘 들어 맛있는 와인 한 잔 마시는 게 점점 더 좋아지더라고요.

미아 와인 얘기가 나와서 말인데, 우리 매번 술 한잔 하자고 말만 하고 미뤘는데 언제 진짜 술 한잔 해요.

앨런 진짜 그렇네요. 언제 시간 괜찮아요?

미아 다음주 토요일 어때요? 맛있는 피노 누와르 한 병 따죠.

구슬쌤 영어회화 꿀팁

술자리에서 자주 쓰는 표현 3가지!

1. **I'd like to make a toast.** (건배사를 하기 전) 건배하고 싶어요.

2. **Here's to + 대상** ~를 위하여
   '위하여'라고 해서 for를 쓰는 게 아니라 '~를 향해 잔을 든다'는 뉘앙스로 Here's to ~ 또는 줄여서 〈To + 대상〉을 씁니다. Here's to a wonderful evening.(멋진 저녁을 위하여), Here's to Rachel.(레이철을 위하여), To the first of many wins.(앞으로 있을 수많은 좋은 일들을 위해) 등 다양하게 응용할 수 있습니다.

3. **Say when.** (술이나 마실 음료를 따라주며) 적당할 때 말해줘.
   특히 술을 따라주면서 원하는 만큼 따라져서 이제 됐다 싶을 때가 언제인지 말하라고 할 때 쓰는데요. 적당할 때 That's enough.(그 정도면 충분해)라고 답변해도 되고 재치 있게 When.(됐어, 여기까지)이라고 해도 됩니다.

네이티브들이 매일 주고받는 대화, 무슨 뜻일까요?

🎧 015-1. mp3 ▨ ▨ ▨

Alex

There's a great new Chinese place that opened up downtown. We should go there for lunch today.

Betty

Well, I have a very busy day.

Alex

Come on, you gotta eat, right? Lunch is on me.*

Betty

Okay. It has to be a quick lunch,* though.

📖 미니 회화사전

* ~ is on me ~는 내가 쏠게
* quick lunch 간단히/빨리 먹고 오는 점심식사

👍 네이티브는 이런 표현으로 말한다!

You gotta eat, right? 어차피 밥은 먹어야 하잖아.

바쁘거나 상황상 같이 밥 먹으러 가는 제안을 흔쾌히 받아들이지 않을 것 같은 상대에게 농담으로 덧붙이는 표현입니다. 능청스런 말투로 장난스레 써주세요.

Date: _____ Study Time: _____

네이티브들이 매일 주고받는 대화, 영어로 말할 수 있나요?

🔊 015-2. mp3 ■ ■ ■

알렉스 시내에 괜찮은 중국 음식점이 생겼어. 오늘 점심으로 거기에 가는 것도 좋겠다.

베티 저기, 나 오늘 정말 바빠서 말야.

알렉스 에이, 어차피 밥은 먹어야 하잖아. 내가 점심 쏠게.

베티 그래. 근데 오래는 못 있을 것 같아서 빨리 먹고 와야 해.

구슬쌤 영어회화 꿀팁

앞에 전치사가 붙지 않는 대표적인 장소부사들

실수로 전치사를 붙여 I went to there.라고 말해서 '거기에에 갔어.'라는 느낌을 주지 않도록 유의하세요.

1. **downtown** 시내에
   └ I live in downtown Atlanta.(애틀랜타 시내에 산다.)처럼 뒤에 도시가 붙을 땐 앞에 전치사가 올 수 있음

2. **there** 거기에, 거기로 | **here** 여기에, 여기로
   예 I went **there** the other day. 나 저번에 거기에 갔었는데.
   예 Can you come **here** for a second? 잠깐 여기 와줄 수 있어?

3. **upstairs** 위층에서, 위층으로 | **downstairs** 아래층에서, 아래층으로
   예 I live **upstairs**. 저 위층에 살아요.
   예 I'm **downstairs**. (주로 1층이나 집 앞에서 지인을 기다리며) 나 아랫층이야.

4. **home** 집에, 집으로
   예 It's time to go **home**. 집에 갈 시간이야.

45

네이티브들이 매일 주고받는 대화, 무슨 뜻일까요?

🎧 016-1. mp3 ■ ■ ■

Allie

Do you still talk to Brian?

Evan

Yeah, he's having a little get-together* this Saturday. You should come. I'm sure he'd be happy to see you.

Allie

I don't think I have anything going on this weekend, **but** let me check my schedule.

Evan

Okay. Just let me know, so I can text* you the address.

 미니 회화사전

* **get-together** (지인들끼리 하는 작은) 모임, 파티
* **text** 문자를 보내다
  굳이 〈send + 사람 + a text message〉라고 할 필요 없이 동사 text를 쓰세요. 이메일도 〈send + 사람 + an email〉 대신 동사 email을 쓰면 됩니다. I'll email you the info.(이메일로 정보 보내줄게) 이렇게요.

👍 네이티브는 이런 표현으로 말한다!

Let me check my schedule. 일정 좀 확인해볼게.

Let me check my schedule.(일정 좀 확인해볼게.)은 정말 일정을 확인해볼 때도 쓰지만 딱히 약속을 잡고 싶진 않지만 대놓고 거절하긴 미안할 때 순간을 모면하기 위한 말로도 자주 씁니다.

Date: _____   Study Time: _____

네이티브들이 매일 주고받는 대화, 영어로 말할 수 있나요?

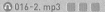 016-2. mp3

 앨리
아직 브라이언하고 연락하고 지내?

 에반
응, 이번 주 토요일에 지인들끼리 간단히 파티 한다고 했는데 너도 오면 좋겠다. 걔도 너 보면 반가워할 걸.

 앨리
이번 주 주말에 아무 계획도 없는 것 같긴 한데 일정 좀 확인해볼게.

 에반
그래, 가게 되면 문자로 주소 보내줄게. 확인해보고 말해줘.

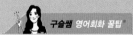 구슬쌤 영어회화 꿀팁

go on 쉽게 쓰는 법

1. 일이 일어나다/발생하다
   - 예 I want to know what's **going on**. 무슨 상황인 건지 알고 싶어.
   - 예 I have a lot **going on** right now. 지금 여러 일로 정신이 없네요.

2. 계속하다
   저는 go on이라고 하면 추억의 영화 *Titanic*(타이타닉)의 주제곡 *My Heart Will Go On*이 생각 나는데요. 계속 나아가서 변함없이 사랑할 거라는 의미죠.
   - 예 Please, **go on**. 계속 말씀하세요/진행하세요.
   - 예 He **went on** and on about his new girlfriend.
     걔 새로 생긴 여자친구에 대해 계속 지겹도록 얘기했어.

47

네이티브들이 매일 주고받는 대화, 무슨 뜻일까요?

🎧 017-1. mp3 ■ ■ ■

Tiffany

Thank you for fitting me in today.

Kevin

Of course. Please have a seat.

Tiffany

Well, I know you're very busy, so I'll just jump right in.* Did you get a chance to* look over* the materials* I sent you?

Kevin

I did. I still have to run it by* my manager, but I don't think she'll have a problem with it.

 미니 회화사전

* **jump in** 서둘러 시작하다
* **Did you get a chance to + 동사원형?** (바쁘시겠지만) 혹시 ~할 시간 있으셨나요?
* **look over** 훑어보다   * **material** 자료
* **run it by + 사람** (의견, 반응을 알아보기 위해) ~에게 보여주다, 말하다

👍 **네이티브는 이런 표현으로 말한다!**

Thank you for fitting me in. 바쁠 텐데 시간 내줘서 고마워.

누군가를 만나기 위해 시간을 낼 때 마치 바쁜 일정에 들어갈 공간을 만들어주는 것처럼 **fit in**(~가 들어갈 공간을 만들다, 시간을 내어 ~를 만나다)을 쓰는데요. 특히 바쁜 일정에도 갑자기 잡은 미팅에 응해준 상대에게 자주 쓰는 표현입니다.

Date: _____   Study Time: _____

네이티브들이 매일 주고받는 대화, 영어로 말할 수 있나요?

🎧 017-2. mp3 ■ ■ ■

티파니
바쁘실 텐데 오늘 시간 내주셔서 감사합니다.

케빈
당연히 시간 내야죠. 앉으세요.

티파니
저, 정말 바쁘신 거 아니깐 바로 본론으로 들어갈게요. 혹시 제가 보내드린 자료 훑어볼 시간 있으셨나요?

케빈
네, 봤어요. 아직 매니저님께 보여드려야 하지만 별문제 없을 거예요.

구슬쌤 영어회화 꿀팁

run it by 꼭 기억해 주세요!

뭔가 괜찮은지 의견이나 반응을 알아보기 위해 상사나 가족에게 보여줄 때가 있죠. 단순히 보여주는 것 이상으로 피드백까지 받는 게 **run it by**인데요. 네이티브는 이 표현을 평소 정말 자주 쓰는데 우린 공식적으로 승인할 때 쓰는 approve 또는 단순히 보여주기만 하는 show만 쓰는 것 같아요. 몇 가지 예문으로 정붙여 볼게요.

예 I'll **run it by** Stephanie. 스테파니와 논의해볼게.

예 I wanted to **run something by** you. 논의하고 싶은 게 있어요.

예 Before I press any buttons, I'll **run it by** you first. 결정을 하기 전에 먼저 말씀드릴게요.

네이티브들이 매일 주고받는 대화, 무슨 뜻일까요?

🎧 018-1. mp3 ▪️ ▪️ ▪️

Aaron

Thank you for taking time out of your busy schedule.*

Bianca

Oh, I can always find time for you. How's life treating you?

Aaron

Pretty well. My wife just had a baby. I'm a dad now.

Bianca

Congratulations! Is it a boy or a girl?* Do you have any pictures?

📖 미니 회화사전

* Thank you for taking time out of your busy schedule. 바쁜 일정에 시간 내주셔서 감사해요
  사실 이 표현은 우리말로도 자주 쓰죠. 바쁜 상대와 미팅을 할 때 무의식적으로 툭 튀어나올 만큼 자주 쓰는 표현이니
  꼭 기억해 주세요.

* Is it a boy or a girl? 아들인가요? 딸인가요?
  줄여서 A boy or a girl?이라고만 쓰기도 합니다.

👍 네이티브는 이런 표현으로 말한다!

I can always find time for you. 우리 사이에 언제든 시간 낼 수 있지, 뭐.

상대가 내게 시간 내줘서 고맙다고 얘기할 때 능청스레 답변할 수 있는 표현인데요. 상대를 위해서라면 어떻게
해서든 시간을 만들 수 있다는 뉘앙스로 I can always make time for you.를 써도 됩니다. 친분이 있는 사
이에서 분위기를 훈훈하게 만드는 좋은 표현이니 기억해 주세요.

Date: _____   Study Time: _____

네이티브들이 매일 주고받는 대화, 영어로 말할 수 있나요?

 018-2. mp3 ■ ■ ■

아론

바쁜 일정에 시간 내주셔서 감사해요.

비앙카

에이, 우리 사이에 언제든 시간 낼 수 있죠, 뭐. 어떻게, 잘 지내시죠?

아론

그럭저럭 잘 지내요. 아내가 얼마 전 출산했어요. 이제 저도 아빠네요.

비앙카

축하드려요! 아들인가요? 딸인가요? 사진 있으세요?

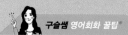
구슬쌤 영어회화 꿀팁

자녀 관련 스몰토크 5개!

자녀가 있을 때 나눌 수 있는 일상 잡담 표현들인데요 혹여나 실례가 될 수도 있을 것 같은 질문 앞엔 If you don't mind me asking(이런 질문을 드려도 될지 모르겠지만)을 넣으면 훨씬 더 부드러워집니다.

1. Do you have any kids? 자녀가 있으신가요?

2. How old are they? 몇 살인가요?

3. What's the age difference? 몇 살 차이인가요?

4. Where do they go to school? 학교는 어디 다니나요?

5. They grow up so fast. 정말 빨리 자란다니깐요.

51

네이티브들이 매일 주고받는 대화, 무슨 뜻일까요?

🔊 019-1. mp3 ▪▪▪

Sophia

Have you picked a date for your wedding?

Leo

Yes, I haven't sent out any invitations yet, but it's going to be on May 1st. That is a Friday, though. Do you think you can make it?*

Sophia

Of course! It's your big* day. I wouldn't miss it for the world.

Leo

You're so sweet. I'll send you an invitation once the venue* is set.*

📖 미니 회화사전

* **make it** (약속 장소에 무난히) 도착하다, 이르다
* **big** 중요한, 의미 있는
* **venue** 장소
* **once + 대상 + is set** ~가 정해지면

👍 네이티브는 이런 표현으로 말한다!

I wouldn't miss it for the world. 무슨 일이 있어도 꼭 갈게.

평소에는 I'll be there.(갈게.) 또는 I'll be here.(올게.)를 써도 되지만 의미 있는 자리에 꼭 가겠다고 강조해서 말할 때가 있죠. 그땐 I wouldn't miss it for the world.(무슨 일이 있어도 꼭 갈게.)를 쓰세요. 절대 놓치지 않겠다는 강한 의지를 보여줍니다. for the world의 발음이 부담스럽다면 for anything으로 바꿔도 돼요.

Date: _____ Study Time: _____

네이티브들이 매일 주고받는 대화, 영어로 말할 수 있나요?

🎧 019-2. mp3

소피아

결혼 날짜는 정했어?

레오

응, 아직 청첩장은 보내지 않았는데 5월 1일에 해. 근데 금요일이라서 올 수 있겠어?

소피아

당연하지! 너한테 중요한 날인데 무슨 일이 있어도 꼭 가야지.

레오

정말 고마워. 장소가 정해지면 청첩장 보내줄게.

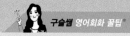
구슬쌤 영어회화 꿀팁®

감사인사는 Thank you card로!

지인이 식사 자리나 파티에 초대하든, 동료가 업무 관련 도움을 주든, 상대가 베푼 호의에 감사한 마음이 크게 든다면 Thank you card를 쓰세요. 구구절절하게 쓸 필요 없이 단순히 Thank you for having me over for dinner last Friday.(지난 금요일 저녁식사에 초대해 주셔서 고맙습니다.)처럼 간단하게 두세 마디만 써도 충분합니다. 물론 소소한 선물과 같이 주면 좋겠지만 요즘처럼 친필 카드를 받아 보기 힘든 세상에선 Thank you card 하나만으로도 충분히 상대를 미소 짓게 하는 것 같아요.

네이티브들이 매일 주고받는 대화, 무슨 뜻일까요?

🎧 020-1. mp3 ⬛ ⬛ ⬛

 Isla

Can I ask you a big favor?

 Wayne

You bet.*

 Isla

I'm looking to buy a new laptop, and since I'm not tech-savvy,* I was wondering if you could* go shopping with me sometime this week.

 Wayne

I'd be happy to.* I'll clear some time tomorrow.

📖 **미니 회화사전**

* **You bet.** (상대가 내기에 돈을 걸어도 될 만큼 확신한다는 뉘앙스) 당연하지. 그럼.
* **tech-savvy** 컴퓨터/기술에 해박한
* **I was wondering if you could ~** (공손한 요청 및 부탁) 혹시 ~해줄 수 있나 해서 물어봐
* **I'd be happy to.** (요청을 흔쾌히 받아들일 때) 기꺼이. 좋아.

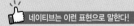 네이티브는 이런 표현으로 말한다!

I'll clear my schedule. 일정 비워놓을게.

특히 상대가 내게 시간 좀 내달라고 부탁할 때 마치 기존에 있던 일정도 말끔히 없애버리듯 일정을 비워둔다는 뉘앙스로 **clear my schedule**를 씁니다. 일정 전체를 비워 놓는 게 아닐 땐 **clear some time**(시간 좀 비워 놓다)을 쓰면 됩니다.

Date: _____ Study Time: _____

네이티브들이 매일 주고받는 대화, 영어로 말할 수 있나요?

🎧 020-2. mp3 ▣ ▣ ▣

아일라

큰 부탁 하나만 해도 될까?

웨인

그럼.

아일라

노트북을 새로 사야 돼서 알아보고 있는데 내가 컴퓨터를 잘 모르니깐 네가 이번 주 언제 시간 될 때 같이 쇼핑하러 같이 가줄 수 있나 해서 말야.

웨인

좋아. 내일 시간 좀 비워놓을게.

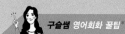
구슬쌤 영어회화 꿀팁

some time과 sometime은 달라요

some time은 '시간 좀'이란 뜻인데요. 예를 들어 Do you have some time to go over this before the meeting?(미팅 전에 이것 검토해 볼 시간 좀 있어?)처럼 여유시간에 대해 얘기할 때 자주 쓰입니다.

sometime은 '언제, 시간 될 때'란 뜻으로 부담 없이 제안할 때 자주 쓰는데요. 예를 들어 We should talk about this over dinner sometime.(언제 시간될 때 저녁 먹으면서 얘기하자.)처럼 같이 식사나 활동을 하자고 제안할 때 자주 씁니다.

띄어쓰기에 따라 의미가 확 달라지니 정확히 기억해 주세요.

네이티브들이 매일 주고받는 대화, 무슨 뜻일까요?

🅐 021-1. mp3 ■ ■ ■

Frank

It's been a while since we talked!

Susan

I know!* Why don't we have dinner and catch up?
I'm wide open* this weekend.

Frank

That would be great. How about Saturday?
Does seven work for you?

Susan

Perfect. I'll look up* some restaurants and text you
the options.

 미니 회화사전

* **I know!** (맞장구치며) 그러게! 내 말이!
  단순히 '나도 알아.'란 뜻도 있지만 내가 그것도 모를까란 뉘앙스로 맞장구칠 때도 자주 쓰여요.
* **wide open** (마치 일정표에 아무것도 적혀 있지 않고 비어 있는 느낌) 한가한
* **look up** (검색해보며 정보를) 찾아보다

👍 **네이티브는 이런 표현으로 말한다!**

Does seven work for you? 7시에 시간 돼?

work를 보면 '일하다'가 생각나죠. 근데 '일하다' 외에 '되다'란 뜻을 꼭 기억해 주셔야 해요. 뭔가 작동이 잘
되거나 안 될 때도 work를 쓰지만 일정을 잡을 때도 work를 정말 자주 씁니다. Does Friday work for
you?(금요일에 시간 돼?), Does seven work for you?(7시에 시간 돼?)처럼 말이죠. work의 '되다'란 뜻을
모르면 해석이 안 될 때가 많으니 꼭 기억해 주세요.

Date: _____   Study Time: _____

네이티브들이 매일 주고받는 대화, 영어로 말할 수 있나요?

🎧 021-2. mp3 ■ ■ ■

프랭크 우리가 연락한 지 진짜 오랜만이다.

수잔 그러게! 저녁 먹으면서 못다 한 얘기나 하는 게 어때?
나 주말에 아무때나 시간 돼.

프랭크 그럼 좋겠다. 토요일은 어때? 7시에 시간 돼?

수잔 좋아. 레스토랑 좀 몇 군데 찾아보고 문자할게.

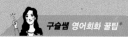
구슬쌤 영어회화 꿀팁

격하게 공감할 때 자주 쓰는 표현 3가지!

상대의 말이 전적으로 맞다는 **Absolutely.** 정확히 맞다는 **Exactly.** 등 격하게 공감할 때 쓸 수 있는 다양한 표현들이 있는데요. 이런 표현들 말고도 네이티브는 평소 자주 쓰지만 우리 입에서는 쉽사리 나오지는 않는 표현 3개만 엄선했습니다. 정확한 뉘앙스를 모르면 오역할 수 있는 표현들이니 잘 보고 확실히 기억해 두세요.

1. **I couldn't agree with you more.** 너의 말에 전적으로 동의해. 완전 공감해.
   ∟ 이보다 더 동의할 수는 없다는 뉘앙스

2. **Tell me about it!** 무슨 말인지 잘 알아! 내 말이!
   ∟ 나도 같은 경험을 해봐서 알 만큼 안다는 뉘앙스

3. **You can say that again.** 두말하면 잔소리지. 정말 그래.
   ∟ 다시 얘기해도 될 정도로 맞는 말일 때

네이티브들이 매일 주고받는 대화, 무슨 뜻일까요?

🔊 022-1. mp3

Jenny

James, I'm really sorry. Something's come up at work, and I don't think I can make it* tonight.

James

What a shame.* I told everyone that you were coming.

Jenny

I'm sorry. I promise I'll make it up to* you.

James

Okay. Call me when you get off work.

📖 미니 회화사전

* **I don't think I can make it.** (가려고 노력했는데) 못 갈 것 같아.
  사정이 여의치가 않아서 못 간다는 뉘앙스입니다.
* **What a shame.** 정말 아쉬운 걸.
* **make it up to + 사람** (잘못을 해 깎인 점수를 채우듯) 만회하다, ~의 화를 풀어주다

👍 네이티브는 이런 표현으로 말한다!

Something's come up. 갑자기 일이 생겼어.

Something has come up.(갑자기 무슨 일이 생겨서/사정이 있어서.)은 약속에 늦거나 취소할 때 변명조로 가장 자주 쓰인다고 해도 과언이 아닌데요. 구어체에선 Something has를 줄여 Something's로 쓰기도 하고 Something came up.이라고 하기도 합니다.

예 **Something's come up, and I'm afraid I have to reschedule.**
  사정이 있어서 아쉽지만 약속을 미뤄야겠어요.

Date: _____ Study Time: _____

네티즌들이 매일 주고받는 대화, 영어로 말할 수 있나요?

🔊 022-2. mp3 ⬛⬛⬛

제니

제임스, 정말 미안한데 회사에 무슨 일이 생겨서 오늘 못 갈 것 같아.

제임스

정말 아쉽다. 사람들한테 너 온다고 다 얘기해 놨는데.

제니

미안, 내가 진짜 다음에 만회할게.

제임스

알겠어. 퇴근하면 전화해.

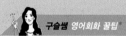
구슬쌤 영어회화 꿀팁

잘못을 한 후 쓰이는 make it up to + 사람

make up이 기본적으로 가지고 있는 뉘앙스는 빠지거나 부족한 점을 채우는 건데요. 예를 들어 메이크업도 화장으로 내가 채우고 싶은 부분을 채우는 거고, 보충수업이란 뜻의 makeup class도 빠진 수업을 보강해서 채우는 느낌이잖아요. 근데 이 두 표현보다 훨씬 더 자주 쓰이는 건 (make it up to + 사람)이에요. 마치 잘못을 해서 깎인 점수를 채우듯 상대에게 만회하고 화를 풀어줄 때 쓰입니다.

예 How can I **make it up to** you? Why don't I take you out to dinner tonight?
어떻게 해야 화가 풀리겠어? 오늘 저녁에 내가 저녁 사주는 건 어때?

예 Here's how you can **make it up to me**. 네 잘못을 만회하고 싶다면 이렇게 해줘.

59

네티브들이 매일 주고받는 대화, 무슨 뜻일까요?

🎧 023-1. mp3 ■ ■ ■

Steve

My parents are in town.* Would you care to* join us for lunch tomorrow?

Heather

I'd love to. I thought you'd never ask!

Steve

Well, I wasn't sure if you'd be comfortable meeting my family.

Heather

They raised a great son. I'm sure they're just as pleasant as you.

 미니 회화사전

* **be in town** (현재 대화하고 있는 상대가 있는 도시나 언급한 지역에) 방문 중이다, 와 있다
* **Would you care to + 동사원형 ~?** (제안할 때) ~하시겠어요?
  구어체에서는 주로 Would you를 생략하고 Care to로 문장을 시작할 때가 많습니다.

👆 **네이티브는 이런 표현으로 말한다!**

I thought you'd never ask! 언제 물어보나 했어!

언젠가는 물어보겠지, 하면서 걱정 반, 설렘 반 내심 기다렸다는 뉘앙스로 자주 쓰이는데요, 상대의 제안을 능청스레 받아들일 때 흔히 사용하는 표현입니다.

Date: _____ Study Time: _____

네이티브들이 매일 주고받는 대화, 영어로 말할 수 있나요?

🎧 023-2. mp3 ■ ■ ■

스티브

부모님이 방문차 오셨는데 내일 같이 점심 먹을래?

헤더

그럼 정말 좋지. 언제 물어보나 했어!

스티브

아니, 네가 우리 가족을 만나는 걸 편하게 생각할지 몰라서 그랬어.

헤더

이렇게 좋은 아들을 두셨는데 너처럼 정말 좋은 분들이라고 확신해.

구슬쌤 영어회화 꿀팁

말로만 듣던 지인의 친구나 가족을 처음 만났을 때 인사말

1. It's so nice to finally meet you in person! 드디어 이렇게 직접 만나뵙게 되어 정말 반가운 걸요.

2. I can see where Christian gets his good looks.
   크리스천의 외모가 어디에서 왔는지 딱 보니 느껴지는 걸요.
   ∟ 지인의 부모님을 뵈었을 때 쓸 수 있는 표현으로, 외모 외에 personality(성격), taste(취향) 등으로도 응용 가능

3. Christian told me great things about you. 크리스천에게 좋은 말씀 많이 들었어요.

4. Christian told me so much about you. I feel like I know you already.
   크리스천이 하도 얘기를 많이 해서 이미 아는 사이 같은 느낌이에요.

네이티브가

간단히 수다 떨고
헤어질 때

지인과 나누는 즐거운 수다는 생활의 활력소가 되지요.
만나서 반갑게 인사를 나누고, 일상의 소소한 주제로
가벼운 수다를 떨고, 다음을 기약하며 아쉽게 헤어질 때
네이티브는 어떤 대화를 나누는지 궁금하시다면 다음 장으로~

그러면 좋겠는데
이제 가봐야 해서.

연락하고 살자.

얘기 즐거웠어.

어때? 살 만해?

걔한테 안부 전해줘.

네이티브들이 매일 주고받는 대화, 무슨 뜻일까요?

🔊 024-1. mp3 ◼ ◼ ◼

Carlie

How's life treating you?

Bart

Can't complain.* How about you? Didn't you just get a new job?

Carlie

I did. I'm still trying to get the hang of* everything.

Bart

Changes can be good. I'm sure you'll get used to everything sooner or later.*

📖 **미니 회화사전**

* **Can't complain.** (How are you? 같은 안부인사에 대한 답변으로 자주 씀) 딱히 불편할 건 없어.
* **get the hang of** ~에 대한 감을 잡다, (요령을 터득해서) 익숙해지다
* **sooner or later** 조만간에, 머지않아

👍 **네이티브는 이런 표현으로 말한다!**

How's life treating you? 살 만해?

〈How's + 대상 + treating you?〉는 '~가 상대를 어떻게 대하고 있는지' 묻는 뉘앙스로, '~는 어때?'란 뜻이에요. 대상에 work(일), school(학교), marriage(결혼생활), 사람, 도시 등을 넣어 다양하게 응용할 수 있죠.

Date: _____ Study Time: _____

네이티브들이 매일 주고받는 대화, 영어로 말할 수 있나요?

🎧 024-2. mp3 ▮▮ ▮▮

칼라이

살 만하고?

바트

뭐 딱히 불평할 건 없어. 너는 어때? 이번에 직장 옮기지 않았어?

칼라이

응, 아직 이것저것 여러모로 익숙해지려 노력 중이야.

바트

변화는 좋을 수도 있잖아. 조만간 적응할 거라 확신해.

구슬쌤 영어회화 꿀팁

'감 잡았어'는 영어로?

특히 배우는 과정이 그리 단순하거나 쉽지만은 않을 때 포기하지 않고 계속 매달려 노력하다 보면 점차 감을 잡고 요령을 터득해서 익숙해질 거라는 희망적인 표현으로 **get the hang of**를 자주 씁니다.

예 Don't worry. You'll **get the hang of** it. 걱정 마. 곧 (요령을 터득해서) 익숙해질 거야.

예 I think I finally **got the hang of** it. 내 생각엔 드디어 요령을 터득한 것 같아.

예 It looks like you **got the hang of** it. 너 보아하니 요령을 터득한 것 같은 걸.

네이티브들이 매일 주고받는 대화, 무슨 뜻일까요?

🎧 025-1. mp3 ▣▣▣

 Toby

Do you have any pets?

 Evelyn

I have a cat. Her name is Bella.

 Toby

That's a cute name. I love cats.* Do you have any pictures?

 Evelyn

I do. My phone is literally* full of pictures of my cat.

📖 미니 회화사전

* **I love cats.** 저 고양이 정말 좋아해요.
  고양이란 동물을 좋아하는 것이니, 단수가 아닌 복수로 써야 해요. 강아지를 좋아한다고 할 때도 I love dogs.라고 합니다. 참고로 단수로 쓰면 고기를 좋아한다는 뜻이 되니 정확히 써주세요.

* **literally** 말 그대로, 그야말로, 정말로
  네이티브가 구어체에서 강조할 때 literally를 자주 쓰는데요. really와 같다고 생각하면 쓰기 쉽습니다.

👍 네이티브는 이런 표현으로 말한다!

Do you have any pictures? 사진 있으세요?

원래 내가 좋아하는 대상에 대해 얘기할 땐 기분도 좋아지고 평소보다 말도 많아지죠. 상대가 반려동물이나 자녀 얘기를 꺼낼 때는 **Do you have any pictures?**(사진 있으세요?)라고 자연스레 관심을 표현하면, 상대편이 아주 좋아하죠. 상대방을 더 알아가고 싶을 때 이 표현을 쓰세요.

Date: _____   Study Time: _____

네이티브들이 매일 주고받는 대화, 영어로 말할 수 있나요?

🎧 025-2. mp3 ■ ■ ■

토비 반려동물 있으세요?

에블린 네, 고양이가 있어요. 이름은 벨라고요.

토비 예쁜 이름이네요. 저 고양이 정말 좋아하는데 사진 있으세요?

에블린 네, 제 핸드폰엔 진짜 고양이 사진만 엄청 많은 것 같아요.

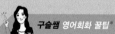
구슬쌤 영어회화 꿀팁

궁금한 게 있는지 물어볼 땐 any question일까요? any questions일까요?

상대에게 궁금한 점이 있는지 물어볼 땐 Do you have any questions? 구어체에선 줄여서 Any questions? 이렇게 복수로 써야 해요. Any question? 이렇게 단수로 쓰면 마치 상대가 질문을 딱 하나만 해야 될 것 같은 느낌을 주거든요. 자주 실수하는 부분이니 정확히 구분해 기억해 두세요.

예 Please don't hesitate to contact me if you have **any questions**.
궁금한 게 있으시면 주저 말고 연락 주세요.

예 Please feel free to ask me **any questions**.
궁금한 게 있으시면 편히 물어보세요.

특별한 날이 코앞으로 다가왔다는 말로 화제를 꺼낼 때

네이티브들이 매일 주고받는 대화, 무슨 뜻일까요?

🔊 026-1. mp3 🔲🔲🔲

 Ernie

Halloween's just around the corner.

 Cathy

I know. I can't believe it's already* October.
Time flies.*

 Ernie

Have you bought some candy?

 Cathy

Not yet. I should probably go to the store after work.

📖 미니 회화사전

* **I can't believe it's already ~** (시간/시기가) 벌써 ~라니 믿기지 않는 걸
I can't believe it's already Thursday.(벌써 목요일이라니 믿기지 않는 걸.), I can't believe it's already 9.(벌써 9시라니 믿기지 않는 걸.) 등 시간이 빨리 간다는 걸 강조할 때 다양하게 응용할 수 있습니다.

* **Time flies.** 시간 참 빨리 가네.
원래 놀 때나 즐거운 시간을 보낼 때 시간이 빨리 가는 것처럼 느껴지죠. 사람 사는 건 다 똑같기에 네이티브도 Time flies when you're having fun.이란 표현을 자주 씁니다.

👍 네이티브는 이런 표현으로 말한다!

Halloween's just around the corner. 할로윈이 코앞으로 다가왔네.

실제 물리적인 위치가 모퉁이 돌면 바로 있을 정도로 가까이 있을 때도 **be just around the corner**를 쓰지만 시기적으로 가까울 때도 자주 씁니다. 할로윈, 크리스마스, 주말 혹은 다른 특별한 날이 코앞으로 다가왔다고 할 때 써보세요. 유사표현으로 ~ **is coming up**(~가 다가오네)도 자주 쓰여요.

Date: _____ Study Time: _____

🎧 026-2. mp3 ▪ ▪ ▪

어니

할로윈이 코앞으로 다가왔네.

캐시

그러게. 벌써 10월이라니 시간 참 빨리 간다.

어니

(동네 아이들이 집집마다 돌아다니며 Trick or treat할 때 나눠줄) 사탕은 샀고?

캐시

아직 안 샀어. 퇴근하고 가서 사야겠어.

구슬쌤 영어회화 꿀팁

식료품점을 grocery store라고만 알고 있나요?

네이티브는 식료품점을 grocery store라고도 하지만 Whole Foods, Kroger, Publix처럼 가게 이름을 더 자주 쓰더라고요. 생각해보면 우리도 식료품점이라는 단어보다 마트 이름을 더 자주 쓰잖아요. 한 가지 더 흥미로운 점은 grocery store를 줄여서 store라고도 합니다. 처음 미국에 갔을 땐 store를 보면 길가에 있는 가게들이 생각나 갸우뚱했는데 식료품점이나 마트를 store라고도 하니 참고하세요.

네이티브들이 매일 주고받는 대화, 무슨 뜻일까요?

🎧 027-1. mp3 ■ ■ ■

Allison

Why don't you stay for* another drink?

Barrie

I wish I could, but I have to get going.* I have an early morning meeting tomorrow.

Allison

I understand. I had a great time tonight. We should do this more often.

Barrie

Absolutely. I could always use some time out of the office.

 미니 회화사전

* Why don't you stay for ~? (점심, 커피 등 다양하게 응용 가능) ~하고 가는 게 어때?
* get going 출발하다, 가보다

👍 네이티브는 이런 표현으로 말한다!

I wish I could, but I have to get going. 그러면 좋겠는데 이제 가봐야 해서.

같이 시간을 보내고 있는 지인이 조금 더 놀고 가라고 할 때 딱 잘라 No, I have to go now.(아니, 이제 가야 해.)라고 거절하며 상대를 무안하게 하지 말고 부드럽게 말해주세요. 현재 사실의 반대를 표현할 때 쓰는 〈I wish 주어 + 과거동사(~하면 좋을 텐데)〉로 더 놀지 못해 아쉬운 마음을 표현할 수 있습니다.

Date: _____   Study Time: _____

네이티브들이 매일 주고받는 대화, 영어로 말할 수 있나요?

🎧 027-2. mp3 ▪ ▪ ▪

앨리슨

술 한잔 더 하고 가는 게 어때?

배리

그럼 좋겠는데 이제 가봐야 해서. 내일 아침 일찍 미팅이 있거든.

앨리슨

알겠어. 오늘밤 정말 즐거웠어. 더 자주 만나자.

배리

그럼. 사무실에서 벗어날 수 있는 시간은 늘 좋지.

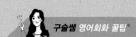
구슬쌤 영어회화 꿀팁*

늘 쓰는 표현에서 벗어나기: I have to go.(가볼게.)

매번 '가볼게.'로 I have to go.만 쓴다면 이 표현들도 써보세요. 네이티브가 평소 자주 쓰는 표현들입니다.

1. I have to get going. 난 이제 가볼게.

2. I have to run. 나 빨리 가봐야 해.
   └ go보다 빨리 가봐야 함을 강조

3. I have to take off. 난 가봐야 해.
   └ take off엔 '이륙하다' 외에 '서둘러 가보다'란 뜻도 있음

4. It's getting late. I should go now. 시간이 벌써 이렇게 됐네. 이제 가봐야겠다.

71

네이티브들이 때일 주고받는 대화, 무슨 뜻일까요?

🔊 028-1. mp3 ■ ■ ■

 Katlin

It was nice seeing you both.

 Derek

Likewise.* It was great catching up with an old friend.*

 Katlin

I know we're all busy with* work and kids, but we should do this again sometime.

 Derek

We should. I, for one,* am going to be much better about keeping in touch.

📖 **미니 회화사전**

* Likewise. 동감이야.
* old friend 오랜 친구
* be busy with ~로 바쁘다
* I, for one, 다른 사람은 몰라도 난

👍 **네이티브는 이런 표현으로 말한다!**

We should do this again sometime. 조만간 또 보자.

우리도 지인과 만나고 헤어지며 '또 보자.'란 말을 자주 하는 것처럼 네이티브도 똑같아요. 어떻게 보면 We should do this again sometime.은 애프터 신청의 끝판왕 표현이라고 해도 과언이 아닌데요. 개인적인 생각을 담은 약한 조언조인 should보다 강조해서 Let's do this again sometime.을 써도 됩니다.

Date: _____ Study Time: _____

🎵 028-2. mp3 🔲 🔲 🔲

케이틀린

둘 다 오늘 봐서 반가웠어.

데릭

동감이야. 오랜 친구와 만나 이렇게 근황 얘기하니 정말 좋았어.

케이틀린

일하고 애들 키우느라 다들 바쁘다는 걸 알지만 조만간 또 보자.

데릭

그래. 앞으로 나부터 더 자주 연락할게.

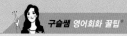
구슬쌤 영어회화 꿀팁

헤어질 때 인사말로 Bye만 쓰시나요?

네이티브는 구면인 상대와 헤어질 때 **It was nice seeing you.**(널 봐서 반가웠어.)를, 초면인 상대와 헤어질 땐 **It was nice meeting you.**(만나서 반가웠어요.)를 Bye. 못지않게 자주 씁니다. nice 대신 **great**, **wonderful**, **lovely** 등 다양한 표현을 써도 됩니다.

A **It was great meeting you.** (초면) 만나뵈어서 반가웠습니다.

B **Likewise. Enjoy the rest of your day.** 저도요. 남은 하루도 잘 보내세요.

네이티브들이 매일 주고받는 대화, 무슨 뜻일까요?

🎧 029-1. mp3 ■ ■ ■

Clarice

I think your phone's ringing.

Benjamin

Oh, it's work. I'd better* go now, but it was nice running into* you here.

Clarice

Indeed. Hey, don't be a stranger.

Benjamin

I won't.

 📖 미니 회화사전

* **had better + 동사원형** ~하는 게 좋을 거야/나을 거야
* **run into + 사람** ~를 우연히 만나다
  〈run into + 사람〉이 일상회화에서 가장 많이 쓰이는 상황은 지나가다 우연히 지인을 만났을 때 Glad I ran into you.
  (이렇게 우연히 보니 반가운 걸!)인 것 같아요. Call me if you run into trouble.(혹시 문제 있으면 전화해.)처럼 사람 외에
  trouble, problem 같은 문제를 접할 때도 자주 쓰입니다.

👍 네이티브는 이런 표현으로 말한다!

Don't be a stranger. 연락하고 살자.

'연락 좀 하고 살자'며 지인에게 하는 말로 Keep in touch.도 자주 쓰지만 농담 섞인 Don't be a stranger.
도 자주 씁니다. 영어로 여유롭게 농담하는 건 참 힘들죠. 낯선 사람인 stranger가 되지 않도록 자주 연락하라
는 뉘앙스로 지인과 헤어질 때 농담 섞인 가벼운 말투로 쓰면 돼요. 이를 응용해 오랜만에 만난 지인에게 Hey,
stranger.라고도 농담하니 참고하세요.

Date: _____ Study Time: _____

네이티브들이 매일 주고받는 대화, 영어로 말할 수 있나요?

🔊 029-2. mp3 ■ ■ ■

클라리스
네 전화가 울리는 것 같은데.

벤자민
아, 회사네. 이제 가봐야겠다. 근데 여기서 이렇게 우연히 만나 반가웠어.

클라리스
정말 그렇네. 야, 연락하고 살자.

벤자민
그렇게.

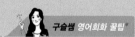
구슬쌤 영어회화 꿀팁

'd는 다 같은 게 아니예요.

'd better에서 'd는 had의 줄임말로 마치 특정 행동을 하지 않으면 문제가 생길 수 있으니 하는 게 좋을 거라고 살짝 협박에 가까운 강한 조언을 할 때 쓰는데요. 예를 들어 You'd better do it now.는 상사에게 쓰기엔 너무 강한 '지금 당장 하는 게 좋을 거다.'란 느낌이죠. 그래서 〈had better + 동사원형〉은 나 자신, 혹은 편하게 조언을 할 수 있는 사이에서 쓸 수 있습니다.

반면 I think it'd be better to do it now.에서 'd는 would의 줄임말로 '제 생각엔 지금 하시는 게 좋을 것 같아요.'의 조심스레 자신의 생각을 담아 조언하는 느낌을 줍니다. had better보다 훨씬 더 부드럽죠. 이처럼 'd는 had와 would의 줄임말이 될 수 있다는 것을 알고 맥락속에서 의미를 파악해 주세요.

030 전화통화나 대화를 기분 좋게 마무리 지을 때

네이티브들이 매일 주고받는 대화, 무슨 뜻일까요?

🎧 030-1. mp3 ▣ ▣ ▣

Oliver

Please say hello to* everyone for me.

Rebecca

Will do.* It was very nice talking to you.

Oliver

You, too. It's always good to hear your voice.

Rebecca

You're the only one who says that. I'll see you at the party next week, then.

 📖 미니 회화사전

* **Say hello to ~** ~에게 안부를 전해주다
* **Will do.** (구어체에서) 그럴게. 그렇게 할게.

👍 네이티브는 이런 표현으로 말한다!

It was nice talking to you. 얘기 즐거웠어.

전화통화나 대화를 마무리 지을 때 **It was nice talking to you.**(얘기/통화 즐거웠어.)를 쓰세요. 자연스레 기분 좋게 만남을 끝내도록 유도할 수 있습니다.

Date: _____ Study Time: _____

네이티브들이 매일 주고받는 대화, 영어로 말할 수 있나요?

🔊 030-2. mp3 ■ ■ ■

올리버

모두에게 안부 전해줘.

레베카

그럴게. 통화해서 정말 즐거웠어.

올리버

나도 즐거웠어. 네 목소리 듣는 건 언제든 좋은 걸.

레베카

그런 말 해주는 건 너밖에 없다. 그럼 다음주에 파티에서 보자.

구슬쌤 영어회화 꿀팁

talk to와 talk with는 다른가요?

talk to는 한쪽이 일방적으로 말할 때, talk with는 쌍방이 같이 대화할 때 쓴다고 생각하시는 분들이 종종 있는데요. 그럼 상대가 Can I talk to you for a second?(잠시 얘기 좀 해도 될까?)라고 했을 땐 talk to를 썼으니 난 최대한 가만히 입을 다물고 듣고 있어야만 될까요? 당연히 아니죠. 상대는 나와 대화를 나누러 온 거지 'to를 썼으니 내가 더 많이 말할 테다'란 생각은 조금도 하지 않았을 거예요. 이처럼 일상회화에선 talk to와 talk with 둘 다 '~와 대화를 나누다'란 뜻으로 쓰입니다. 하지만 회사에서 상사에겐 talk to를 쓰는 걸 추천합니다. 물론 기본적으로 가지고 있는 뜻은 같지만 with(~와)는 work with처럼 상대와 내가 동등한 위치일 때도 쓰이기에 거슬려 할 수도 있으니까요.

네이티브들이 매일 주고받는 대화, 무슨 뜻일까요?

🔊 031-1. mp3 ⬛ ⬛ ⬛

Danielle

Please give my best to Mia **when you see her.**

Robert

I saw her over* Christmas, and she asked how you're doing.

Danielle

How is she doing? Is she still in college?

Robert

No, she graduated last year, and now, she works for an accounting firm* in Atlanta.

📖 미니 회화사전

* **over** ~동안, ~에 걸쳐
* **firm** 회사

 네이티브는 이런 표현으로 말한다!

Give my best to Mia. 미아에게 안부 전해줘.

안부를 전해달라고 할 때 Say hello to ~도 자주 쓰지만 특히 격식을 차린 상황에선 Give/Send my regards to ~를 더 자주 씁니다. regards엔 '관심'이란 뜻이 있는데요. 상대가 잘 지내는지 관심 있는 내 마음을 전해달라는 걸 의역해서 안부 전해달라고 할 때 쓰는 거죠. Give my best to ~는 바로 Give my best regards to ~에서 regards가 생략된 표현이라고 보면 되고요. 친한 사이에선 Give my love to ~도 자주 쓰입니다. 앞에 please를 넣어 써도 좋죠.

Date: _____   Study Time: _____

🎧 031-2. mp3 ⬛⬛⬛

다니엘 미아 보면 안부 전해줘.

로버트 크리스마스 때 미아 봤는데 걔도 네가 잘 지내는지 궁금해하더라.

다니엘 미아는 잘 지내? 아직 대학교 졸업 안 했지?

로버트 아니, 작년에 졸업하고 지금은 애틀랜타에 있는 회계법인에서 일해.

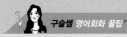
구슬쌤 영어회화 꿀팁

---

over the phone vs. on the phone 차이

over the phone과 on the phone의 차이는 뭘까요? 전치사 over에는 '~하는 동안, ~하면서'란 의미가 있는데요. 전화통화를 하는 중 일어나는 행동에 초점을 맞출 땐 over the phone(통화하는 동안, 통화하면서)을 씁니다. 그래서 phone interview(전화면접)를 over-the-phone interview라고 하기도 합니다. 전화로 면접을 하는 행동에 초점을 맞춘 거죠.

예 Can I make a reservation **over the phone**? 전화상으로 예약 가능한가요?

예 It's too complicated to explain **over the phone**. 전화로 설명 드리기 너무 복잡하네요.

반면 통화하는 것 자체에 초점을 맞출 땐 on the phone(통화 중)을 써요.

예 She's **on the phone**. 그녀는 통화 중이야.

예 Steve Jones. We spoke **on the phone**. 스티브 존스입니다. 저희 통화했었죠.

Part

04

네이티브가

식사할 때

맛집 투어, 먹방 등 먹는 즐거움은 결코 포기할 수 없죠?
여행 가면 그 나라의 음식을 먹어보는 게 필수코스랍니다.
네이티브가 식사할 때 단골로 등장하는 대화를 보면서
식당에서 원하는 메뉴를 취향에 맞게 주문하는 방법을 배워
먹는 즐거움을 마음껏 누려보세요!

얼마나 기다려야 하나요?

여긴 뭐가 맛있어요?

어서 한 모금 드세요.

배불러서 더는
못 먹을 것 같아.

포장 용기
좀 주실래요?

네이티브들이 매일 주고받는 대화, 무슨 뜻일까요?

🎧 032-1. mp3 ▮▮▮

Zack

Hi, did you make a reservation?

Katy

No, we didn't. Do you have a table for two?*

Zack

Unfortunately, we don't have any tables open.
Would you like to put your name down?*

Katy

Sure. It's Katy Powell. How long is the wait?

 미니 회화사전

* **Do you have a table for two?** 2명 앉을 테이블 있나요?
  예약했다면 Table for two under Seul Ku.(구슬 이름으로 2명 테이블 예약했어요.)라고 하면 됩니다. under에 '~라는 이름으로/명의로'라는 뜻이 있어요. 특히 예약을 확인할 때 It should be under ~(~로 예약되어 있을 거예요)로 자주 쓰이죠.

* **put something down** (글, 메모, 이름 등을) 적다

 네이티브는 이런 표현으로 말한다!

How long is the wait? 얼마나 기다려야 하나요?

wait를 보면 동사로 '기다리다'가 생각나죠. 근데 wait는 명사로 '기다림'이란 뜻도 있습니다. 레스토랑에서 얼마나 기다려야 하는지 물어볼 때 How long is the wait?라고 쓸 수 있고요. 손님이 많아 주문이 늦게 나올 때도 Sorry for the wait.(기다리게 해서 죄송해요.)를 씁니다. 기다린 시간이 하나도 아깝지 않게 느껴질 정도로 음식이 맛있었을 때도 It was worth the wait.(기다릴 만한 가치가 있었어.)라고 쓸 수 있죠. 이렇게 보면 명사 wait도 정말 쓸모 있는 표현이죠?

Date: _____ Study Time: _____

네이티브들이 매일 주고받는 대화, 영어로 말할 수 있나요?

🎧 032-2. mp3 ⬛ ⬛ ⬛

잭

안녕하세요. 예약하셨나요?

케이티

아니오. 예약은 안 했는데, 2명 앉을 테이블 있나요?

잭

죄송하지만 지금 테이블이 하나도 없어서요. 대기 명단에 성함 남기시겠어요?

케이티

네, 케이티 파웰입니다. 얼마나 기다려야 하나요?

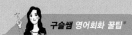

구슬쌤 영어회화 꿀팁

왜 이리 늦었는지 물어볼 때 Why로 시작하실 건가요?

왜 이리 늦었는지 물어볼 때 Why did you come so late?도 맞지만 영어를 정말 잘한다면 무생물 주어를 쓰는 법에 익숙해져야 합니다. 대화하는 상대가 주체가 되는 게 아닌 사물에 초점을 돌림으로써 감정을 절제해 세련되고 프로페셔널한 느낌을 주거든요. 왜 이리 늦었는지, 뭐 때문에 이리 오래 걸린 건지 물어볼 땐 의문사 Why(왜) 대신 무생물 의문사인 What(무엇)을 주어로, '시간이 걸리다'란 뜻의 take를 동사로, What took you so long?이라고 쓰세요. 살을 붙여 What took you so long to call?(왜 이리 늦게 전화한 거야?) 등으로 응용할 수 있습니다.

네이티브들이 매일 주고받는 대화, 무슨 뜻일까요?

🎧 033-1. mp3 ■ ■ ■

Welcome to Apple Garden. How many in your party?

Just the two of us.

Would you like a table or booth?*

Booth, please.

 미니 회화사전

* **booth** 칸막이가 있는 자리
레스토랑에 가면 디귿자형으로 칸막이가 되어 있는 자리가 있죠. 그걸 booth라고 합니다. 주로 booth는 소파로 되어 있어 폭신폭신하고, 오픈된 테이블보다 아늑한 느낌을 줘서 선호하는 사람이 많으니 참고하세요. 이외에 야외 테라스는 patio [패리오]라고 합니다. 날씨가 좋으면 patio에서 식사를 하는 것도 좋겠죠.

👍 네이티브는 이런 표현으로 말한다!

How many in your party? 일행이 몇 분이세요?

전 어렸을 때 게임을 좋아했는데요. 그때 '파티원 구함'이란 표현을 자주 봤어요. 이처럼 party는 말 그대로 지인들과 모여 노는 파티 외에 목적이나 임무 등을 위해 같이 행동하는 '일행'이란 뜻도 있습니다. 그래서 공화당은 Republican Party, 민주당은 Democratic Party라고 하는 거죠. 근데 이렇게 큰 뜻을 갖고 같이 모인 사람들에게도 party를 쓰지만 단순히 레스토랑에서 식사하기 위해 같이 모인 일행도 party라고 합니다.

Date: _____ Study Time: _____

네이티브들이 매일 주고받는 대화, 영어로 말할 수 있나요?

🎧 033-2. mp3 ■ ■ ■

대런

애플 가든에 오신 걸 환영합니다. 일행이 몇 분이세요?

수잔

그냥 저희 둘이요.

대런

테이블에 앉으실래요? 아니면 칸막이가 있는 자리에 앉으실래요?

수잔

칸막이가 있는 자리로 부탁드려요.

 구슬쌤 영어회화 꿀팁®

파티할 때 자주 보는 potluck

미국에선 사무실에서 하는 파티든 지인들끼리 여는 파티든 **potluck**이란 표현을 자주 접하는데요. 파티를 여는 호스트가 모든 음식을 준비해야 한다는 부담감에서 벗어나 조금 더 마음 편히 파티를 열 수 있도록 만든 현명한 방식이에요. 참석하는 사람들이 각자 음식을 가져와 뷔페식으로 나눠 먹는 걸 **potluck**이라고 하거든요. 요리를 못하는 사람이라도 **It's a potluck.**이라고 하면 음료나 디저트 정도는 사가는 게 매너라는 걸 기억해 주세요. 참고로 **BYOB**는 **Bring your own bottle**의 약자로 각자 마실 술을 가져오는 걸 의미합니다.

네이티브들이 매일 주고받는 대화, 무슨 뜻일까요?

🎧 034-1. mp3 ■ ■ ■

Allison

Have you ever eaten here?

Steve

Yes, this is my go-to place* for pizza. I literally come here almost every single weekend.*

Allison

I didn't know you like pizza. So, what's good here?

Steve

Everything is delicious, but their cheese pizza is my favorite. It goes well with* wine.

 미니 회화사전

* **go-to place** 즐겨 찾는/자주 가는 장소
* **every single weekend** 주말마다 한 번도 빠지지 않고
* **go well with** ~과 잘 어울리다

👍 네이티브는 이런 표현으로 말한다!

What's good here? 여긴 뭐가 맛있어?

지인과 식사할 때 예전에 온 경험이 있는 지인이나 레스토랑 직원에게 뭐가 맛있는지 추천 메뉴를 물어보며 쓸 수 있는데요. **What do you recommend?**보다 좀 더 캐주얼한 표현입니다.

Date: _____   **Study Time:** _____

네이티브들이 매일 주고받는 대화, 영어로 말할 수 있나요?

🔊 034-2. mp3 ◼◼◼

앨리슨

여기서 식사해본 적 있어?

스티브

응, 난 피자 먹고 싶을 때마다 여기에 와. 진짜 거의 매주 주말마다 오는 것 같아.

앨리슨

네가 피자를 좋아하는지 몰랐네. 그럼 여긴 뭐가 맛있어?

스티브

다 맛있는데 난 치즈피자가 제일 좋더라고. 와인과도 잘 어울리고.

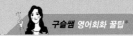
구슬쌤 영어회화 꿀팁

매일은 everyday일까요? every day일까요?

everyday와 every day는 달라요. everyday는 형용사로 '일상의, 평범한'이란 뜻입니다.
예 It's not practical for **everyday** use. 평소 쓰기엔 실용적이지 않네.

반면 **every day**는 부사로 '매일'이란 뜻인데요. 일상에선 '매일'이 더 자주 쓰이기에 이메일이나 문자에선 띄어 쓰기를 해야 되는 경우가 더 많다는 걸 기억해 주세요.
예 I work out almost **every day**. 난 거의 매일 운동해.

네이티브들이 매일 주고받는 대화, 무슨 뜻일까요?

🎧 035-1. mp3 ■ ■ ■

Kyle

Are you ready to order?

Courtney

Actually, could you give us another minute?

Kyle

Sure. I would just like to let you know that our kitchen closes in 5 minutes.

Courtney

Then, we'll go ahead and order two barbeque sandwiches with the sauce on the side.*

 미니 회화사전

* **on the side** 따로

우리나라에도 음식에 소스를 부어 먹는 걸 선호하는 사람들과 찍어 먹는 걸 선호하는 하는 사람들로 나뉘는 것처럼 미국도 똑같아요. 게다가 미국 음식은 우리보다 자극적인 경향이 있기에 소스나 드레싱을 따로 달라고 해서 내 입맛에 맞게 조절해 먹는 것도 좋은 방법입니다. Can I have the sauce/dressing on the side?(소스는/드레싱은 따로 주실래요?)처럼요. 즉석 샌드위치 가게처럼 소스를 따로 요청할 수 있는 상황이 아니라면 Go easy on the sauce, please.(소스는 조금만 주세요.)를 써서 소스 병을 과감하게 쭉 짜는 게 아닌 살살 조금만 뿌려달라고 요청할 수 있습니다.

 네이티브는 이런 표현으로 말한다!

Could you give us a minute? 잠시 생각할 시간 좀 주실래요?

메뉴를 정할 때 생각할 시간이 필요할 때가 있죠. 그땐 **Could you give us a minute?**를 쓰세요. 레스토랑에서 쓰면 '잠시 우리가 생각할 시간 좀 달라'는 의미로 쓰이고 일상에선 우리끼리 할 말이 있으니 '잠시 자리 좀 피해달라'고 부탁할 때 쓸 수 있습니다. 이때 a minute는 진짜 1분이 아닌 '잠시, 잠깐'이란 의미입니다. 또, 이쯤 되면 메뉴를 정할 시간이 됐다 싶지만 이따금 메뉴 고르는 데 시간이 더 필요한 경우도 있잖아요. 그럴 때는 위 대화에서처럼 **Could you give us another minute?**(생각할 시간 좀 더 주실래요?)을 쓰세요.

Date: _____ Study Time: _____

네이티브들이 매일 주고받는 대화, 영어로 말할 수 있나요?

🎧 035-2. mp3 ■ ■ ■

카일

주문할 준비되셨나요?

코트니

저기, 생각할 시간 좀 더 주실래요?

카일

그럼요. 저희 주방이 5분 후에 마감되니 참고해 주세요.

코트니

그럼 그냥 바비큐 샌드위치 두 개 주문할게요. 소스는 따로 주세요.

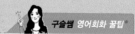
구슬쌤 영어회화 꿀팁

in 5 minutes는 5분 안일까요? 5분 후일까요?

in을 보면 '안'이라는 뜻이 생각나죠. 근데 시간이나 기간에서의 in은 '(경과를 나타내어) ~ 후에, ~ 있으면'이란 뜻이에요. 상대가 Can I call you in 30 minutes?라고 하면 '30분쯤 있다가 전화해도 되냐?'고 묻는 거지 30분 안에 전화하겠다는 뜻이 아닙니다. 시간에서의 in이 '안'이라고 착각하면 오해할 수가 있으니 정확히 기억해 두세요. 참고로 '기간 내에/안에'는 within입니다.

네이티브들이 매일 주고받는 대화, 무슨 뜻일까요?

🎧 036-1. mp3 ■ ■ ■

Betty

Are we ready to order?*

Clive

Actually, could you give us a minute?

Betty

Sure. Just let me know when you're ready.

Clive

We will. Thank you.

 미니 회화사전

* **Are we ready to order?** 주문할 준비 되셨나요?
  실질적으로 주문하는 건 손님이기에 you를 써서 Are you ready to order?라고 하는 게 맞지만 Are we ready to order?라고 하기도 합니다. 마치 이 식당에서 경험을 같이 하고 있는 것처럼 친근한 느낌을 주는 표현이죠.

👍 네이티브는 이런 표현으로 말한다!

Let me know when you're ready. 준비되시면 말씀해 주세요.

레스토랑에서 메뉴를 결정하느라 시간이 필요하다고 하면 천천히 생각해보고 결정되면 말해달라는 뉘앙스로 서버분이 Let me know when you're ready.(준비되시면 말씀해 주세요.)를 자주 써요. 생각해보고 주문할 준비가 됐다면 간단히 신호를 주며 I think we're ready.(주문할 준비 된 것 같아요.)라고 하면 됩니다.
레스토랑에서뿐만 아니라 상대에게 뭔가를 할 준비가 되면 말해달라고 할 때도 응용할 수 있는 표현입니다.

예 **Let me know when you're ready to go.** 갈 준비 되면 말해줘.

예 **Let me know when it's ready.** 그거 (준비) 다 되면 말해줘.

Date: _____ Study Time: _____

네이티브들이 매일 주고받는 대화, 영어로 말할 수 있나요?

🔊 036-2. mp3 ▨ ▨ ▨

베티

주문할 준비 되셨나요?

클라이브

실은 잠깐 생각할 시간 좀 주실래요?

베티

그럼요. 준비되시면 언제든 말씀해 주세요.

클라이브

그럴게요. 감사합니다.

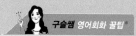
구슬쌤 영어회화 꿀팁

계산서를 테이블에 살짝 놓고 가며

계산서를 테이블에 살짝 놓고 가며 (Just) Whenever you're ready.라고 자주 쓰는데요. 천천히 식사하고 대화 나누다 언제든 괜찮으니 계산 준비가 되면 편히 계산하라는 뉘앙스이죠. 계산서를 줄 때 Here is your check.(계산서 여기 있습니다.)이란 표현보다 훨씬 더 자주 쓰이고 손님을 배려하는 표현이니 참고해 주세요.

네이티브들이 매일 주고받는 대화, 무슨 뜻일까요?

🔊 037-1. mp3 ⬛⬛⬛

Zoe

What are you in the mood for?

Eric

I'm good with whatever.*

Zoe

So…how about Italian? I've been craving* pasta all day.

Eric

Okay. I know a good Italian place downtown. Let's go there.

📖 미니 회화사전

* **I'm good with whatever.** 난 아무거나 좋아
상대가 뭘 먹고 싶은지 물어볼 때 I don't care.는 자칫 관심 없거나 신경 쓰기 귀찮다는 뉘앙스로 성의 없어 보일 수 있으니 I'm good with whatever.를 사용해 보세요. good 대신 fine을 써도 됩니다.

* **crave** ~를 갈망하다, ~가 당기다

 네이티브는 이런 표현으로 말한다!

What are you in the mood for? 뭐 먹고 싶어?

전 지인과 만나면 가장 먼저 묻는 질문 중 하나가 **What are you in the mood for?**(뭐 먹고/보고/하고 싶은 기분이야?)인데요. 이 표현은 단순히 먹고 싶은 음식이 뭔지 물어볼 때 외에도 어떤 영화가 보고 싶은 기분인지 뭘 하고 싶은 기분인지 등 다양한 상황에서 쓸 수 있습니다. 이때 **be in the mood for**는 '~하고 싶은 기분이다'라는 의미이죠.

Date: _____   Study Time: _____

네이티브들이 매일 주고받는 대화, 영어로 말할 수 있나요?

🎧 037-2. mp3 ⬛⬛⬛

조
뭐 먹고 싶어?

에릭
난 뭐든 좋아.

조
그럼… 이태리 음식은 어때? 하루 종일 파스타가 당겨서.

에릭
그래. 다운타운에 맛있는 이태리 음식점 있는데 거기에 가자.

구슬쌤 영어회화 꿀팁

지속성을 강조할 땐 현재완료 진행형

네이티브는 특정 행동을 과거부터 쭉 해왔다는 지속성을 강조할 때 현재완료 진행형을 자주 쓰는데요. 예를 들어 지금 이 순간 뭔가 당길 때 현재진행형으로 I'm craving ~을 써도 되지만 아까부터 혹은 예전부터 계속 당겼다는 걸 강조하고 싶으면 현재완료 진행형(I've been craving ~)을 써보세요. 여러분이 저와 쭉 공부를 해왔다는 걸 강조할 때도 I've been studying English with Seul.이라고 할 수 있겠네요.

93

네이티브들이 매결 주고받는 대화, 무슨 뜻일까요?

🎧 038-1. mp3 🔲 🔲 🔲

Julianna

Honestly, I'm not much of a fast-food eater.

Milo

Me neither. I used to not pay attention to what I eat, but nothing is more important than being healthy.

Julianna

Also, now that* we're getting older, our metabolism is slowing down.* We need to cut down on* junk food to stay in shape.

Milo

You're right.

📖 미니 회화사전

* **now that S + V** 이제 ~하니까
  📝 Now that I'm getting older, I can't drink as much as I used to. 점점 나이가 드니 예전만큼 술을 못 마셔.

* **My/Our metabolism is slowing down.** (마치 나잇살이 찌듯) 신진대사가 느려져 살찌기 쉬워.

* **cut down on** ~를 줄이다 (특히 부정적인 걸 줄일 때 자주 씀)
  📝 cut down on carbs 탄수화물을 줄이다 | cut down on drinking/smoking 술을/담배를 줄이다

 네이티브는 이런 표현으로 말한다!

I'm not much of a fast-food eater. 난 패스트푸드 별로 안 좋아해.

난 별로 **fast-food eater**(패스트푸드부심이 있는 사람)가 아니다, 즉, '패스트푸드를 별로 안 좋아한다'는 얘기이죠. 술을 별로 안 좋아한다고 할 때는 **I'm not much of a drinker.**(난 별로 술꾼이 아니다. ➡ 난 술 별로 안 좋아해.)라고 하면 되고요, 이외에도 말하는 걸 별로 좋아하지 않거나 말 주변이 없을 땐 **I'm not much of a talker.** 요리하는 걸 별로 좋아하지 않을 땐 **I'm not much of a cook.** 등과 같이 활용할 수 있죠.

Date: _____ Study Time: _____

네이티브들이 매일 주고받는 대화, 영어로 말할 수 있나요?

🎧 038-2. mp3 ■ ■ ■

줄리아나

솔직히 난 패스트푸드 별로 안 좋아해.

마일로

나도 그래. 예전엔 먹는 것에 별로 신경 안 썼는데 건강한 것보다 더 중요한 건 없더라고.

줄리아나

또, 우리가 이제 점점 나이 드니까 신진대사가 느려지잖아. 몸매 유지하려면 정크푸드는 줄여야 해.

마일로

맞아.

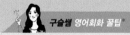
구슬쌤 영어회화 꿀팁*

중요성을 강조할 때 〈It's all about + 대상〉도 많이 써요!

It's all about ~은 '그건 ~에 대한 모든 거야'라고 글자 그대로 해석될 수 있습니다. 그런데 It's all about ~ 은 '~가 가장 중요해'라고 해석하는 경우도 참 많아요. 예를 들어 It's all about family.라고 하면 '가족이 가 장 중요해.'라는 의미로 해석할 수 있다는 말입니다.

예 **It's all about** connections. 인맥이 가장 중요해.

예 **It's all about** location. 위치가 가장 중요해.

예 **It's all about** trying. 노력하는 게 가장 중요한 거야.

네이티브들이 매일 주고받는 대화, 무슨 뜻일까요?

🔊 039-1. mp3

Deirdre

Anything to drink?

Francis

Can I have water with lemon?*

Deirdre

Sure. Tap water or bottled?

Francis

Tap's fine.

📖 미니 회화사전

* Can I have water with lemon? 물에 레몬 하나 넣어주실래요?
  미국에선 집에서도 싱크대에서 나오는 tap water를 마시는 게 보편적이지만 아무래도 수돗물은 특유의 냄새가 나더라고요. 그럴 땐 물에 레몬이나 라임을 하나 넣어달라고 부탁하세요. 미국인들도 자주 쓰는 표현입니다.

 네이티브는 이런 표현으로 말한다!

Tap water or bottled? 수돗물 드릴까요? 병에 든 물 드릴까요?

레스토랑에 가서 물을 시키면 그냥 줄 때도 있지만 tap water(수돗물, 즉 공짜 물) 또는 bottled water(병에 든 물, 즉 한 병당 돈을 지불해야하는 물)를 원하는지 물어볼 때가 있는데요. 심지어 가정집에서도 손님이 물을 달라고 했을 때 병에 든 물이나 필터로 거른 물이 따로 없을 때 Is tap water okay?(수돗물도 괜찮으시나요?)라고 물어보기도 합니다.

참고로 레스토랑에서 물을 시키면 이렇게 옵션이 있을 때가 있는 것처럼 맥주를 시키면 draft(생맥주) or bottled(병맥주)의 옵션이 있으니 참고하세요.

Date: _____ Study Time: _____

네티브들이 매일 주고받는 대화, 영어로 말할 수 있나요?

♪ 039-2. mp3 ■ ■ ■

데어드레

마실 건요?

프랜시스

물에 레몬 하나 넣어주실래요?

데어드레

그럼요. 수돗물 드릴까요? 병에 든 물 드릴까요?

프랜시스

수돗물 주셔도 돼요.

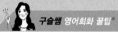
구슬쌤 **영어회화 꿀팁**

레스토랑에서 자주 쓰는 tap vs. tab

tap과 tab을 발음으로 구분 지으려 하지 말고 쓰는 상황으로 구분 지으세요. 레스토랑에서 tap이 가장 자주 쓰이는 상황은 tap water(수돗물)를 주문했을 때입니다. tap의 p를 보면 마치 수도꼭지에서 물이 흘러나오는 것처럼 생겼죠.

tab은 음식점이나 술집에서의 '계산서, 외상장부'인데요. 특히 바에서 술을 시키면 Would you like to start a tab?이라고 물어보는 경우가 있습니다. Yes.라고 하며 카드를 주면 잔 당 계산하지 않고 한 번에 계산할 수 있도록 start a tab하게 됩니다. 술을 다 마시고 I'd like to close my tab.이라고 하면 총 계산서를 가져다줍니다.

tap과 tab 둘 다 레스토랑에서 자주 쓰이는 표현이니 정확하게 알아두세요

네이티브들이 매일 주고받는 대화, 무슨 뜻일까요?

🎧 040-1. mp3 ⬛ ⬛ ⬛

Eloise

I can't believe he called it off* at the last minute.*

Larry

I know it's frustrating,* but you need to blow off some steam.* Here, have a sip of water.

Eloise

I need something stronger* than water. Do you have some booze?*

Larry

Wine, vodka, whiskey, beer. You name it,* I got it.

📖 미니 회화사전

* **call it off** 취소하다
* **at the last minute** 막판에, 마지막 순간에
* **frustrating** (원하는 대로 되지 않아 짜증나고) 답답한, 좌절감을 일으키는
* **blow off some steam** 열 좀 식히다
* **strong** (술이 독하고) 센
  참고로, 칵테일 이름 앞에 virgin이 붙으면 무알콜(non-alcoholic)과 같은 뜻입니다.
* **booze** (비격식) 술
* **You name it.** 말만 해.

 네이티브는 이런 **표현**으로 말한다!

Please have a sip. 어서 한 모금 드세요.

주문한 음료가 나왔거나 손님에게 음료를 대접하며 어서 마시라고 할 때는 Please have a sip.(어서 한 모금 드세요)을 씁니다. 음료의 가장 작은 단위인 sip(한 모금, 한 번 홀짝거린 분량)을 응용해, 친한 지인의 음료를 맛보고 싶을 때면 Can I have a sip?(한 모금 마셔봐도 돼?)이라고 하면 되고요. 또는 내 음료를 빤히 쳐다보는 지인에게 Do you want a sip?(한 모금 마실래?)이라고도 쓰죠.

Date: _____ Study Time: _____

네이티브들이 매일 주고받는 대화, 영어로 말할 수 있나요?

🎵 040-2. mp3 ■ ■ ■

엘로이즈

그가 막판에 취소했다는 게 정말 믿기지가 않아.

래리

답답한 거 아는데 그래도 열 좀 식혀. 여기, 물 좀 한 모금 마시고.

엘로이즈

물보다 센 게 필요해. 술 좀 있어?

래리

와인, 보드카, 위스키, 맥주, 말만 해. 다 있어.

구슬쌤 영어회화 꿀팁*

네이티브가 자주 쓰는 감정 표현 4개!

1. devastating (마치 온몸이 무너져버리는 것처럼) 정말 충격적인
   예 It's such **devastating** news. 정말 충격적인 소식이네요.

2. upset 속상한, 감정이 상한
   예 He sounded **upset** on the phone. 걔랑 통화했는데 속상해 하는 것 같더라.

3. intimidating (자신감이 없어지도록) 겁을 주는
   예 It's so **intimidating**. 너무 주눅들어요.
   └ 윗사람들 앞에서 평가받는 자리일 때 왠지 나 자신이 작아진 것처럼 자신감이 없어지고 겁날 때 하는 말

4. humiliating 굴욕적인
   예 It was the most **humiliating** and embarrassing moment of my career.
   그건 내 커리어에서 가장 굴욕적이고 창피한 순간이었어.

네이티브들이 매일 주고받는 대화, 무슨 뜻일까요?

🎧 041-1. mp3 ⬛⬛⬛

Andrea

Who's up for another drink?

Rick

Who isn't?* I mean, it's only 8. I'm not even tipsy* yet.

Andrea

Okay, I'll go get us another bottle of wine.

Rick

Sounds perfect!

📖 **미니 회화사전**

* **Who isn't?** 누군들 마다하겠어?
  상대가 뭔가를 제안할 때 누군들 마다하고 싫어하겠냐고 장난스레 대답할 수 있는 표현입니다.
* **tipsy** (기분 좋게 알딸딸한 정도) 술이 약간 취한

 네이티브는 이런 표현으로 말한다!

Who's up for another drink? 술 한 잔 더 마실 사람?

마치 '이거 할 사람?'이라고 물어봤을 때 벌떡 일어나며 '저요!'라고 하는 것처럼, 모여 있는 사람들의 의사를 한 번에 파악할 때 **Who's up for ~?**(~할 의향/마음이 있는 사람 누구?)를 자주 씁니다. 상대를 콕 집어 의사를 물어볼 땐 **Are you up for ~?**(~할 의향/마음이 있어?)라고 하면 되고요. 흥미로운 건 **up**의 반대말인 **down**을 써도 의미가 같다는 건데요. **Are you down for ~?**는 좀 더 캐주얼한 상황에서 쓰이지만 여전히 상대가 뭔가를 할 의향이나 마음이 있는지 물어볼 때 쓴다는 걸 기억해 주세요.

Date: _____ Study Time: _____

🎧 041-2. mp3 ▪ ▪ ▪

안드레아

술 한 잔 더 마실 사람 누구?

릭

누군들 마다하겠어? 아니, 8시밖에 안 됐잖아. 난 아직 술기운이 느껴지지도 않아.

안드레아

알겠어. 가서 와인 한 병 더 가져올게.

릭

좋아!

구슬쌤 영어회화 꿀팁

designated driver(지정 운전자)가 뭔가요?

친한 친구들과 모여 술을 마시고 집에 돌아갈 때 각자 우버나 택시를 불러도 되지만 대리운전이 흔치 않은 미국에선 일행 중 한 명씩 돌아가며 **designated driver**(지정 운전자)를 할 때가 많은데요. 그 날의 **designated driver**가 되면 그 사람은 술을 마시지 않고 친구들을 다 집에 안전하게 데려다줘야 합니다. 주로 술자리를 자주 갖는 친한 친구들끼리 하는 문화이지만 그래도 알아두세요.

예 I'll be the **designated driver** for the night. 오늘밤은 내가 지정 운전자 할게.

네이티브들이 매일 주고받는 대화, 무슨 뜻일까요?

🎵 042-1. mp3 ■ ■ ■

Phil

Let's make a toast.*

Barbara

What shall we drink to?

Phil

To the first of many wins.

Barbara

Never in doubt.*

 미니 회화사전

* **make a toast** (특히 건배사를 제안할 때) 건배하다
* **Never in doubt.** 믿어 의심치 않아. 의심의 여지가 없어.

👍 네이티브는 이런 표현으로 말한다!

What shall we drink to? 뭘 위해 건배하지?

우리도 건배를 할 때 '위하여'를 외치는 것처럼 미국도 똑같아요. 그러나 우리에게 '위하여'로 익숙한 **for**가 아닌 뭔가를 향하여 잔을 든다는 뉘앙스로 **to**를 씁니다. 예를 들어 **What shall we drink to?**의 답변으로 **To a great year.**(멋진 한 해를 위해서.) 또는 **To a wonderful evening.**(멋진 밤을 위하여.)이라고 할 수 있는 거죠. 참고로 〈**To** + 대상(~을 위하여)〉은 〈**Here is to** + 대상〉의 줄임말입니다.

예 **To us.** = **Here's to us.** 우리를 위하여.

Date: _____ Study Time: _____

🎧 042-2. mp3 ■ ■ ■

필

우리 건배해요.

바바라

뭘 위해 건배할까요?

필

이번을 시작으로 앞으로 있을 수많은 좋은 일들을 위하여.

바바라

앞으로도 잘되리라 믿어 의심치 않습니다.

구슬쌤 영어회화 꿀팁

Shall we ~? 이렇게 쓰세요

Shall we ~?를 보면 Shall we dance?(우리 춤 출까요?)만 생각나지 않나요? 근데 현실적으로 네이티브에게 춤을 추자고 부드럽게 제안하는 상황은 많지 않기에 Shall we ~?를 이렇게만 알고 있으면 제대로 쓰기 어려워요. 여러분이 평소 쉽게 쓸 수 있는 Shall we ~?의 응용표현 3개를 알려 드릴게요.

1. **Shall we start?** 그럼 시작할까요?
   └ 미팅이나 발표를 시작할 때

2. **Shall we?** 그럼 이제 갈까요?
   └ 식사 후 자리에서 일어나며 (굳이 가는 걸 직설적으로 표현하는 go/leave now를 뒤에 붙이지 않고 맥락상 Shall we?만 써도 됨)

3. **Shall we discuss this over lunch?** 점심 먹으면서 얘기할까요?
   └ 점심 먹으면서 얘기하자고 할 때 (over(~하면서, ~하는 동안에) 뒤에 점심 외에 dinner, coffee 등 응용 가능)

네이티브들이 매일 주고받는 대화, 무슨 뜻일까요?

🎧 043-1. mp3 ⬛⬛⬛

Eleanor

What do you say we share a chocolate cake? Their cakes are exquisite.*

Noah

I wish I could, but I don't think I can eat another bite.

Eleanor

Come on, you just had a slice of pizza. Don't tell me you don't have any room* for dessert.

Noah

I had a big lunch, but you're welcome to order the cake. It does look delicious on the menu.

📖 미니 회화사전

* **exquisite** 정교한, 더 없이 훌륭한/맛있는
  너무나 예쁘게 잘 만들어서 왠지 포크로 케이크를 찌르는 순간 예술작품을 망치는 느낌을 줄 때가 있죠. 외관상으로도 더 없이 훌륭하고 마치 모든 재료의 맛이 느껴지는 것처럼 잘 만든, 맛있는 음식에 exquisite을 씁니다.

* **room** (여유) 공간, 여지

 네이티브는 이런 표현으로 말한다!

I don't think I can eat another bite. 배 불러서 더 이상 못 먹을 것 같아.

배 부를 때 I'm full. 또는 I'm stuffed.를 써도 되지만 정말 배불러서 더 이상 한 입도 못 먹을 것 같다는 뉘앙스로 I don't think I can eat another bite.도 자주 씁니다. I think I can't eat another bite.가 틀리진 않지만 네이티브는 부정의 의미를 앞으로 끄집어내는 걸 좋아해요. 근데 이런 특징을 알아도 막상 네이티브와 대화할 때 이런 점까지 신경 쓰기란 참 어렵죠. 그러니 평소 쉽게 쓸 수 있는 I don't think I can eat another bite.를 그냥 입에 배게 붙여두세요.

Date: _____ Study Time: _____

네이티브들이 매일 주고받는 대화, 영어로 말할 수 있나요?

🎧 043-2. mp3 ▪▪▪

엘레노어

초콜릿 케이크 같이 나눠 먹는 거 어때? 여기 케이크 정말 맛있어.

노아

그러면 좋겠는데 배불러서 더 이상 못 먹을 거 같아.

엘레노어

에이, 너 피자 한 조각밖에 안 먹었잖아. 진짜 디저트 먹을 배가 없다고?

노아

점심을 푸짐하게 먹었거든. 근데 케이크 먹고 싶으면 시켜. 메뉴 보니 정말 맛있어 보이긴 하네.

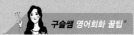
구슬쌤 영어회화 꿀팁

welcome(환영하다)의 재발견

welcome을 '환영하다'라고만 알고 있으면 사실 일상회화에서 쓸 기회가 그리 많지는 않아요. 상대가 원한다면 얼마든지 마음껏 해도 좋다고 흔쾌히 허락할 때 〈You're welcome to + 동사원형(편히 ~해도 좋아)〉로 welcome이 많이 쓰인답니다. 자동으로 입에서 툭툭 튀어나올 정도로 You're welcome to ~를 통째 익혀 두세요.

예 **You're welcome to stay for dinner.** 저녁 먹고 가도 돼.

예 **You're welcome to come by anytime.** 언제든지 편히 들러도 돼.

예 **You're welcome to join us.** (네가 원하면) 얼마든지 우리와 같이 가도 돼.

105

네이티브들이 매일 주고받는 대화, 무슨 뜻일까요?

🎧 044-1. mp3 ⬛⬛⬛

Veronica

So, how's everyone doing?

Brett

Great! I think we're ready for the check.* Can we also have to-go containers?

Veronica

I can go ahead and box them up for you. Would this be together or separate?*

Brett

Together, please.

 미니 회화사전

* check 계산서　　　　* Together or separate? 같이 계산하실 건가요, 따로 계산하실 건가요?

 네이티브는 이런 표현으로 말한다!

Can I have a to-go container? 포장 용기 좀 주실래요?

포장문화가 잘 되어 있는 미국에선 음식이 많이 남았는데 to-go container(포장 가능한 용기)를 받아 남은 음식을 가져가겠다고 하지 않으면 오히려 음식이 입에 안 맞았는지 물어보더라고요. 그러니 레스토랑에서 음식이 많이 남으면 눈치보지 말고 Can I have a to-go container?라고 물어보세요. have 대신 get(얻다)을 써도 되고, to-go container 대신 to-go box를 써도 됩니다.

물론 Could you box this up for me?(이것 좀 포장해 주실래요?)라고 직원에게 직접 해달라고 요청해도 되지만, 전 개인적으로 용기를 주면 제가 하겠다고 하는 게 더 맘 편하더라고요. 고급 음식점에서는 어차피 제가 하겠다고 해도 직원이 알아서 다 해주기도 하고요.

참고로 카페에서 음료가 남아 포장해오고 싶을 땐 Can I have a to-go cup?(남은 음료를 포장할 수 있는 컵 좀 주실래요?)이라고 하면 됩니다.

Date: _____   Study Time: _____

네이티브들이 매일 주고받는 대화, 영어로 말할 수 있나요?

🔊 044-2. mp3 ■■■

베로니카

어떻게, 다들 괜찮으신가요?

브렛

네, 정말 맛있었어요! 계산서 주시면 될 것 같은데. 포장 용기도 좀 주실 수 있나요?

베로니카

제가 남은 음식은 포장해 드릴게요. 계산서는 같이 해드릴까요, 각자 따로 해드릴까요?

브렛

같이 해주세요.

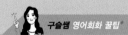
구슬쌤 영어회화 꿀팁

더치페이는 go Dutch 맞죠?

물론 우리에게 익숙한 **go Dutch**란 표현을 써도 되지만 계산서를 가져다 주기 전 같이 낼 건지 따로 낼 건지 대부분 물어보기에 굳이 나서서 '우리 더치페이 합니다.'라고 얘기하지 않아도 돼요. 직원이 **Is this together or separate?**라고 물어봤을 땐 **separate**라고 하면 각자 먹은 걸 계산할 수 있도록 계산서를 각자 따로 가져 다 줍니다. 총 금액을 n분의 1로 낼 땐 **split**(나누다)를 쓰는데요. **split**는 돈 계산할 때 외에 음식을 나눠먹을 때 나 일을 나눠서 할 때도 쓸 수 있습니다.

예 Could you **split** the check, please? n분의 1로 나눠서 계산해 주실래요?

예 Let's **split** it in three ways. 3등분 하자.

예 Does anybody want to **split** the cheesecake? 나와 치즈케이크 나눠먹고 싶은 사람?

107

네이티브들이 매일 주고받는 대화, 무슨 뜻일까요?

🎧 045-1. mp3 ⬛⬛⬛

Ali

How's everything?

Amanda

Couldn't be better. Everything is perfect.

Ali

I'm pleased to hear that. We pride ourselves on*
great steaks. Please let me know if you need
anything else.*

Amanda

We will. Thank you.

 미니 회화사전

* **pride oneself on** ~에 대한 자부심이 있다. (스스로 자랑스러워 할 정도로) ~을 잘한다
  특정 부분에 있어 스스로 자부심을 느낄 정도로 자신 있고 뭔가를 특출나게 잘할 때 써요.
  🔵 I pride myself on being a good listener. 난 다른 사람의 말을 잘 경청해.

* **Please let me know if you need anything else.** (이미 도움을 준 후) 더 필요한 게 있으시면 말씀해 주세요.

 네이티브는 이런 표현으로 말한다!

Couldn't be better. 이보다 더 좋을 순 없어요. (정말 최고예요.)

전 서비스업에서의 최고의 칭찬 중 하나가 Couldn't be better.라고 생각해요. 뭔가 너무나 훌륭해서 이보다
더 좋을 순 없을 때 쓸 수 있는데요. 음식이나 특정 경험이 더할 나위 없이 완벽했다고 칭찬할 때는 물론 평소
How are you? How's everything? 같은 안부를 묻는 상황에서도 정말 잘 지낸다는 걸 강조할 때 자주 쓰
입니다.

Date: _____ Study Time: _____

네이티브들이 매일 주고받는 대화, 영어로 말할 수 있나요?

🔊 045-2. mp3 ■ ■ ■

알리

음식은 다 어떠신가요?

아만다

정말 최고예요. 다 완벽해요.

알리

그렇게 말씀해 주시니 기쁜 걸요. 저희는 맛있는 스테이크에 대한 자부심이 있거든요. 더 필요하신 거 있으시면 말씀해 주세요.

아만다

그럴게요. 고맙습니다.

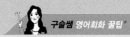
구슬쌤 영어회화 꿀팁

Couldn't be better.와 비슷하지만 다른 표현들

이런 류의 표현은 정확한 뉘앙스를 모르면 대화 중 무슨 뜻인지 곰곰이 생각하느라 자칫 대화 흐름이 끊길 수 있습니다. 네이티브가 평소 자주 쓰는 다음 표현들을 듣자마자 뜻이 바로 파악되도록 확실히 기억해 주세요.

1. **couldn't be worse** (상황이 이보다 더 나쁠 순 없다는 뉘앙스) 정말 최악이야
   예 Things **couldn't be worse.** 상황이 정말 최악이야.

2. **could be better** (현재보다 상황이 더 나을 수도 있다는 뉘앙스) 그저 그래, 별로야
   예 Things **could be better**, but it'll do the job.
   뭐, 상황이 더 나을 수도 있지만 일단 그걸로도 충분할 거야.

3. **could be worse** (상황이 더 나쁠 수도 있다는 뉘앙스) 이만하길 다행이지
   예 It's not that bad. It **could be worse.** 그리 나쁘진 않아. 이만하길 다행이지.

Part
05

네이티브가

쇼핑할 때

소확행(소비는 확실한 행복; 작지만 확실한 행복)
쇼핑은 일상의 스트레스 해소에 도움이 되기도 하고
여행에서 가장 큰 즐거움 중 하나이기도 합니다.
쇼핑 상황에서 자주 쓰이는 네이티브 대화를 통해
바가지 쓰지 않고 스마트한 쇼핑을 위한 표현을 배워볼까요?

평소 쓰기엔
좀 실용적이진 않네.

반품 및 환불 불가.

이거 반품하고 싶어요.

원 플러스 원

재고가 있는지
확인해주실 수 있나요?

046 원 플러스 원으로 구입했다고 할 때

네이티브들이 매일 주고받는 대화, 무슨 뜻일까요?

🎧 046-1. mp3 ⬛⬛⬛

 Victor
I like your* scarf. Is it new?

 Liz
Yeah, I got it at a BOGO sale.

 Victor
It looks good on you. Red is definitely your color.*

 Liz
I have another one in navy. If you really like it, I'd be happy to give it to you.

 미니 회화사전

* I like your + 대상 (특히 상대의 옷이나 장신구를 부담 없이 칭찬할 때) ~ 예쁘네요, 마음에 드네요
* ~ is definitely your color ~색이 너와 정말 잘 어울려

👍 네이티브는 이런 표현으로 말한다!

BOGO (Buy One Get One free) 원 플러스 원

미국에서 쇼핑할 때 BOGO란 표현을 자주 보는데요. BOGO는 Buy One Get One free(하나 사면 하나 공짜) 또는 Buy One Get One half off(하나 사면 하나는 50% 할인)의 약자로 쓰입니다. 광고를 보면 주로 Buy One Get One, 하나 사면 하나를 공짜로 얻을 수 있을 것 같은 느낌을 주는 BOGO를 큼직하게 쓰고 뒤에 half off는 작은 글씨로 쓸 때가 많으니 BOGO만 보고 설레면 안 되고 끝부분까지 확실히 읽어야 돼요.

Date: _____ Study Time: _____

네이티브들이 매일 주고받는 대화, 영어로 말할 수 있나요?

🎧 046-2. mp3 ⬛ ⬛ ⬛

빅터

스카프 예쁘다. 새로 산 거야?

리즈

응, 원 플러스 원 행사에서 샀어.

빅터

너한테 잘 어울린다. 넌 빨강색이 정말 잘 받는 것 같아.

리즈

(BOGO 행사에서 사서) 남색으로도 하나 더 있는데 마음에 들면 너 줄게.

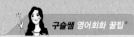
구슬쌤 영어회화 꿀팁®

up to 80% off면 다 80% 할인이라는 거죠?!

BOGO에 이어 가게에서 작은 글씨까지 봐야 하는 경우는 한 가지 더 있는데요. 할인행사를 할 때 **up to 80% off**라고 쓰여 있으면 모든 상품이 **80%** 할인이 아닌 '할인을 최대 **80%**까지' 받을 수 있다는 뜻입니다. 즉 일부 상품만 **80%** 할인이 들어가는 거고 나머지 상품들은 **10-20%** 할인일 경우가 대부분이니 전 품목 다 **80%** 할인이라고 착각하고 이것저것 담으면 계산할 때 당황하실 수 있어요. 이때도 맨 앞에 **up to**(~까지)는 작은 글씨로 쓰여 있을 때가 많으니 꼼꼼히 봐주세요.

047 반품 및 환불이 불가한 제품이라고 할 때

 네이티브들이 매일 주고받는 대화, 무슨 뜻일까요?

🎧 047-1. mp3 ◾◾◾

Nancy

Everything on this rack* is 75% off.

Sean

Wow, that's a great deal.

Nancy

It is, indeed, but please note that* all sales are final for the discounted items.

Sean

I got it.

📖 **미니 회화사전**

* **rack** (특히 가게에서 물건을 진열해두기 위해 놓는) 선반
* **Please note that S + V** (중요한 공지사항이나 정보를 알려주며) ~라는 점을 유의/기억/참고해 주세요

👍 **네이티브는 이런 표현으로 말한다!**

All sales are final. 반품 및 환불 불가.

Non-refundable을 보면 '환불 불가'라는 게 확실히 와닿죠. 그래서인지 구매 전 더 신중히 생각해보고 사게 되는 것 같고요. 근데 **All sales are final.**이라고 하면 '반품 및 환불 불가'라는 뜻이 바로 와닿지 않아요. 그래서인지 거부감이 더 적은 이 표현을 가게에서 자주 씁니다. **All sales are final.**은 '모든 판매는 지금 하는 거래가 최종'이라는 뜻으로 추가적인 거래, 즉 '반품이나 환불이 불가하다'는 거죠. 사실 이 표현이 더 헷갈리는 이유는 **final sale**이란 표현 때문인데요. **final sale**은 '마지막/최종 세일'이란 뜻으로 보통 할인보다 할인율이 더 높은 걸 의미해요. **clearance sale**(재고 정리 세일) 또한 할인율이 높고요. 돈과 연관된 표현들은 더더욱 확실히 외워야 되는 것 같아요. **All sales are final.**은 '반품이나 환불이 불가하다'는 뜻이라는 걸 꼭 기억해 주세요.

Date: _____ Study Time: _____

네이티브들이 매일 주고받는 대화, 영어로 말할 수 있나요?

🎧 047-2. mp3 ⬛ ⬛ ⬛

낸시

이 선반에 있는 건 전부 75% 할인 중입니다.

손

우와, 진짜 싸게 파네요.

낸시

정말 그렇죠. 근데 할인품목에 대해서는 반품이나 환불이 불가하다는 점 참고해 주세요.

손

알겠습니다.

구슬쌤 영어회화 꿀팁

세일과 연관된 실전 회화 표현 2가지!

1. 할인이 반영된 가격인지 궁금할 때
   Is this the original price, or the discounted price? 이게 정상가인가요? 아니면 할인가인가요?
   └ discounted price 대신 marked-down price(인하된 가격)를 써도 됨

2. 이것도 할인 상품인지 궁금할 때
   Excuse me. Is this included in the sale? 저기, 이것도 할인 상품인가요?
   Excuse me. Is this part of the promotion? 저기, 이 상품도 행사에 포함되나요?

네이티브들이 매일 주고받는 대화, 무슨 뜻일까요?

🎧 048-1. mp3 ■ ■ ■

Charlotte

Excuse me, do you have this in size 6? I don't see it in the rack.

Marcus

Let me see. We have size 5 and 7, but it looks like we're out of* 6.

Charlotte

Is there any way you can* check in the back?

Marcus

Sure. I'll be right back.

 미니 회화사전

* **be out of ~** ~가 바닥나다, 다 떨어지다
음식, 생필품 등이 다 떨어졌을 때 외에도 시간이나 옵션 등이 없어 곤란한 상황을 표현할 때 be out of가 쓰입니다.
예 We're **out of** syrup. 시럽이 다 떨어졌어.
예 We're **out of** options. 남은 선택사항이 없어.

* **Is there any way you can ~?** (조심스레 부탁) 혹 ~할 수 있는 방법이 있을까요?

👍 네이티브는 이런 표현으로 말한다!

Is there any way you can check in the back? 혹 창고에 재고가 있는지 확인해주실 수 있나요?

진열대엔 나와있는 게 따로 없다고 할 때 정말 사고 싶은 상품이라면 Is there any way you can check in the back?이라고 조심스레 부탁해 보세요. 어려운 부탁을 할 때 자주 쓰는 Is there any way you can ~? 을 써서 '혹 ~할 수 있는 방법이 있는지?' 조심스레 물어보는 느낌을 줍니다.

Date: _____ Study Time: _____

네티브들이 매일 주고받는 대화, 영어로 말할 수 있나요?

🔊 048-2. mp3 ⬛ ⬛ ⬛

샬롯

저기, 이거 사이즈 6으로 있나요? 여기 진열대에 안 보여서요.

마커스

어디 보자. 사이즈 5와 7은 있는데 6은 다 나간 것 같네요.

샬롯

혹 창고에 재고가 있는지 확인해주실 수 있을까요?

마커스

그럼요. 지금 확인해보고 올게요.

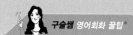
구슬쌤 영어회화 꿀팁*

미국 가게에선 상표에 나온 가격이 최종가가 아니예요.

우리나라는 제품가격에 부가가치세가 포함된 최종가격이 소비자에게 공개되기에 가게에서 2만 5천원짜리 상표
가 붙은 옷을 계산할 때 당연히 2만 5천원만 내면 되죠. 하지만 미국에선 상표에 $25라고 붙어 있어도 계산할
때 그 가격에 세금(sales tax)을 추가로 지불해야 합니다. 흥미로운 건 세율이 지역마다 다르다는 건데요. 제가
멤피스에 있었을 땐 세율이 9.75%여서 노트북처럼 비싼 제품을 살 땐 15분 정도 운전해 세율이 7%인 미시
시피에 가서 구매한 적도 있었어요. 세율이 10%가 넘는 시카고나 롱비치 같은 곳도 있으니 여행할 때 잘 알아
봐야 계산할 때 당황하지 않아요.

네이티브들이 떠릴 주고받는 대화, 무슨 뜻일까요?

🎧 049-1. mp3

Megan

This briefcase* looks nice! I've never seen anything like this!

Charles

It looks pretty cool, but for everyday use, it's impractical.*

Megan

Do you really think so?

Charles

I do. I mean, I don't see you carrying it to work.

📖 미니 회화사전

* briefcase 서류가방
* impractical 비실용적인, 비현실적인

 네이티브는 이런 표현으로 말한다!

For everyday use, it's impractical. 평소 쓰기엔 좀 실용적이진 않네.

근사해 보이긴 하지만 평소 편히 입거나 쓰기엔 약간 부담스러운, 비실용적인 제품이 있죠. 지인과 쇼핑하면서 이게 어떤지 의견을 말할 때 쓸 수 있는 표현입니다. 근데 사실 이 표현에서 여러분이 형용사 **everyday**(평소의, 일상적인)는 부사 **every day**(매일)와 다르다는 걸 느껴 주셨으면 좋겠어요. '일상적인'이란 의미로 사용할 때는 **every**와 **day**를 띄어쓰지 않고, **everyday**라고 붙어써야 돼요. 말할 때는 상관없지만, 글로 쓸 때는 확실히 구별해 주세요.

Date: _____   Study Time: _____

네이티브들이 매일 주고받는 대화, 영어로 말할 수 있나요?

🎧 049-2. mp3 ■ ■ ■

메간

이 서류가방 멋있다! 이런 거 처음 봐!

찰스

꽤 멋져 보이긴 하는데, 평소 편히 갖고 다니기엔 좀 실용적이진 않네.

메간

진짜 그렇게 생각해?

찰스

응. 뭐, 네가 저걸 회사에 가지고 다닐 것 같진 않아.

구슬쌤 영어회화 꿀팁

everyday, every day가 헷갈리면 이걸 쓰세요.

다시 한 번 짚고 넘어갈게요. 솔직히 형용사 everyday보다 '매일'이란 뜻의 부사 every day가 일상회화에선 더 자주 쓰인다고 했는데요. 우리가 뭔가를 매일 또는 거의 매일 한다고 할 때 every day를 쓰죠. I work out almost every day.(난 거의 매일 운동해.)처럼요. 전 every day는 '매일 매일' 한다는 거니깐 띄어써야 한다고 외웠는데 사실 어차피 매일 한다고 강조할 거 every single day(하루도 빠지지 않고 매일)를 쓰면 띄어쓰기 때문에 고민할 필요가 없어요. 네이티브는 강조할 때 single을 정말 다양한 상황에서 씁니다.

예 I go there **every single Saturday.** 한 번도 빠지지 않고 매주 토요일에 거기에 가.

예 I went through **every single page.** 한 장도 빠지지 않고 하나 하나 꼼꼼히 살펴봤어.

예 I honestly don't remember **every single detail.** 솔직히 세세한 것까지 다 기억나진 않아요.

예 I called **every single person** on the list. 한 명도 빠지지 않고 리스트에 있는 모두에게 전화했어.

Erica

I bought this earlier,* and I'd like to return it.

 Ansel

Is there something wrong with it?

 Erica

No, I just changed my mind.*

 Ansel

I understand.* Do you have your receipt?

네이티브들이 때로 주고받는 대화, 무슨 뜻일까요?

🎧 050-1. mp3 ■ ■ ■

 미니 회화사전

* **earlier** 아까
* **change one's mind** 마음이 바뀌다
* **I understand.** 이해해. (상대의 말이나 상황을 이해한다는 뉘앙스로) 알겠어.

네이티브는 이런 표현으로 말한다!

I'd like to return this. 이거 반품하고 싶어요.

가게에서 환불을 요청할 때 refund를 쓰는 게 틀린 건 아니지만 환불이란 단어를 좋아하는 자영업자는 이 세상에 없을 거예요. 그러니 말 그대로 fund(자금, 돈)를 돌려받는다는 환불의 refund를 쓰는 것보다 상점에 물건을 되돌려준다는 return(반품하다)을 쓰세요. 결국 환불을 해달라는 뜻으로 쓰이지만 좀 더 부드럽게 요청하는 느낌을 줍니다.

단, 가게에 되돌려줄 물건이 없는 티켓이나 예약을 취소하고 환불을 요청할 땐 refund를 씁니다. 연관 표현으로 full refund(전액 환불)와 partial refund(부분 환불)도 자주 쓰여요.

Date: _____ Study Time: _____

네이티브들이 매일 주고받는 대화, 영어로 말할 수 있나요?

🎧 050-2. mp3 ⬛ ⬛ ⬛

에리카

아까 샀는데 반품하고 싶어요.

앤써

상품에 무슨 문제가 있나요?

에리카

아니오. 그냥 마음이 바뀌었어요.

앤써

알겠습니다. 영수증 있으세요?

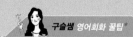
구슬쌤 영어회화 꿀팁

정확히 모르면 당황할 수 있는 store credit

보통 환불을 하면 원래 결제했던 방식대로 돈을 돌려주지만 환불 기간이 지났거나 영수증을 분실했을 때 등 특수한 상황에선 store credit(매장에서 쓸 수 있는 가게 신용, 주로 기프트 카드나 포인트로 줌)을 줍니다.

예 Without a gift receipt, we can only offer you a **store credit.**
　선물 영수증이 없으시면 환불은 매장 내에서 사용 가능한 기프트 카드나 포인트만 드립니다.

네이티브들이 매일 주고받는 대화, 무슨 뜻일까요?

🎧 051-1. mp3 🔲🔲🔲

Henry

Did you find everything you were looking for?

Paula

I did.

Henry

Glad to hear that. Your total* is $50.25.

Paula

Oh, here, I have a coupon. It should take 10% off*
my purchase.

📖 미니 회화사전

* total 총액
* take ~% off ~% 할인되다

 네이티브는 이런 표현으로 말한다!

Did you find everything you were looking for? 찾으시던 물건은 다 찾으셨나요?

find와 look for를 둘 다 '찾다'라고 외우면 안 돼요. find는 찾고 있던 것을 찾아낼 때, look for는 특정 대상을 찾아보려 노력할 때 쓰는데요. 그래서 가게직원이 계산을 해주면서 Did you find(찾으셨나요) everything you were looking for(찾으려고 노력했던 물건을 다)?를 자주 씁니다. 같은 의미의 표현으로 Did you find everything okay?도 쓰죠.

물건을 둘러보는 손님에게 특별히 찾는 물건이 있는지 물어볼 때 Are you looking for anything in particular?(특별히 찾으시는 물건이 있나요?)도 자주 쓰는데요. 이때도 뭔가를 찾아보려 노력하는 뉘앙스를 살려 look for를 쓰죠.

Date: _____ Study Time: _____

네이티브들이 매일 주고받는 대화, 영어로 말할 수 있나요?

🔊 051-2. mp3 ⬛ ⬛ ⬛

헨리
찾으시던 물건은 다 찾으셨나요?

폴라
네.

헨리
그러셨다니 다행이에요. 총 금액은 50달러 25센트입니다.

폴라
아, 여기, 쿠폰이 있어요. 구매금액에서 10% 할인되네요.

구슬쌤 영어회화 꿀팁

coupon의 발음은 [쿠폰]일까요?

사실 coupon의 정확한 미국식 발음은 [쿠폰]이 아닌 [ku:pan 쿠-판] 또는 [kju:pan 큐-판]입니다. 이외에 많은 분들이 실수하는 발음 몇 개를 알려 드릴게요.

receipt 영수증 [risí:t 뤼씨잍]
resume 이력서 [rézumèi 뤠쥬메이]
decade 10년 [dékeid 데케읻]
chaos 혼란, 혼돈 [kéias 캐이아쓰]

caffeine 카페인 [kæff:n 캐피인]
basic 기본적인 [béisik 베이씩]
etc. (et cetera의 줄임말) 기타 등등 [et sétərə 엘쎄러롸]
film 필름 [film 필음]

123

네이티브들이 매일 주고받는 대화, 무슨 뜻일까요?

🎧 052-1. mp3 ■ ■ ■

Yvonne

Your total comes to* $37.50.

Gerald

Okay. I'll pay cash.

Yvonne

Would you like to donate* a dollar to Scholarship America?

Gerald

Maybe another time.

 미니 회화사전

* Your total comes to + 액수 총 금액은 ∼에 달합니다
* donate 기부하다

👍 **네이티브는 이런 표현으로 말한다!**

Maybe another time. 아마 다음에요.

미국 마트에서 계산할 때 1달러를 기부할 마음이 있는지 물어보는 경우가 종종 있는데요. 기부를 할 의사가 있다면 Sure.(그럼요.), Why not?(안 될 거 없죠.) 등 편히 답하면 되지만, 부담된다면 **Maybe another time.** 또는 Not today.(오늘 말고요.)라고 하면 됩니다. 특히 **Maybe another time.**은 상대의 제안을 딱 잘라 거절하기 뭐할 때 '다음에 하는 게 좋을 것 같다'고 미루는 말입니다.

124

Date: _____ Study Time: _____

네이티브들이 매일 주고받는 대화, 영어로 말할 수 있나요?

🎧 052-2. mp3 ■ ■ ■

이반

총 금액은 37달러 50센트입니다.

제럴드

네, 현금으로 낼게요.

이반

미국 장학재단에 1달러 기부하시겠습니까?

제럴드

아마 다음에요.

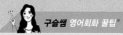
구슬쌤 영어회화 꿀팁

마트에서 계산할 때 우리를 당황하게 하는 표현

외국에서 우릴 가장 당황하게 하는 순간은 예상치 못한 질문이 들어왔을 때인데요. 마트에서 그냥 계산만 하고 끝나는 경우도 있지만 이따금 계산직원이 다음과 같은 질문을 던질 때가 있어요. 알아두세요.

1. Would you like to donate a dollar to ~? ~에 1달러 기부하실래요?

2. Would you like to apply for our store credit card? 가게 신용카드를 개설하실래요?
   └ Walmart, Target처럼 대형마트나 백화점에 가면 계산할 때 가게 신용카드를 개설할 건지 물어봄. 우리나라의 주민등록번호 개념인 SSN(사회보장번호)이 없다면 개설하기가 어려우므로 I'm good.(전 괜찮습니다.)이라고 부드럽게 거절하면 됨

네이티브들이 매일 주고받는 대화, 무슨 뜻일까요?

🎧 053-1. mp3 ■ ■ ■

Helen

What do I owe you?*

Todd

$300.

Helen

How about $250? I mean, I'm buying five. It would be nice to get a little discount.*

Todd

Okay. What do you say we meet halfway, and do $275?

📖 미니 회화사전

* **What do I owe you?** (내가 상대에게 얼마를 빚졌냐는 뉘앙스로) 얼마 드리면 되나요?
  가격이 얼마인지 물어볼 때 우리에게 익숙한 How much is it?이 가장 자주 쓰이지만 What do I owe you? 또는 마치
  내 통장 잔고에 얼마나 타격을 입힌 건지 묻는 What's the damage?(비용/금액이 얼마인가요?)도 자주 쓰입니다.

* **get a discount** 할인을 받다

 네이티브는 이런 표현으로 말한다!

What do you say we meet halfway? 서로 조금씩 양보하는 게 어때요?

백화점이나 마트 등 가격 흥정이 불가한 곳도 있지만 가격 흥정을 할 수 있는 상점이나 마켓에서 쓸 수 있는 표현입니다. 난 40달러를 생각하고 있는데 상대는 50달러를 제시할 때 서로 조금씩 양보해서 중간 지점인 45달러로 하자고 제안하며 **What do you say we meet halfway?**를 쓸 수 있죠. 가격 흥정 외에도 의견을 좁혀나갈 때나 물리적인 거리상 중간 지점에서 만나자고 할 때도 쓸 수 있는 표현입니다.

Date: _____　　Study Time: _____

네이티브들이 매일 주고받는 대화, 영어로 말할 수 있나요?

🎧 053-2. mp3 ■ ■ ■

헬렌

얼마 드리면 되나요?

토드

300달러요.

헬렌

250달러로 해주면 어때요? 아니, 다섯 개나 사는데 조금 깎아주시면 좋을 것 같아요.

토드

그래요. 서로 조금씩 양보해서 275달러로 하는 게 어때요?

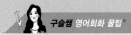
구슬쌤 영어회화 꿀팁

halfway는 이렇게도 쓰여요!

'중간, 절반'을 의미하는 **halfway**는 임무, 프로젝트 등을 '반 정도' 끝냈다고 할 때도 쓸 수 있습니다.

예　All right, we're **halfway** done. Let's take a little break.　자, 이제 반 정도 했으니 잠시 쉬었다 하자.

예　I'm **halfway** done with the book.　책 반 정도 읽었어.

예　I'm about **halfway** done. When do you need it by?　거의 반 정도 끝냈어. 언제까지 필요한 거야?

127

Part
06

네이티브가

직장/학교에서

하루 절반 이상의 시간을 보내는 직장과 학교.
가족과 친구 사이에도 물론 예의는 중요하겠지만
사회에서 만난 사람과의 대화는 더 조심스럽기 마련입니다.
예의가 있고 호감이 가는 사람이 되고 싶다면
이번 파트에 등장하는 대화 속 표현들을 놓치지 마세요.

내일 오전에 다시
얘기해도 될까?

내가 뭐 놓친 거 있어?

여기부터는
내가 맡을게.

그냥 본론만
말해줄래요?

방금 하신 말씀을
다시 정리해 볼게요.

네이티브들이 때일 주고받는 대화, 무슨 뜻일까요?

🎧 054-1. mp3 ◼️◼️◼️

Eddie

Is everything okay?

Dolly

Not really. It's just been one of those days. My manager yelled at* me for nothing. I dropped my phone and broke the screen. I just want this day to be over.*

Eddie

I don't know if this will make you feel any better, but I made your favorite dinner.

Dolly

Aw, You're the best, really. What would I do without you?*

📖 **미니 회화사전**

* yell at ～에게 호통치다, ～를 혼내다
* I just want this day to be over. (특히 힘든 하루를 보낼 때) 그냥 오늘이 빨리 끝나버렸으면 좋겠어.
* What would I do without you? (조언이나 도움을 준 상대에게 고마운 마음을 과장해 표현할 때) 너 없으면 난 어떻게 해?

 네이티브는 이런 표현으로 말한다!

It's just been one of those days. 그냥 일이 잘 안 풀리는 그런 날이야.

Cambridge 사전에 따르면 one of those days는 a bad day, full of problems(문제만 가득한 일진 나쁜 날)라고 하는데요. 왜 그런지 정확히 설명할 수는 없지만 우리 모두 살면서 한 번쯤은 겪게 되는 그런 날 있잖아요. 상사에게 혼나고, 핸드폰을 실수로 떨어뜨려 액정이 깨지고, 내가 원하는 대로 하나도 되지 않아 짜증나고 답답한 날이요. 그런 날은 It's just been one of those days.라고 할 수 있어요.

Date: _____ Study Time: _____

네티브들이 매일 주고받는 대화, 영어로 말할 수 있나요?

🎧 054-2. mp3 ■ ■ ■

에디

> 무슨 일 있어?

달리

> 뭐, 별로. 그냥 일이 잘 안 풀리는 그런 날이야. 별 이유 없이 상사에게 혼나고 핸드폰 떨어뜨려서 액정이 깨지고 그냥 오늘이 빨리 끝나버렸으면 좋겠다.

에디

> 이게 네 기분을 나아지게 할지는 모르겠지만 네가 가장 좋아하는 저녁 메뉴 만들었어.

달리

> 아, 정말 네가 최고다. 너 없으면 난 어떻게 해?

구슬쌤 영어회화 꿀팁

정말 힘든 하루를 보내고 있을 때

힘든 하루를 의미하는 rough day, 힘들어서 일분일초가 느리게 가는 것처럼 느껴지는 long day도 자주 쓰지만 정말 안 좋은 하루를 보내고 있다는 걸 강조해 This day can't get any worse.(지금 상태보다 더 나빠질 수는 없을 정도로 최악의 날이다.)도 자주 써요. 반대로 정말 좋은 하루를 보내고 있을 땐 This day can't get any better.(지금보다 더 좋아질 수는 없을 정도로 최고의 날이다.)라고 할 수 있습니다.

네이티브들이 때 주고받는 대화, 무슨 뜻일까요?

🎧 055-1. mp3 ▣ ▣ ▣

Suzanne

I was wondering if there's any way you can help me with this.

Jack

I would move mountains* for you, but my hands are tied on this one.

Suzanne

Well, is there someone you could put me in touch with?*

Jack

Maybe I can talk to Amie and see if she can help you.

📖 미니 회화사전

* **move mountains** (마치 산을 옮기듯 힘들더라도 목적 달성을 위해) 모든 노력을 기울이다

* **Is there someone you could put me in touch with?** (특히 비즈니스 관계에서 도움 줄 수 있는 다른 사람이 있는지 물어볼 때) 연결해주실 수 있는 다른 분이라도 있을까요?

 네이티브는 이런 표현으로 말한다!

My hands are tied. 저도 어쩔 수 없어요.

내 두 손이 꽁꽁 묶여 딱히 할 수 있는 게 없는 것처럼 현 상황을 바꿀 수 있는 권한이 없거나 내가 손쓸 수 있는 입장이 아닐 때 **I'm sorry, but my hands are tied.**(죄송하지만 저로서는 방법이 없어요/어쩔 수 없어요.)라고 합니다. **My hands are tied on this one.**(이 건에 대해서는 저도 어쩔 수 없어요.)처럼 구체적으로 어떤 일에 대해 본인이 손을 쓸 수가 없는 건지를 밝히고 싶다면 **My hands are tied** 뒤에 〈on + 구체적인 일〉을 덧붙이면 되죠.

Date: _____ Study Time: _____

네이티브들이 매일 주고받는 대화, 영어로 말할 수 있나요?

🔊 055-2. mp3 ■ ■ ■

수잰

혹 이 건 좀 도와주실 수 있는 방법 있으세요?

잭

다른 일이라면 힘들어도 다 해드릴 텐데 이건 저도 어쩔 수 없네요.

수잰

그럼 연결해주실 수 있는 다른 분이라도 있을까요?

잭

애이미에게 얘기해서 혹 도움 줄 수 있는지 한번 알아볼게요.

구슬쌤 영어회화 꿀팁

의사소통을 의미하는 in touch

신체적인 접촉이 아닌 의사소통을 의미하는 in touch는 일상에서 다양하게 응용되는데요. '연락하며 지내자'고 할 땐 마치 상대와의 소통을 계속 유지하듯 Keep in touch. 또는 Stay in touch.를 쓰고요. '결정되면 연락하겠다'고 할 땐 I'll be in touch.(연락 드릴게요.)라고 합니다. 회사에선 구체적으로 내가 연락 주겠다고 하며 주어를 I로 쓰기도 하지만 여럿이 같이 일을 하고 있는 경우 내가 아닌 다른 직원이 연락을 줄 수도 있기에 주어를 We로 쓰기도 합니다. 면접관들도 We'll be in touch.라고 하며 면접을 마무리 짓는 경우가 많으니 참고하세요.

네이티브들이 매일 주고받는 대화, 무슨 뜻일까요?

🎧 056-1. mp3 ■ ■ ■

Evan

Whatever it is, it's going to have to wait* until tomorrow.

Marilyn

Well, it's the marketing report Tom asked about the other day.*

Evan

Leave it on my desk, and I'll get to it sometime this week.

Marilyn

I know you're busy, but I was really hoping that we could go over it today. I need you to sign off on* this by the end of the day.

 미니 회화사전

* Whatever it is, it's going to have to wait. 그게 뭐든 간에 지금 바빠서 나중에 해야 해.
* the other day 저번에, 요전날
* sign off on ~에 대해 승인/허가하다

👍 네이티브는 이런 표현으로 말한다!

I'll get to it sometime this week. 이번 주중에 한번 볼게요.

I'll get to it은 뭔가를 책임지고 끝내겠다는 게 아니라, 단순히 뭔가를 시작하는 것에 초점이 맞춰진 표현인데요. '도달하다'의 get을 써서 '그걸 한번 봐 보겠다'란 뜻이 되는 거죠. 특히 바빠서 지금 당장은 처리할 수 없는 일에 대해 자주 씁니다. 그래서 '이번 주중에 시간 될 때 한번 보겠다.'라고 하려면 **I'll get to it sometime this week.**라고 하면 되고, '이거 끝내고 한번 보겠다.'라고 하려면 **I'll get to it after this.**라고 하면 되죠.

Date: _____ Study Time: _____

🎧 056-2. mp3

 에반

> 그게 뭐든 간에 지금 바빠서 내일 해야 해.

 매를린

> 저기, 저번에 탐이 요청한 마케팅 보고서예요.

 에반

> 책상 위에 두면 이번 주중에 시간 될 때 볼게.

 매를린

> 바쁘신 거 알지만 오늘 꼭 검토했으면 해서요. 오늘까지 결재해 주셔야 되거든요.

구슬쌤 영어회화 꿀팁*

put과 leave의 차이점

put은 단순히 물건을 특정 장소에 놓거나 두는 것에 초점이 맞춰진 반면 leave는 물건을 두고 가는 것에 초점이 맞춰져 있어요. 예문으로 뉘앙스 차이를 확실히 느껴보세요.

예 It's heavy. Let's **put** it down for a second. 무겁다. 잠시만 내려놓자.
  └ 짐을 옮길 때

예 Do you know where I **put** my purse? 내 핸드백 어디다 뒀는지 알아?
  └ 단순히 특정 장소에 내려놓은 것에 초점

예 Whatever it is, **put** it to the side. 그게 뭐든 나중에 해.
  └ 지금 하고 있는 건 옆으로 밀어놓는 것에 초점

예 **Leave** it on my desk, and I'll get to it tomorrow. 책상 위에 두면 내일 한번 볼게.
  └ 놓고 가라는 뉘앙스

예 I'll **leave** my card. 제 명함 하나 드리고 갈게요.
  └ 주고 가겠다는 뉘앙스

네이티브들이 매일 주고받는 대화, 무슨 뜻일까요?

🎧 057-1. mp3 ⬛ ⬛ ⬛

Clarice

There're a few things we need to go over* before the meeting.

Walter

Okay, but I'm a little jet-lagged.* Is it okay if we can revisit this in the morning?

Clarice

Sure. I'll leave you this info sheet. It should cover* the basics.

Walter

I'll take a look at* it when I get a chance.* Thanks.

📖 미니 회화사전

* **go over** 검토하다. 짚고 넘어가다
* **jet-lagged** 시차로 피곤한
* **cover** (내용을) 다루다
* **take a look at** ~를 한번 살펴보다
* **when I get a chance** (if I get a chance와 달리 꼭 하겠다는 뉘앙스) 시간 될 때

 네이티브는 이런 표현으로 말한다!

Is it okay if we can revisit this in the morning? 내일 오전에 다시 얘기해도 될까?

상대의 제안이나 아이디어를 지금 당장 반영하긴 어렵지만 시간이 지난 후에 다시 논의하고 재고하자고 할 때 revisit을 쓰세요. Cambridge 사전에 revisit은 특히 뭔가를 개선하거나 바꿀 의도(with the intention of improving it or changing it)로 다시 논의하거나 재고하는 거라고 나와 있는데요. 이처럼 상대의 제안을 나중에 다시 얘기하자고 할 때 **talk again**을 쓰는 것보다는 **revisit**을 사용하는 것이 더 희망적인 느낌을 줍니다.

Date: _____   Study Time: _____

네이티브들이 매일 주고받는 대화, 영어로 말할 수 있나요?

🎧 057-2. mp3 ■■ ■

클라리스

미팅 전에 우리가 검토해야 할 부분이 몇 개 있어.

월터

그래, 근데 나 시차로 좀 피곤해서 말야. 내일 오전에 다시 얘기해도 될까?

클라리스

그럼. 이 정보 보고서 하나만 주고 갈게. 거기에 기본적인 건 다 나와 있을 거야.

월터

시간 될 때 한번 봐볼게. 고마워.

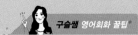
구슬쌤 영어회화 꿀팁

revisit, 회사에서 이렇게 쓰세요.

평소 쉽게 쓸 수 있는 상황을 몇 개 정리해 볼게요.

1. 아이디어나 제안을 부드럽게 거절하며

  예 We'll **revisit** this another time. 나중에 다시 얘기하자.

  예 At some point in the future, we can **revisit** this, but we can't do it now.
     나중에 언젠가 다시 얘기해볼 수는 있겠지만 지금은 하기 어려워요.

2. 구체적인 시점을 주며 그때 다시 논의 또는 재고해보자고 할 때

  예 Can we **revisit** this issue in a couple of weeks? 이 문제에 대해 2주 후에 다시 생각해봐도 될까?

  예 We'll **revisit** the proposal sometime next quarter. 제안해주신 바를 다음 분기에 재고해 볼게요.

137

네이티브들이 매일 주고받는 대화, 무슨 뜻일까요?

🎧 058-1. mp3 ▪️ ▪️ ▪️

 Anders
I'm trying to come up with* a new marketing strategy.

 Bella
Well, let me know if you need my help.

 Anders
You've already got a lot on your plate.

 Bella
It's no trouble at all.* I'd love to help.

📖 **미니 회화사전**

* **come up with** (아이디어나 해결책, 전략 등을) 생각해내다, 마련하다
* **It's no trouble at all.** (전혀 성가시거나 곤란하지 않다는 걸 강조) 전혀 문제될 거 없어.

 네이티브는 이런 표현으로 말한다!

You've already got a lot on your plate. 안 그래도 너 바쁘잖아.

바쁜 상대가 날 도와주려 하면 왠지 미안하니 조심스레 도움을 거절할 수 있죠. 이럴 때는 '날 도와주는 것 외에도 이미 처리해야 할 일이 많다는 걸 안다'는 뉘앙스인 You've already got a lot on your plate.를 써보세요. '처리해야 할 일이 많아 바쁘다'는 뜻인 I've got a lot on my plate.를 응용해 자주 사용하는 비즈니스 표현입니다. 이때 have got은 have의 구어체 표현이고요, a lot on my plate는 '나한테 주어진 일이 많은 것'을 나타냅니다. 즉 have (got) a lot on my plate의 형태로 '(처리)할 일이 많다'는 표현이 되는 거죠.

Date: _____ Study Time: _____

네이티브들이 매일 주고받는 대화, 영어로 말할 수 있나요?

🎧 058-2. mp3 ⬛ ⬛ ⬛

앤더스 새로운 마케팅 전략을 생각해내려 하고 있어.

벨라 음, 내 도움이 필요하면 말해줘.

앤더스 안 그래도 너 바쁘잖아.

벨라 전혀 문제될 거 없어. 정말 도와주고 싶어서 그래.

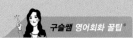
구슬쌤 영어회화 꿀팁

꼭 알아둬야 하는 come up with

여러분이 제게 미국 회사에서 가장 자주 쓰는 동사를 몇 개만 골라 달라고 하면 전 주저하지 않고 come up with를 가장 먼저 택할 거예요. 그만큼 꼭 알아야 할 핵심 표현입니다. 단순히 '생각해내다, 마련하다'라고 뜻만 외우지 말고 상상해 보세요. 마치 머리에서 뭔가 쑥 올라오는 것처럼(come up) 좋은 해결책, 아이디어 등을 생각해내거나 기존에 없던 걸 마련할 때 come up with를 씁니다. come up with는 네이티브가 평소 회사에서 정말 자주 쓰는 표현이니 짝꿍 단어 5개 strategy, plan, idea, solution, money와 같이 기억해 주세요.

예 We need to **come up with** a plan B. 우린 차선책을 마련해야 해.

예 I **came up with** a brilliant idea. 내가 끝내주는 아이디어를 생각해냈어.

예 Let's put our heads together and **come up with** a solution.
같이 (머리를 맞대는 것처럼 열심히) 의논해서 해결책을 마련하자.

예 How did you **come up with** the money? 그 돈은 어떻게 마련한 거야?

139

네이티브들이 매일 주고받는 대화, 무슨 뜻일까요?

059-1. mp3

Annie

If you need company, just let me know. I can free up some time* tomorrow.

Will

Well, you've done more than enough for me. I think I can take care of the rest.

Annie

I just don't want you to think you're on your own.

Will

Thanks to you, I don't think that.

📖 **미니 회화사전**

* **free up some time** 시간을 비우다/내다
마치 일정에 시간 좀 비워 놓는 것처럼 약속 잡을 때 자주 써요.
예 Can you **free up some time** this afternoon? 오늘 오후에 시간 좀 내줄 수 있어?
예 I'll see if I can **free up some time** next week. 다음주에 시간 좀 낼 수 있는지 한번 봐볼게.

 네이티브는 이런 표현으로 말한다!

You've done more than enough. (강조) 이미 충분히 도움 줬는 걸.

상대가 계속 도움 주는 게 약간 부담될 때 더 이상 도와주지 않아도 된다는 뉘앙스로 **You've done more than enough.**(이미 충분히 도움 줬는 걸)를 쓸 수 있습니다. **You've done enough.**만 쓰는 것보다 이미 충분히 도와주고도 남았다는 느낌을 담기 위해 **more than**으로 강조한 거죠. 맨 뒤에 **for me**를 붙여 '나한테'라는 점을 분명히 밝혀도 좋습니다. 단순히 상대에게 계속 도움만 받는 게 미안해서 살짝 튕길 때도 쓰지만 부담되는 상황에서 부드럽게 도움을 거절할 때도 자주 써여요.

Date: _____   Study Time: _____

네이티브들이 매일 주고받는 대화, 영어로 말할 수 있나요?

🎧 059-2. mp3 ▪▪▪

애니

같이 가줄 사람이 필요하면 말해. 내일 시간 좀 비울 수 있으니까.

윌

음, 넌 이미 날 충분히 도와줬는 걸. 나머지는 내가 처리할 수 있을 것 같아.

애니

그냥 네가 혼자 다 해야 한다는 생각을 갖지 않았으면 해서 말야.

윌

네 덕분에 그런 생각 안 해.

구슬쌤 영어회화 꿀팁

도움 없이 온전히 '나 혼자 힘으로' 할 때 on my own

온전히 '나 자신만의 힘으로' 한다는 걸 강조할 때 on my own(혼자서, 스스로, 알아서)을 씁니다. on my own 은 외로움보다는 누군가에게 의존하지 않고 독립적으로 한다는 것에 초점이 맞춰져 있습니다.

예 I can do this **on my own**. (굳이 도움이 필요 없다는 뉘앙스) 이거 나 혼자서 할 수 있어.

예 I got this far **on my own**. (특히 성취한 걸 얘기하며) 난 혼자 힘으로 여기까지 왔어.

my 자리에는 상황에 따라 his/her, your 등으로 바꿔 쓰면 되는데, 누군가 온전히 혼자 이룬 일에도 쓰지만 혼자 꾸민 일이라는 부정적인 상황에서도 쓰입니다.

예 I honestly had no idea. He did everything **on his own**.
   전 솔직히 생각도 못했어요. 다 그가 혼자서 한 일이에요.

예 I can't help you anymore. You're **on your own** now.
   더 이상 널 도와줄 수 없어. 이제 너 혼자 알아서 해야 돼.

141

네이티브들이 매일 주고받는 대화, 무슨 뜻일까요?

🎧 060-1. mp3

Teddy
Hi, can I speak to Harvey?

Melissa
He's gone for the day.* Would you like to leave a message?*

Teddy
Well, is there another number where I can reach him? It's important that we speak this evening.

Melissa
Let me give you his cell. It's 706-123-4567.

 미니 회화사전

* He's gone for the day. (오늘 할 일을 다 끝내서 여기 없다는 뉘앙스) 퇴근하셨어요.
* leave a message 메시지를 남기다

👍 네이티브는 이런 표현으로 말한다!

Is there another number where I can reach him?
그분과 통화할 수 있는 다른 번호가 있을까요?

우리에게 '도달하다'란 뜻으로 익숙한 reach(연락하다)는 상대와 실질적으로 연락이 닿아 소통할 때 자주 씁니다. Cambridge 사전에 to communicate with someone in a different place, especially by phone or email(다른 장소에 있는 사람과 특히 전화나 이메일로 소통하다)이라고 나와 있어요. 따라서 Is there another number where I can reach him?은 실질적으로 연락이 닿을 수 있는 번호를 요청하는 표현입니다. 대화 속 상황처럼 사무실에 계속 전화해 봤는데 연락이 안 닿을 때 바로 연락이 닿을 수 있는 휴대폰 번호 등을 물어볼 때 사용하면 돼요. 간단히 How can I reach him?(어디로 연락하면 그분이랑 통화할 수 있을까요?)이라고 해도 좋습니다.

142

Date: _____   Study Time: _____

🎧 060-2. mp3 ▪▪▪

테디

여보세요, 하비와 통화할 수 있을까요?

멜리사

지금 퇴근하고 안 계시는데 메시지 남기실래요?

테디

저, 하비와 통화할 수 있는 다른 번호가 있을까요? 오늘 저녁에 꼭 통화해야 해서요.

멜리사

핸드폰 번호 알려 드릴게요. 706-123-4567입니다.

구슬쌤 영어회화 꿀팁®

reach와 reach out은 비슷해 보이지만 달라요.

실질적으로 연락이 닿는 것에 초점이 맞춰지는 **reach**와 달리 **reach out**(연락하려고 노력하다)은 마치 상대에게 닿기 위해 손을 뻗는 것처럼 노력하고 시도하는 것에 초점이 맞춰집니다. Cambridge 사전엔 **to try to communicate**(소통하려고 노력하다)라고 나와 있어요. 상대와 연락이 닿기 위해 열 번 **reach out**을 하더라도 실제로는 단 한 번도 **reach**하지 못할 수도 있습니다.

예 I **reached out** to everyone, and none of them would take my call.
　모두에게 연락해 봤는데 아무도 내 전화를 안 받더라고.

예 Why don't you **reach out** to him? (단순히 연락해 보라고 제안) 그에게 연락해보는 게 어때?

061 다 피가 되고 살이 되는 일이라고 말할 때

네이티브들이 매일 주고받는 대화, 무슨 뜻일까요?

🎧 061-1. mp3 ▪▪▪

 Quincy

What are you working on?

 Alberta

I'm working on my application for business school. It's due next week.

 Quincy

Do you think getting an MBA is worth it?*

 Alberta

I think so. I mean, it's probably not going to change my life dramatically,* but I think it's going to help me down the road.

 미니 회화사전

* be worth it 그럴 만한 가치가 있다

* dramatically 극적으로

 네이티브는 이런 표현으로 말한다!

It's going to help you down the road. 그건 앞으로 살면서 다 도움될 거야.

down the road는 알고 보면 참 근사한 표현인데요. '(길을 따라 쭉 가듯) 근처에'란 뜻으로 특히 교외나 시골에서 위치를 얘기할 때도 쓰이지만 '앞으로, 살면서(in the future)'란 뜻으로도 자주 쓰여요. 이때 street가 아닌 road를 쓰는 건 인생길은 사람들이 편히 걸어 다닐 수 있는 도시에 있는 길거리(street)보단 약간 울퉁불퉁한 부분도 있고 쉽게 걸어 다닐 수 없는 road와 더 비슷하기 때문인데요. 영어공부, 운동, 저축 등이 도움이 될까 의문을 갖는 상대에게 It's going to help you down the road.(다 살면서 도움이 될 거야.) 식의 조언조로 자주 쓰이니 정확한 뉘앙스를 꼭 기억해 주세요. 물론 대화 속에서처럼 '앞으로 살면서 내게 다 도움이 될 거라고 생각한다.'고 하려면 I think it's going to help me down the road.라고 하면 되죠.

144

Date: _____ Study Time: _____

네이티브들이 매일 주고받는 대화, 영어로 말할 수 있나요?

🔊 061-2. mp3 ■ ■ ■

 퀸시
뭘 그리 열심히 하고 있어?

 앨버타
경영대학원 원서를 쓰고 있어. 다음주까지 제출해야 하거든.

 퀸시
MBA를 받는 게 정말 그만한 가치가 있다고 생각해?

 앨버타
난 그렇다고 생각해. 뭐, 학위를 받는다고 내 인생이 갑자기 엄청나게 달라지진 않겠지만 그래도 앞으로 살면서 다 도움이 될 거라고 생각해.

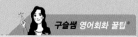

구슬쌤 영어회화 꿀팁

down the road 못지않게 자주 쓰이는 표현 2개!

1. **down the line** 앞으로, 살면서
   └ down the road의 동의어로 자주 쓰임

   예 Trust me. It's going to help us **down the line**. 날 믿어. 앞으로 우리에게 다 도움이 될 거야.

   예 He might cause problems **down the line**. 걔가 앞으로 문제를 일으킬지도 몰라.

   예 I can't speak for 20 years **down the line**. 20년 후에 어떻게 될 거라고 나도 얘기하긴 어려워.

2. **in the long run** 장기적으로

   예 Do you think it's going to help us **in the long run**?
   넌 그게 장기적으로 우리에게 도움이 된다고 생각해?

   예 It's more economical **in the long run**. 장기적으로는 그게 더 경제적이야.

네이티브들이 매일 주고받는 대화, 무슨 뜻일까요?

🎧 062-1. mp3 ■ ■ ■

Candice

Alex, you wanted to see me?

Alex

Yeah, actually, I was hoping that you could point me in the right direction.*

Candice

The right direction of what?

Alex

I just got this email from Corporate, and I'm not exactly sure* what they're asking. Will you take a look at it?

📖 미니 회화사전

* point + 사람 + in the right direction ~에게 옳은 방향을 알려주다, (옳은 길로 갈 수 있도록) 조언해주다
* I'm not sure 확실치 않아, 확실히 잘 모르겠어
  상황에 따라 I don't know.(몰라.)는 성의 없게 들릴 수 있지만, I'm not sure.는 확실치 않기에 함부로 말하기 어렵다는 느낌을 줍니다.

👍 네이티브는 이런 표현으로 말한다!

You wanted to see me? 저 부르셨나요?

사실 이 표현은 비즈니스 미드에서 정말 자주 나오는 단골 표현인데요. 동료나 상사가 제3자를 통해 날 불렀을 때 노크하고 들어가며 가장 먼저 하는 말이 You wanted to see me?(저 부르셨나요?)더라고요. Did you want to see me?도 당연히 맞지만 일상에서는 You wanted to see me?가 훨씬 더 자주 쓰여요.

Date: _____ Study Time: _____

네이티브들이 매일 주고받는 대화, 영어로 말할 수 있나요?

🎧 062-2. mp3 ⬛ ⬛ ⬛

 캔디스
> 알렉스, 나 보자고 했다며?

 알렉스
> 응, 실은 어떻게 해야 될지 네가 조언 좀 해줬으면 해서.

 캔디스
> 무슨 조언이 필요한데?

 알렉스
> 방금 본사에서 이메일을 받았는데 정확히 뭘 요청하는 건지 확실히 잘 모르겠네. 한번 봐줄 수 있어?

 구슬쌤 영어회화 꿀팁

도움을 요청할 때 help보다 부드러운 point me in the right direction

상대에게 도움을 요청할 때 가장 자주 쓰이는 표현은 **help**이지만 단순히 옳은 방향을 알려주기만 하면 나머지는 내가 알아서 하겠다는 뉘앙스로 특히 회사에서 조언 및 도움을 요청할 때 point me in the right direction이 정말 자주 쓰여요. 전 여러분이 I was hoping that you could point me in the right direction.(어떻게 해야 될지 조언 좀 해주셨으면 해서요.) 이 문장을 통째로 꼭 외우셨으면 좋겠어요. 도와주는 상대도 하나부터 열까지 직접 도와줄 필요 없이 단순히 큰 방향만 알려주면 되니 부담이 줄어들고 나 자신도 무능하게 보이지 않게 하는 좋은 표현이거든요. 조심스레 바람이나 희망사항을 얘기할 때 쓰는 I was hoping that ~으로 시작하는 게 어렵다면 일단 좀 더 간단한 Could you point me in the right direction?(어떻게 해야 할지 조언 좀 해주실 수 있나요?)으로 정 붙여도 좋아요.

147

네이티브들이 매일 주고받는 대화, 무슨 뜻일까요?

🎧 063-1. mp3 ⬛⬛⬛

Paula

I hate to break it to you, but* Mark called off the project.

Shane

What? He emailed me this morning saying everything is good to go.

Paula

Look, I know it's frustrating that he changed his mind at the last minute, but it is what it is.

Shane

You're right. He's the boss.

📖 미니 회화사전

＊ I hate to break it to you, but ~ (특히 안 좋은 소식을 전하기 전) 이런 말 하고 싶지 않지만, ~

 네이티브는 이런 표현으로 말한다!

It is what it is. 어쩔 수 없어.

이미 일어난 일이나 바꿀 수 없는 상황을 체념하고 받아들일 때 **It is what it is.**를 자주 쓰는데요. '그건 그냥 그런 거니 지금 처한 현실을 받아들여야지 뭐 어떻게 하겠냐'는 뉘앙스죠.

예 I'm sorry, but **it is what it is.** 미안한데 어쩔 수 없어.

예 I wish we could change it, but **it is what it is.** 바꿀 수 있다면 좋겠지만 어쩔 수 없어.

속상해도 어차피 달라지는 건 없으니 현실을 받아들이고 넘어가는 긍정적인 뉘앙스로도 쓸 수 있습니다.

예 **It is what it is, but let's not dwell on it. Instead, let's think about what we can do differently moving forward.** 이제 와서 바꿀 수 있는 건 없으니 계속 연연해하지 말고 대신 앞으로 어떻게 달리 할 수 있을지를 생각해보자.

Date: _____ Study Time: _____

네이티브들이 매일 주고받는 대화, 영어로 말할 수 있나요?

🎧 063-2. mp3 ▮▮▮

폴라

너한테 이런 말 하고 싶지 않은데, 마크가 프로젝트를 취소했어.

셰인

뭐라고? 오늘 오전에 이메일로 다 괜찮다고 했는데.

폴라

저기, 그가 막판에 마음을 바꾼 건 정말 답답하고 짜증나지만
뭐 어쩌겠어.

셰인

그래. 그 사람이 상사인데 뭐.

구슬쌤 영어회화 꿀팁

Randy Pausch 교수님의 '마지막 강의' 중

카네기멜론대의 랜디 포시(Randy Pausch) 교수님은 갑작스레 암으로 시한부 인생을 선고받고 아직 어린 세 자녀들이 후회 없는 삶을 살길 바라는 마음으로 The last lecture(마지막 강의)를 하는데요. 짧으면 3개월, 길면 6개월 남은 어쩔 수 없는 현실을 받아들여야 한다는 뉘앙스로 It is what it is.를 응용한, 개인적으로 제가 정말 좋아하는 부분을 소개합니다.

So **that is what it is.** We can't change it, and we just have to decide how we're going to respond to that. We cannot change the cards we are dealt, just how we play the hand.
그러니 어쩔 수 없어요. 현실을 바꿀 순 없고 앞으로 어떻게 대응할 건지 결정해야 하죠.
이미 손에 들고 있는 카드의 패를 바꿀 수는 없습니다. 손에 든 패로 어떻게 게임을 할 것인지만 생각하면 됩니다.

네이티브들이 매일 주고받는 대화, 무슨 뜻일까요?

🎧 064-1. mp3 ⬛⬛⬛

Silas

Sorry, I got sidetracked.* Where were we?

Emma

You were telling us about the downsizing.*

Silas

Yes, it is unfortunate, but it is what it is. Corporate wants to cut back* on all expenses as well.*

Emma

We kind of* saw this coming,* but it's sad to see it actually happening.

 미니 회화사전

* **get sidetracked** (하던 말이나 일에서) 곁길로 새다
* **cut back** 축소하다, 삭감하다
* **kind of** 일종의, 종류의, 약간, 조금
  kind of = kinda (좀 더 캐쥬얼) = sort of = sorta (좀 더 캐쥬얼)
* **I/We saw this coming.** 이렇게 될 줄 알았어.
* **downsizing** (비즈니스 축소) 소형화, 인원삭감
* **as well** 또한, ~도

👍 **네이티브는 이런 표현으로 말한다!**

Where were we? 어디까지 했지?

선생님이 학생에게 수업진도가 어디까지 나갔는지 물어볼 때, 회의 중 잠시 다른 얘기를 하다 다시 원래 주제로 돌아와서 어디까지 얘기했는지 물어볼 때 **Where were we?**를 쓰는데요. 정확히 어디까지 진행했는지 기억이 잘 나지 않아 상대방에게 물어볼 때 자주 쓰는 표현입니다.

Date: _____ Study Time: _____

🎧 064-2. mp3 ⬛ ⬛ ⬛

사일러스 죄송해요. 말이 딴 데로 샜네요. 어디까지 얘기했죠?

엠마 인원삭감에 대해 말씀해 주시고 있었어요.

사일러스 네, 안타깝지만 어쩔 수 없어요. 본사에서 경비도 줄이길 원하더라고요.

엠마 상황이 이렇게 될 거라고는 알았지만 그래도 진짜 이렇게 되니 슬프네요.

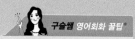
구슬쌤 영어회화 꿀팁

상대를 위로할 때 자주 쓰는 표현 3가지!

해고, 실연 등 상대가 힘든 시기를 겪고 있을 때 위로하며 쓸 수 있는 표현 3개입니다.

1. **I'm here for you. Let me know if there's anything I can do.**
   힘들면 내게 의지해. 내가 도움 줄 수 있는 게 있으면 말해줘.

2. **I'll keep you in my prayers.** (기독교인이라면) 기도할 때 널 생각할게.

3. **This, too, shall pass.** 이 또한 지나갈 거야.

151

네이티브들이 매일 주고받는 대화, 무슨 뜻일까요?

🎧 065-1. mp3 ■ ■ ■

Jill

You made it!

Bradley

I had to sneak in, but I'm here. Did I miss anything?

Jill

No, you're just in time.

Bradley

Off the record, I don't understand why these seminars are mandatory.** Don't we all have better things to do?**

📖 미니 회화사전

* **sneak in** (특히 늦어서) 살짝 들어오다
* **off the record** 비공식적으로 하는 말인데, 우리끼리 하는 말인데
* **mandatory** 의무적인 (↔ optional 선택적인)
  뭔가를 꼭 해야 하는지 물어볼 때 Is it mandatory or optional?(그거 꼭 해야 돼요? 아니면 안 해도 돼요?)이라고 할 수 있고, Attendance is mandatory.(꼭 참석해야 합니다.)라고 의무적으로 해야 함을 강조할 때도 자주 쓰입니다.

👍 네이티브는 이런 표현으로 말한다!

Did I miss anything? 내가 뭐 놓친 거 있어?

잠시 자리를 비우거나 회의에 늦거나 참석하지 않았을 때 내가 놓친 부분이 뭔지, 혹은 내가 못 들은 중요하거나 흥미로운 내용이 있는지 물어볼 때 **Did I miss anything?**을 씁니다. 회의 중 혹시 내가 빠뜨리고 얘기하지 않은 부분이 있는지 물어볼 때도 **Did I miss anything?**(내가 얘기 안 하고 넘어간 부분 있어?)을 쓸 수 있죠.

Date: _____ Study Time: _____

네이티브들이 매일 주고받는 대화, 영어로 말할 수 있나요?

🔊 065-2. mp3 ▮ ▮ ▮

질

왔구나!

브래들리

늦어서 살짝 들어오긴 했는데 그래도 왔어. 내가 뭐 놓친 거 있어?

질

아니, 시작하기 전에 맞춰서 왔어.

브래들리

우리끼리 하는 말인데, 왜 이런 세미나를 의무적으로 참석하게 만드는지 이해가 안 돼. 다들 더 중요한 할 일이 있지 않아?

구슬쌤 영어회화 꿀팁

살금살금 들어올 땐 sneak in, 살금살금 나갈 땐 sneak out

형용사 sneaky는 '(꿍꿍이가 있는 것 같이) 교활한'이란 뜻인데요. 이의 동사형인 sneak는 특히 허락을 받지 않고 몰래 갈 때 쓰여요. 회사나 미팅에 늦게 들어가며 자신 있게 문을 쾅 열고 들어가는 사람은 없잖아요. 그러니 들키지 않게 살금살금 들어가는 게 sneak in이 되는 거죠. 반대로 미리 살짝 나갈 땐 sneak out이라고 합니다. 예를 들어 수업이 끝나기 전 몰래 빠져 나왔을 때 I snuck out of class.라고 할 수 있는 거죠.

네이티브들이 매일 주고받는 대화, 무슨 뜻일까요?

🔊 066-1. mp3 ▪▪▪

Jasper

I have a closing call today which I'm very excited about.

Lucinda

And I saw that you have some solid opportunities in the pipeline.* Keep pushing!

Jasper

I will. Thank you.

Lucinda

Does anyone else want to share their highlight of the day?* If not, let's go ahead and wrap up.* If you need anything, you know my door's always open.

📖 **미니 회화사전**

* **in the pipeline** (논의, 계획, 준비 등이) 한창 진행 중인, 한창 발전 단계에 있는
* **highlight of the day** (가장 특별하고 설레는 일) 그날의 하이라이트
* **wrap up** 마무리 짓다

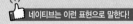 네이티브는 이런 표현으로 말한다!

My door's always open. (필요한 게 있으면) 언제든 말해.

전 **My door's always open.**을 학교 다닐 땐 교수님께, 회사 다닐 땐 상사에게 많이 들었는데요. 내 사무실 문은 언제나 활짝 열려 있으니 필요한 게 있으면 언제든 와서 말하라는 뉘앙스로 자주 쓰여요. 물론 형식상 하는 말일 때가 많지만 그만큼 열린 마음으로 적극적으로 도와주겠다는 뜻의 이디엄입니다.

Date: _____   Study Time: _____

네이티브들이 매일 주고받는 대화, 영어로 말할 수 있나요?

🎧 066-2. mp3 ▪ ▪ ▪

재스퍼

오늘 정말 기대되는 (잘되면 계약까지 성사될 수 있는) 마무리 건이 하나 있어요.

루신다

그리고 한창 진행 중인 탄탄한 기회들이 있는 거 봤는데 계속 그렇게 열심히 해!

재스퍼

그럴게요. 감사합니다.

루신다

또 오늘의 하이라이트를 공유하고 싶은 사람 있나? 없으면 여기서 마무리하자. 필요한 거 있으면 언제든 내게 편히 말하고.

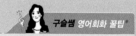
구슬쌤 영어회화 꿀팁

상사와 면담을 잡을 때

현실적으로 늘 사무실이 열려 있는 건 아니기에 특히 중요한 일인 경우 면담 시간을 따로 잡아야겠죠. 그때 쓸 수 있는 표현들입니다.

예 I was wondering if you could spare me some time this Friday.
  이번 주 금요일에 혹 시간 좀 내주실 수 있나 해서 여쭤봐요.

예 Would we be able to have a quick meeting this afternoon? There are a few things I'd like to discuss with you. 오늘 오후에 잠깐 만날 수 있을까요? 의논하고 싶은 사항이 몇 개 있어서요.

예 I'd like to schedule a one-on-one sometime this week, if possible. I know you're very busy, so I promise it won't take more than 15 minutes.
  가능하다면 이번 주에 일대일 면담 시간을 잡고 싶어요. 바쁘신 거 아니까 15분 이상은 뺏지 않을게요.

네이티브들이 매일 주고받는 대화, 무슨 뜻일까요?

🎧 067-1. mp3 🔳 🔳 🔳

Devon

Don't worry. I know you've done your best. I'll take it from here.

Elsa

Are you sure?*

Devon

Positive. Just forward* me the info, and I'll take care of it.*

Elsa

Thank you.

 미니 회화사전

* **Are you sure?** (상대의 호의나 제안을 예의상 한번 팅기며) 정말요? 정말 그래도 돼요?
* **forward** 전달하다
* **I'll take care of it.** 내가 처리할게.

👍 네이티브는 이런 표현으로 말한다!

I'll take it from here. 여기부터는 내가 맡을게.

여기부터는 내가 도맡아 하겠다고 할 땐 **I'll take it from here.**을 써요. 마치 가져가서(take) 내가 책임지고 하는 느낌을 주죠. 일이 잘 풀리고 있는 상황에서 단순히 바통 터치할 때도 쓰지만 일이 잘 풀리지 않아 상대가 걱정하고 있을 때 도움을 주며 쓰기도 합니다. 이를 응용해 상대에게 여기부터 도맡아 할 수 있는지 물어볼 땐 **Can you take it from here?**(여기부터는 네가 할 수 있어?)를 쓰죠.

Date: _____ Study Time: _____

네이티브들이 매일 주고받는 대화, 영어로 말할 수 있나요?

🎧 067-2. mp3 ■ ■ ■

데번

걱정 마. 네가 최선을 다했다는 걸 알아. 여기부터는 내가 맡을게.

엘사

정말로요?

데번

그럼. 갖고 있는 정보만 전달해줘. 그럼 내가 처리할게.

엘사

고맙습니다.

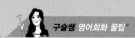

구슬쌤 영어회화 꿀팁

최선을 다할 때 give 100%

'최선을 다하다'로 do your best 못지않게 give 100%도 자주 쓰여요. 뭔가에 나의 100%를 쏟아 붓는 게 결국 최선을 다한다는 거죠. 정말 최선을 다했다는 걸 강조해 110%처럼 더 큰 숫자를 쓰기도 하지만 give 100%가 표준입니다. 100는 a hundred 또는 one hundred로 발음됩니다.

예 I can say with confidence that everyone in the team **gave 100%**.
　　팀원 모두 최선을 다했다고 자신 있게 말할 수 있어요.

네이티브들이 매일 주고받는 대화, 무슨 뜻일까요?

🎧 068-1. mp3 ■ ■ ■

Wilma

We need everyone on the same page.

Brent

Then, we should go talk to Lucy. She didn't seem convinced* the last time we talked.

Wilma

Okay. Let's go talk to her. What does your afternoon look like?

Brent

It's wide open* after 2.

 미니 회화사전

* **convinced** (아무 불안감 없이 전적으로) 확신에 찬
* **wide open** (마치 일정표에 아무것도 없이 널널하듯) 한가한

👍 네이티브는 이런 표현으로 말한다!

Are we on the same page? 같은 생각인 거지?

상대에게 내 말에 동의하는지, 나와 같은 생각인 건지 물어볼 때 **Are we on the same page?**란 이디엄을 자주 쓰는데요. 마치 같은 생각의 장에 서있는지 묻는 느낌을 주죠. 반대로 상대의 말에 동의하지 않거나 무슨 말인지 잘 이해되지 않을 땐 **I'm afraid we're not on the same page.**(미안한데 우린 같은 생각이 아니야.) 또는 **I don't think we're on the same page.**(우린 같은 생각이 아닌 것 같은데.)라고 할 수 있습니다.

Date: _____ Study Time: _____

🔊 068-2. mp3 ⬛ ⬛ ⬛

(단 한 명도 다른 의견을 가지면 안 되는 상황) 다들 같은 생각이어야 돼.

그럼 가서 루시와 얘기하는 게 좋겠다. 저번에 얘기했을 땐 전적으로 확신에 차 있는 것 같진 않더라고.

그럼 가서 얘기해보자. 오늘 오후 일정 어때?

2시 이후로 한가해.

구슬쌤 영어회화 꿀팁

목표나 합의점을 의미하는 there

일상회화에서 **there**는 목표나 합의점을 뜻할 때 자주 쓰이는데요. 상대의 말이나 제안에 아직은 100% 동의하진 않지만 점점 합의점이나 목표에 도달하고 있다며 긍정적인 느낌을 담아 얘기할 때 **We're getting there.** (점점 합의점/목표에 도달하고 있어.)를 쓸 수 있어요.

제가 트레이너분께 '저도 열심히 하면 복근이 생길까요?'라고 여쭤보면 **It might take some time, but you'll get there.**(시간이 조금 걸릴지는 몰라도 그렇게 되실 거예요.)라며 목표에 도달할 수 있을 거란 희망을 주실 수 있겠죠.

네이티브들이 매일 주고받는 대화, 무슨 뜻일까요?

🎧 069-1. mp3 ⬛ ⬛ ⬛

Jordana
> What's wrong? You seem a bit frustrated.*

Jason
> I just don't understand why people are not giving their 100%. I mean, this project isn't just important for the company. It could be huge for their careers.

Jordana
> Not everyone is willing to do whatever it takes.

Jason
> You're right. I just can't stand* slackers.*

📖 미니 회화사전

* **frustrated** (뭔가 뜻대로 안 되거나 만족스럽지 않아서) 갑갑한, 답답한, 짜증스러운
* **I can't stand ~** (참거나 견딜 수 없을 만큼) ~는 질색이다
* **slackers** (못마땅할 때) 게으름뱅이

👍 네이티브는 이런 표현으로 말한다!

I'm willing to do whatever it takes. 전 뭐든지 다 할 의향이 있습니다.

뭔가를 기꺼이 할 의향이 있을 때 **be willing to**(흔해히 ~할 마음/생각이 있다)를 자주 쓰는데요. 목표를 이루기 위해선 뭐든지 다 할 의향이 있다며 강한 의지를 보여줄 때 **I'm willing to do whatever it takes.**라고 할 수 있습니다. 하지만 현실에서 목표를 이루기 위해 정말 뭐든 다 감내할 수 있는 사람은 흔치 않죠. 그래서 '모든 사람이 성공하기 위해 뭐든 할 마음이 있는 건 아냐.'라고 하려면 대화에서처럼 **Not everyone is willing to do whatever it takes.**라고 하면 됩니다.

Date: _____ Study Time: _____

네티브들이 매일 주괴받는 대화, 영어로 말할 수 있나요?

🔊 069-2. mp3 ■■ ■■

조다나

무슨 문제라도 있어? 조금 답답해하는 것처럼 보여서.

제이슨

그냥 사람들이 왜 최선을 다 안 하는지 이해가 안 돼서 그래. 아니, 이 프로젝트는 회사 차원에서 중요한 것뿐만 아니라 각자 커리어에도 정말 중요하잖아.

조다나

모든 사람이 성공하기 위해 뭐든 할 마음이 있는 건 아니잖아.

제이슨

네 말이 맞아. 그냥 난 게으름 피우는 사람들은 정말 질색이야.

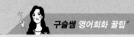
구슬쌤 영어회화 꿀팁

more than으로 강조하기

네이티브는 평소 강조할 때 more than을 쓰는 걸 좋아하는데요. 〈I'm more than willing to + 동사원형〉을 쓰면 뭔가를 '기꺼이 하고 싶은 마음/생각이 있고도 남는다'며 강조하는 느낌을 줍니다.

예 **I'm more than willing to help.** (강조) 난 기꺼이 널 도와줄 마음이 있어.

예 **I'm more than willing to** walk you through the process.
(의향이 있다는 걸 강조) 그 절차를 기꺼이 제가 차근차근 설명 드릴게요.

네이티브들이 매일 주고받는 대화, 무슨 뜻일까요?

🎧 070-1. mp3 ▪️▪️▪️

Ned

Don't you think it's pretty self-explanatory?

Lisa

I think so, but we have some new hires that might be using this program for the first time.

Ned

I just have so much going on that I don't have the luxury of* taking everyone into consideration.

Lisa

Okay.* I have some time this afternoon, so let me take that off your plate* and make a training manual. That way, everyone will be happy.

 미니 회화사전

* **I don't have the luxury of + (동)명사** (특정 행동이 사치처럼 느껴질 정도로) 난 ~할 여유 없어
  - 📌 I don't have the luxury of friends. 난 친구 사귈 여유 없어.
  - 📌 I don't have the luxury of worrying about that. 그런 걱정할 여유 없어.
* **Okay** (관심을 유도하거나 화제를 전환할 때 문장 맨 앞에 씀) 자, 그럼
* **Let me take that off your plate.** (상대를 도와주며) 그 일/짐/걱정을 내가 덜어줄게.

👍 **네이티브는 이런 표현으로 말한다!**

It's pretty self-explanatory. 굳이 설명 안 해도 딱 보면 알 거야.

굳이 설명을 하지 않아도 보면 뭔지, 어떻게 해야 하는지 쉽게 알아차릴 수 있을 때 self-explanatory(따로 설명이 필요 없는)를 씁니다. 특히 사용 방법이 복잡하지 않거나 주어진 상황이나 정보만으로도 충분히 이해할 수 있을 만큼 쉽고 단순할 때 self-explanatory를 쓰세요.

Date: _____ Study Time: _____

🎧 070-2. mp3 ■ ■ ■

네드

이거 굳이 설명 안 해도 딱 보면 알 것 같지 않아?

리사

그럴 것 같은데 이 프로그램을 처음 써보는 신입사원들도 있잖아.

네드

나 지금 해야 할 게 너무 많아서 모두를 신경 쓸 여유가 없어.

리사

자, 그럼 오늘 오후에 시간이 좀 있으니까 네 일을 좀 덜어줄 수 있도록 내가 트레이닝 매뉴얼을 만들게. 그럼 모두 다 행복해지는 거잖아.

구슬쌤 영어회화 꿀팁

이해하기 쉽고 단순할 때 자주 쓰는 표현 2가지 더!

self-explanatory를 배운 김에 **easy, simple** 외에도 평소 네이티브가 자주 쓰는 '이해하기 쉽고 단순하다'는 의미의 표현 두 가지를 더 보겠습니다. 예문을 통해 정확한 뉘앙스를 꼭 알아두세요.

1. straightforward 간단한, 쉬운, 복잡하지 않은

   예 It's very **straightforward**. 그건 정말 (복잡하지 않고) 간단해.

2. It's not rocket science. = It's not brain surgery.

   그건 고도의 지능이 요구되는 일이 아냐. 그리 어렵거나 복잡한 일이 아니야.

rocket science(로켓 과학)나 brain surgery(뇌 수술)는 아무나 할 수 없는 어렵고 복잡한 일이죠. 하지만 뭔가 그 정도로 어렵거나 복잡한 일이 아니라는 걸 강조할 때 자주 씁니다.

예 I don't need a pamphlet. **It's not rocket science.** 팸플릿은 필요 없어. 그리 어려운 일이 아니니까.

네이티브들이 매일 주고받는 대화, 무슨 뜻일까요?

🎧 071-1. mp3 ◾◾◾

Charlize

So, how's it coming along?*

Jackson

Pretty well.

Charlize

I need more than that.* It's already mid-July. You know we're aiming to* launch at the end of this month.

Jackson

Don't worry. I'm on top of it. You're well aware that I don't drop the ball* on things like this.

📖 미니 회화사전

* **How's it coming along?** 어떻게 진행되고 있어? 잘 되어가고 있어?
  come along에는 '(원하는 대로) 되어가다, 나아지다'란 뜻이 있습니다.

* **I need more than that.** (특히 상대의 답변이 썩 마음에 들지 않을 때) 그걸로는 충분하지 않아.

* **aim to + 동사원형** ~하는 것을 목표로 하다

* **drop the ball** (책임지고 있는 일을) 실수로 망치다

👍 네이티브는 이런 표현으로 말한다!

I'm on top of it. 지금 열심히 하고 있어.

상대가 내게 일을 맡겼을 때 지금 바로 착수하겠다고 할 때 Okay. 대신 **I'm on it.**(알겠습니다. 제가 하겠습니다.) 이 자주 쓰이는데요. **I'm on it.**을 강조해서 **I'm on top of it.**이라고 할 수 있어요. 주어진 임무 바로 위에 딱 붙어 이미 열심히 처리하고 있다는 또는 잘 처리하겠다는 뉘앙스로 쓰입니다.

Date: _____ Study Time: _____

네이티브들이 매일 주고받는 대화, 영어로 말할 수 있나요?

🎧 071-2. mp3 ◼️ ◼️ ◼️

샤를리즈

그래서, 뭐 어떻게 잘 진행되고 있어?

잭슨

그럭저럭.

샤를리즈

그걸로는 충분하지 않아. 벌써 7월 중순인데 우리 월말에 출시하는 걸 목표로 하는 거 알고 있잖아.

잭슨

걱정 마. 정말 신경 써서 잘 진행하고 있어. 내가 이런 일에 실수하지 않는다는 거 잘 알잖아.

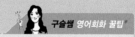
구슬쌤 영어회화 꿀팁

정한 목표를 달성하기 위해 최선을 다해 노력할 땐 aim

방해되는 다른 요소들은 다 무시하고 딱 과녁만 바라보며 정확히 맞추려 최선을 다해 노력하듯 aim은 그냥 노력하는 try보다 훨씬 더 강한 느낌을 줍니다. 뚜렷한 목표를 정하고 달성하기 위해 열심히 노력하고 있다는 걸 강조할 때 aim을 쓰세요.

예 **We're aiming to open another branch in Atlanta.**
　저희는 애틀랜타에 지점을 하나 더 여는 걸 목표로 하고 있어요.

예 **We're aiming for a 20% increase in sales.** 저희는 20% 매출 상승을 목표로 열심히 노력하고 있어요.

예 **Wasn't this what you were aiming for?** 네가 (바라고) 목표로 했던 게 이거 아니었어?

네이티브들이 매일 주고받는 대화, 무슨 뜻일까요?

🔊 072-1. mp3 ▦ ▦ ▦

Andrea

We need to be fully prepared* for the meeting tomorrow.

Winston

What do you need me to do?*

Andrea

I need you to find out everything there is to know about their product.

Winston

Consider it done.

📖 미니 회화사전

* be fully prepared 충분히 대비하다, 단단히 준비 태세를 갖추다
* What do you need me to do? 제가 뭘 하면 될까요?

👍 네이티브는 이런 표현으로 말한다!

Consider it done. 지금 바로 처리할 테니 걱정하지 마세요.

이미 다 처리된(done) 상태로 봐도 괜찮을 정도로 책임지고 확실히 처리할 테니 걱정하지 말라고 할 때 **Consider it done.**을 씁니다. 상대가 뭔가를 해달라고 부탁했을 때나 일을 시켰을 때 **Consider it done.**을 쓰면 상대가 그 일에 대해 더 이상 신경 쓰지 않아도 될 정도로 최대한 빨리 확실히 처리하겠다는 뜻이 되죠.

Date: _____   Study Time: _____

네이티브들이 매일 주고받는 대화, 영어로 말할 수 있나요?

🔊 072-2. mp3 ▇ ▇ ▇

앤드리아

내일 미팅에 정말 준비 잘해서 가야 해.

윈스턴

제가 뭘 하면 될까요?

앤드리아

그 회사 제품에 대해 알 수 있는 건 다 알아와.

윈스턴

지금 바로 할 테니 걱정 마세요.

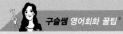
구슬쌤 영어회화 꿀팁

이미 처리했을 땐 이렇게 쓰세요

우리에게 '돌보다'로 익숙한 take care of엔 '~를 책임지고 떠맡다, ~를 처리하다'란 뜻이 있는데요. 어떤 일을 이미 처리했을 땐 It's been taken care of.(그 일은 처리됐어요.)라고 할 수 있습니다. 여기서 It's는 It has의 줄임말이죠.

예 Don't worry. **Everything's been taken care of.** 걱정하지 마세요. 다 처리됐어요.

이미 계산했다고 할 때도 응용해 쓸 수 있습니다.
A **Let me get the check.** 내가 계산할게.
B No need. **It's already been taken care of.** 그럴 필요 없어. 이미 계산했거든.

네이티브들이 매일 주고받는 대화, 무슨 뜻일까요?

🎧 073-1. mp3 ■ ■ ■

Max

How was your date?

Esther

It was good. We went to an exhibition* and had dinner.

Max

You must have been to the one on conceptual art. I went there the other day, and I just couldn't appreciate* it. Everything looked so weird.*

Esther

It wasn't my thing* either, but it's art. It's open to interpretation.

미니 회화사전

* exhibition 전시회
* weird 이상한

* appreciate 진가를 알아보다
* It's not my thing. 그건 내 취향이 아니야.

네이티브는 이런 표현으로 말한다!

It's open to interpretation. 그건 해석하기에 따라 다른 것 같아요.

열린 마음으로 다양한 가능성을 얘기할 때 open을 쓰는데요. 특히 상대와 내 의견이 다르지만 굳이 서로를 설득하려 논쟁하고 싶지 않을 때 **It's open to interpretation.**(그건 해석하기에 따라 다른 것 같아요.)을 쓰세요. 특정 주제에 있어 다양한 해석이 가능하기에 명확한 답이 존재하지 않는다며 상대의 의견도 나름 존중하며 부드럽게 대화를 마무리할 수 있습니다. 반면 토론이나 논의할 문제가 아니니 토 달지 말고 결정을 받아들이라고 할 땐 **It's not open for discussion.**(그건 논의할 여지가 없어.)이라고 합니다.

Date: _____ Study Time: _____

네이티브들이 매일 주고받는 대화, 영어로 말할 수 있나요?

♪ 073-2. mp3 ■ ■ ■

맥스

데이트 어땠어?

에스더

좋았어. 전시회 갔다가 저녁 먹었어.

맥스

개념미술에 대한 거 갔구나. 나도 저번에 갔는데 뭐가 특별한지 잘 모르겠더라고. 다 정말 이상해 보이기도 하고.

에스더

내 취향도 아니긴 했는데 예술이잖아. 사람에 따라 해석하는 게 다를 수 있지.

구슬쌤 영어회화 꿀팁

편히 제안하라고 할 땐 open to suggestions

상대에게 편히 제안하라고 할 때 **I'm open to suggestions.**(열린 마음으로 귀 기울여 들을 테니 제안할 게 있으면 편히 말해줘.)라고 하는데요. 회사에서 자주 쓰이는 표현이지만 정확히 말하면 제안을 들어보겠다는 거지, 반영한다는 보장은 없기에 특히 동료나 부하직원에게 눈치 보지 말고 편히 제안하라고 할 때 씁니다.

이 표현을 응용해 브레인스톰을 할 때 **I'm open to ideas.**(열린 마음으로 귀 기울여 들을 테니 아이디어가 있으면 편히 말해줘.)로도 자주 쓰이고요. 뭐든 열린 마음으로 시도해볼 생각이 있다고 할 땐 **I'm open to anything.**(난 뭐든 다 괜찮아.)이라고도 해요.

169

네이티브들이 매일 주고받는 대화, 무슨 뜻일까요?

🎧 074-1. mp3

Thomas

Nicole, you wanted to see me?

Nicole

Yes, please have a seat. I know you report to* Scott, and we've only talked once or twice, but I'm going to have to be direct, because we don't have much time.

Thomas

What's going on?

Nicole

It's been brought to my attention that someone has been giving unapproved* rates* to clients, and I need you to* tell me if you were aware of this.

📖 **미니 회화사전**

* report to + 사람 ~에게 업무를 보고하다
* rates 가격

* unapproved 승인되지 않은
* I need you to + 동사원형 당신이 ~해주셔야겠어요

 네이티브는 이런 표현으로 말한다!

I'm going to have to be direct. 직설적으로 말씀드려야 될 것 같아요.

시간적인 여유가 없어 돌려 말하거나 차근차근 설명할 상황이 아닐 때는 **I'm going to have to be direct.**
를 씁니다. 시간적인 여유가 없거나 상황상 어쩔 수 없을 때는 〈**I'm going to have to** + 동사원형(~해야 될
것 같아요)〉을 사용해 확고한 의지를 표현할 수 있죠.

Date: _____ Study Time: _____

네티즌들이 매일 주고받는 대화, 영어로 말할 수 있나요?

🎧 074-2. mp3 ⬛ ⬛ ⬛

토마스

니콜, 저 부르셨나요?

니콜

네, 여기 앉으세요. 스캇에게 업무를 보고하고 저와는 한두 번밖에 얘기한 적 없는 거 알지만 시간이 얼마 없어서 직설적으로 말해야 될 것 같아요.

토마스

무슨 일인가요?

니콜

누군가 승인도 안 받은 가격을 고객들에게 제시하고 있다는 걸 알게 되었는데 혹 이 상황을 알고 있었나요?

구슬쌤 영어회화 꿀팁

관심을 끄는 사안에 대해 거론할 땐 bring to my attention

bring to my attention은 글자 그대로 '내 관심을 끌다'는 뜻이에요. 이 표현은 It's been brought to my attention that S + V(~하다는 걸 알게 되었습니다)의 패턴으로 유용하게 쓰이는데요. 내 관심을 끈 중요한 사실을 얘기할 때 애용되죠. 특히 최근 알게 된 사실을 공유하며 문제를 해결하거나 주의를 줄 때 자주 씁니다.

예 **It's been brought to my attention that** not everyone's happy with the recent changes.
최근의 변화를 마음에 들어 하지 않는 사람들이 있다는 걸 알게 되었습니다.

예 **It's been brought to my attention that** there's been complaints about the quality of our product. 저희 제품 품질에 대한 불만사항이 있다는 걸 알게 되었습니다.

네이티브들이 매일 주고받는 대화, 무슨 뜻일까요?

🎧 075-1. mp3 ■ ■ ■

Kendra

> Hello?

Olivia

> Kendra, this is Olivia. I got in early this morning, because I figured* we'd have a lot to take care of.

Kendra

> Olivia, I'm in the middle of* something.
> Can you just cut to the chase?

Olivia

> You need to get here as soon as possible.

📖 미니 회화사전

* figure 곰곰이 생각하다
* be in the middle of 한창 ~하느라 바쁘다

 네이티브는 이런 표현으로 말한다!

Can you just cut to the chase? 그냥 본론만 말해줄래요?

cut to the chase(본론으로 들어가다)는 원래 영화계에서 쓰던 표현인데요. 지루하거나 의미 없는 추가 장면은 자르고 바로 영화의 하이라이트인 추격전(chase)으로 넘어가는 뜻으로, 쓸데없는 설명이나 부가적인 건 다 생략하고 바로 본론만 말하라고 할 때 **Can you just cut to the chase?**처럼 자주 씁니다. 또, 상황상 긴 설명 없이 바로 본론부터 들어가야 할 때 **Let's cut to the chase, shall we?**(그냥 바로 본론부터 얘기하자. 그래도 괜찮지?), **I'm going to cut to the chase.**(그냥 바로 본론부터 말할게)와 같이 자주 쓰죠.

Date: _____ Study Time: _____

네이티브들이 매일 주고받는 대화, 영어로 말할 수 있나요?

🎧 075-2. mp3 ▪ ▪ ▪

켄드라

여보세요?

올리비아

켄드라, 저 올리비아예요. 처리해야 될 게 많을 것 같아서 오늘 아침 일찍 출근했는데요.

켄드라

올리비아, 저 지금 한창 뭐 좀 하느라 바쁜데.
그냥 본론만 말해줄래요?

올리비아

최대한 빨리 (사무실에) 오셔야 해요.

구슬쌤 영어회화 꿀팁

바로 요점/핵심만 말하라고 할 때 get to the point

바로 point(요점, 핵심)에 도달하라는 뉘앙스인 **get to the point**도 cut to the chase 못지않게 자주 쓰입니다.

예 **Get to the point**, Noah. 노아, 요점만 말해줘.

예 Let me **get to the point**. 요점만 말씀드릴게요.

173

076 평소답지 않은 동료/친구에게

네이티브들이 매일 주고받는 대화, 무슨 뜻일까요?

🔊 076-1. mp3 ⬛ ⬛ ⬛

Alfonso

I know I've been all over the place, but can you grasp* what I'm saying?

Vicki

You don't seem like yourself today. What's going on?

Alfonso

I just haven't had my coffee yet.*

Vicki

Let me go get you some coffee. Maybe that'll wake you up.

 미니 회화사전

* grasp 이해하다, 파악하다
* I haven't had my coffee yet. (주로 아침에 농담처럼 씀) 아직 커피를 안 마셔서 컨디션이 별로야/잠이 덜 깼어.

👍 네이티브는 이런 표현으로 말한다!

You don't seem like yourself today. 오늘 너답지 않게 왜 그래.

평소의 나 자신과 달리 컨디션도 별로고 내 실력을 100% 발휘할 수 없을 때 I'm not myself today.(오늘은 내 정신이 아니네)를 쓰는데요. 이 표현은 상대가 평소와 달리 이상하게 행동할 때 '평소 상대의 모습처럼 보이지 않는다'는 You don't seem like yourself today.로도 확장해 쓰입니다.

Date: _____ Study Time: _____

네이티브들이 매일 주고받는 대화, 영어로 말할 수 있나요?

🎧 076-2. mp3 ■ ■ ■

알폰소

내가 횡설수설한 거 아는데, 그래도 내가 하는 말 이해돼?

비키

오늘 너답지 않게 왜 그래. 무슨 일 있어?

알폰소

그냥 아직 커피를 안 마셔서 잠이 덜 깼나 봐.

비키

내가 가서 커피 좀 사올게. 그럼 잠이 깰지도 몰라.

구슬쌤 영어회화 꿀팁

grasp(이해/파악하다)와 정 붙이기!

영화 *The Intern*(인턴)에서 CEO Jules(줄스)가 인턴 Ben(벤)에게 다른 부서로 가는 걸 제안하며 It's a little bit slower pace, maybe a little bit easier to grasp.(거긴 여기보다 더 여유롭고 상황을 파악하기도 좀 더 쉬우실 거예요.)라고 합니다. 이처럼 grasp는 뭔가를 꽉 잡고 놓지 않는 것처럼 특히 어렵거나 복잡한 컨셉, 아이디어, 상황 등의 핵심을 이해하고 파악할 때 자주 쓰이는데요. 동사일 땐 '이해하다, 파악하다, 터득하다'란 뜻으로, 명사일 땐 '이해, 파악'이란 뜻으로 쓰입니다.

예 He has a good **grasp** of politics. 그 분은 정치를 잘 파악하고 계세요.

예 It's not an easy concept to **grasp**. 확실히 이해하긴 어려운 컨셉이네요.

예 Were you able to better **grasp** the concept after the meeting?
   미팅 후에 컨셉을 더 잘 이해할 수 있었고?

네이티브들이 매일 주고받는 대화, 무슨 뜻일까요?

🎧 077-1. mp3 ▪️▪️▪️

 Marcus
If you're not busy, why don't you join us for a drink?

 Sharon
I wish I could, but I've got a lot of work to catch up on coming back from vacation.

 Marcus
Come on, it's been a while since* we hung out outside of work. Stay for one drink.

 Sharon
Okay, then, just one drink.

📖 **미니 회화사전**

* **It's been a while since ~** ~한 지 시간이 꽤 됐어
It's been a while.(오랜만이야.)은 오랜만에 지인을 만났을 때나 특정 행동을 오랜만에 할 때 단독으로 쓸 수도 있습니다.

 네이티브는 이런 표현으로 말한다!

I've got a lot to catch up on. 일이 많이 밀렸어.

catch up은 밀린 걸 따라잡는다고 할 때 쓰는데요. 특히 밀린 일이 많을 때 따라잡아야 할 게 많다는 뉘앙스로 **I've got a lot of work to catch up on.**을 자주 씁니다. 볼 TV 프로가 많이 밀렸다거나 공부할 게 많이 밀렸다거나 등등. 일(work) 외의 다양한 대상에 대해서도 쓸 수 있죠. 대화의 맥락상 대상을 생략해도 알 만한 경우엔 **I've got a lot to catch up on.**으로 간단히 말해도 좋습니다.

예 **I've got a lot of TV to catch up on.** 나 봐야 될 TV 프로그램이 많이 밀렸어.
예 **I've got a lot of** studying **to catch up on.** 나 공부할 게 많이 밀렸어.

Date: _____ Study Time: _____

네이티브들이 매일 주고받는 대화, 영어로 말할 수 있나요?

🎧 077-2. mp3 ▪️▪️▪️

마커스

안 바쁘면 우리와 같이 술 한잔하러 가는 거 어때?

사론

그러면 좋겠지만 휴가 갔다 와서 일이 많이 밀렸어.

마커스

에이, 우리 사무실 밖에서 같이 논 지도 오래 됐잖아.
한 잔만 하고 가.

사론

알겠어. 그럼 딱 한 잔만 하고 갈게.

구슬쌤 영어회화 꿀팁

가지 말라고 붙잡을 때 쓰는 stay for

현실적으로 연인에게 날 떠나지 말라고 영어로 붙잡는 상황은 흔치 않지만 '점심 먹고 가.'처럼 특정 행동을 하고 가라고 제안하는 상황은 많죠. 이럴 때 **stay for**를 쓰세요.

예 You should **stay for** dinner. I insist. 저녁 먹고 가. (꼭 대접하고 싶으니) 거절 말고.

예 You're more than welcome to **stay for** lunch. (환영한다는 걸 강조)
괜찮으시면 점심 드시고 가셔도 돼요.

예 You really can't **stay for** one drink? 진짜 딱 한 잔도 못하고 간다고?

네이티브들이 매일 주고받는 대화, 무슨 뜻일까요?

🎧 078-1. mp3 ▪️▪️▪️

Deirdre

So, what do you think?

Ariel

It's good. Looks like you put a lot of work into this.

Deirdre

I'm really glad you said that. I was worried that you might not like it.

Ariel

I mean, we can jazz it up* with some pictures, but overall,* I think it's good.

📖 **미니 회화사전**

* **jazz up** (마치 재즈로 분위기를 띄우듯) ~을 더 매력적으로/보기 좋게 만들다
* **overall** 전반적으로

 네이티브는 이런 표현으로 말한다!

Looks like you put a lot of work into this. 공을 많이 들인 것 같네.

딱 봐도 열심히 공들인 티가 날 때 Looks like you put a lot of work into this.라고 칭찬해 주세요. 단순히 It's good.(좋네.)이라고 하는 것보다 상대가 노력한 걸 알아봐주는 느낌을 줍니다. 응용해서 work 대신 effort(노력) 또는 thought(생각)를 써도 되죠. 이때 put A into B는 'A를 B에 들이다, 쏟아넣다, 투자하다'란 의미입니다.

Date: _____ Study Time: _____

네이티브들이 매일 주고받는 대화, 영어로 말할 수 있나요?

🎧 078-2. mp3 ■ ■ ■

데어드레 그래서, 어떻게 생각하세요?

에어리얼 좋은데. 공을 많이 들인 것 같네.

데어드레 그렇게 말씀해 주시니 다행이네요. 마음에 안 드실까 봐 걱정했거든요.

에어리얼 뭐, 사진을 몇 개 넣어 더 근사하게 만들 수는 있겠지만 전반적으로 난 좋은 것 같아.

구슬쌤 **영어회화 꿀팁**

더 좋아지도록 다듬고 손질할 땐 polish

은제품이나 구두에 윤이 찰찰 흐르도록 헝겊으로 닦고 광내는 걸 polish라고 하는데요. polish를 회사에서 쓰면 경험과 노련함이 느껴지도록 더 다듬고 노력하는 느낌을 줍니다. 단순히 이 정도면 됐다 하고 넘어가는 게 아니라, 끝까지 더 개선하려 노력하며 갈고 닦는 느낌을 주는 거죠.

예 I'm almost done. I'm just **polishing** it. 거의 다 했어요. (더 좋아지도록) 그냥 다듬고 있는 중이에요.

예 I'm done **polishing** and tweaking. (더 좋아지도록) 다듬고 수정 다 했어요.

예 It's way better than the last one, but I think it still needs some **polishing**.
저번 것보다 훨씬 더 좋긴 한데 아직 좀 더 가다듬어야 될 것 같아.

179

네이티브들이 매일 주고받는 대화, 무슨 뜻일까요?

🎧 079-1. mp3 ■ ■ ■

Brad

Do you happen to know* how Jamie could get her hands on our client list?

Carol

I showed it to her at lunch the other day.

Brad

That's inside information.* Of all people, you* should know better than to share that kind of information.

Carol

Well, I told her that it's confidential.*

 📖 **미니 회화사전**

* **Do you happen to know ~?** 혹시 ~알아?
* **inside information** 내부 정보
* **of all people, you** 다른 사람은 몰라도 넌, 그 많은 사람들 중 넌
* **confidential** 기밀의

👍 **네이티브는 이런 표현으로 말한다!**

You should know better. 당연히 그 정도는 알아야지.

know better는 '세상물정을 알고 분별력이 있다'는 뜻인데요. 나이도 먹을 만큼 먹었고 배울 만큼 배운 상대가 어리석은 행동을 했을 때 **You should know better.**라며 따끔하게 핀잔을 줄 수 있습니다. 앞서 행동한 것보다는 당연히 더 현명하게 행동해야 되는 걸 알아야 하는 게 아니냐는 뉘앙스죠.

예 You're an adult now. **You should know better.** 이제 성인인데 (당연히) 그 정도는 알아야지.

Date: _____ Study Time: _____

네이티브들이 매일 주고받는 대화, 영어로 말할 수 있나요?

🔊 079-2. mp3 ■ ■ ■

브래드

혹시 제이미가 어떻게 우리 고객 명단을 손에 넣게 되었는지 알아?

캐롤

내가 저번에 점심 먹으면서 보여줬어.

브래드

그건 내부 정보잖아. 그런 정보를 공유하면 안 된다는 것쯤은 다른 사람은 몰라도 넌 (당연히) 알아야지.

캐롤

그게, 기밀이라고 말하긴 했는데.

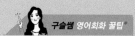
구슬쌤 영어회화 꿀팁

나도 당연히 그 정도는 안다고 할 땐?

나도 나이가 들 만큼 들었고 배울 만큼 배웠기에 당연히 그 정도의 분별력은 가지고 있다고 할 때 〈I know better than to + 동사원형(~하면 안 된다는 것쯤은 나도 알아)〉을 씁니다.

예 **I know better than to** trust her. 그녀를 믿으면 안 된다는 것쯤은 나도 알아.

예 **I know better than to** go there. 그 얘긴 꺼내면 안 된다는 것쯤은 나도 알아.
  └ 예민한 주제 근처에는 얼씬도 하지 않는다는 뉘앙스

예 **I know better than to** get in the middle of this conversation.
  이런 대화에 끼어들면 안 된다는 것쯤은 저도 알아요.
  └ 예민한 대화에 끼어들고 싶지 않을 때

네이티브들이 매일 주고받는 대화, 무슨 뜻일까요?

🎧 080-1. mp3 ■ ■ ■

Veronica

What are you working on?*

Ian

I'm just prepping for* the meeting tomorrow.

Veronica

Go home and get a good night's sleep. You have a big day tomorrow.

Ian

I'll do that. I just wanted to make sure* I didn't miss anything.

📖 미니 회화사전

* **What are you working on?** (상대가 열중해서 생산적인 일을 하고 있을 때) 뭘 그리 열심히 하고 있어?

* **prep for** ~를 준비하다, 대비하다 (= prepare for)

* **make sure (that) S + V** ~을 확실하게 하다

 네이티브는 이런 표현으로 말한다!

You have a big day tomorrow. 내일 중요한 날이잖아.

다음날 중요한 일을 앞두고 있는 동료가 뭔가 무리를 하고 있을 때 오늘은 좀 자중하고 쉬라면서 덧붙일 수 있는 말이 바로 **You have a big day tomorrow.**입니다. big(중요도가 큰)은 day, meeting, interview 등의 중요성을 강조할 때 자주 쓰죠. have a big day/meeting/interview(중요한 일이/미팅이/인터뷰가 있다)처럼 말예요. 이를 이용해 나한테 중요한 미팅이 있을 때는 **I have a big meeting today. Wish me luck.**(오늘 중요한 미팅이 있어. 잘 되길 빌어줘)이라고 동료에게 말해보세요.

Date: _____ Study Time: _____

🔊 080-2. mp3 ⬛⬛⬛

베로니카

뭘 그리 열심히 하고 있어?

이안

그냥 내일 미팅 준비하고 있어.

베로니카

(이제 그만하고) 집에 가서 오늘은 푹 자야지. 내일 중요한 날이잖아.

이안

그렇게. 놓친 부분이 없는지 확실히 해두고 싶었어.

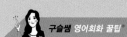

구슬쌤 영어회화 꿀팁

힘든 날은 a long day

유독 힘든 날이면 하루가 정말 길게 느껴져서 우린 '하루 참 길다.'라는 식으로 말하곤 하는데요. 영어도 '힘든 날, 힘든 하루'를 a long day라고 표현해요. 다음 예문들을 통해 a long day의 쓰임을 살펴보세요.

예 It's been **a long day.** 힘든 하루였어.

예 Get a good night's sleep. It's going to be **a long day** tomorrow.
푹 자두렴. 내일은 (바쁘거나 심적으로) 힘든 날이 될 테니.

예 You look like you've had **a long day.** (지인이 지쳐 보일 때) 힘든 날이었나 보구나.

네이티브들이 매일 주고받는 대화, 무슨 뜻길까요?

🎧 081-1. mp3 ■ ■ ■

Ronald

The reason we wanted to meet with you today was to let you know that we've decided to move forward* with option A.

Marie

I'm confused.* What do you mean by option A?

Ronald

I'm talking about the campaign you put together* for us. You said you would give us a 40% discount if we were to go with* option A.

Marie

Do you mean the deal I offered back in March? I'm sorry, but it's now off the table. I made it clear that it was for a limited time only.

📖 미니 회화사전

* **move forward** (앞으로 전진하듯) 진행하다, 나아가다
* **I'm confused.** (분명히 이해되지 않아 혼란스러울 때) 무슨 말씀/상황인지 잘 모르겠네요.
* **put together** (이것저것 모아) 만들다, 준비하다   * **go with** ~로 선택하다, 고르다

👍 네이티브는 이런 표현으로 말한다!

It's now off the table. 그건 이제 고려 대상이 아닙니다.

off the table '그 테이블을 벗어난', 즉 협상이나 논의 테이블에서 '고려 대상이 아닌, 논외인' 사안이라는 의미이죠. 따라서 협상/논의 테이블 위의 고려 대상이 아니라고 할 땐 **It's off the table.**이라고 해요. '이제 더는' 고려 대상이 아니다, 그 사안은 '이제' 물 건너갔다라고 하고 싶다면 여기에 **now**만 넣어주면 되고요.

184

Date: _____ Study Time: _____

네이티브들이 매일 주고받는 대화, 영어로 말할 수 있나요?

🔊 081~2. mp3 ◼◼◼

로널드 저희는 옵션 A로 진행하기로 결정했다고 말씀드리려고 오늘 뵙자고 했어요.

마리 무슨 말씀인지 잘 모르겠는데 어떤 옵션 A를 말씀하시는 건가요?

로널드 저희를 위해 준비하신 캠페인이요. 옵션 A를 택하면 40% 할인을 해 주실 수 있다고 하셨잖아요.

마리 3월에 제안 드렸던 걸 말씀하시는 거예요? 죄송하지만 그건 더 이상 유효하지 않아요. 한정된 기간에만 제공하는 거라고 분명히 말씀 드렸잖아요.

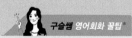
구슬쌤 영어회화 꿀팁

선택할 때 choose만 쓰시나요?

이미 눈치채셨겠지만, **off the table**의 반대는 **on the table**(검토/논의/고려 중인)입니다. 말 그대로 테이블 위에 공식적으로 상정되어 있어 논의 중이라는 거죠.

예 **There are several issues on the table.** 검토해야 할 문제점이 몇 가지 있습니다.

예 **My offer is still on the table.** 아직 제 제안은 유효해요.
　└ 아직 상대가 고려할 수 있는 옵션이라는 뉘앙스

네이티브들이 매일 주고받는 대화, 무슨 뜻일까요?

🎧 082-1. mp3 ▣ ▣ ▣

Jenn

I'd like to promote you to finance manager.

Toby

Are you sure? I honestly didn't think you were considering me for the position.

Jenn

I've never been more sure of anything.* I hope you know how much I value you.

Toby

I do, and I'm very appreciative of everything.

📖 **미니 회화사전**

* **I've never been more sure of anything (in my life).** (내 평생) 이보다 더 확실한 적이 없어.
  상대가 Are you sure?(진짜? 그래도 돼?)라고 진심인지, 확실한 건지 물어볼 때 정말 확고한 내 마음과 의지를 강조해서
  표현하는 느낌을 줍니다.
  A Are you sure you want to quit your job? 너 진짜 회사 그만둘 거야?
  B Yes, I've never been more sure of anything in my life. 응, 내 평생 이보다 더 확신이 든 적은 없었어.

 네이티브는 이런 표현으로 말한다!

I hope you know how much I value you. 내가 너를 얼마나 소중히 생각하는지 알았으면 좋겠어.

오늘 콕 집어 얘기하고 싶은 표현은 동사 value예요. value는 '～를 소중히 여기다, 가치 있게 생각하다'란 뜻
으로 내가 중요하게 생각하는 대상에 자주 쓰이죠. 특히 사람에게 쓰이면, 누군가를 정말 소중히 여기고 존중한
다는 뉘앙스로 그 상대를 특별하게 만들어주는 기분 좋은 표현이 됩니다. 대화에 쓰인 문장 외에도 몇 가지로 더
응용해보죠.

예 **I value you as a colleague.** 동료로서 넌 내게 정말 소중해.

예 **You need to show her that you value her.** 네가 그 애를 얼마나 소중히 생각하는지를 보여줘야 돼.

Date: _____ Study Time: _____

네이티브들이 매일 주고받는 대화, 영어로 말할 수 있나요?

🎧 082-2. mp3 ■ ■ ■

젠

자네를 재정 매니저로 승진시키고 싶어.

토비

정말요? 솔직히 저를 승진 대상으로 고려하고 계신지도 몰랐어요.

젠

그럼, 정말이지. 내가 자네를 얼마나 소중히 생각하는지 알았으면 좋겠네.

토비

알죠. 그리고 여러모로 정말 감사 드립니다.

 구슬쌤 영어회화 꿀팁

고마운 마음을 전할 때 쓰이는 appreciative

나의 고마운 마음을 전할 때 동사 appreciate 못지않게 형용사 appreciative도 자주 쓰여요.

예 I am very **appreciative** of your help. 도움 주신 거 정말 고맙게 생각해요.

예 I'm deeply **appreciative** of everything you've done for me.
절 위해 해주신 것 전부 다 정말 고맙습니다.

상대가 고마워할 줄 모를 때도 appreciative가 자주 쓰입니다.

예 You're taking everything for granted. You should be more **appreciative**.
넌 네가 누리는 걸 전부 당연하게 생각하는구나. 더 감사할 줄 알아야지.

예 Can't you just be **appreciative**?
(고마워할 줄 모르고 불평만 하는 사람에게) 그냥 고마워하면 안 되는 거야?

잠깐! 고맙다고 할 때 가장 흔히 쓰는 I appreciate it. 뒤에 it을 생략하는 분들이 있더라고요. 주어 I는 생략해도 되지만 감사한 대상인 it은 꼭 넣어서 Appreciate it.이라고 해야 됩니다.

네이티브들이 매일 주고받는 대화, 무슨 뜻일까요?

🎧 083-1. mp3 ■ ■ ■

 Alfred
I feel like* I never see you in your office these days.

 Sophia
It's probably because I'm either out on a client call, or in Julie's office.

 Alfred
What for?

 Sophia
I've been helping with the transition,* so whenever I'm not with a client, I'm with her, and vice versa.

 미니 회화사전

* I feel like S + V ~처럼 느껴져, ~인 것 같더라　　* transition 인수인계

👍 **네이티브는 이런 표현으로 말한다!**

Whenever I'm not with a client, I'm with her, and vice versa.
고객과 있는 게 아니면 그녀와 있어, 반대도 마찬가지고.

vice versa는 라틴어로 the other way around란 뜻인데요. 주로 문장 끝에 and vice versa라고 덧붙여 '앞 문장 내용과 반대로 해도 마찬가지'란 뜻으로 쓰입니다. 즉 대화 속 문장처럼 '고객과 있는 게 아니면 줄리와 있는 거고, 또 줄리와 있는 게 아니면 고객과 있는 거다'라는 말을 할 때, 복잡하게 이 말을 다 한 자 한 자 영어로 옮길 필요 없이 Whenever I'm not with a client, I'm with her라고 한 다음 and vice versa라고만 덧붙이면 간단하게 해결된단 말이죠.

예 I think highly of her, **and vice versa.** 난 그녀를 높이 평가해. 그녀도 날 높이 평가하고.

예 I'm sure I have a lot to learn from you, **and vice versa.**
　난 분명 네게 배울 게 많을 거야. 반대도 마찬가지고(너도 분명 내게 배울 게 많을 거고).

Date: _____ Study Time: _____

네이티브들이 매일 주고받는 대화, 영어로 말할 수 있나요?

🎧 083-2. mp3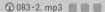

 알프레드
너 요즘 사무실에 거의 안 보이는 것 같더라.

 소피아
아마 고객과 미팅 중이거나 줄리 사무실에 있어서 그럴 거야.

 알프레드
뭐 때문에?

 소피아
인수인계 도와주고 있거든. 그래서 고객과 있는 게 아니면 줄리와 있어, 반대도 마찬가지고(줄리와 있는 게 아니면 고객과 있는 거고).

 **구슬쌤 영어회화 꿀팁**

not vice versa도 자주 쓰여요

부정으로 쓰여 ~, not vice versa라고 쓰일 땐 그 반대가 아니라는 뜻으로 쓰입니다. 예문을 통해 정확한 뉘앙스를 꼭 기억해 주세요.

예 She called me, **not vice versa.** 걔가 나한테 전화했어. 내가 전화한 게 아니고(그 반대가 아니고).

예 You are the one that brought up this subject, **not vice versa.**
이 주제를 꺼낸 건 너잖아. 내가 아니고(그 반대가 아니고).

예 I came here to get information, **not vice versa.**
난 여기에 정보를 얻으러 온 거야. 주러 온 게 아니고(그 반대가 아니고).

네이티브들이 매일 주고받는 대화, 무슨 뜻일까요?

🎧 084-1. mp3 ◼◼◼

 Landry

If you ever feel overlooked* again, please come and talk to me.

 Gllian

Thank you. That means a lot to me.*

 Landry

Well, we're all in the same boat now.

 Gllian

That we are.

 미니 회화사전

* **overlook** 간과하다, 못 보고 지나치다
* **That means a lot to me.** (상대의 속 깊은 말이나 행동에 고마움을 표현할 때) 그렇게 말해주니/해준다니 정말 고마워/힘난다.

👍 **네이티브는 이런 표현으로 말한다!**

We're in the same boat. 우린 한 배를 탄 거나 마찬가지인 걸.

We're in the same boat.라고 하면 '같은 처지고 입장'이란 뜻으로, 특히 안 좋은 상황에 처해 있을 때 '동병상련'이란 뉘앙스로 쓰입니다. 물론 꼭 힘든 상황에서만 쓰이는 건 아니죠. 회사에서 팀워크를 강조할 때 등과 같이 뭔가 동지 의식을 나눌 때도 자주 쓰여요. 마치 한 배를 탄 사이기에 운명을 같이 하는 거나 다름없다는 뉘앙스죠.

Date: _____ Study Time: _____

🔊 084-2. mp3 ■ ■ ■

랜드리

(팀이나 회사에서) 혹시라도 또 소외됐다고 느끼면 나한테 와서 얘기해.

질리언

고마워. 그렇게 말해주니 정말 힘난다.

랜드리

뭐, 이제 우리는 한 식구나 마찬가지니깐.

질리언

그건 그래.

구슬쌤 영어회화 꿀팁

We're in the same boat.를 좀 더 활용해 볼까요?

We're in the same boat.가 어떤 상황에서 쓰이는지 다음 예문들을 보면서 좀 더 익숙해지도록 해보죠.

예 She thinks she's the only one living paycheck to paycheck, but **we're in the same boat.** 걔는 자기만 한 달 벌어 한 달 먹고 사는 줄 아는데 우리 다 같은 처지야.

예 If you ever get in trouble, I'll help you, and vice versa. **We're all in the same boat.** 언제든 곤란한 상황에 처하면 내가 도와줄게. 그런 상황이 오면 너도 날 도와줘. 우린 한 배를 탄 거나 마찬가지잖아.

예 If things go south, it's going to affect all of us. **We're all in the same boat.**
만약 일이 잘못되면 우리 모두에게 영향을 미칠 거야. 우린 한 배를 탄 거나 마찬가지인 걸.
└ go south는 '상황이 안 좋아지다'는 의미의 비즈니스 표현. 마치 그래프가 south(남쪽), 즉 아래쪽을 향하는 건 결국 하락하고 있다는 뜻인 것처럼 상황이 악화되거나 잘못될 때 자주 씀

네이티브들이 매일 주고받는 대화, 무슨 뜻일까요?

🎧 085-1. mp3 ⬛ ⬛ ⬛

Beth

I'd say it was a success. We only got positive feedback about the change.

Julian

How did we do in sales compared to* last year?

Beth

I can't give you the exact number off the top of my head, but as far as I can remember,* it was more than last year.

Julian

Well, that's good enough for me.

 미니 회화사전

* **compared to** ~과 비교하여
* **as far as I can remember** 내가 기억하는 바로는

👍 **네이티브는 이런 표현으로 말한다!**

I can't give you the exact number off the top of my head.
정확한 수치가 지금 당장은 생각나지 않아요.

사전 준비를 하거나 뭔가를 제대로 알아보지 않고, 또는 깊이 생각하지 않고 지금 머릿속에 가장 먼저 떠오르는 생각을 얘기할 때 **off the top of my head**(지금 떠오르는 생각으로는)를 쓰는데요. 결국 정확한 정보나 최고의 답변은 아닐 수도 있다는, 단순히 즉흥적으로 떠오르는 생각이라는 뜻으로 설령 틀리더라도 날 방어해줄 수 있는 좋은 표현입니다.

Date: _____ Study Time: _____

네티브들이 매일 주고받는 대화, 영어로 말할 수 있나요?

🎧 085-2. mp3 ⬛ ⬛ ⬛

베스

전 성공적이었다고 할 수 있을 것 같아요. 변경된 부분에 있어 긍정적인 피드백만 있었고요.

줄리언

작년에 비해 매출은 어땠어?

베스

정확한 금액이 지금 당장은 생각나지 않는데 제가 기억하기로는 작년보다 많았어요.

줄리언

(충분히 좋다는 뉘앙스) 그럼 됐지, 뭐.

구슬쌤 영어회화 꿀팁

off the top of my head를 좀 더 활용해 볼까요?

1. 갑자기 상대가 내가 확실히 모르는 걸 물어봤을 때
   - 예 I don't know **off the top of my head**, but I can find out.
     지금 당장은 잘 모르겠는데 알아볼 수 있어.
   - 예 I can't give you the answer **off the top of my head**. 지금 당장은 답변이 생각나지 않네요.

2. 특히 브레인스토밍 단계에서 아이디어를 제안할 때
   - 예 I don't know if we can do this. It's just an idea **off the top of my head**.
     이게 가능한지는 잘 모르겠는데 그냥 갑자기 든 생각이야.
   - 예 I'm speaking **off the top of my head** here. 지금 그냥 생각나는 대로만 말씀드리는 건데요.

3. 생각나는 대로 또는 추측해서 말해주는 것보다 확실히 알아보고 알려주겠다고 할 때
   - 예 Rather than just give you something **off the top of my head**, I'll get back to you with firmer details. 지금 그냥 생각나는 대로 말씀드리는 것보다 더 확정된 사항들을 알아보고 연락 드릴게요
     └ 〈get back to + 사람〉은 회답을 목적으로 '~에게 다시 연락하다'

네이티브들이 매일 주고받는 대화, 무슨 뜻일까요?

🎧 086-1. mp3 ⬛⬛⬛

Karl

What's taking so long?*

Beatrice

There's been a slight hiccup.

Karl

I don't want to hear about any hiccups. Did they sign the deal or not?

Beatrice

I'm still working on it.*

 미니 회화사전

* What's taking so long? (특히 상대가 꾸물댈 때) 왜 이리 오래 걸리는 거야?
* I'm still working on it. (아직 열심히 공들이고 있다는 뉘앙스) 아직 작업 중이에요.

👍 **네이티브는 이런 표현으로 말한다!**

There's been a slight hiccup. 작은 문제가 있는데요.

hiccup은 '딸꾹질'이란 뜻이 있지만 이보다 더 중요한 뜻은 '(약간의) 문제, 차질, 지연'이란 뜻인데요. 특히 회사에서 작은 문제나 차질이 생겼을 때 자주 쓰입니다. hiccup은 대부분 일시적인 어려움 또는 지연이 있을 때 쓰이기에 small, little, tiny, slight처럼 문제의 심각성을 더 낮게 보이는 표현들과 같이 쓰일 때가 많아요. There's one small hiccup.(작은 문제가 딱 한 개 있는데요.), There was a little hiccup, but we're back on track.(작은 문제가 있었지만 문제가 잘 해결되고 정상으로 돌아왔어.)처럼 말이죠.

Date: _____ Study Time: _____

네이티브들이 매일 주고받는 대화, 영어로 말할 수 있나요?

🔊 086-2. mp3 ▪️▪️▪️

칼

뭐 때문에 이렇게 오래 걸리는 거야?

베아트리스

작은 문제가 있어서요.

칼

문제 얘기는 듣고 싶지 않고. 계약했어, 안 했어?

베아트리스

아직 작업 중이에요.

구슬쌤 영어회화 꿀팁

아직 음식을 먹고 있다고 할 때도 work on

손님에게 음료나 음식을 대접하고 다 먹은 것 같아 내가 치워주려고 할 때 **Are you still working on your sandwich?**(아직 샌드위치 드시고 계시는 거예요?)라고 물어볼 수 있는데요. 이 표현은 상대가 완전히 다 깨끗이 먹었을 때가 아닌 느낌상 다 먹은 것 같다 싶을 때 다 먹은 건지 확인 차 묻는 표현입니다.

네이티브들이 매일 주고받는 대화, 무슨 뜻일까요?

🎧 087-1. mp3 ◾ ◾ ◾

 Sharon
Let me get this straight. You're saying I need to back off* because of you?

 Allen
Yes, you got that right.

 Sharon
First of all, I don't appreciate your tone. Second of all, you're not in a position to tell me what to do.

 Allen
I'm not here to argue. I just came here to tell you as a courtesy.*

📖 미니 회화사전

* back off 뒤로 물러나다, 그만두다
* as a courtesy 예의상

 네이티브는 이런 표현으로 말한다!

Let me get this straight. 방금 하신 말씀을 다시 정리해 볼게요.

상대가 하는 말을 내가 정확히 이해한 건지 확인해보기 위해 되묻기 전 **Let me get this straight.**를 쓰는데요. 크게 두 가지 상황에서 쓰입니다. 약간 헷갈리는 부분이 있어서 확인 차 물어볼 때 **Let me get this straight. So, I only have to pay $50 for everything, right?**(그러니깐 말씀하신 걸 정리해보면 다 해서 50달러만 내면 된다는 거죠, 그렇죠?)처럼 쓸 수 있고요. 상대가 말하는 게 믿기지 않거나 믿고 싶지 않아서 되물을 때도 **Let me get this straight. You're saying I'm the one responsible for this situation?**(그러니깐 지금 하신 말을 정리해보면 제가 이 상황을 책임져야 된다고 말씀하시는 건가요?)처럼 황당해하며 쓸 수 있죠.

네이티브들이 매일 주고받는 대화, 영어로 말할 수 있나요?

🎧 087-2. mp3 ⬛ ⬛ ⬛

샤론

그러니깐 네 말을 정리하자면 내가 널 위해 물러나야 한다는 거지?

알렌

그래, 정확히 이해했네.

샤론

우선 말야, 난 네 말투가 마음에 들지 않아. 그리고 넌 나한테 뭘 하라고 말할 입장이 아니야.

알렌

너와 말다툼하려고 온 게 아니라 그냥 예의상 말해주러 온 거야.

구슬쌤 영어회화 꿀팁

교묘하게 돌려 말하며 나를 디스하는 상대에게는 이렇게!

내가 믿기 힘들거나 내 입장에서 불쾌할 법한 말을 한 것 같긴 한데, 이게 뭔가 교묘하게 돌려 말해서 상대의 저의가 뭔지 정확히 파악이 안 될 때가 제법 있죠. 그럴 때 상대의 말을 정확히 파악한 게 맞는지 되묻는 표현이 있습니다. 바로 **Is this your subtle way of saying that ~?**(지금 ~라는 걸 돌려 말하는 거야?)이죠. 이때 subtle은 '(말을) 미묘하게/교묘하게 하는'이란 의미입니다.

예 **Is this your subtle way of saying that** I should do this?
지금 나보고 이걸 하라는 걸 돌려 말하는 거야?

예 **Is this your subtle way of saying that** you don't trust me?
지금 날 못 믿겠다는 걸 돌려 말하는 거야?

네이티브들이 매일 주고받는 대화, 무슨 뜻일까요?

🎧 088-1. mp3 ▨ ▨ ▨

Darren

I'm very appreciative of your help. You're a life saver!*

Alexa

Oh, we're friends. Friends help each other out.*

Darren

I just want to let you know that you can count on me for anything.

Alexa

Likewise.

📖 미니 회화사전

* You're a life saver! (도움 준 상대에게) 덕분에 살았어!
* Friends help each other out. 친구끼리 서로 돕고 그러는 거지.

 네이티브는 이런 표현으로 말한다!

You can count on me. 내게 의지해도 돼.

〈count on + 사람〉은 '그 사람을 믿고 의지하고 기댄다'는 뜻입니다. 따라서 힘든 처지에 있거나 힘든 일이 생기면 '내게 기대도 돼. 내게 의지해도 돼.'라고 말하며 든든한 지원군이 되어주겠다고 밝힐 때는 **You can count on me.**라고 하죠. 또, 내가 원하는 대로, 계획한 대로 상대가 따라줄 거라고 믿고 의지해도 되는지를 물을 때는 **Can I count on you?**(널 믿어도 되지?)라고 합니다.

예 I'm **counting on** you. (상대가 잘해줄 거라고 기대할 때) 너만 믿고 있어.
예 You can't **count on** anyone. (계획대로 따라가줄 거라고) 아무도 믿으면 안 돼.

Date: _____   Study Time: _____

🎧 088-2. mp3

 대련

도와줘서 정말 고마워. 덕분에 살았다!

 알렉사

에이, 우린 친구잖아. 친구끼리 서로 돕고 그러는 거지.

 대련

너도 필요한 게 있으면 뭐든 내게 의지해도 된다고 말해주고 싶어.

 알렉사

동감이야.

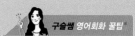 구슬쌤 영어회화 꿀팁

count가 들어간 유용한 표현 2가지 더!

얘기한 김에, count가 들어간 유용한 표현 두 가지만 더 알아두도록 하죠.

1. **Count me in!** 나도 껴줘!
   마치 특정 계획에 참여하는 인원 수에 나도 포함시켜 달라고 하는 것처럼 Count me in.은 '나도 껴줘, 나도 할게.' 란 뜻이 됩니다.
   예 Sounds fun. **Count me in!** 재미있겠다. 나도 갈게!

2. **Count me out!** 난 빼줘!
   반대로 참여하지 않을 땐 Count me out.(난 빼줘, 난 안 할래.)을 쓰죠.
   예 Please **count me out**. I'm exhausted. 전 빼주세요. 정말 피곤해서요.

네이티브들이 매일 주고받는 대화, 무슨 뜻일까요?

🎧 089-1. mp3 ■ ■ ■

Dale

Do you have any pet peeves?

Rhonda

Well, one of my biggest pet peeves is when people show up late and don't apologize whatsoever.* What's your biggest pet peeve?

Dale

I hate when people don't RSVP.*

Rhonda

I know. It's so inconsiderate,* right?

 미니 회화사전

* whatsoever (부정문을 강조할 때) 전혀, 그 어떤 것도
* RSVP 참석 여부를 회신하다
* inconsiderate 사려 깊지 못한, 배려 없는 (↔ considerate)

👍 네이티브는 이런 표현으로 말한다!

What's your pet peeve? 널 짜증나게 하는 게 뭐야?

미국 회사에 처음 입사했을 때 신입사원 교육에서 상사가 돌아가며 자신의 **pet peeve**(특히 싫어하는, 짜증나게 하는 점)를 말하라고 하더라고요. 시간 약속을 안 지키는 것, 손톱을 물어 뜯는 것, 다리를 떠는 것 등 사람마다 각자 자신을 짜증나게 하는, 특히나 싫어하는 행동이 다르죠. 생각해보면 하루에 8시간을 보내는 팀원이나 상사가 특히 뭘 싫어하는지를 알아야 그 행동을 안 하고 조심할 수 있잖아요. 회사에서 서로를 알아갈 때 종종 묻는 질문이니 꼭 기억해 주세요.

Date: _____ Study Time: _____

네이티브들이 매일 주고받는 대화, 영어로 말할 수 있나요?

🔊 089-2. mp3 ■ ■ ■

데일

특히 너를 짜증나게 하는 거나 싫어하는 점 있어?

론다

음, 날 가장 짜증나게 만드는 것 중에 하나는 약속에 늦게 왔는데 전혀 사과를 안 하는 거야. 너를 가장 짜증나게 하는 건 뭐야?

데일

난 사람들이 (파티나 행사의) 참석여부를 회신하지 않는 게 정말 싫어.

론다

그러니까. 정말 배려 없지 않아?

구슬쌤 영어회화 꿀팁

상대가 짜증나게 할 때 자주 쓰는 표현 5개!

상대가 날 짜증나게 할 때도 내 마음을 표현할 수 있어야겠죠. 하나쯤은 꼭 기억해 주세요.

1. **You're getting on my nerves.** 너 정말 짜증나게 한다.
2. **Enough is enough!** 이제 그만해!
   ㄴ 도 넘은 행동에 그만하면 됐다고 할 때
3. **You're crossing the line.** 너 지금 선 넘는 거야.
4. **For crying out loud, stop!** 아, 제발 좀 그만해!
5. **I've had it.** 참는 것도 이제 한계야.

네이티브들이 매일 주고받는 대화, 무슨 뜻일까요?

🎧 090-1. mp3 ▣ ▣ ▣

Aaron

Why don't we do a mock interview?*

Celeste

Isn't that a bit over-the-top?*

Aaron

You can never be too prepared.

Celeste

If you say so.*

📖 미니 회화사전

* **mock interview** (공식 면접 전에 연습 삼아 하는) 모의 인터뷰
* **over-the-top** 지나친, 과장된
* **If you say so.** (상대의 말에 100% 동의하거나 믿지 못할 때) 네가 그렇게 말하면야. 그렇다고 치자.

 네이티브는 이런 표현으로 말한다!

You can never be too prepared. 아무리 준비해도 부족해.

You can never be too ~는 '아무리 ~해도 지나치지 않아. ~해서 나쁠 거 없어'란 뜻인데요. 특히 중요한 프레젠테이션이나 미팅을 철저히 준비하며 **You can never be too prepared.**(아무리 준비해도 부족해. 철저히 준비해서 나쁠 거 없어.) 또는 매사에 조심해서 나쁠 것 없다는 뜻의 **You can never be too careful.**(아무리 조심해도 부족해. 조심해서 나쁠 거 없어.)로 자주 쓰입니다.

Date: _____   Study Time: _____

네이티브들이 매일 주고받는 대화, 영어로 말할 수 있나요?

🔊 090-2. mp3 ▮▮ ▮▮ ▮▮

아론

> 모의 인터뷰를 하는 건 어때?

셀레스트

> 그건 좀 지나친 거 아냐?

아론

> 철저히 준비해서 나쁠 거 없잖아.

셀레스트

> 뭐, 네가 그렇게 말하면 하지 뭐.

구슬쌤 영어회화 꿀팁

상대가 빈정댈 땐 이렇게!

상대가 비꼬거나 빈정댈 때 매번 무시하고 넘어갈 수는 없잖아요. 상대의 말투나 태도가 기분 나쁘다는 걸 표현하고 싶을 때 쓸 수 있는 표현 2개를 알려 드릴게요.

1. **You don't have to be sarcastic.** 비꼬지/빈정거리지 않아도 되잖아.
   └ sarcastic은 '비꼬는, 빈정대는'

2. **Can we talk like adults?** 우리 어른/성인답게 얘기하면 안 될까?

203

네이티브들이 매일 주고받는 대화, 무슨 뜻일까요?

🔊 091-1. mp3 ⬛⬛⬛

Kate

What do you think is taking so long for the document to go through?*

Willy

It's probably because of the holiday. How long has it been?

Kate

It's been over a week, and the average turnaround time* is 2 to 3 business days.

Willy

You did everything by the book. Just give it a few more days, and I'm sure someone will reach out to you.

 미니 회화사전

* go through 통과/성사되다, ~을 겪다
* turnaround time 총 처리 시간/기간

👍 네이티브는 이런 표현으로 말한다!

You did everything by the book. 다 정석대로 했잖아.

by the book을 글자 그대로 옮겨보면 '그 책대로'인데요. 마치 책에 쓰여진 규정 그대로를 엄격히 지키며 따르듯 '(엄격히) 규칙대로, 정석대로'란 뜻으로 자주 쓰인답니다. 따라서 정석대로 다 하고서도 전전긍긍하며 결과를 기다리는 친구에게는 **You did everything by the book.**이라고 얘기해줄 수 있고, 평소 모든 걸 정석대로 규정대로 하는 사람에 대해서는 **He/She does everything by the book.**(그 사람은 모든 걸 정석대로 해.)이라고 평할 수 있죠. 또, 너무 규칙에 얽매일 필요 없다고 할 때는 **We don't have to do everything by the book.**(모든 걸 규칙대로 할 필요는 없어.)이라고 해보세요.

Date: _____ Study Time: _____

네이티브들이 매일 주고받는 대화, 영어로 말할 수 있나요?

🔊 091-2. mp3 ■ ■ ■

케이트
서류 통과가 왜 이리 오래 걸리는 걸까?

윌리
아마 휴일 때문에 그런 것 같은데. 얼마나 됐는데 그래?

케이트
일주일도 넘었어. 보통 2-3일이면 처리되는데 말야.

윌리
다 정석대로 했잖아. 며칠만 더 기다려보면 누군가 연락할 거야.

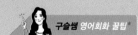
구슬쌤 영어회화 꿀팁

FM대로 하는 성향을 묘사할 때도 by-the-book

모든 걸 정해진 규정대로, FM대로 하는 성향을 묘사할 때도 by the book을 씁니다. 특히 사람명사를 꾸미는 자리에 올 때는 by-the-book처럼 하이픈을 연결해서 써요. 준법정신이 투철하거나 원칙주의자라는 긍정적인 뉘앙스로도 쓰이지만 융통성 없이 규칙만 고수하는 사람이란 부정적인 뜻으로 쓰이기도 합니다.

예 He's a very **by-the-book** kind of guy. 그 남자는 원칙주의자야/모든 걸 FM대로 해.

예 I hate that she's so **by the book**. 그 여자가 (융통성 없이) 너무 규정만 내세우는 게 정말 싫어.

네이티브들이 매일 주고받는 대화, 무슨 뜻일까요?

🎧 092-1. mp3 ⬛ ⬛ ⬛

Sarah

Our acquisition* team has brought in more customers than any other branch in our entire company.

Dwayne

Wow, that's amazing! Our hard work has really paid off.

Sarah

It's really important to keep this momentum going. Who knows?* We might get a big bonus next month.

Dwayne

That would be nice. I'm sure everyone could use some extra money.

📖 **미니 회화사전**

* acquisition 획득, 취득
* Who knows? (어떻게 될지 아무도 모른다는 뉘앙스) 혹시 모르지, 어쩌면

 네이티브는 이런 표현으로 말한다!

Keep this momentum going. 지금 기세를 유지해줘.

momentum은 일의 진행에 있어서 '탄력, 기세'를 의미하는데요. 특히 상사가 좋은 결과나 실적을 보이고 있는 부하직원에게 지금 기세를 유지하며 앞으로도 쭉 잘했으면 좋겠다고 힘을 실어줄 때 **Keep this momentum going.**처럼 써요.

예 I'm proud of each and every one of you. Let's **keep this momentum going!**
너희 한 사람, 한 사람, 모두가 다 자랑스러워. 계속 이 기세를 유지하자!

예 I hope we can **keep this momentum going.** 우리가 계속 이 기세를 유지할 수 있으면 좋겠어.

Date: _____ Study Time: _____

네이티브들이 매일 주고받는 대화, 영어로 말할 수 있나요?

🔊 092-2. mp3 🔲🔲🔲

사라
우리 신규고객유치 팀이 회사 전체 그 어떤 지점보다 더 많은 고객을 유치했어.

드웨인
우와, 정말 굉장한 걸요! 열심히 일한 보람이 있네요.

사라
계속 이 기세를 유지하는 게 정말 중요해. 혹시 모르잖아. 우리가 다음달에 두둑한 보너스를 받을지도.

드웨인
그럼 좋겠네요. 다들 여윳돈을 정말 필요로 할 테니까요.

구슬쌤 영어회화 꿀팁

회사에서 acquisition은 이렇게 쓰여요!

기존에 없었던 걸 나아가 획득하고 취득할 때 쓰는 acquisition은 어려운 단어처럼 보이지만 사실 우리가 알고 있는 acquire(노력이나 능력 등으로 얻다, 획득하다)와 뿌리가 같아요. 회사에선 신규 고객을 유치하는 팀을 acquisition, 기존 고객을 관리하는 팀을 retention(잃지 않고 보유/유지)이라고 하고요. 채용 담당도 결국 인재를 찾아 회사로 데려오는 것이기에 talent acquisition이라고 합니다. 그리고 기업 인수합병을 M&A(Mergers and Acquisitions)라고 하기도 하죠. 이렇게 보면 acquisition은 회사생활에서 꼭 알아야 하는 단어 중 하나인 것 같아요.

네이티브들이 매일 주고받는 대화, 무슨 뜻일까요?

🎧 093-1. mp3 ■ ■ ■

Nathan

Claire, you wanted to see me?

Claire

Yes, please come in.

Nathan

Am I in trouble?

Claire

Of course not! I just need you to fill this out* for me.
It's just a formality, and it'll only take 5 to 10 minutes.

 미니 회화사전

* fill out (양식/서식을) 작성하다

 네이티브는 이런 표현으로 말한다!

It's just a formality. 그냥 형식적인 겁니다.

formality는 반드시 거쳐야 할 형식상의 절차인데요. 특히 형식적으로 진행하는 미팅이나 인터뷰고 큰 의미는 없으니 긴장하지 말라고 할 때 자주 쓰입니다. **It's just a formality, so relax.**(그냥 형식적인 절차니까 긴장 푸세요.), **You'll be fine. I'm sure it's just an HR formality.**(괜찮을 거야. 그냥 인사부에서 형식적으로 진행하는 걸 거야.)처럼 말이죠. 또, **It's just a formality. We have a lot of kids under 21 using fake IDs.**(그냥 형식상 확인하는 거예요. 위조 신분증을 사용하고 있는 21세 미만 애들이 많아서요. *미국에선 만 21살부터 술을 마실 수 있음)처럼 상대를 꼭 못 믿어서가 아니라 형식상 하는 확인이나 검사란 뉘앙스로도 쓸 수 있습니다.

Date: _____　　Study Time: _____

네이티브들이 매일 주고받는 대화, 영어로 말할 수 있나요?

🎧 093-2. mp3 ▨ ▨ ▨

네이선

클레어, 저 부르셨나요?

클레어

네, 들어오세요.

네이선

제가 뭐 잘못한 거라도 있나요?

클레어

당연히 아니죠. 그냥 이것 좀 작성해 주셔야 돼서요.
그냥 형식적인 거고요, 5분에서 10분정도밖에 안 걸릴 거예요.

구슬쌤 영어회화 꿀팁

상사가 날 보자고 할 때 할 수 있는 농담 3가지!

상사가 날 잠시 보자고 일대일로 부르면 '왜 나를 부르는 건가? 뭐 내가 잘못한 게 있나?' 하면서 긴장될 때가 있
잖아요. 그때 분위기를 살짝 띄울 수 있는, 네이티브가 농담 삼아 자주하는 질문 3개 챙겨가시죠. 물론 극도로
심각한 상황에선 쓰긴 어렵겠지만, 그래도 상사에게 영어로 농담을 건네는 건 은근 어려운 일이고 회사 외에 선
생님이나 부모님이 잠깐 대화 좀 하자고 할 때도 자주 쓰이니 참고하세요.

1. **Am I in trouble?** 제가 뭐 잘못한 거 있나요?

2. **What did I do?** 제가 무슨 일을 저지른 건가요?

3. **Is it serious?** 심각한 건가요?

094 고객과의 미팅 후 후속 연락을 했는지 확인할 때

네이티브들이 매일 주고받는 대화, 무슨 뜻일까요?

🎧 094-1. mp3 ■ ■ ■

 Travis
Did you follow up with Joseph after the meeting?

 Angelica
I did. He told me to follow up in the first week of September.

 Travis
That's next week. Don't forget to touch base* with him then.

 Angelica
I won't.

 미니 회화사전

* **touch base** 다시 접촉하다

 네이티브는 이런 표현으로 말한다!

Did you follow up with Joseph after the meeting? 미팅 후에 조셉과 연락했어?

follow up은 회사에서 가장 자주 쓰는 표현 중 하나예요. 이미 일어난 일에 대해 추가 질문을 하거나 추가 행동에 옮기는 등의 '후속 조치를 한다'는 뜻인데요. 내가 목표로 하는 걸 추진하기 위해 결정자에게 도움이 될 만한 추가정보를 주거나 결정해야 될 사안이 있다는 걸 상기시켜 주며 계속 연락을 유지할 때 씁니다. 특히 회사에선 결정권자를 부드럽게 재촉할 때 자주 쓰죠.

㉠ Did you **follow up** with her?
  (미팅 후 결정에 도움될 만한 추가정보가 필요한지 또는 단순히 마음을 정했는지 묻기 위해) 그녀에게 연락했어?

㉠ I just wanted to **follow up** on our meeting last Friday.
  (미팅 후 다음 단계로 넘어가기 위해 필요한 게 있는지 확인 차 연락하며) 지난 금요일 미팅에 대해 생각해 보셨는지, 제가 도움드릴 점이 있는지 알아보려 연락 드려요.

Date: _____ Study Time: _____

네티브들이 매일 주고받는 대화, 영어로 말할 수 있나요?

🎧 094-2. mp3 ▦ ▦ ▦

트래비스

미팅 후에 조셉과 연락했어?

안젤리카

네, 9월 첫째 주에 다시 연락 달라고 하더라고요.

트래비스

9월 첫째 주면 다음주네. 그때 다시 연락하는 거 잊지 마.

안젤리카

네, 잊지 않고 연락할게요.

구슬쌤 영어회화 꿀팁

follow up은 이럴 때도 써요!

이미 일어난 사건이나 대화에 대해 더 자세히 알아보려고 하거나 단순히 추가적인 정보를 줄 때도 follow up 을 씁니다.

예 Did you **follow up** on that? 그 점에 대해 더 알아봤어?

예 I'd like to **follow up** on our conversation yesterday.
(추가 질문 및 정보 요청) 어제 나눈 대화에 대해 더 알아보고 싶은 점이 있어서요

또, 하이픈을 넣어 **follow-up**으로 쓰면 명사가 되는데요. 동사 follow up과 같은 상황에서 쓰이지만, 특히 추가 질문을 할 때 자주 쓰이죠.

예 Just a quick **follow-up question**. 간단한 추가 질문이 하나 있는데요.

예 I have a **follow-up question** on that issue. 그 문제에 있어 추가 질문이 있는데요.

병원에서의 추가 진료, 즉 재진은 **follow-up appointment**라고 합니다.

예 I have a **follow-up appointment** next week.
다음주에 증상이 나아졌는지 확인 차 가봐야 해/재진이 있어.

095 부끄러워 말고 편하게 하라고 독려할 때

네이티브들이 매일 주고받는 대화, 무슨 뜻일까요?

🎧 095-1. mp3 ◼◼◼

Meredith

It looks like it's time to wrap up.*

Asher

Well, I'd be happy to* take a couple of questions, if anybody has any.

Meredith

Anyone? Don't be shy.

Asher

It can be about anything. No question is silly.*

📖 미니 회화사전

* **wrap up** 마무리 짓다
* **I'd be happy to + 동사원형** 기꺼이 ~해드릴게요
* **No question is silly.** 어리석은/바보같은 질문이란 건 없으니 편히 하세요.

 네이티브는 이런 표현으로 말한다!

Don't be shy. 눈치보지 말고.

Don't be shy.는 수줍어하거나 쭈뼛쭈뼛할 필요 없이 편히 행동하라고 상대를 격려할 때 자주 쓰이는데요. 학교나 회사에서 사람들이 서로 눈치보느라 아무 말/행동도 못하고 있을 때 부끄러워하거나 눈치보지 말고 편히 행동하라는 의미로 자주 쓰죠. 또, 상대에게 음식을 대접하며 눈치보지 말고 양껏 먹으라고 할 때도 **Don't be shy. There's plenty of food.**(눈치보지 말고 드세요. 음식 많으니까.)처럼 말합니다.

Date: _____   Study Time: _____

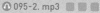 🎧 095-2. mp3 ▧ ▧ ▧

메러디스

마무리할 시간인 것 같네요.

애셔

음, 질문 있으신 분 계시면 두어 개 정도는 답변 드릴게요.

메러디스

질문 있으신 분 있나요? 부끄러워하지 마시고요.

애셔

어떤 주제에 관한 거든 다 괜찮아요. 바보 같은 질문은 없으니 편히 하세요.

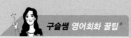
구슬쌤 영어회화 꿀팁

둔감하고 뻔뻔할 땐 thick skin!

마치 낯짝이 두꺼운 것처럼 쉽게 동요되거나 상처받지 않을 땐 thick skin을 씁니다.

예 Don't worry. I'm a grown man. I have **thick skin.**
　 걱정 마. 난 다 큰 어른인데 그런 걸로 상처받지 않아.

예 You have **thick skin.**
　 너 참 뻔뻔하다.

예 It's a cruel world. You need to grow **thicker skin.**
　 잔인한 세상이야. 넌 좀 더 (비판이나 평가에) 뻔뻔해질 필요가 있어.

네이티브들이 때걸 주고받는 대화, 무슨 뜻일까요?

🔊 096-1. mp3 ■ ■ ■

Maria

So, did everything go as you planned?

Noah

No, Erin was so nervous that she ended up* dropping the ball.*

Maria

That doesn't sound like Erin at all.

Noah

Actually, I should have seen that coming. She told me that she didn't have enough time to prepare for the presentation.

 미니 회화사전

* end up -ing 결국 ~하게 되다, ~한 상황에 처하게 되다
* drop the ball 실수로 망치다

👍 네이티브는 이런 표현으로 말한다!

I should have seen this coming. 이렇게 될 줄 알았어야 했는데.

이런 일이 다가오는 걸 예상했다는 뉘앙스로 **I saw this coming.**(난 이렇게 될 줄 알았어.)을 자주 쓰는데요. 응용해서 '상황이 이렇게 될 걸 알았어야 했는데 예상치 못했다'며 아쉬움과 후회를 담을 땐 **should have p.p.**(~했어야 했어)를 써서 **I should have seen this coming.**이라고 할 수 있습니다.

Date: _____ Study Time: _____

🎧 096-2. mp3 ■ ■ ■

마리아
그래, 계획했던 대로 다 잘 진행됐고?

노아
아니, 에린이 너무 긴장해서 (실수해서) 망쳤어.

마리아
망치다니 전혀 에린답지 않은데.

노아
사실 일이 그렇게 될 줄 알았어야 했는데. 프레젠테이션 준비할 시간이 충분하지 않았다고 에린이 나한테 말했거든.

구슬쌤 영어회화 꿀팁

I saw this coming.(이렇게 될 줄 알았어.)의 추가 응용표현 3개!

한 단계 더 나아가 일상에서 자주 쓰이는 I saw this coming.의 응용표현 3개를 정리해 볼게요.

1. **I saw this coming a mile away.** 난 이렇게 될 줄 알았어.
   └ 일찌감치 예상했다는 걸 강조

2. **I never saw this coming.** 난 정말 이렇게 될 줄 몰랐어.
   └ I didn't see this coming.(이렇게 될 줄 몰랐어.)보다 never를 쓰면 절대, 진짜 몰랐다고 강조한 느낌

3. **How could you not see this coming?** 넌 일이 이렇게 될 거란 걸 어떻게 몰랐던 거야?
   └ 상대를 다그치며 하는 말

215

네이티브들이 매일 주고받는 대화, 무슨 뜻일까요?

🎧 097-1. mp3 🔲🔲🔲

 Orlando

So, how did Noah do?

 Sasha

He did great! He's really come a long way.

 Orlando

Well, we both know he's been putting everything into* this.

 Sasha

Yes, I'm very proud of him.

📖 미니 회화사전

* put everything into + 대상 (특히 최선을 다할 때) ~에 모든 걸 쏟아 붓다

 네이티브는 이런 표현으로 말한다!

You've come a long way. 정말 많이 나아졌는 걸.

마치 상대가 지금 상황이 될 때까지 먼 길을 걸어오듯 장족의 발전/진전/성공을 거두었을 때 **You've come a long way.**(정말 많이 나아졌는 걸. 정말 많은 걸 이뤘어.)를 쓸 수 있습니다. 상황에 맞춰 **You've** 자리에는 He's(He has), She's(She has), We've 등으로 주어를 바꿔 응용하세요. 물론 단순히 거리적으로 먼 길을 왔다고 할 때도 쓸 수 있어요.

예 **He's come a long way,** from an intern to a manager.
인턴부터 매니저가 되기까지 그는 정말 먼 길을 걸어왔어.

예 **We've come a long way** since then. 우리는 그때 이래로 정말 장족의 발전을 이룬 걸.

예 **We've come a long way** to meet her. 그분을 만나 뵈러 정말 먼 길을 왔어요.

Date: _____ Study Time: _____

네이티브들이 매일 주고받는 대화, 영어로 말할 수 있나요?

🔊 097-2. mp3 ⬛⬛⬛

올란도 그래, 노아 어땠어?

사샤 정말 잘했어! (예전보다) 진짜 많이 나아졌더라.

올란도 뭐, 노아가 여기에 모든 걸 쏟아 붓고 있다는 건 우리 다 알잖아.

사샤 그래. 정말 대견해.

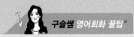
구슬쌤 영어회화 꿀팁

Martin Luther King 목사님의 명언 중

미국 인권운동가 마틴 루터 킹(Martin Luther King) 목사님의 명언 중 We have come a long way, but we still have a long, long way to go.란 말이 있는데요. 지금까지 많은 진전이 있었지만 아직도 갈 길이 아주 멀다는 표현이죠. 그래서 처음보다는 나아졌지만 아직도 보완하거나 개선할 부분이 많다는 뉘앙스로 I still have a long way to go.(아직 갈 길이 먼 걸요.)라고 합니다. 아직도 배울 점이 많다는 뉘앙스로도 쓸 수 있고 다양한 상황에서 응용 가능하니 꼭 기억해 두세요.

네이티브들이 매일 주고받는 대화, 무슨 뜻일까요?

🎧 098-1. mp3 ■ ■ ■

Sophia

What's going on?

Liam

I didn't get the job.

Sophia

Well, at least you tried. That's all that matters.*
Besides, it's not the only company that's hiring.
I know you'll find one that appreciates you.

Liam

I hope so.

📖 미니 회화사전

* That's all that matters. 그게 가장 중요한 거야. (그 외의 나머지는 중요하지 않다는 뉘앙스) 그럼 된 거야.

 네이티브는 이런 표현으로 말한다!

At least you tried. 최소한 넌 노력했잖아.

여기서 포인트는 at least예요. at least(적어도, 최소한, 어쨌든)는 평소 두 가지 상황에서 쉽게 쓸 수 있는데요. 이번 대화에서처럼 안 좋은 상황을 합리화할 때 쓸 수 있습니다. 실패의 쓴 맛을 본 상대를 위로하며 **At least you tried.** 품질은 별로 안 좋더라도 '어쨌든 공짜잖아.'라고 할 땐 **At least, it was free.**와 같이 말이죠. 또, 돈이나 시간 등의 최소 기준을 말할 때도 자주 쓰이죠. **It'll cost at least $30.**(최소한 30달러는 들 거야.) **It'll take at least 2 hours.**(최소한 2시간은 들 거야.)처럼 말입니다.

Date: _____   Study Time: _____

네티반들이 때일 주고받는 대화, 영어로 말할 수 있나요?

🎧 098-2. mp3 ▪ ▪ ▪

소피아

무슨 일이야?

리암

채용 안 됐어.

소피아

음, 최소한 넌 노력했잖아. 그럼 된 거지. 게다가 지금 직원 모집 중인 회사가 거기만 있는 것도 아니고. 난 네 진가를 알아줄 곳을 찾을 거라 확신해.

리암

그랬으면 좋겠다.

구슬쌤 영어회화 꿀팁

다름 아닌 바로 그(the one)

특정 부류 내의 많은 존재 중에 막연한 하나를 가리킬 때 부정대명사 one을 쓰는데요. 미드나 영화를 보면 프로포즈 장면에서 상대가 내가 찾던 바로 '그 사람.' 세상에 딱 하나뿐인 내 반쪽이라는 뉘앙스로 You're the one.(바로 너야.)이라고 하는 걸 자주 접할 수 있습니다. 이처럼 the one은 '다름아닌 바로 그'란 뉘앙스로 일상에서 자주 쓰입니다.

예 Hands down, she's **the one** for the job. 고민할 거 없이 그녀가 이 직업엔 딱 맞는 사람이야.

예 I'm **the one** responsible for this whole thing. 이 모든 상황에 책임이 있는 사람은 바로 저예요.

물건을 살 때도 That's the one.(바로 그거예요.) 또는 This is the one.(바로 이거예요.)이라고 내가 찾던 물건을 꼭 집어 얘기할 때 쓸 수 있습니다.

219

네이티브들이 때일 주고받는 대화, 무슨 뜻일까요?

🎧 099-1. mp3 ■ ■ ■

Mel

Before we wrap up,* does anyone have any questions for me?

Charlie

You'll be sending us the form via* email, right?

Mel

Yes, I'll do that the second I get back to the office. Does anyone else have any questions? If not, that's it for today. Great work,* everyone.

Charlie

Thank you.

 미니 회화사전

* **wrap up** 마무리 짓다
* **via** ~을 거쳐서, ~을 통해서
* **Great work.** (특히 상사가 부하직원에게) 수고했어.

 네이티브는 이런 표현으로 말한다!

That's it for today. 오늘은 여기까지.

보고나 논의를 죽 하고선 '이상입니다.' '이게 다입니다.' '이걸로 끝.'이라고 할 때 **That's it.**을 자주 쓰는데요. 특히 수업이나 회의를 마치며 **That's it** 뒤에 **for today**를 붙여 **That's it for today.**라고 하면 '오늘은 여기/ 거기까지.'라는 의미가 됩니다. **TV** 토크쇼나 유튜브 채널 등에서도 **That's it for today.**라고 하며 프로그램 을 마무리하는 모습을 자주 접할 수 있죠. 이 밖에도 특정 활동을 마무리하는 상황에서 폭넓게 쓸 수 있는 표현 이에요.

Date: _____ Study Time: _____

네이티브들이 매일 주고받는 대화, 영어로 말할 수 있나요?

⏴ 099-2. mp3 ▪▪▪

멜

마무리하기 전에 내게 질문 있는 사람 있나?

찰리

양식을 이메일로 보내주시는 거 맞죠?

멜

그래, 사무실에 돌아가자마자 바로 보내줄게. 또 질문 있는 사람 있나? 없으면 오늘은 여기까지 하지. 다들 수고했어.

찰리

감사합니다.

구슬쌤 영어회화 꿀팁

다양한 상황에서 다양하게 쓰이는 That's it. 더 보기

That's it.은 정말 다양한 상황에서 쓰이는데요 오늘 대화 속에서 활용된 쓰임을 포함해 일상에서 가장 쉽게 쓸 수 있는 세 가지 상황만 한번 정리해 보겠습니다.

1. That's it. 이상입니다. 이걸로 끝.

　예 **That's it** for today. Let's pick up the rest tomorrow.
　　오늘은 여기까지 하고 남은 건 내일 이어서 계속하자.

2. That's it. 바로 그거야. 그게 맞아.

　예 **That's it.** That's the one I told you about. 바로 그거야. 내가 얘기했던 게 바로 그거야.

3. That's it. (더 이상은 참을 수 없다는 뉘앙스) 그만해라.

　예 **That's it.** I've had enough. 그만해. 정말 지긋지긋하다.
　　└ I've had enough.는 참을 만큼 참았다는 뉘앙스

네이티브들이 매일 주고받는 대화, 무슨 뜻일까요?

🎧 100-1. mp3 ■ ■ ■

Dereck

Are you still at work?*

Belinda

Yeah, why don't you just go ahead and* have dinner without me? I'm sure everyone's hungry.

Dereck

Okay. I'll save you a plate, though, so you can have something to look forward to.

Belinda

You're an angel.* I'll call you the second I get off.

 미니 회화사전

* **Are you still at work?** (퇴근 여부를 물어볼 때) 아직 회사야?
* **go ahead and + 동사원형** (주저하거나 고민하지 말고 하라고 허락할 때) ~해
* **You're an angel.** (천사로 느껴질 만큼) 넌 정말 최고야.

👍 **네이티브는 이런 표현으로 말한다!**

I'll call you the second I get off. 퇴근하자마자 전화할게.

'~하자마자'를 생각하면 **as soon as**가 떠오르죠. 당연히 이 표현도 맞지만 네이티브는 〈the minute 주어 + 동사〉를 조금 더 강조해서 〈the second 주어 + 동사〉 표현도 자주 써요. 마치 특정 행동이 일어나는 시간을 정확히 분 단위나 초 단위까지 맞춰 그 순간이 일어나자마자 뭔가를 하겠다고 강조하는 느낌을 주죠. 여러분이 평소 쉽게 쓸 수 있는 예문 몇 개만 들어볼게요.

예 **I'll call you the minute I know anything.** 아는 게 생기면 바로 전화 드릴게요.

예 **Please tell him to call me the second he gets in.**
그 사람 들어오자마자 바로 제게 전화 달라고 전해주세요.

Date: _____ Study Time: _____

네이티브들이 매일 주고받는 대화, 영어로 말할 수 있나요?

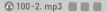 100-2. mp3

데릭

아직 회사야?

벨린다

응, 나 없이 먼저 저녁 먹는 게 어때? 다들 배고플 텐데.

데릭

알겠어. 그래도 네가 먹을 거 한 접시 남겨 놓을게. 그래야 너도 뭔가 기대되는 게 있잖아.

벨린다

네가 최고다, 정말. 퇴근하자마자 전화할게.

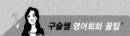
구슬쌤 영어회화 꿀팁

minute을 '분'으로만 알고 있나요?

우리에게 시간 단위의 '분'으로 익숙한 minute은 〈the minute 주어 + 동사〉에서처럼 '(정확한 어느) 순간'이란 뜻도 있고, a minute의 형태로 '잠깐'이란 뜻도 있는데요. '잠깐, 잠시'란 뜻도 회사에서 자주 쓰여요.

예 **Do you have a minute? I need your help.** 잠깐 시간 돼? 네 도움이 필요해서.

예 **Can I talk to you for a minute?** 잠시 얘기 좀 할 수 있을까?
  └ a minute을 썼다고 딱 1분만 얘기를 하자는 게 아닌 잠깐 얘기 좀 하자는 뜻

응용해서 second도 '잠깐, 잠시'란 뜻으로 자주 쓰이는데요. 이때도 1초를 뜻하는 게 아닌 그 정도로 짧은 시간 동안 얘기를 하자는 뜻이 돼요.

예 **Before you leave, Can I talk to you for a second?** 퇴근하기 전에 잠시 얘기 좀 할 수 있을까?

예 **Just a second.** 잠깐만.
  └ 줄여서 Just a sec.이라고도 함

223

네이티브 200대화

망각방지 장치

영어대화
연습

네이티브
표현 사전

하루만 지나도 학습한 내용의 50%가
일주일이 지나면 79%가 사라진다고 합니다.

앗, 이렇게 허무할 수가!
내가 이걸 어떻게 공부했는데~!!!

Don't Worry, I got you!
철벽수비 〈망각방지 장치〉를 준비했으니까요!

이 코너는 여러분이 공부한 내용을 2단계로 훈련하는
[망각방지 연습문제]로 활용할 수 있음은 물론,
200대화에 나온 중요한 표현을 꼼꼼히 챙겨주는
[영어회화 표현사전]의 기능도 겸하고 있습니다.
스마트한 망각방지 장치를 더 스마트하게 활용하셔서
여러분의 영어 자신감을 지켜주세요!

망각방지 장 치 01-1 문장 말하기 (대화문 001~010)

네이티브들이 매일 주고받는 대화, 이제 영어로 얼마나 말할 수 있는지 한번 확인해볼까요?

〇 ✕ 복습

01 다 제 공으로 돌릴 수는 없죠.
I can't take _____ the _____. ☐ ☐ 002

02 다 최고한테 배워서 그래요.
I _____ from the best. ☐ ☐ 003

03 오늘 너답지 않게 왜 그래. (너 오늘 평소와 달라 보인다.)
You don't seem like _____ today. ☐ ☐ 005

04 정말 잘됐다.
I'm very _____ for you. ☐ ☐ 004

05 이렇게 늦게 전화 드려 죄송해요.
I'm sorry for calling you _____ late. ☐ ☐ 008

06 고마워. 너한테 그런 말 들으니 뜻깊은 걸.
Thank you. _____ from you, that means a lot. ☐ ☐ 006

07 너도 꽤 잘하잖아.
You're not so _____ yourself. ☐ ☐ 006

08 자부심을 가져.
You should be _____ of yourself. ☐ ☐ 007

09 구직 활동은 어떻게 진행되고 있어?
How's it _____ the job search? ☐ ☐ 003

10 다 네가 잘해서 잘된 거야.
It was _____ you. ☐ ☐ 001

정답 01 all, credit 02 learned 03 yourself 04 happy 05 this 06 Coming 07 bad 08 proud
09 going with 10 all

11 넌 정말 좋은 매니저가 될 거야.
You're going to _____ a great manager. ☐ ☐ `002`

12 넌 여전히 내가 아는 최고의 엄마야.
You're still the best mom I _____. ☐ ☐ `005`

13 힘든 결정이었지만 결국 우리가 옳은 결정을 했다는 걸 알았어.
It was a tough decision, but at the _____ of the _____, we knew we made the right choice. ☐ ☐ `007`

14 그 누구보다 열심히 했는데 당연히 네가 돼야지.
No one _____ it more. ☐ ☐ `004`

15 네 자신을 쓰담쓰담 칭찬해줘.
Give yourself a _____ on the _____. ☐ ☐ `008`

16 다 덕분에 잘된 거야.
I didn't do it _____. ☐ ☐ `001`

17 되게 걱정됐겠다.
That _____ have been worrisome. ☐ ☐ `009`

18 하여튼 네 실력은 알아줘야 해.
I gotta _____ it to you. ☐ ☐ `010`

19 제가 지금까지 마셔본 커피 중 말할 것도 없이 이게 제일 맛있네요.
This is, _____, the best coffee I've ever had. ☐ ☐ `010`

20 미리 알아봤구나.
You must have done your _____. ☐ ☐ `009`

정답 11 make 12 know 13 end, day 14 deserves 15 pat, back 16 alone 17 must 18 hand
19 hands down 20 homework

망각방지 장치 01-2 실전 대화연습 (대화문 001~010)

---

001 나 혼자 힘으로 이룬 게 아니라 다 덕분이라고 말할 때 #칭찬 #승진

A 승진 축하해. 정말 잘됐다.

Congratulations on your promotion. I couldn't be happier.

＊ Congratulations on ~ ~축하해 | I couldn't be happier. (이보다 더 행복할 수 없을 정도로 기쁜 마음을 강조) 정말 잘됐다. 정말 기뻐.

B 고맙습니다. 근데 다 덕분에 잘된 거예요.

Thank you. 🎤 **_____, though.**

＊ though (문장 끝에 붙여) 그렇지만, 그래도

A 에이, 아니야. 다 네가 잘해서 그런 거지. 그래도 그렇게 말해줘서 고마워.

No, no, it was all you, but thank you for saying that.

＊ It was all you. (긍정) 다 네가 잘해서 잘된 거야. (부정) 다 너 때문에 망친 거야.

B 정말 다 덕분에 잘된 거예요.

Really, I couldn't have done it without you.

---

002 함께 이룬 성과이기에 칭찬을 독차지할 수는 없다고 할 때 #칭찬 #훌륭한 결과물

A 다 정말 좋은 걸. 노력을 많이 한 게 딱 보이네.

Everything looks great. I can tell you put a lot of effort into this.

＊ put effort into ~에 힘쓰다/공들이다

B 다 제 공으로 돌릴 수는 없어요. 크리스틴이 발품을 다 팔았는 걸요.

🎤 **_____ Kristen did all the legwork.**

＊ do the legwork (실질적으로 필요한 정보를 모으는 데 머리보다 몸이 고생할 때) 발품을 팔다

A 분명한 건 너희 둘 팀워크가 끝내준다는 거야.

One thing I know for sure is that you two make a great team.

＊ One thing I know for sure is that ~ (내가 확실히 아는 부분이라는 걸 강조) 분명한 건 ~라는 거야

B 정말 그래요.

Indeed.

＊ indeed (긍정적인 대답을 강조하며) 정말, 확실히

정답 001 I didn't do it alone 002 I can't take all the credit.

A 그래서 미팅은 어떻게 됐고?

So, how did the meeting go?

＊ **How did ~ go?** ~는 어떻게 진행됐어? (go 진행되다)

B 처음엔 좀 경계하더니 결국 계약서에 사인했어요.

He had his guard up at the beginning, but he ended up signing the contract.

＊ **have one's guard up** (방어태세를 취하듯) 조심하다, 경계하다 | **end up -ing** 결국 ~하게 되다

A 잘했네! 정말 대견한 걸.

Atta girl! I'm so proud of you.

＊ **Atta girl!** (특히 나보다 어린 여자 부하직원을 칭찬할 때) 잘했어! | **I'm so proud of you!** (대단하다는 걸 강조할 때) 정말 자랑스러운 걸! 정말 대견한 걸!

B 뭐, 다 최고한테 배워서 그런 걸요.

Well, 🎤 ＿＿＿＿＿＿＿＿＿＿＿＿＿＿＿＿＿ .

A 방금 부장한테 전화 왔는데 날 지역 책임자로 승진시켜 준대!

I just got a call from my boss saying he's promoting me to a regional manager!

＊ **I just got a call from A saying ~** 방금 A한테서 전화 왔는데 ~라고 하네 | **promote A(사람) to B(직책)** A를 B로 승진시키다

B 우와, 대단한 걸! 정말 잘됐다.

That's amazing. I'm very happy for you.

＊ **amazing** 대단한 | **I'm happy for you.** 잘됐다 (= Good for you.)

A 부장이 날 그 자리로 고려하고 있는지도 몰랐어.

I didn't even know he was considering me for the position.

＊ **I didn't even know + 과거문장** ~인지도 몰랐어, ~는 생각도 못했어

B 넌 거의 사무실에서 살다시피 하는 걸. 그 누구보다 열심히 일했는데 당연히 네가 돼야지.

You practically live in the office. 🎤

＊ **practically** 사실상, 거의 ~이나 마찬가지, 조금 보태서 말하면

A 무슨 일이라도 있어? 평소와 달라 보여서.

What's wrong? You don't seem like yourself today.

　＊ You don't seem like yourself today. 오늘 너답지 않게 왜 그래.

B 그냥 피곤해서 그래. 풀타임으로 일하면서 아이 둘 키우는 게 정말 힘들다.

I'm just tired. It's hard juggling work and raising two kids.

　＊ juggle (서커스에서 미소를 유지하며 여유롭게 공을 저글링하듯 여러 일을) 잘 처리하다

A 내가 도와줄 게 있으면 말해줘. 그래도 넌 여전히 내가 아는 최고의 엄마야.

Let me know if there's anything I can do to help,
but 🎤 ⟨　　　　　　　　　　　　⟩.

B 그렇게 말하는 것 자체만으로도 도움이 되네.

Just saying that helps.

　＊ 위안이 되거나 힘을 실어주는 말을 들었을 때 종종 쓰는 표현

A 정말 잘했어! 다 놀라더라.

Impressive work! You certainly wowed everyone.

　＊ impressive (인상 깊을 정도로) 대단한, 훌륭한 | wow 열광시키다, (인상 깊은 행동으로) 놀래키다

B 고마워. 너한테 그런 말 들으니 뜻깊은 걸.

Thank you. Coming from you, that means a lot.

　＊ Coming from you, (다른 사람이 아닌 특히) 너에게 그런 말 들으니. | That means a lot. (상대방의 뜻 깊은 말이나 행동에 감사함을 표현하며) 그렇게 말해주니 뜻깊은 걸.

A 근데 넌 정말이지 프레젠테이션은 최고로 잘하는 것 같아.

I have to say, you're really top-notch at presentations.

　＊ I have to say, ~ (뒤에 이어지는 말을 강조하고 싶을 때) 정말이지 말이야, 내가 이 말은 꼭 해야겠는데 말이야 |
　top-notch 최고의, 일류의

B 에이, 너도 프레젠테이션 꽤 잘하잖아.

Oh, 🎤 ⟨　　　　　　　　　　　　⟩.

A 또 계약을 따냈다니! 잘했어!

Another contract signed! Way to go!

* Way to go! 잘했네!

B 고맙습니다. 이번엔 좀 힘들었어요.

Thanks! It was a tough one.

* tough 힘든, 어려운

A 자부심을 가져. 팀원 중 가장 많은 수입을 올렸어.

🎤　　　　　　　　　　　　　　　　　　You've brought in more revenue than anyone else on the team.

* bring in 들여오다, 가져오다 | revenue 수입

B 뭐, 결국 팀 전체를 좋게 보이게 할 수 있다면 그걸로 충분해요.

Well, at the end of the day, if I can make our entire team look good, that's all that matters.

* at the end of the day 결국 가장 중요한 것은, 결국 | matter 중요하다

A 최종 라운드에 합격했어요!

I made it to the final round!

* I made it! (힘든 고비가 있었지만 잘 이겨내고) 해냈어! 성공했어!

B 정말 대단하네! 네 자신을 쓰담쓰담 칭찬해줘.

Kudos to you! 🎤

* Kudos to ~ (칭찬이나 영광을 돌릴 정도로) ~ 대단한 걸, 정말 잘했는 걸

A 뭐, 아직 한 라운드 남았지만 그래도 여기까지 온 자체만으로도 행복해요.

Well, I still have one more round to go, but I'm just happy that I made it this far.

* this (부사) 이 정도로, 이렇게

B 난 네가 잘할 거란 느낌이 들어. 그러니 계속해서 열심히 해!

I have a feeling that you're going to do great, so keep it up!

* I have a feeling that S + V ~한 느낌이 들어 | Keep it up! (up한 상태, 즉 상승세를 유지하라는 의미에서) 계속해서 열심히 해!

정답　007 You should be proud of yourself.　008 Give yourself a pat on the back.

A 미팅에 들어가기 전 몇 가지 말씀드릴 게 있는데요. 오늘 만나는 분들은 숫자에 밝은 사람들이 아니니 수치를 말할 필요는 없어요. 그리고 크리스천이 결정권을 갖고 있어요.

Just a few things before we go into this meeting—they're not numbers guys. Don't talk figures with them. Also, Christian is the decision maker.

   * **numbers guys** (예산, 수치 등) 숫자에 밝은 사람들 | **figure** 수치 | **decision maker** 결정권자

B 알겠어. 미리 알아봤구나.

Got it.

   * **must have p.p.** 틀림없이 ~했다, ~한 게 분명하다

A 앤이 같이 일한 적이 있어서 정보를 줬어요.

Anne used to work with them, and she gave me some tips.

   * **used to + 동사원형** 예전에 ~했다

B 뭐, 미팅에 들어갈 준비는 다 된 것 같고. 가서 계약을 따내자.

Well, it seems like we're prepared. Let's go in and close the deal.

   * **It seems like S + V** ~인 것 같아 | **close the deal** 계약을/거래를 마무리 짓다, 계약을 따다

A 이 제안서 괜찮은데. 누가 작업한 거야?

This proposal looks solid. Who worked on this?

   * **solid** 괜찮은, 알찬, 믿음직한 | **work on** (해결 또는 개선하기 위해) ~에 공들이다, 작업하다

B 제가 했습니다. 처음부터 직접 다 썼어요.

I did. I wrote it from scratch.

   * **from scratch** (아무것도 없이) 맨 처음부터

A 솔직히, 처음엔 네가 잘할 수 있을지 의구심이 들었는데, 실력을 인정할 수밖에 없네. 정말 잘했어.

Honestly, I had my doubts in the beginning, but ,
you did great.

   * **in the beginning** 처음엔, 시작할 땐

B 고맙습니다. 저도 쓸모 있을 때가 있네요.

Thank you. I have my moments.

   * **I have my moments.** (겸손하게 칭찬을 받아들일 때) 저도 잘할 때가 있네요, 저도 쓸모 있을 때가 있네요.

망각방지장치 02-1 문장 말하기 (대화문 011~020)

네이티브들이 매일 주고받는 대화, 이제 영어로 얼마나 말할 수 있는지 한번 확인해볼까요?

○ ✕ 복습

01 바쁠 텐데 시간 내줘서 고마워.
Thank you for _____ me in. ☐ ☐ `017`

02 우리가 열심히 일한 게 언젠가 빛을 볼 날이 있으면 좋겠다.
I _____ our hard work _____ one day. ☐ ☐ `011`

03 정말 훌륭했다고 꼭 말해주고 싶어.
I _____ to _____, that was impressive. ☐ ☐ `012`

04 무슨 일이 있어도 꼭 갈게.
I wouldn't _____ it for the world. ☐ ☐ `019`

05 내가 점심 쏠게.
Lunch is _____ me. ☐ ☐ `015`

06 퇴근하고 술 한잔 어때?
What do you _____ we get a drink _____ work? ☐ ☐ `013`

07 열심히 노력한 보람이 있네.
Her hard work _____. ☐ ☐ `011`

08 결정을 하기 전에 먼저 말씀드릴게요.
Before I press any buttons, I'll _____ you first. ☐ ☐ `017`

09 (건배사를 하며) 멋진 저녁을 위하여.
Here's _____ a wonderful evening. ☐ ☐ `014`

10 (술이나 마실 음료를 따라주며) 적당할 때 말해줘.
Say _____. ☐ ☐ `014`

정답 01 fitting 02 hope, pays off 03 have, say 04 miss 05 on 06 say, after 07 paid off 08 run it by
09 to 10 when

233

O X 복습

11 언제 커피 한 잔 사드리고 싶어요. 언제 시간 괜찮으세요?
I'd like to take you _____ for coffee _____.
When's a good time for you? ☐ ☐ 012

12 바쁜 일정에 시간 내주셔서 감사해요.
Thank you for taking time _____ of your _____
schedule. ☐ ☐ 018

13 어차피 밥은 먹어야 하잖아.
You _____, right? ☐ ☐ 015

14 정말 바쁘신 거 아니깐 바로 본론으로 들어갈게요.
I know you're very busy, so I'll just _____ right in. ☐ ☐ 017

15 일정 좀 확인해볼게.
Let me _____ my schedule. ☐ ☐ 016

16 혹시 제가 보내드린 자료 훑어볼 시간 있으셨나요?
Did you get a _____ to look over the _____
I sent you? ☐ ☐ 017

17 우리 사이에 언제든 시간 낼 수 있지, 뭐.
I can always _____ time for you. ☐ ☐ 018

18 일정 비워놓을게.
I'll _____ my schedule. ☐ ☐ 020

19 오늘은 여기까지 하는 게 어때?
_____ do you say we _____ it a day? ☐ ☐ 013

20 와인 얘기가 나와서 말인데, 우리 매번 술 한잔 하자고 말만 하고 미뤘는데 언제 진짜 술 한잔 해요.
_____ of wine, we gotta get that drink that we keep
saying we're gonna get. ☐ ☐ 014

정답 11 out, sometime 12 out, busy 13 gotta eat 14 jump 15 check 16 chance, materials 17 find 18 clear 19 What, call 20 Speaking

망각방지 장 치 02-2 실전 대화연습 (대화문 011~020)

---

011 열심히 노력한 결과 빛을 본 사람을 축하하고 칭찬할 때　　　　#칭찬 #명문대 입학

A 따님이 아직 고등학생인가요?

Is your daughter still in high school?

B 네, 고 3이고 내년에 스탠포드에 진학해요.

Yes, she is a senior, and she's going to Stanford next year.

* senior 고등학교 3학년, 대학교 4학년

A 정말 좋은 학교인데! 따님이 공부 잘한다고 말씀했던 게 기억나네요. 정말 열심히 노력한 보람이 있겠어요.

It's such a prestigious school. I remember your telling me that she's a straight-A student. 🎤

* prestigious 훌륭한, 일류의 | straight-A student (A학점을 연달아 받을 정도로 공부를 잘하는) 우등생

B 정말 착한 아이죠. 대견해요.

She's a good kid. I'm proud of her.

---

012 훌륭한 인상을 받은 일에 대해 꼭 칭찬해주고 싶을 때　　　　#칭찬 #훌륭한 결과물

A 정말 훌륭했다고 꼭 말해주고 싶어. 주어진 기간 내에 이렇게까지 잘해내기 어려웠을 텐데 말야.

🎤 _____ I know that was not easy to pull off, given the time frame.

* pull off (특히 힘든 걸) 훌륭히 해내다, 잘 소화하다 | given ~를 고려해볼 때 | time frame (특정 일에 쓸 수 있는) 시간, 기간

B 마음에 드셨다니 기쁜 걸요. 저희 모두 밤낮으로 공들였거든요.

I'm glad you liked it. We worked on it day and night.

* day and night 밤낮으로 (= night and day)

A 음, 오늘 내가 모두에게 점심 사주고 싶네. 뭐든지 말해. 내가 살게.

Well, I want to take everyone out for lunch today. Whatever you want, my treat.

* take + 사람 + out ~를 (데리고 나가) 대접하다 | My treat. 내가 살게/대접할게.

B 좋아요! 벌써 기대돼요.

Sounds great! I'm excited.

* excited 설레는, 신나는, 기대되는

정답 **011** Her hard work really paid off.　**012** I have to say, that was impressive.

A 이것 저것 알아야 할 게 너무 많아서 생각도 제대로 할 수 없네.

I'm bombarded with so much information that I can't even think straight.

＊ bombard (정보, 질문, 비난 등을) 퍼붓다, 쏟아붓다 | think straight 논리적으로/제대로 생각하다

B 가서 저녁 먹고 생각 좀 정리하는 게 좋을 것 같은데 어떻게 생각해?

I think we should go get dinner and clear your head.

＊ clear one's head ~의 생각을 정리하다

A 그럼 일식이 먹고 싶네. 진짜 휴식이 좀 필요해.

I say, I'm in the mood for Japanese. I could really use a break.

＊ be in the mood for ~하고/보고/먹고 싶은 기분이다, ~가 내키다 | I could use ~ (필요로 하고 원할 때) ~가 있으면 정말 좋겠다

B 그래, 그럼 로비에서 10분 후에 보자.

Okay. I'll meet you in the lobby in ten minutes.

＊ in ten minutes 10분 후에

A 예전엔 맥주를 더 좋아했는데 요즘 들어 맛있는 와인 한 잔 마시는 게 점점 더 좋아지더라고요.

I used to be more of a beer person, but a good glass of wine is growing on me a little bit.

＊ 명사 + person ~을 선호하는/좋아하는 사람 | ~ is growing on me (처음엔 별로였는데) 점점 친숙해지네/좋아지네

B 와인 얘기가 나와서 말인데, 우리 매번 술 한잔 하자고 말만 하고 미뤘는데 언제 진짜 술 한잔 해요.

_____, we gotta get that drink that we keep saying we're gonna get.

＊ gotta = have got to = have to ~해야 하다 (gotta는 have got to의 줄임말로 캐쥬얼한 구어체에서 사용. 격식을 차린 상황이라면 have to를 씀)

A 진짜 그렇네요. 언제 시간 괜찮아요?

We've got to. When's good?

＊ When's good? (일정 잡을 때) 언제 시간 괜찮아?

B 다음주 토요일 어때요? 맛있는 피노 누와르 한 병 따죠.

How about next Saturday? We can open a nice bottle of Pinot Noir.

＊ How about ~? (제안할 때) ~ 어때?

정답 013 What do you say? 014 Speaking of wine

015

바빠 보이는 상대에게 식사하자고 능청스럽게 제안할 때 #일정 #식사

A 시내에 괜찮은 중국 음식점이 생겼어. 오늘 점심으로 거기에 가는 것도 좋겠다.

There's a great new Chinese place that opened up downtown. We should go there for lunch today.

    * **Chinese place** 중국집 (우리도 중국 음식점을 중국집이라고 하는 것처럼 구어체에선 place를 써서 Korean place(한식집),
      Japanese place(일식집), pizza place(피자집)라고 하기도 함)

B 저기, 나 오늘 정말 바빠서 말야.

Well, I have a very busy day.

A 에이, 어차피 밥은 먹어야 하잖아. 내가 점심 쏠게.

Come on, 🎤 _____? Lunch is on me.

    * **~ is on me** ~는 내가 쏠게

B 그래. 근데 오래는 못 있을 것 같아서 빨리 먹고 와야 해.

Okay. It has to be a quick lunch, though.

    * **quick lunch** 간단히/빨리 먹고 오는 점심식사

016

시간 낼 수 있는지 한번 보겠다고 할 때 #일정 #파티초대

A 아직 브라이언하고 연락하고 지내?

Do you still talk to Brian?

    * **Do you still talk to + 사람?** 아직 ~와 연락하고 지내? (특히 스몰토크로 자주 쓰임)

B 응, 이번 주 토요일에 지인들끼리 간단히 파티 한다고 했는데 너도 오면 좋겠다. 걔도 너 보면
반가워할 걸.

Yeah, he's having a little get-together this Saturday. You should come. I'm sure he'd be happy to see you.

    * **get-together** (지인들끼리 하는 작은) 모임, 파티

A 이번 주 주말에 아무 계획도 없는 것 같은데 일정 좀 확인해볼게.

I don't think I have anything going on this weekend,
but 🎤 _____.

B 그래, 가게 되면 문자로 주소 보내줄게. 확인해보고 말해줘.

Okay. Just let me know, so I can text you the address.

    * **(Just) Let me know** 나한테 알려줘 | **text** 문자를 보내다

정답 **015** you gotta eat, right **016** let me check my schedule

A 바쁘실 텐데 오늘 시간 내주셔서 감사합니다.

B 당연히 시간 내야죠. 앉으세요.
Of course. Please have a seat.

A 저, 정말 바쁘신 거 아니깐 바로 본론으로 들어갈게요. 혹시 제가 보내드린 자료 훑어볼 시간 있으셨나요?
Well, I know you're very busy, so I'll just jump right in. Did you get a chance to look over the materials I sent you?
* jump in 서둘러 시작하다 | Did you get a chance to + 동사원형? (바쁘시겠지만) 혹시 ~할 시간 있으셨나요? | look over 훑어보다 | material 자료

B 네, 봤어요. 아직 매니저님께 보여드려야 하지만 별문제 없을 거예요.
I did. I still have to run it by my manager, but I don't think she'll have a problem with it.
* run it by + 사람 (의견, 반응을 알아보기 위해) ~에게 보여주다, 말하다

A 바쁜 일정에 시간 내주셔서 감사해요.
Thank you for taking time out of your busy schedule.

B 에이, 우리 사이에 언제든 시간 낼 수 있죠, 뭐. 어떻게, 잘 지내시죠?
Oh, _____. How's life treating you?
* How's life treating you? (안부를 물어보며) 어떻게, 잘 지내시죠?

A 그럭저럭 잘 지내요. 아내가 얼마 전 출산했어요. 이제 저도 아빠네요.
Pretty well. My wife just had a baby. I'm a dad now.

B 축하드려요! 아들인가요? 딸인가요? 사진 있으세요?
Congratulations! Is it a boy or a girl? Do you have any pictures?
* Is it a boy or a girl? 성별을 모르기에 it을 쓰지만, 줄여서 A boy or a girl?이라고만 쓰기도 함

019

세상이 두쪽 나도 꼭 가겠다는 의지를 전달할 때 #일정 #결혼식 초대

A 결혼 날짜는 정했어?

Have you picked a date for your wedding?

* pick a date for + 행사 ~ 날짜를 고르다

B 응, 아직 청첩장은 보내지 않았는데 5월 1일에 해. 근데 금요일이라서 올 수 있겠어?

Yes, I haven't sent out any invitations yet, but it's going to be on May 1st.
That is a Friday, though. Do you think you can make it?

* invitation 초대장 | make it (약속 장소에 무난히) 도착하다. 이르다

A 당연하지! 너한테 중요한 날인데 무슨 일이 있어도 꼭 가야지.

Of course! It's your big day. 🎤

* big 중요한, 의미 있는

B 정말 고마워. 장소가 정해지면 청첩장 보내줄게.

You're so sweet. I'll send you an invitation once the venue is set.

* You're so sweet. 정말 다정/친절하세요. (고마움을 전하는 표현) | venue 장소 | once + 대상 + is set ~가 정해지면

020

상대의 사정에 맞춰 시간을 비워두겠다고 할 때 #일정 #부탁 #약속

A 큰 부탁 하나만 해도 될까?

Can I ask you a big favor?

* big을 빼고 써도 되지만, 쉽게 하기 미안한 부탁인 경우 big을 써서 내겐 정말 큰, 의미 있는 부탁이라는 뉘앙스를 줌

B 그럼.

You bet.

* 상대가 내기에 돈을 걸어도 될 만큼 확신한다는 뉘앙스로, '당연하지, 그럼.'

A 노트북을 새로 사야 돼서 알아보고 있는데 내가 컴퓨터를 잘 모르니깐 네가 이번 주 언제 시간 될 때 같이 쇼핑하러 같이 가줄 수 있나 해서 말야.

I'm looking to buy a new laptop, and since I'm not tech-savvy, I was
wondering if you could go shopping with me sometime this week.

* tech-savvy 컴퓨터/기술에 해박한 | I was wondering if you could ~ (공손한 요청 및 부탁) 혹시 ~해줄 수 있나 해서 물어봐

B 좋아. 내일 시간 좀 비워놓을게.

I'd be happy to. 🎤

* I'd be happy to. (요청을 흔쾌히 받아들일 때) 기꺼이, 좋아.

정답 **019** I wouldn't miss it for the world. **020** I'll clear some time tomorrow.

239

네이티브들이 매일 주고받는 대화, 이제 영어로 얼마나 말할 수 있는지 한번 확인해볼까요?

○ ✕ 복습

01 7시에 시간 돼?
Does seven _____ for you? ⬜ ⬜ `021`

02 조만간 또 보자.
We should do this again _____. ⬜ ⬜ `028`

03 (가려고 노력했는데) 오늘밤 못 갈 것 같아.
I don't think I can _____ it tonight. ⬜ ⬜ `022`

04 네 전화가 울리는 것 같은데.
I think your phone's _____. ⬜ ⬜ `029`

05 언제 물어보나 했어!
I thought you'd _____ ask! ⬜ ⬜ `023`

06 살 만해?
How's life _____ you? ⬜ ⬜ `024`

07 모두에게 안부 전해줘.
Please say _____ to everyone _____ me. ⬜ ⬜ `030`

08 사진 있으세요?
Do you have any _____? ⬜ ⬜ `025`

09 할로윈이 코앞으로 다가왔네.
Halloween's just _____ the corner. ⬜ ⬜ `026`

10 시간 참 빨리 가네.
Time _____. ⬜ ⬜ `026`

정답 01 work 02 sometime 03 make 04 ringing 05 never 06 treating 07 hello, for 08 pictures
09 around 10 flies

240

11 술 한 잔 더 하고 가는 게 어때?
Why don't you _____ for another drink?
☐ ☐ `027`

12 그러면 좋겠는데 이제 가봐야 해서.
I _____ I could, but I have to get _____.
☐ ☐ `027`

13 (이보다 더 동의할 수는 없다는 뉘앙스) 너의 말에 전적으로 동의해. 완전 공감해.
I couldn't agree with you _____.
☐ ☐ `021`

14 (How are you? 같은 안부인사에 대한 답변으로 자주 씀) 딱히 불평할 건 없어.
Can't _____.
☐ ☐ `024`

15 오랜 친구와 만나 이렇게 근황 얘기하니 정말 좋았어.
It was great _____ with an old friend.
☐ ☐ `028`

16 연락하고 살자.
Don't be a _____.
☐ ☐ `029`

17 걱정 마. 곧 (요령을 터득해서) 익숙해질 거야.
Don't worry. You'll get the _____ of it.
☐ ☐ `024`

18 얘기 즐거웠어.
It was nice _____ to you.
☐ ☐ `030`

19 갑자기 일이 생겼어.
Something's _____ up.
☐ ☐ `022`

20 드디어 이렇게 직접 만나뵙게 되어 정말 반가운 걸요.
It's so nice to _____ meet you _____ person!
☐ ☐ `023`

정답 11 stay 12 wish, going 13 more 14 complain 15 catching up 16 stranger 17 hang 18 talking
19 come 20 finally, in

망각방지 장치 03-2 실전 대화연습 (대화문 021~030)

---

021 상대의 형편을 살피며 약속시간을 잡을 때 　　　#일정 #소소한 만남 #약속

A 우리가 연락한 지 진짜 오랜만이다.

It's been a while since we talked!

＊ It's been a whild since S + V ~한 지 한참 됐다

B 그러게! 저녁 먹으면서 못다 한 얘기나 하는 게 어때? 나 주말에 아무때나 시간 돼.

I know! Why don't we have dinner and catch up? I'm wide open this weekend.

＊ Why don't we ~? (제안할 때) 우리 ~하는 게 어때? | catch up 밀린 이야기를 하다 | wide open (마치 일정표에 아무것도 적혀 있지 않고 비어 있는 느낌) 한가한

A 그럼 좋겠다. 토요일은 어때? 7시에 시간 돼?

That would be great. How about Saturday? 🎤

B 좋아. 레스토랑 좀 몇 군데 찾아보고 문자할게.

Perfect. I'll look up some restaurants and text you the options.

＊ look up (검색해보며 정보를) 찾아보다 | options 선택안들

---

022 갑작스러운 일로 약속을 지키기가 힘들 때 　　　#일정 #약속취소

A 제임스, 정말 미안한데 회사에 무슨 일이 생겨서 오늘 못 갈 것 같아.

James, I'm really sorry. 🎤 　　　　　　　　at work, and I don't think I can make it tonight.

＊ I don't think I can make it. 가려고 노력했는데 사정이 여의치가 않아서 못 간다는 뉘앙스

B 정말 아쉽다. 사람들한테 너 온다고 다 얘기해 놨는데.

What a shame. I told everyone that you were coming.

＊ What a shame. 정말 아쉬운 걸.

A 미안, 내가 진짜 다음에 만회할게.

I'm sorry. I promise I'll make it up to you.

＊ make it up to + 사람 (잘못을 해 깎인 점수를 채우듯) 만회하다. ~의 화를 풀어주다

B 알겠어. 퇴근하면 전화해.

Okay. Call me when you get off work.

＊ get off work 퇴근하다

정답 021 Does seven work for you? 022 Something's come up

242

A 부모님이 방문차 오셨는데 내일 같이 점심 먹을래?

My parents are in town. Would you care to join us for lunch tomorrow?

＊ **be in town** (현재 대화하고 있는 상대가 있는 도시나 언급한 지역에) 방문 중이다. 와 있다 |
Would you care to + 동사원형 ~? (제안할 때) ~하시겠어요?

B 그럼 정말 좋지. 언제 물어보나 했어!

I'd love to. 🎤

A 아니, 네가 우리 가족을 만나는 걸 편하게 생각할지 몰라서 그랬어.

Well, I wasn't sure if you'd be comfortable meeting my family.

＊ **I wasn't sure if you would ~** 네가 ~할지 어떨지 잘 몰랐어

B 이렇게 좋은 아들을 두셨는데 너처럼 정말 좋은 분들이라고 확신해.

They raised a great son. I'm sure they're just as pleasant as you.

＊ **just as + 형용사 + as ~** ~만큼 딱 그렇게 …한

A 살 만하고?

🎤

B 뭐 딱히 불평할 건 없어. 너는 어때? 이번에 직장 옮기지 않았어?

Can't complain. How about you? Didn't you just get a new job?

＊ **Can't complain.** (How are you? 같은 안부인사에 대한 답변으로 자주 씀) 딱히 불편할 건 없어.

A 응, 아직 이것저것 여러모로 익숙해지려 노력 중이야.

I did. I'm still trying to get the hang of everything.

＊ **get the hang of** ~에 대한 감을 잡다. (요령을 터득해서) 익숙해지다

B 변화는 좋을 수도 있잖아. 조만간 적응할 거라 확신해.

Changes can be good. I'm sure you'll get used to everything sooner or later.

＊ **get used to + (동)명사** ~에 익숙해지다 | **sooner or later** 조만간에, 머지않아

정답 023 I thought you'd never ask! 024 How's life treating you?

243

상대가 애정하는 대상에 대한 얘기를 나눌 때 관심을 보이며 #수다 #관심사 #반려동물

A 반려동물 있으세요?

Do you have any pets?

＊ 동물을 '기르다/키우다'라고 할 때는 동사 have를 쓰면 됨

B 네, 고양이가 있어요. 이름은 벨라고요.

I have a cat. Her name is Bella.

A 예쁜 이름이네요. 저 고양이 정말 좋아하는데 사진 있으세요?

That's a cute name. I love cats. 🎤

＊ I love cats. 고양이란 동물을 좋아하는 것이니, 단수가 아닌 복수 cats로 써야 한다는 점에 주의

B 네, 제 핸드폰엔 진짜 고양이 사진만 엄청 많은 것 같아요.

I do. My phone is literally full of pictures of my cat.

＊ literally 말 그대로, 그야말로, 정말로 | be full of ~로 가득 차다

특별한 날이 코앞으로 다가왔다는 말로 화제를 꺼낼 때 #수다 #할로윈

A 할로윈이 코앞으로 다가왔네.

🎤

＊ just around the corner (어떤 날이) 임박한, 코앞으로 다가온

B 그러게. 벌써 10월이라니 시간 참 빨리 간다.

I know. I can't believe it's already October. Time flies.

＊ I can't believe it's already ~ (시간/시기가) 벌써 ~라니 믿기지 않는 걸

A 사탕은 샀고?

Have you bought some candy?

B 아직 안 샀어. 퇴근하고 가서 사야겠어.

Not yet. I should probably go to the store after work.

＊ after work 퇴근 후에

정답 025 Do you have any pictures? 026 Halloween's just around the corner.

A 술 한잔 더 하고 가는 게 어때?

Why don't you stay for another drink?

　* Why don't you stay for ~? (점심, 커피 등 다양하게 응용 가능) ~하고 가는 게 어때?

B 그럼 좋겠는데 이제 가봐야 해서. 내일 아침 일찍 미팅이 있거든.

🎤 I have an early morning meeting tomorrow.

　* get going 출발하다, 가보다 | have a meeting 미팅이/회의가 있다

A 알겠어. 오늘밤 정말 즐거웠어. 더 자주 만나자.

I understand. I had a great time tonight. We should do this more often.

　* have a great time 정말 즐거운 시간을 보내다 | more often 더 자주

B 그럼. 사무실에서 벗어날 수 있는 시간은 늘 좋지.

Absolutely. I could always use some time out of the office.

A 둘 다 오늘 봐서 반가웠어.

It was nice seeing you both.

　* 만났다 헤어질 때 하는 인사말로, It was nice -ing ~ 패턴을 쓴다는 점에 주목

B 동감이야. 오랜 친구와 만나 이렇게 근황 얘기하니 정말 좋았어.

Likewise. It was great catching up with an old friend.

　* catch up with + 친구 ~와 밀린 이야기를 나누다 | old friend 오랜 친구

A 일하고 애들 키우느라 다들 바쁘다는 걸 알지만 조만간 또 보자.

I know we're all busy with work and kids, but 🎤 .

　* be busy with ~로 바쁘다

B 그래. 앞으로 나부터 더 자주 연락할게.

We should. I, for one, am going to be much better about keeping in touch.

　* I, for one, 다른 사람은 몰라도 난 | keep in touch 연락하고 지내다

정답　027 I wish I could, but I have to get going.　028 we should do this again sometime

A 네 전화가 울리는 것 같은데.

I think your phone's ringing.

B 아, 회사네. 이제 가봐야겠다. 근데 여기서 이렇게 우연히 만나 반가웠어.

Oh, it's work. I'd better go now, but it was nice running into you here.

* had better + 동사원형 ~하는 게 좋을 거야/나을 거야 | run into + 사람 ~를 우연히 만나다

A 정말 그렇네. 야, 연락하고 살자.

Indeed. Hey, 🎤 _____ .

B 그럴게.

I won't.

A 모두에게 안부 전해줘.

Please say hello to everyone for me.

* Say hello to ~ ~에게 안부를 전해주다

B 그럴게. 통화해서 정말 즐거웠어.

Will do. 🎤 _____ .

* Will do. (구어체에서) 그럴게, 그렇게 할게.

A 나도 즐거웠어. 네 목소리 듣는 건 언제든 좋은 걸.

You, too. It's always good to hear your voice.

B 그런 말 해주는 건 너밖에 없다. 그럼 다음주에 파티에서 보자.

You're the only one who says that. I'll see you at the party next week, then.

* You're the only one who says that. 특히 칭찬이나 힘을 실어주는 좋은 말에 대한 응답으로 곧잘 쓰임

정답 029 don't be a stranger 030 It was very nice talking to you.

망각방지 장치 04-1 문장 말하기 (대화문 031~040)

네이티브들이 매일 주고받는 대화. 이제 영어로 얼마나 말할 수 있는지 한번 확인해볼까요?

○ ✕ 복습

01 어서 한 모금 드세요.
Please have a _____ . ☐ ☐ 040

02 난 패스트푸드 별로 안 좋아해.
I'm not _____ of a fast-food _____ . ☐ ☐ 038

03 전화로 설명 드리긴 너무 복잡하네요.
It's too complicated to explain _____ the phone. ☐ ☐ 031

04 얼마나 기다려야 하나요?
How long is the _____ ? ☐ ☐ 032

05 소스는 따로 주실래요?
Can I have the sauce _____ ? ☐ ☐ 035

06 하루 종일 파스타가 당기더라고.
I've been _____ pasta all day. ☐ ☐ 037

07 일행이 몇 분이세요?
How _____ in your party? ☐ ☐ 033

08 여기서 식사해본 적 있어?
Have you ever _____ here? ☐ ☐ 034

09 여긴 뭐가 맛있어?
What's _____ here? ☐ ☐ 034

10 잠시 생각할 시간 좀 주실래요?
Could you _____ us a minute? ☐ ☐ 035

정답 01 sip 02 much, eater 03 over 04 wait 05 on the side 06 craving 07 many 08 eaten 09 good
10 give

			○ ✕ 복습

11 왜 이리 늦게 전화한 거야?
What _____ you so long to call? ☐ ☐ `032`

12 준비되시면 말씀해 주세요.
Let me _____ when you're ready. ☐ ☐ `036`

13 여긴 내가 피자 먹고 싶을 때마다 즐겨 찾는 곳이야.
This is my _____ place for pizza. ☐ ☐ `034`

14 뭐 먹고 싶어?
What are you in the _____ for? ☐ ☐ `037`

15 난 아무거나 좋아.
I'm good with _____. ☐ ☐ `037`

16 30분 후에 전화 드려도 될까요?
Can I call you back _____ 30 minutes? ☐ ☐ `035`

17 가족이 가장 중요해.
It's all _____ family. ☐ ☐ `038`

18 수돗물 드릴까요? 병에 든 물 드릴까요?
_____ water or bottled? ☐ ☐ `039`

19 정말 충격적인 소식이네요.
It's such _____ news. ☐ ☐ `040`

20 미아에게 안부 전해줘.
Please give my _____ to Mia. ☐ ☐ `031`

정답 **11** took **12** know **13** go-to **14** mood **15** whatever **16** in **17** about **18** Tap **19** devastating
20 best

망각방지장치 04-2 실전 대화연습 (대화문 031~040)

---

031 누구한테 대신 안부 좀 전해달라고 할 때 　　　　　　　　　　　　#수다 #친구 근황

A 미아 보면 안부 전해줘.
　🎙　　　　　　　　　　　　　　　　 when you see her.

B 크리스마스 때 미아 봤는데 걔도 네가 잘 지내는지 궁금해하더라.
I saw her over Christmas, and she asked how you're doing.

* over ~동안, ~에 걸쳐

A 미아는 잘 지내? 아직 대학교 졸업 안 했지?
How is she doing? Is she still in college?

B 아니, 작년에 졸업하고 지금은 애틀랜타에 있는 회계법인에서 일해.
No, she graduated last year, and now, she works for an accounting firm in Atlanta.

* graduate 졸업하다 (뒤에 어떤 학교를 붙이고 싶다면 graduate from + 학교) | firm 회사

---

032 식당 직원에게 대기 시간을 물어볼 때 　　　　　　　　　　　　#식당 #대기시간

A 안녕하세요. 예약하셨나요?
Hi, did you make a reservation?

* make a reservation 예약하다

B 아니요. 예약은 안 했는데, 2명 앉을 테이블 있나요?
No, we didn't. Do you have a table for two?

* 예약을 했다면 Table for two under Seul Ku.(구슬 이름으로 2명 테이블 예약했어요.)라고 하면 됨

A 죄송하지만 지금 테이블이 하나도 없어서요. 대기 명단에 성함 남기시겠어요?
Unfortunately, we don't have any tables open. Would you like to put your name down?

* unfortunately 안타깝게도, 아쉽게도, 유감스럽게도 (↔ fortunately 다행히) | put something down (글, 메모, 이름 등을) 적다. (대기자 명단에) 이름을 올리다

B 네, 케이티 파웰입니다. 얼마나 기다려야 하나요?
Sure. It's Katy Powell. 🎙

정답　**031** Please give my best to Mia　**032** How long is the wait?

A 애플 가든에 오신 걸 환영합니다. **일행이 몇 분이세요?**

Welcome to Apple Garden. 🎤

* party 일행

B 그냥 저희 둘이요.

Just the two of us.

A 테이블에 앉으실래요? 아니면 칸막이가 있는 자리에 앉으실래요?

Would you like a table or booth?

* **Would you like + 명사?** ~를 원하세요? ~하실래요? | **booth** 칸막이가 있는 자리

B 칸막이가 있는 자리로 부탁드려요.

Booth, please.

A 여기서 식사해본 적 있어?

Have you ever eaten here?

* **Have you ever p.p. ~?** ~해본 적 있어?

B 응, 난 피자 먹고 싶을 때마다 여기에 와. 진짜 거의 매주 주말마다 오는 것 같아.

Yes, this is my go-to place for pizza. I literally come here almost every single weekend.

* **go-to place** 즐겨 찾는/자주 가는 장소 | **almost every single weekend** (강조) 거의 한 번도 빠지지 않고 매주 주말

A 네가 피자를 좋아하는지 몰랐네. 그럼 **여긴 뭐가 맛있어?**

I didn't know you like pizza. So, 🎤 _____ ?

B 다 맛있는데 난 치즈피자가 제일 좋더라고. 와인과도 잘 어울리고.

Everything is delicious, but their cheese pizza is my favorite. It goes well with wine.

* **favorite** 제일 좋아하는 것 (형용사로도 쓰임) | **go well with** ~과 잘 어울리다

A 주문할 준비되셨나요?

Are you ready to order?

* Are you ready to + 동사원형? ~할 준비됐어?

B 저기, 생각할 시간 좀 더 주실래요?

Actually, 🎤 _____ ?

* actually 실은 (상대가 기대하는 것과 다른 대답을 해야 하는 경우에 애용)

A 그럼요. 저희 주방이 5분 후에 마감되니 참고해 주세요.

Sure. I would just like to let you know that our kitchen closes in 5 minutes.

* I would just like to let you know that S + V 다만 ~라는 점을 알려드리고 싶을 뿐입니다

B 그럼 그냥 바비큐 샌드위치 두 개 주문할게요. 소스는 따로 주세요.

Then, we'll go ahead and order two barbeque sandwiches with the sauce on the side.

* on the side 따로

A 주문할 준비 되셨나요?

Are we ready to order?

* 마치 이 식당에서 경험을 같이 하고 있는 것처럼 손님들 입장에서 친근하게 주문을 받는 표현

B 실은 잠깐 생각할 시간 좀 주실래요?

Actually, could you give us a minute?

A 그럼요. 준비되시면 언제든 말씀해 주세요.

Sure. Just 🎤 _____ .

* Just let me know when S + V ~하면 (언제든) 말씀해/알려 주세요

B 그럴게요. 감사합니다.

We will. Thank you.

정답 035 could you give us another minute   036 let me know when you're ready

A 뭐 먹고 싶어?

B 난 뭐든 좋아.
I'm good with whatever.

＊ good 대신 fine을 써도 됨

A 그럼… 이태리 음식은 어때? 하루 종일 파스타가 당겨서.
So…how about Italian? I've been craving pasta all day.

＊ crave ~를 갈망하다. ~가 당기다 | all day 하루 종일

B 그래. 다운타운에 맛있는 이태리 음식점 있는데 거기에 가자.
Okay. I know a good Italian place downtown. Let's go there.

A 솔직히 난 패스트푸드 별로 안 좋아해.
Honestly, 🎤   .

B 나도 그래. 예전엔 먹는 것에 별로 신경 안 썼는데 건강한 것보다 더 중요한 건 없더라고.
Me neither. I used to not pay attention to what I eat, but nothing is more important than being healthy.

＊ pay attention to ~에 주의를 기울이다 | nothing is more important than + (동)명사 ~보다 더 중요한 건 없어

A 또, 우리가 이제 점점 나이 드니까 신진대사가 느려지잖아. 몸매 유지하려면 정크푸드는 줄여야 해.
Also, now that we're getting older, our metabolism is slowing down. We need to cut down on junk food to stay in shape.

＊ now that S + V 이제 ~하니까 | get old 나이가 들다 | metabolism 신진대사 | slow down 느려지다 | cut down on ~를 줄이다 | stay in shape 건강한 몸을/몸매를 유지하다

B 맞아.
You're right.

정답   037 What are you in the mood for?   038 I'm not much of a fast-food eater

A 마실 건요?

Anything to drink?

B 물에 레몬 하나 넣어주실래요?

Can I have water with lemon?

* 수돗물도 보편적으로 마시는 미국의 경우 수돗물 특유의 냄새 완화를 위해 레몬이나 라임을 띄워 먹는 것도 좋은 방법

A 그럼요. 수돗물 드릴까요? 병에 든 물 드릴까요?

Sure. 🎤

* ta water 수돗물 | bottled 병에 든 (앞에 언급되었으므로 water를 생략. 우리가 말하는 '생수'를 영어로는 bottled water라고 하면 됨)

B 수돗물 주셔도 돼요.

Tap's fine.

A 그가 막판에 취소했다는 게 정말 믿기지가 않아.

I can't believe he called it off at the last minute.

* call it off 취소하다 | at the last minute 막판에, 마지막 순간에

B 답답한 거 아는데 그래도 열 좀 식혀. 여기, 물 좀 한 모금 마시고.

I know it's frustrating, but you need to blow off some steam.
Here, 🎤 .

* frustrating (원하는 대로 되지 않아 짜증나고) 답답한, 좌절감을 일으키는 | blow off some steam 열 좀 식히다

A 물보다 센 게 필요해. 술 좀 있어?

I need something stronger than water. Do you have some booze?

* strong (술이 독하고) 센 | booze (비격식) 술

B 와인, 보드카, 위스키, 맥주, 말만 해. 다 있어.

Wine, vodka, whiskey, beer. You name it, I got it.

* You name it. 말만 해.

정답 039 Tap water or bottled? 040 have a sip of water

망각방지 장치 05-1 문장 말하기 (대화문 041~050)

네이티브들이 매일 주고받는 대화, 이제 영어로 얼마나 말할 수 있는지 한번 확인해볼까요?

○ ✕ 복습

01 그럼 시작할까요?
_____ we start? ☐ ☐ 042

02 저기, 이것도 할인 상품인가요?
Excuse me. Is this _____ in the sale? ☐ ☐ 047

03 술 한 잔 더 마실 사람?
Who's _____ for _____ drink? ☐ ☐ 041

04 한 장도 빠지지 않고 하나 하나 꼼꼼히 살펴봤어.
I went through every _____ page. ☐ ☐ 049

05 배 불러서 더 이상 못 먹을 것 같아.
I don't think I can eat another _____. ☐ ☐ 043

06 포장 용기 좀 주실래요?
Can I have a _____ container? ☐ ☐ 044

07 넌 빨강색이 정말 잘 받는 것 같아.
Red is definitely _____. ☐ ☐ 046

08 평소 쓰기엔 좀 실용적이진 않네.
For everyday use, it's _____. ☐ ☐ 049

09 이거 반품하고 싶어요.
I'd like to _____ this. ☐ ☐ 050

10 이보다 더 좋을 순 없어요. (정말 최고예요.)
Couldn't be _____. ☐ ☐ 045

정답 01 Shall　02 included　03 up, another　04 single　05 bite　06 to-go　07 your color　08 impractical
09 return　10 better

		○ X 복습

11 원 플러스 원 행사에서 샀어.
I got it at a _____ sale. □ □ `046`

12 (네가 원하면) 얼마든지 우리와 같이 가도 돼.
You're welcome to _____ us. □ □ `043`

13 반품 및 환불 불가.
All sales are _____. □ □ `047`

14 혹 창고에 재고가 있는지 확인해주실 수 있나요?
Is there any way you can _____ in the _____? □ □ `048`

15 (상황이 더 나쁠 수도 있다는 뉘앙스) 이만길 다행이지.
Could be _____. □ □ `045`

16 가서 와인 한 병 더 가져올게.
I'll go _____ another _____ of wine. □ □ `041`

17 솔직히 세세한 것까지 다 기억나진 않아요.
I honestly don't remember every single _____. □ □ `049`

18 뭘 위해 건배하지?
What shall we _____? □ □ `042`

19 같이 계산하실 건가요, 따로 계산하실 건가요?
_____ or separate? □ □ `044`

20 선물 영수증이 없으시면 환불은 매장 내에서 사용 가능한 기프트 카드나 포인트만 드립니다.
Without a gift _____, we can only offer you a _____ credit. □ □ `050`

11 BOGO 12 join 13 final 14 check, back 15 worse 16 get us, bottle 17 detail 18 drink to
19 Together 20 receipt, store

255

망각방지장치 05-2 실전 대화연습 (대화문 041~050)

---

041   **술자리에서 술을 더 권할 때**   #술자리 #흥오름

A 술 한잔 더 마실 사람 누구?

   🎤

B 누군들 마다하겠어? 아니, 8시밖에 안 됐잖아. 난 아직 술기운이 느껴지지도 않아.

   Who isn't? I mean, it's only 8. I'm not even tipsy yet.

   * **I mean** 그러니까 내 말은 | **tipsy** (기분 좋게 알딸딸한 정도) 술이 약간 취한

A 알겠어. 가서 와인 한 병 더 가져올게.

   Okay, I'll go get us another bottle of wine.

   * **go get us something** 가서 ~을 가져오다 (동사 go 다음에는 동사원형을 바로 쓰는 경우가 많음. 단 현재형인 경우에만 해당)

B 좋아!

   Sounds perfect!

   * That sounds perfect!에서 That을 생략하고 쓰는 경우도 많음

---

042   **건배를 제의할 때**   #술자리 #건배

A 우리 건배해요.

   Let's make a toast.

   * **make a toast** (특히 건배사를 제안할 때) 건배하다

B 뭘 위해 건배할까요?

    🎤

A 이번을 시작으로 앞으로 있을 수많은 좋은 일들을 위하여.

   To the first of many wins.

   * **To** ~를 위하여 (건배를 할 때는 for가 아니라 to를 씀) | **win** 승리. (원하는 바를) 쟁취하는 것

B 앞으로도 잘되리라 믿어 의심치 않습니다.

   Never in doubt.

정답   041 Who's up for another drink?   042 What shall we drink to?

A 초콜릿 케이크 같이 나눠 먹는 거 어때? 여기 케이크 정말 맛있어.

What do you say we share a chocolate cake? Their cakes are exquisite.

＊ **What do you say S + V ~?** ~하는 게 어때? | **exquisite** 정교한, 더 없이 훌륭한/맛있는

B 그러면 좋겠는데 배불러서 더 이상 못 먹을 거 같아.

I wish I could, but 🎤   .

A 에이, 너 피자 한 조각밖에 안 먹었잖아. 진짜 디저트 먹을 배가 없다고?

Come on, you just had a slice of pizza. Don't tell me you don't have any room for dessert.

＊ **Don't tell me S + V** 설마 ~라는 건 아니겠지, 진짜 ~라고? (에이, 설마) | **room** (여유) 공간, 여지

B 점심을 푸짐하게 먹었거든. 근데 케이크 먹고 싶으면 시켜. 메뉴 보니 정말 맛있어 보이긴 하네.

I had a big lunch, but you're welcome to order the cake. It does look delicious on the menu.

＊ **big lunch** 푸짐한 점심식사 | **You're welcome to + 동사원형** (상대가 원한다면 얼마든지 마음껏 해도 좋다고 흔쾌히 허락할 때) 편히 ~해도 좋아 | **It does look delicious** 정말 맛있어 보인다는 것을 강조하기 위해 does를 덧붙임

A 어떻게, 다들 괜찮으신가요?

So, how's everyone doing?

B 네, 정말 맛있었어요! 계산서 주시면 될 것 같은데. 포장 용기도 좀 주실 수 있나요?

Great! I think we're ready for the check. 🎤

＊ **be ready for + 명사** ~할 준비가 되다 | **check** 계산서 | **to-go container** 가져갈 용기

A 제가 남은 음식은 포장해 드릴게요. 계산서는 같이 해드릴까요, 각자 따로 해드릴까요?

I can go ahead and box them up for you. Would this be together or separate?

＊ **box up** 상자/용기에 넣어 채우다 | **Together or separate?** 같이 계산하실 건가요, 따로 계산하실 건가요?

B 같이 해주세요.

Together, please.

정답 043 I don't think I can eat another bite 044 Can we also have to-go containers?

257

A 음식은 다 어떠신가요?

How's everything?

B **정말 최고예요.** 다 완벽해요.

🎤 _____ Everything is perfect.

A 그렇게 말씀해 주시니 기쁜 걸요. 저희는 맛있는 스테이크에 대한 자부심이 있거든요. 더 필요하신 거 있으시면 말씀해 주세요.

I'm pleased to hear that. We pride ourselves on great steaks. Please let me know if you need anything else.

> * **I'm pleased to + 동사원형** ~해서 기쁘다 | **pride oneself on** ~에 대한 자부심이 있다. (스스로 자랑스러워 할 정도로) ~을 잘한다 | **Please let me know if S + V** ~하면 말씀해/알려 주세요

B 그럴게요. 고맙습니다.

We will. Thank you.

A 스카프 예쁘다. 새로 산 거야?

I like your scarf. Is it new?

> * **I like your + 대상** (특히 상대의 옷이나 장신구를 부담 없이 칭찬할 때) ~ 예쁘네요, 마음에 드네요

B 응, **원 플러스 원** 행사에서 샀어.

Yeah, I got it at a 🎤 _____ sale.

> * **get** 얻다 (돈을 주고 산 경우든, 선물을 받은 경우든 어떤 경로를 통하든 관계 없이 '얻게' 된 경우에 포괄적으로 쓰임)

A 너한테 잘 어울린다. 넌 빨강색이 정말 잘 받는 것 같아.

It looks good on you. Red is definitely your color.

> * **~ is definitely your color** ~색이 너와 정말 잘 어울려

B (BOGO 행사에서 사서) 남색으로도 하나 더 있는데 마음에 들면 너 줄게.

I have another one in navy. If you really like it, I'd be happy to give it to you.

> * **navy** 남색 | **I'd be happy to + 동사원형** 기꺼이 ~할게

A 이 선반에 있는 건 전부 75% 할인 중입니다.

Everything on this rack is 75% off.

* rack (특히 가게에서 물건을 진열해두기 위해 놓는) 선반 | ~% off ~% 할인해

B 우와, 진짜 싸게 파네요.

Wow, that's a great deal.

A 정말 그렇죠. 근데 할인품목에 대해서는 **반품이나 환불이 불가하다는 점** 참고해 주세요.

It is, indeed, but please note that 🎤 **for the discounted items.**

* indeed 참으로, 정말로 | Please note that S + V (중요한 공지사항이나 정보를 알려주며) ~라는 점을 유의/기억/참고해 주세요 | discounted 할인된 | item 품목

B 알겠습니다.

I got it.

* '알겠다, 이해했다'는 의미로 구어체에서 늘상 쓰이는 표현

A 저기, 이거 사이즈 6으로 있나요? 여기 진열대에 안 보여서요.

Excuse me, do you have this in size 6? I don't see it in the rack.

B 어디 보자. 사이즈 5와 7은 있는데 6은 다 나간 것 같네요.

Let me see. We have size 5 and 7, but it looks like we're out of 6.

* Let me see (생각할 때) 글쎄, (확인해보며) 어디 보자 | It look like S + V ~인 것 같아요 | be out of ~ ~가 바닥나다, 다 떨어지다

A 혹 창고에 재고가 있는지 확인해주실 수 있을까요?

🎤

* Is there any way you can ~? (조심스레 부탁) 혹 ~할 수 있는 방법이 있을까요?

B 그럼요. 지금 확인해보고 올게요.

Sure. I'll be right back.

049

보기는 그럴 듯한데 실용적인 제품은 아닌 것 같다고 의견을 말할 때 #쇼핑 #물건 고르기

A 이 서류가방 멋있다! 이런 거 처음 봐!

This briefcase looks nice! I've never seen anything like this!

* **briefcase** 서류가방 | **I've never seen ~** ~을 본 적이 없어, ~은 처음 봐

B 꽤 멋져 보이긴 하는데, 평소 편히 갖고 다니기엔 좀 실용적이진 않네.

It looks pretty cool, but 🎤   .

* **impractical** 비실용적인, 비현실적인

A 진짜 그렇게 생각해?

Do you really think so?

B 응. 뭐, 네가 저걸 회사에 가지고 다닐 것 같진 않아.

I do. I mean, I don't see you carrying it to work.

* **I don't see you -ing** 네가 ~할 거라고 보진 않아 | **carry** 가지고/휴대하고 다니다 | **to work** 직장에, 직장까지

050

반품을 빌미로 환불을 요청할 때 #쇼핑 #반품

A 아까 샀는데 반품하고 싶어요.

I bought this earlier, and 🎤   .

* **earlier** 아까 | **return** 반품하다

B 상품에 무슨 문제가 있나요?

Is there something wrong with it?

* **Is there something wrong with ~?** ~에 무슨 문제가 있나요?

A 아니오. 그냥 마음이 바뀌었어요.

No, I just changed my mind.

* **change one's mind** 마음이 바뀌다

B 알겠습니다. 영수증 있으세요?

I understand. Do you have your receipt?

* **receipt** [risíːt] 영수증

정답 049 for everyday use, it's impractical   050 I'd like to return it

망각방지 장치 06-1 문장 말하기(대화문 051~060)

네이티브들이 매일 주고받는 대화. 이제 영어로 얼마나 말할 수 있는지 한번 확인해볼까요?

○ ✕ 복습

01 찾으시던 물건은 다 찾으셨나요?
Did you _____ everything you were _____ ? ☐ ☐ `051`

02 안 그래도 너 바쁘잖아.
You've already _____ a lot on your _____ . ☐ ☐ `058`

03 아마 다음에요.
Maybe another _____ . ☐ ☐ `052`

04 어디로 연락하면 그분이랑 통화할 수 있을까요?
_____ can I reach him? ☐ ☐ `060`

05 서로 조금씩 양보하는 게 어때요?
What do you say we _____ ? ☐ ☐ `053`

06 오늘 오후에 시간 좀 내줄 수 있어?
Can you _____ some time this afternoon? ☐ ☐ `059`

07 내일 오전에 다시 얘기해도 될까?
Is it okay if we can _____ this in the morning? ☐ ☐ `057`

08 (내가 상대에게 얼마를 빚졌냐는 뉘앙스로) 얼마 드리면 되나요?
What do I _____ you? ☐ ☐ `053`

09 그냥 일이 잘 안 풀리는 그런 날이야.
It's just been _____ of those days. ☐ ☐ `054`

10 (마치 두 손이 꽁꽁 묶여 딱히 할 수 있는 게 없는 것처럼) 저도 어쩔 수 없어요.
My _____ are tied. ☐ ☐ `055`

정답 01 find, looking for 02 got, plate 03 time 04 How 05 meet halfway 06 free up 07 revisit 08 owe
09 one 10 hands

11 이번 주중에 한번 볼게요.
I'll ____ it ____ this week. ☐ ☐ `056`

12 총 금액은 37달러 50센트입니다.
Your ____ comes to $37.50. ☐ ☐ `052`

13 시간 될 때 한번 봐볼게.
I'll take a look at it ____ I get a ____ . ☐ ☐ `057`

14 내가 끝내주는 아이디어를 생각해냈어.
I ____ up ____ a brilliant idea. ☐ ☐ `058`

15 (강조) 이미 충분히 도움 줬는 걸.
You've done more than ____ . ☐ ☐ `059`

16 (고마운 마음을 과장해 표현할 때) 너 없으면 난 어떻게 해?
What would I do ____ you? ☐ ☐ `054`

17 다음주에 시간 좀 낼 수 있는지 한번 봐볼게.
I'll see if I can free up ____ next week. ☐ ☐ `059`

18 그분과 통화할[연락이 닿을] 수 있는 다른 번호가 있을까요?
Is there ____ number where I can ____ him? ☐ ☐ `060`

19 거의 반 정도 끝냈어. 언제까지 필요한 거야?
I'm about ____ done. ____ do you need it by? ☐ ☐ `053`

20 연결해주실 수 있는 다른 분이라도 있을까요?
Is there someone you could ____ me in ____ with? ☐ ☐ `055`

정답 11 get to, sometime 12 total 13 when, chance 14 came, with 15 enough 16 without
17 some time 18 another, reach 19 halfway, When 20 put, touch

망각방지 장치 06-2 실전 대화연습 (대화문 051~060)

---

051 손님에게 원하는 물건은 다 찾았는지 친절하게 물어볼 때 #쇼핑 #계산

A 찾으시던 물건은 다 찾으셨나요?

🎤

* look for ~을 찾다 (점원에게 〈I'm looking for + 찾는 물건〉으로 도움을 청할 수도 있음)

B 네.
I did.

A 그러셨다니 다행이에요. 총 금액은 50달러 25센트입니다.
Glad to hear that. Your total is $50.25.

* Your total is + 액수 총 금액은 ~입니다

B 아, 여기, 쿠폰이 있어요. 구매금액에서 10% 할인되네요.
Oh, here, I have a coupon. It should take 10% off my purchase.

* take ~% off ~% 할인되다

---

052 계산대에서 1달러 기부하겠냐는 질문을 받았을 때 #쇼핑 #계산

A 총 금액은 37달러 50센트입니다.
Your total comes to $37.50.

* Your total comes to + 액수 총 금액은 ~에 달합니다

B 네, 현금으로 낼게요.
Okay. I'll pay cash.

* pay cash 현금으로 계산하다 (= pay in cash)

A 미국 장학재단에 1달러 기부하시겠습니까?
Would you like to donate a dollar to Scholarship America?

* Would you like to + 동사원형 ~? ~하시겠습니까? | donate 기부하다

B 아마 다음에요.

정답 051 Did you find everything you were looking for? 052 Maybe another time.

053

가격 흥정을 할 때 #쇼핑 #계산 #흥정

A 얼마 드리면 되나요?

What do I owe you?

* 가격이 얼마인지를 물어보는 표현으로 How much is it? / What do I owe you? / What's the damage? 정도는 기억해 둘 것

B 300달러요.

$300.

A 250달러로 해주면 어때요? 아니, 다섯 개나 사는데 조금 깎아주시면 좋을 것 같아요.

How about $250? I mean, I'm buying five. It would be nice to get a little discount.

* It would be nice to + 동사원형 ~하면 좋겠어요 | get a discount 할인을 받다

B 그래요. 서로 조금씩 양보해서 275달러로 하는 게 어때요?

Okay. 🎤

* What do you say S + V ~? ~하는 게 어때요?

054

회사에서 뭘 해도 되는 일이 없는 그런 날일 때 #직장 #일진

A 무슨 일 있어?

Is everything okay?

* 특히 상대의 안색이나 분위기가 안 좋을 때 '아무일 없는 건지, 괜찮은 건지' 확인 차 묻는 표현

B 뭐, 별로. 그냥 일이 잘 안 풀리는 그런 날이야. 별 이유 없이 상사에게 혼나고 핸드폰 떨어뜨려서 액정이 깨지고. 그냥 오늘이 빨리 끝나버렸으면 좋겠다.

Not really. 🎤 **My manager yelled at me for nothing. I dropped my phone and broke the screen. I just want this day to be over.**

* yell at ~에게 호통치다, ~를 혼내다 | screen 휴대폰 '액정'도 screen으로 표현하면 됨 | be over 끝나다

A 이게 네 기분을 나아지게 할지는 모르겠지만 네가 가장 좋아하는 저녁 메뉴 만들었어.

I don't know if this will make you feel any better, but I made your favorite dinner.

* I don't know if S + V ~인지 (어떤지) 모르겠다

B 아, 정말 네가 최고다. 너 없으면 난 어떻게 해?

Aw, You're the best, really. What would I do without you?

정답 053 What do you say we meet halfway, and do $275? 054 It's just been one of those days.

264

A 혹 이 건 좀 도와주실 수 있는 방법 있으세요?

I was wondering if there's any way you can help me with this.

B 다른 일이라면 힘들어도 다 해드릴 텐데 **이건 저도 어쩔 수 없네요.**

I would move mountains for you, but 🎤 .

* move mountains (마치 산을 옮기듯 힘들더라도 목적 달성을 위해) 모든 노력을 기울이다

A 그럼 연결해주실 수 있는 다른 분이라도 있을까요?

Well, is there someone you could put me in touch with?

* put me in touch with (특히 비즈니스 관계에서 도움 줄 수 있는 다른 사람과) 나를 연결해주다

B 애이미에게 얘기해서 혹 도움 줄 수 있는지 한번 알아볼게요.

Maybe I can talk to Amie and see if she can help you.

A 그게 뭐든 간에 지금 바빠서 내일 해야 해.

Whatever it is, it's going to have to wait until tomorrow.

* Whatever it is, it's going to have to wait. 그게 뭐든 간에 지금 바빠서 나중에 해야 해.

B 저기, 저번에 탐이 요청한 마케팅 보고서예요.

Well, it's the marketing report Tom asked about the other day.

* the other day 저번에, 요전날

A 책상 위에 두면 **이번 주중에 시간 될 때 볼게.**

Leave it on my desk, and 🎤 .

* sometime this week 이번 주중에, 이번 주에 시간 될 때

B 바쁘신 거 알지만 오늘 꼭 검토했으면 해서요. 오늘까지 결제해 주셔야 되거든요.

I know you're busy, but I was really hoping that we could go over it today. I need you to sign off on this by the end of the day.

* go over ~을 검토하다 | sign off on ~에 대해 승인/허가하다

정답 055 my hands are tied on this one 056 I'll get to it sometime this week

검토사항을 논의하자는 동료에게 조심스럽게 시간을 미루며 #직장 #서류검토

A 미팅 전에 우리가 검토해야 할 부분이 몇 개 있어.

There're a few things we need to go over before the meeting.

* go over ~을 검토하다, 짚고 넘어가다

B 그래, 근데 나 시차로 좀 피곤해서 말야. 내일 오전에 다시 얘기해도 될까?

Okay, but I'm a little jet-lagged. 🎤

* jet-lagged 시차로 피곤한

A 그럼. 이 정보 보고서 하나만 주고 갈게. 거기에 기본적인 건 다 나와 있을 거야.

Sure. I'll leave you this info sheet. It should cover the basics.

* info sheet 정보가 담긴 문서 (info = information) | cover (내용을) 다루다

B 시간 될 때 한번 봐볼게. 고마워.

I'll take a look at it when I get a chance. Thanks.

* take a look at ~를 한번 살펴보다 | when I get a chance (if I get a chance와 달리 꼭 하겠다는 뉘앙스) 시간 될 때, 기회 될 때

바쁜 동료가 되레 날 도와주려 할 때 #직장 #전략구상

A 새로운 마케팅 전략을 생각해내려 하고 있어.

I'm trying to come up with a new marketing strategy.

* come up with (아이디어나 해결책, 전략 등을) 생각해내다, 마련하다 | strategy [strǽtədʒi] 전략

B 음, 내 도움이 필요하면 말해줘.

Well, let me know if you need my help.

A 안 그래도 너 바쁘잖아.

🎤

B 전혀 문제될 거 없어. 정말 도와주고 싶어서 그래.

It's no trouble at all. I'd love to help.

* It's no trouble at all. 전혀 성가시거나 곤란하지 않다는 걸 강조해서 하는 말 | I'd love to + 동사원형 정말 ~하고 싶어

정답 057 Is it okay if we can revisit this in the morning? 058 You've already got a lot on your plate.

도움 받을 만큼 받았다며 부드럽게 동료/친구의 도움을 거절할 때   #직장 #협업

A 같이 가줄 사람이 필요하면 말해. 내일 시간 좀 비울 수 있으니까.

If you need company, just let me know. I can free up some time tomorrow.

* company 동행 | free up some time 시간을 비우다/내다

B 음, 넌 이미 날 충분히 도와줬는 걸. 나머지는 내가 처리할 수 있을 것 같아.

Well, 🎤 _____ . I think I can take care of the rest.

* take care of ~을 처리하다 | the rest 나머지

A 그냥 네가 혼자 다 해야 한다는 생각을 갖지 않았으면 해서 말야.

I just don't want you to think you're on your own.

* I don't want you to + 동사원형 네가 ~하지 않았으면 해 | on one's own 혼자 힘으로

B 네 덕분에 그런 생각 안 해.

Thanks to you, I don't think that.

* Thanks to ~ ~ 덕분에

060

급한 일로 오늘 꼭 연락이 닿아야만 하는 경우에   #직장 #연락

A 여보세요, 하비와 통화할 수 있을까요?

Hi, can I speak to Harvey?

* Can I speak to + 사람? (전화) ~와 통화할 수 있을까요?

B 지금 퇴근하고 안 계시는데 메시지 남기실래요?

He's gone for the day. Would you like to leave a message?

* He's gone for the day. 오늘 할 일을 다 끝내서 여기 없다는 뉘앙스 | leave a message 메시지를 남기다

A 저, 하비와 통화할 수 있는 다른 번호가 있을까요? 오늘 저녁에 꼭 통화해야 해서요.

Well, 🎤 _____ ? It's important that we speak this evening.

* this evening 오늘 저녁에 (cf. this morning 오늘 아침에 | this afternoon 오늘 오후에)

B 핸드폰 번호 알려 드릴게요. 706-123-4567입니다.

Let me give you his cell. It's 706-123-4567.

* give you someone's cell 네게 ~의 휴대폰 번호를 알려주다 (cell = celluar phone 휴대폰)

정답   **059** you've done more than enough for me.   **060** is there another number where I can reach him

네이티브들이 매일 주고받는 대화, 이제 영어로 얼마나 말할 수 있는지 한번 확인해볼까요?

◯ ✕   복습

01 (필요한 게 있으면) 언제든 말해.
My door's always _____. ☐ ☐ 066

02 뭘 그리 열심히 하고 있어?
What are you _____? ☐ ☐ 061

03 그냥 난 게으름 피우는 사람들은 정말 질색이야.
I just can't stand _____. ☐ ☐ 069

04 저 부르셨나요?
You _____ to see me? ☐ ☐ 062

05 어쩔 수 없어.
It is _____ it is. ☐ ☐ 063

06 죄송해요. 말이 딴 데로 샜네요.
Sorry, I got _____. ☐ ☐ 064

07 그런 걱정할 여유 없어.
I don't have the _____ of worrying about that. ☐ ☐ 070

08 내가 뭐 놓친 거 있어?
Did I _____ anything? ☐ ☐ 065

09 굳이 설명 안 해도 딱 보면 알 거야.
It's pretty _____. ☐ ☐ 070

10 여기부터는 내가 맡을게.
I'll _____ it from here. ☐ ☐ 067

정답 01 open 02 working on 03 slackers 04 wanted 05 what 06 sidetracked 07 luxury 08 miss
    09 self-explanatory 10 take

11 어디까지 했지?

_____ were we? `064`

12 같은 생각인 거지?

Are we _____ the _____ page? `068`

13 그거 꼭 해야 돼요? 아니면 안 해도 돼요?

Is it _____ or optional? `065`

14 전 뭐든지 다 할 의향이 있습니다.

I'm willing to do _____ it takes. `069`

15 어떻게 해야 할지 조언 좀 해주실 수 있나요?

Could you _____ me in the right direction? `062`

16 (상대를 도와주며) 그 일/짐/걱정을 내가 덜어줄게.

Let me take that _____ your plate. `070`

17 그건 앞으로 살면서 다 도움될 거야.

It's going to help you _____ the _____. `061`

18 이 또한 지나갈 거야.

This, too, shall _____. `064`

19 장기적으로는 그게 더 경제적이야.

It's more economical in the _____. `061`

20 (의향이 있다는 걸 강조) 그 절차를 기꺼이 제가 차근차근 설명 드릴게요.

I'm more than _____ to walk you through the process. `069`

정답 11 Where 12 on, same 13 mandatory 14 whatever 15 point 16 off 17 down, road 18 pass
19 long run 20 willing

망각방지
장 치 **07-2** 실전 대화연습 (대화문 **061~070**)

---

061 다 피가 되고 살이 되는 일이라고 말할 때
#학교 #대학원 진학

A 뭘 그리 열심히 하고 있어?
What are you working on?
* work on ~에 노력/공을 들이다

B 경영대학원 원서를 쓰고 있어. 다음주까지 제출해야 하거든.
I'm working on my application for business school. It's due next week.
* application 지원서 | business school 경영대학원 | due ~까지 마감인

A MBA를 받는 게 정말 그만한 가치가 있다고 생각해?
Do you think getting an MBA is worth it?
* be worth it 그럴 만한 가치가 있다

B 난 그렇다고 생각해. 뭐, 학위를 받는다고 내 인생이 갑자기 엄청나게 달라지진 않겠지만 그래도 앞으로 살면서 다 도움이 될 거라고 생각해.
I think so. I mean, it's probably not going to change my life dramatically, but
🎤   .
* dramatically 극적으로

---

062 동료나 상사가 제3자를 통해 날 불렀을 때
#직장 #조언요청

A 알렉스, 나 보자고 했다며?
Alex, 🎤   ?

B 응, 실은 어떻게 해야 될지 네가 조언 좀 해줬으면 해서.
Yeah, actually, I was hoping that you could point me in the right direction.
* I was hoping that you could ~ ~ 좀 해줬으면 좋겠는데 | point + 사람 + in the right direction ~에게 옳은 방향을 알려주다. (옳은 길로 갈 수 있도록) 조언해주다

A 무슨 조언이 필요한데?
The right direction of what?

B 방금 본사에서 이메일을 받았는데 정확히 뭘 요청하는 건지 확실히 잘 모르겠네. 한번 봐줄 수 있어?
I just got this email from Corporate, and I'm not exactly sure what they're asking. Will you take a look at it?
* exactly 정확히 | I'm not sure 확실치 않아, 확실히 잘 모르겠어 | take a look at ~을 살펴보다

정답   061 I think it's going to help me down the road   062 you wanted to see me

갑작스런 프로젝트 취소 등을 체념하고 받아들여야만 할 때 #직장 #업무취소

A 너한테 이런 말 하고 싶지 않은데, 마크가 프로젝트를 취소했어.

I hate to break it to you, but Mark called off the project.

* I hate to break it to you, but ~ (특히 안 좋은 소식을 전하기 전) 이런 말 하고 싶지 않지만, ~ | call off ~을 취소하다

B 뭐라고? 오늘 오전에 이메일로 다 괜찮다고 했는데.

What? He emailed me this morning saying everything is good to go.

* email 이메일을 보내다 (명사, 동사로 모두 쓰임) | everything is good to go (이대로 진행하면 된다는 뉘앙스) 다 좋은 걸

A 저기, 그가 막판에 마음을 바꾼 건 정말 답답하고 짜증나지만 뭐 어쩌겠어.

Look, I know it's frustrating that he changed his mind at the last minute, but
🎤 _____.

* frustrating (원하는대로 일이 진행되지 않아) 짜증나고 답답한, 불만스러운 | at the last minute 막판에, 임박해서

B 그래. 그 사람이 상사인데 뭐.

You're right. He's the boss.

064

어디까지 얘기하다 말았는지 물어볼 때 #직장 #구조조정

A 죄송해요. 말이 딴 데로 샜네요. 어디까지 얘기했죠?

Sorry, I got sidetracked. 🎤

* get sidetracked (하던 말이나 일에서) 곁길로 새다

B 인원삭감에 대해 말씀해 주시고 있었어요.

You were telling us about the downsizing.

* downsizing (비즈니스 축소) 소형화, 인원삭감

A 네, 안타깝지만 어쩔 수 없어요. 본사에서 경비도 줄이길 원하더라고요.

Yes, it is unfortunate, but it is what it is. Corporate wants to cut back on all expenses as well.

* cut back 축소하다, 삭감하다 | expense 비용, 지출 | as well 또한, ~도

B 상황이 이렇게 될 거라고는 알았지만 그래도 진짜 이렇게 되니 슬프네요.

We kind of saw this coming, but it's sad to see it actually happening.

* kind of 일종의, 종류의, 약간, 조금 | I/We saw this coming. 이렇게 될 줄 알았어.

정답 **063** it is what it is **064** Where were we?

A 왔구나!

You made it!

* 못 올 줄 알았거나 오는 데 어려움이 있을 줄 알았는데 나타나준 상대에게 하는 말

B 늦어서 살짝 들어오긴 했는데 그래도 왔어. 내가 뭐 놓친 거 있어?

I had to sneak in, but I'm here. 🎤

* sneak in (특히 늦어서) 살짝 들어오다

A 아니, 시작하기 전에 맞춰서 왔어.

No, you're just in time.

* in time 늦지 않게 시간 맞춰

B 우리끼리 하는 말인데, 왜 이런 세미나를 의무적으로 참석하게 만드는지 이해가 안 돼. 다들 더 중요한 할 일이 있지 않아?

Off the record, I don't understand why these seminars are mandatory. Don't we all have better things to do?

* off the record 비공식적으로 하는 말인데, 우리끼리 하는 말인데 | mandatory 의무적인

A 오늘 정말 기대되는 (잘되면 계약까지 성사될 수 있는) 마무리 건이 하나 있어요.

I have a closing call today which I'm very excited about.

* closing call 마지막 협상 단계 (closing 마무리 짓는 | call 결정, 판단)

B 그리고 한창 진행 중인 탄탄한 기회들이 있는 거 봤는데 계속 그렇게 열심히 해!

And I saw that you have some solid opportunities in the pipeline. Keep pushing!

* solid 탄탄한, 견실한 | in the pipeline (논의, 계획, 준비 등이) 한창 진행 중인, 한창 발전 단계에 있는 | Keep pushing! (지금처럼) 계속 밀어붙여! 그렇게 열심히 해!

A 그럴게요. 감사합니다.

I will. Thank you.

B 또 오늘의 하이라이트를 공유하고 싶은 사람 있나? 없으면 여기서 마무리하자. 필요한 거 있으면 언제든 내게 편히 말하고.

Does anyone else want to share their highlight of the day? If not, let's go ahead and wrap up. If you need anything, you know 🎤 .

* highlight of the day (가장 특별하고 설레는 일) 그날의 하이라이트 | wrap up 마무리 짓다

정답 065 Did I miss anything? 066 my door's always open

A 걱정 마. 네가 최선을 다했다는 걸 알아. 여기부터는 내가 맡을게.

Don't worry. I know you've done your best.

* do one's best 최선을 다하다

B 정말로요?

Are you sure?

A 그럼. 갖고 있는 정보만 전달해줘. 그럼 내가 처리할게.

Positive. Just forward me the info, and I'll take care of it.

* forward 전달하다 | info 정보 (= information) | take care of ~을 처리하다

B 고맙습니다.

Thank you.

A (단 한 명도 다른 의견을 가지면 안 되는 상황) 다들 같은 생각이어야 돼.

B 그럼 가서 루시와 얘기하는 게 좋겠다. 저번에 얘기했을 땐 전적으로 확신에 차 있는 것 같진 않더라고.

Then, we should go talk to Lucy. She didn't seem convinced the last time we talked.

* go talk to + 사람 가서 ~와 이야기하다 | convinced (아무 불안감 없이 전적으로) 확신에 찬 |
  the last time S + 과거동사 '마지막으로 ~가 …했을 때', 즉 '지금을 기준으로 제일 최근에 ~가 …했을 때'란 의미

A 그럼 가서 얘기해보자. 오늘 오후 일정 어때?

Okay. Let's go talk to her. What does your afternoon look like?

B 2시 이후로 한가해.

It's wide open after 2.

* wide open (마치 일정표에 아무것도 없이 널널하듯) 한가한

정답 067 I'll take it from here. 068 We need everyone on the same page.

273

A 무슨 문제라도 있어? 조금 답답해하는 것처럼 보여서.

What's wrong? You seem a bit frustrated.

＊ a bit 좀, 다소 | frustrated (뭔가 뜻대로 안 되거나 만족스럽지 않아서) 갑갑한, 답답한, 짜증스러운

B 그냥 사람들이 왜 최선을 다 안 하는지 이해가 안 돼서 그래. 아니, 이 프로젝트는 회사 차원에서 중요한 것뿐만 아니라 각자 커리어에도 정말 중요하잖아.

I just don't understand why people are not giving their 100%. I mean, this project isn't just important for the company. It could be huge for their careers.

＊ give one's 100% 최선을 다하다 | huge 막대한, 엄청 중요한

A 모든 사람이 성공하기 위해 뭐든 할 마음이 있는 건 아니잖아.

B 네 말이 맞아. 그냥 난 게으름 피우는 사람들은 정말 질색이야.

You're right. I just can't stand slackers.

＊ I can't stand ~ (참거나 견딜 수 없을 만큼) ~는 질색이다 | slackers (못마땅할 때) 게으름뱅이

A 이거 굳이 설명 안 해도 딱 보면 알 것 같지 않아?

Don't you think 🎤   ?

＊ Don't you think (that) S + V ~? ~인 것 같지 않아? ~하다고 생각하지 않아?

B 그럴 것 같은데 이 프로그램을 처음 써보는 신입사원들도 있잖아.

I think so, but we have some new hires that might be using this program for the first time.

A 나 지금 해야 할 게 너무 많아서 모두를 신경 쓸 여유가 없어.

I just have so much going on that I don't have the luxury of taking everyone into consideration.

＊ I don't have the luxury of + (동)명사 (특정 행동이 사치처럼 느껴질 정도로) 난 ~할 여유 없어, ~하는 건 내겐 사치야 | take ~ into consideration ~을 고려하다

B 자, 그럼 오늘 오후에 시간이 좀 있으니까 네 일을 좀 덜어줄 수 있도록 내가 트레이닝 매뉴얼을 만들게. 그럼 모두 다 행복해지는 거잖아.

Okay. I have some time this afternoon, so let me take that off your plate and make a training manual. That way, everyone will be happy.

＊ take that off someone's plate ~가 안고 있는 일(someone's plate)에서 그 부분(일/짐/걱정)을 덜어주다

정답 **069** Not everyone is willing to do whatever it takes.   **070** it's pretty self-explanatory

망각방지 장치 08-1 문장 말하기 (대화문 071~080)

네이티브들이 매일 주고받는 대화. 이제 영어로 얼마나 말할 수 있는지 한번 확인해볼까요?

○ ✕ 복습

01 저녁 먹고 가. (꼭 대접하고 싶으니) 거절 말고.
You should _____ for dinner. I insist. ☐ ☐ `077`

02 지금 열심히 하고 있어.
I'm on _____ of it. ☐ ☐ `071`

03 직설적으로 말씀드려야 될 것 같아요.
I'm going to have to be _____. ☐ ☐ `074`

04 (특히 상대의 답변이 썩 마음에 들지 않을 때) 그걸로는 충분하지 않아.
I need _____ that. ☐ ☐ `071`

05 저 지금 한창 뭐 좀 하느라 바쁜데.
I'm in the _____ of something. ☐ ☐ `075`

06 그냥 본론만 말해줄래요?
Can you just cut to the _____? ☐ ☐ `075`

07 지금 바로 처리할 테니 걱정하지 마세요.
Consider it _____. ☐ ☐ `072`

08 이런 대화에 끼어들면 안 된다는 것쯤은 저도 알아요.
I know _____ to get in the middle of this conversation. ☐ ☐ `079`

09 오늘 너답지 않게 왜 그래.
You don't seem like _____ today. ☐ ☐ `076`

10 (따라잡아야 할) 일이 많이 밀렸어.
I've got a lot to _____ on. ☐ ☐ `077`

정답 01 stay 02 top 03 direct 04 more than 05 middle 06 chase 07 done 08 better than 09 yourself
10 catch up

11
그건 해석하기에 따라 다른 것 같아요.
It's open to _____.

`073`

12
공을 많이 들인 것 같네.
Looks like you _____ a lot of work _____ this.

`078`

13
요점만 말씀드릴게요.
Let me _____ to the point.

`075`

14
(여기) 앉으세요.
Please have a _____.

`074`

15
당연히 그 정도는 알아야지.
You should _____ better.

`079`

16
걱정하지 마세요. 다 처리됐어요.
Don't worry. Everything's been _____ care of.

`072`

17
확실히 이해하긴 어려운 컨셉이네요.
It's not an easy concept to _____.

`076`

18
내일 중요한 날이잖아.
You have a _____ tomorrow.

`080`

19
그냥 아직 커피를 안 마셔서 잠이 덜 깼나 봐.
I just haven't had my _____ yet.

`076`

20
힘든 하루였어.
It's been a _____ day.

`080`

정답 11 interpretation 12 put, into 13 get 14 seat 15 know 16 taken 17 grasp 18 big day 19 coffee
20 long

08-2 실전 대화연습 (대화문 071~080)

---

071 맡은 일에 집중해 정말 열심히 진행 중이라고 할 때 #직장 #진행상황

A 그래서, 뭐 어떻게 잘 진행되고 있어?

So, how's it coming along?

* **come along** (원하는 대로) 되어가다, 나아지다

B 그럭저럭.

Pretty well.

A 그걸로는 충분하지 않아. 벌써 7월 중순인데 우리 월말에 출시하는 걸 목표로 하는 거 알고 있잖아.

I need more than that. It's already mid-July. You know we're aiming to launch at the end of this month.

* **aim to + 동사원형** ~하는 것을 목표로 하다 | **launch** 출시하다 | **at the end of this month** 이달 말에

B 걱정 마. 정말 신경 써서 잘 진행하고 있어. 내가 이런 일에 실수하지 않는다는 거 잘 알잖아.

Don't worry. You're well aware that I don't drop the ball on things like this.

* **be aware that S + V** ~라는 것을 알다, 인지하다 | **drop the ball** (책임지고 있는 일을) 실수로 망치다

---

072 상사의 업무지시에 자신 있게 대답할 때 #직장 #미팅

A 내일 미팅에 정말 준비 잘해서 가야 해.

We need to be fully prepared for the meeting tomorrow.

* **be fully prepared** 충분히 대비하다, 단단히 준비 태세를 갖추다

B 제가 뭘 하면 될까요?

What do you need me to do?

A 그 회사 제품에 대해 알 수 있는 건 다 알아와.

I need you to find out everything there is to know about their product.

* **I need you to + 동사원형** (특히 부하직원에게 특정 행동을 해줄 필요가 있다고 요청하며) 네가 ~해줘야 해, ~해오게

B 지금 바로 할 테니 걱정 마세요.

A 데이트 어땠어?

How was your date?

B 좋았어. 전시회 갔다가 저녁 먹었어.

It was good. We went to an exhibition and had dinner.

＊ exhibition 전시회

A 개념미술에 대한 거 갔구나. 나도 저번에 갔는데 뭐가 특별한지 잘 모르겠더라고. 다 정말 이상해 보이기도 하고.

You must have been to the one on conceptual art. I went there the other day, and I just couldn't appreciate it. Everything looked so weird.

＊ conceptual 개념의 | the other day 요전날 | appreciate 진가를 알아보다 | weird 이상한

B 내 취향도 아니긴 했는데 예술이잖아. 사람에 따라 해석하는 게 다를 수 있지.

It wasn't my thing either, but it's art. 🎤

＊ It's not my thing. 그건 내 취향이 아니야. | interpretation 해석

A 니콜, 저 부르셨나요?

Nicole, you wanted to see me?

B 네, 여기 앉으세요. 스캇에게 업무를 보고하고 저와는 한두 번밖에 얘기한 적 없는 거 알지만 시간이 얼마 없어서 직설적으로 말해야 될 것 같아요.

Yes, please have a seat. I know you report to Scott, and we've only talked once or twice, but 🎤   , because we don't have much time.

＊ report to + 사람 ~에게 업무를 보고하다

A 무슨 일인가요?

What's going on?

B 누군가 승인도 안 받은 가격을 고객들에게 제시하고 있다는 걸 알게 되었는데 혹 이 상황을 알고 있었나요?

It's been brought to my attention that someone has been giving unapproved rates to clients, and I need you to tell me if you were aware of this.

＊ It's been brought to my attention that S + V ~하다는 걸 알게 되었습니다 | unapproved 승인되지 않은 | rates 가격 |
I need you to + 동사원형 당신이 ~해주셔야겠어요 | be aware of ~을 알다, 인지하다

A 여보세요?

Hello?

B 켄드라, 저 올리비아예요. 처리해야 될 게 많을 것 같아서 오늘 아침 일찍 출근했는데요.

Kendra, this is Olivia. I got in early this morning, because I figured we'd have a lot to take care of.

* **get** 도착하다 (여기서는 사무실에 출근했다는 의미로 쓴 것) | **in early this morning** 오늘 아침 일찍 | **figure** 곰곰이 생각하다

A 올리비아, 저 지금 한창 뭐 좀 하느라 바쁜데. 그냥 본론만 말해줄래요?

Olivia, I'm in the middle of something.

* **be in the middle of** 한창 ~하느라 바쁘다

B 최대한 빨리 (사무실에) 오셔야 해요.

You need to get here as soon as possible.

* **as soon as possible** 최대한 빨리, 가능한 빨리

A 내가 횡설수설한 거 아는데, 그래도 내가 하는 말 이해돼?

I know I've been all over the place, but can you grasp what I'm saying?

* **grasp** 이해하다, 파악하다

B 오늘 너답지 않게 왜 그래. 무슨 일 있어?

 What's going on?

A 그냥 아직 커피를 안 마셔서 잠이 덜 깼나 봐.

I just haven't had my coffee yet.

* 주로 아침에 농담처럼 쓰는 말로, 아직 커피를 안 마셔서 컨디션이 별로라거나 잠이 덜 깼다고 할 때 씀. just(그냥)는 빼고 써도 됨

B 내가 가서 커피 좀 사올게. 그럼 잠이 깰지도 몰라.

Let me go get you some coffee. Maybe that'll wake you up.

* **wake + 사람 + up** ~를 깨우다, 정신차리게 하다

정답 075 Can you just cut to the chase? 076 You don't seem like yourself today.

A 안 바쁘면 우리와 같이 술 한잔하러 가는 거 어때?

If you're not busy, why don't you join us for a drink?

B 그러면 좋겠지만 휴가 갔다 와서 일이 많이 밀렸어.

I wish I could, but 🎤 _____ coming back from vacation.

A 에이, 우리 사무실 밖에서 같이 논 지도 오래 됐잖아. 한 잔만 하고 가.

Come on, it's been a while since we hung out outside of work. Stay for one drink.

* **It's been a while since S + 과거동사** ~한 지 시간이 꽤 됐어 | **hang out** 놀다. 어울리다 (hang – hung – hung)

B 알겠어. 그럼 딱 한 잔만 하고 갈게.

Okay, then, just one drink.

A 그래서, 어떻게 생각하세요?

So, what do you think?

B 좋은데. 공을 많이 들인 것 같네.

It's good. 🎤 _____

A 그렇게 말씀해 주시니 다행이네요. 마음에 안 드실까 봐 걱정했거든요.

I'm really glad you said that. I was worried that you might not like it.

* **I was worried that S + V** ~일까 봐 걱정했다

B 뭐, 사진을 몇 개 넣어 더 근사하게 만들 수는 있겠지만 전반적으로 난 좋은 것 같아.

I mean, we can jazz it up with some pictures, but overall, I think it's good.

* **jazz up** (마치 재즈로 분위기를 띄우듯) ~을 더 매력적으로/보기 좋게 만들다 | **overall** 전반적으로

정답 077 I've got a lot of work to catch up on   078 Looks like you put a lot of work into this.

280

A 혹시 제이미가 어떻게 우리 고객 명단을 손에 넣게 되었는지 알아?

Do you happen to know how Jamie could get her hands on our client list?

＊ Do you happen to know ~? 혹시 ~알아? | get one's hands on ~을 손에 넣다, 입수하다

B 내가 저번에 점심 먹으면서 보여줬어.

I showed it to her at lunch the other day.

＊ the other day 저번에, 요전날

A 그건 내부 정보잖아. 그런 정보를 공유하면 안 된다는 것쯤은 다른 사람은 몰라도 넌 (당연히) 알아야지.

That's inside information. Of all people, 🎤 than to share that kind of information.

＊ inside information 내부 정보 | of all people, you 다른 사람은 몰라도 넌, 그 많은 사람들 중 넌

B 그게, 기밀이라고 말하긴 했는데.

Well, I told her that it's confidential.

＊ confidential 기밀의

A 뭘 그리 열심히 하고 있어?

What are you working on?

＊ 상대가 열중해서 생산적인 일을 하고 있을 때 관심을 보이며 묻는 표현

B 그냥 내일 미팅 준비하고 있어.

I'm just prepping for the meeting tomorrow.

＊ prep for ~를 준비하다, 대비하다 (= prepare for)

A (이제 그만하고) 집에 가서 오늘은 푹 자야지. 내일 중요한 날이잖아.

Go home and get a good night's sleep. 🎤

＊ get a good night's sleep 푹 자다, 충분히 숙면을 취하다

B 그렇게. 놓친 부분이 없는지 확실히 해두고 싶었어.

I'll do that. I just wanted to make sure I didn't miss anything.

＊ make sure (that) S + V ~을 확실하게 하다

정답 **079** you should know better **080** You have a big day tomorrow.

네이티브들이 매일 주고받는 대화, 이제 영어로 얼마나 말할 수 있는지 한번 확인해볼까요?

○ ✕ 복습

01 (도 넘은 행동에 그만하면 됐다고 할 때) 이제 그만해!
_____ is enough!　　　□ □ 089

02 아직 제 제안은 유효해요.
My _____ is still _____ the table.　　　□ □ 081

03 재미있겠다. 나도 갈게!
Sounds fun. Count me _____!　　　□ □ 088

04 이 주제를 꺼낸 건 너잖아. 내가 아니고(그 반대가 아니고).
You are the one that brought up this subject,
_____ vice versa.　　　□ □ 083

05 우린 한 배를 탄 거나 마찬가지인 걸.
We're _____ the same _____.　　　□ □ 084

06 지금 나보고 이걸 하라는 걸 돌려 말하는 거야?
Is this your _____ way of saying that I should do this?　　　□ □ 087

07 정확한 수치가 지금 당장은 생각나지 않아요.
I can't give you the exact number _____ the top of
my _____.　　　□ □ 085

08 아무리 준비해도 부족해.
You can _____ be too _____.　　　□ □ 090

09 작은 문제가 있는데요.
There's been a slight _____.　　　□ □ 086

10 고객과 있는 게 아니면 그녀와 있어, 반대도 마찬가지고(그녀와 있는 게 아니면 고객과 있는 거고).
Whenever I'm not with a client, I'm with her, and _____.　　　□ □ 083

정답　01 Enough　02 offer, on　03 in　04 not　05 in, boat　06 subtle　07 off, head　08 never, prepared
09 hiccup　10 vice versa

11 아직 샌드위치 드시고 계시는 거예요?
Are you _____ working on your sandwich? □ □ `086`

12 내가 너를 얼마나 소중히 생각하는지 알았으면 좋겠어.
I hope you know how much I _____ you. □ □ `082`

13 방금 하신 말씀을 다시 정리해 볼게요.
Let me get this _____. □ □ `087`

14 지금 그냥 생각나는 대로만 말씀드리는 건데요.
I'm _____ off the _____ of my head here. □ □ `085`

15 내게 의지해도 돼.
You can _____ me. □ □ `088`

16 내 평생 이보다 더 확신이 든 적은 없었어.
I've _____ been more _____ of anything in my life. □ □ `082`

17 친구끼리 서로 돕고 그러는 거지.
Friends _____ each other _____. □ □ `088`

18 널 짜증나게 하는 게 뭐야?
What's your _____? □ □ `089`

19 그건 이제 고려 대상이 아닙니다.
It's now _____ the _____. □ □ `081`

20 지금 그냥 생각나는 대로 말씀드리는 것보다 좀 더 확정된 사항들을 알아보고 연락 드릴게요.
_____ than just give you something off the top of my head, I'll _____ back to you with firmer details. □ □ `085`

정답 11 still 12 value 13 straight 14 speaking, top 15 count on 16 never, sure 17 help, out
18 pet peeve 19 off, table 20 Rather, get

망각방지 장치 09-2 실전 대화연습 (대화문 081~090)

---

081 물 건너간 사안일 때 #직장 #협상

A 저희는 옵션 A로 진행하기로 결정했다고 말씀드리려고 오늘 뵙자고 했어요.

The reason we wanted to meet with you today was to let you know that we've decided to move forward with option A.

＊ decide to + 동사원형 ~하기로 결정하다 | move forward (앞으로 전진하듯) 진행하다. 나아가다

B 무슨 말씀인지 잘 모르겠는데 어떤 옵션 A를 말씀하시는 건가요?

I'm confused. What do you mean by option A?

＊ I'm confused. 무슨 얘기인지 혹은 어떤 상황인지 분명히 이해되지 않아 혼란스러울 때 쓰는 표현

A 저희를 위해 준비하신 캠페인이요. 옵션 A를 택하면 40% 할인을 해주실 수 있다고 하셨잖아요.

I'm talking about the campaign you put together for us. You said you would give us a 40% discount if we were to go with option A.

＊ put together (이것저것 모아) 만들다. 준비하다 | go with ~로 선택하다. 고르다

B 3월에 제안 드렸던 걸 말씀하시는 거예요? 죄송하지만 그건 더 이상 유효하지 않아요. 한정된 기간에만 제공하는 거라고 분명히 말씀드렸잖아요.

Do you mean the deal I offered back in March? I'm sorry, but ＿＿＿＿＿＿＿＿＿＿＿＿＿. I made it clear that it was for a limited time only.

＊ back in March 지난 3월에 (back은 과거로 거슬러 올라간다는 느낌) | make clear (that) S + V ~임을 분명히 하다

---

082 동료를 소중하게 여기는 마음을 전할 때 #직장 #인정받음

A 자네를 재정 매니저로 승진시키고 싶어.

I'd like to promote you to finance manager.

B 정말요? 솔직히 저를 승진 대상으로 고려하고 계신지도 몰랐어요.

Are you sure? I honestly didn't think you were considering me for the position.

A 그럼, 정말이지. 내가 자네를 얼마나 소중히 생각하는지 알았으면 좋겠네.

I've never been more sure of anything.

＊ I've never been more sure of anything (in my life). (내 평생) 이보다 더 확실한 적이 없어.

B 알죠. 그리고 여러모로 정말 감사 드립니다.

I do, and I'm very appreciative of everything.

＊ appreciative [əprí:ʃətiv] 고마워하는

정답 081 it's now off the table 082 I hope you know how much I value you.

A 너 요즘 사무실에 거의 안 보이는 것 같더라.

I feel like I never see you in your office these days.

* I feel like S + V ~처럼 느껴져, ~인 것 같더라 | these days 요즘에, 근래에

B 아마 고객과 미팅 중이거나 줄리 사무실에 있어서 그럴 거야.

It's probably because I'm either out on a client call, or in Julie's office.

* on a client call 고객의 호출로 | either A or B A이거나 B 둘 중 하나

A 뭐 때문에?

What for?

* '왜?' '뭐 때문에?'라는 뜻의 목적 및 이유를 묻는 표현

B 인수인계 도와주고 있거든. 그래서 고객과 있는 게 아니면 줄리와 있어, **반대도 마찬가지고(줄리
와 있는 게 아니면 고객과 있는 거고)**.

I've been helping with the transition, so whenever I'm not with a client,
I'm with her, 🎤   .

* transition 인수인계

A (팀이나 회사에서) 혹시라도 또 소외됐다고 느끼면 나한테 와서 얘기해.

If you ever feel overlooked again, please come and talk to me.

* overlook 간과하다, 못 보고 지나치다

B 고마워. 그렇게 말해주니 정말 힘난다.

Thank you. That means a lot to me.

* That means a lot to me. 상대의 속 깊은 말이나 행동에 고마움을 나타내는 표현

A 뭐, 이제 우리는 한 식구나 마찬가지니깐.

Well, 🎤   .

B 그건 그래.

That we are.

A 전 성공적이었다고 할 수 있을 것 같아요. 변경된 부분에 있어 긍정적인 피드백만 있었고요.

I'd say it was a success. We only got positive feedback about the change.

* **I'd say S + 과거동사** ~라고 (말)할 수 있을 것 같아요 (I'd는 I would의 줄임말)

B 작년에 비해 매출은 어땠어?

How did we do in sales compared to last year?

* **compared to** ~과 비교하여

A 정확한 금액이 지금 당장은 생각나지 않는데 제가 기억하기로는 작년보다 많았어요.

I can't give you the exact number 🎤   ,
but as far as I can remember, it was more than last year.

* **as far as I can remember** 내가 기억하는 바로는

B (충분히 좋다는 뉘앙스) 그럼 됐지, 뭐.

Well, that's good enough for me.

A 뭐 때문에 이렇게 오래 걸리는 거야?

What's taking so long?

* 특히 상대가 꾸물거리는 거처럼 보일 때 자주 사용하는 표현

B 작은 문제가 있어서요.

🎤

A 문제 얘기는 듣고 싶지 않고. 계약했어, 안 했어?

I don't want to hear about any hiccups. Did they sign the deal or not?

* **I don't want to + 동사원형** ~하고 싶지 않다 | **sign the deal** 그 계약에 서명하다 (deal은 '거래, 계약')

B 아직 작업 중이에요.

I'm still working on it.

* 아직 열심히 공들이고 있다는 뉘앙스

정답 085 off the top of my head   086 There's been a slight hiccup.

A 그러니깐 네 말을 정리하자면 내가 널 위해 물러나야 한다는 거지?

🎤 ⬜⬜⬜⬜⬜⬜⬜⬜⬜⬜⬜⬜⬜⬜⬜⬜ You're saying I need to back off because of you?

＊ **back off** 뒤로 물러나다. 그만두다

B 그래, 정확히 이해했네.

Yes, you got that right.

A 우선 말야, 난 네 말투가 마음에 들지 않아. 그리고 넌 나한테 뭘 하라고 말할 입장이 아니야.

First of all, I don't appreciate your tone. Second of all, you're not in a position to tell me what to do.

＊ **be not in a position to + 동사원형** ~할 입장/처지/상황이 아니다 | **tell me what to do** 나한테 이래라저래라 하다

B 너와 말다툼하려고 온 게 아니라 그냥 예의상 말해주러 온 거야.

I'm not here to argue. I just came here to tell you as a courtesy.

＊ **as a courtesy** 예의상

A 도와줘서 정말 고마워. 덕분에 살았다!

I'm very appreciative of your help. You're a life saver!

＊ **I'm (very) appreciative of ~** ~에 대해 (정말) 고마워 | **You're a life saver!** (도움 준 상대에게) 네가 구세주야! ➜ 덕분에 살았어!

B 에이, 우린 친구잖아. 친구끼리 서로 돕고 그러는 거지.

Oh, we're friends. Friends help each other out.

＊ **each other** 서로 서로 | **help out** 돕다

A 너도 필요한 게 있으면 뭐든 내게 의지해도 된다고 말해주고 싶어.

I just want to let you know that 🎤 ⬜⬜⬜⬜⬜⬜⬜⬜⬜ for anything.

＊ **I just want to let you know that S + V** (상대가 꼭 알았으면 하는 걸 말해줄 때) ~라는 걸 꼭 말해주고/알려주고 싶어

B 동감이야.

Likewise.

A 특히 너를 짜증나게 하는 거나 싫어하는 점 있어?

Do you have any pet peeves?

＊ pet peeve 특히 싫어하거나 짜증나게 하는 것

B 음, 날 가장 짜증나게 만드는 것 중에 하나는 약속에 늦게 왔는데 전혀 사과를 안 하는 거야. 너를 가장 짜증나게 하는 건 뭐야?

Well, one of my biggest pet peeves is when people show up late and don't apologize whatsoever. 🎙

＊ show up (약속장소에) 나타나다 | apologize 사과하다 | whatsoever (부정문을 강조할 때) 전혀, 그 어떤 것도

A 난 사람들이 (파티나 행사의) 참석여부를 회신하지 않는 게 정말 싫어.

I hate when people don't RSVP.

＊ RSVP (파티나 행사에 초대 받았을 때) 참석 여부를 회신하다

B 그러니까. 정말 배려 없지 않아?

I know. It's so inconsiderate, right?

＊ inconsiderate 사려 깊지 못한, 배려 없는 (↔ considerate)

A 모의 인터뷰를 하는 건 어때?

Why don't we do a mock interview?

＊ mock interview (공식 면접 전에 연습 삼아 하는) 모의 인터뷰

B 그건 좀 지나친 거 아냐?

Isn't that a bit over-the-top?

＊ over-the-top 지나친, 과장된

A 철저히 준비해서 나쁠 거 없잖아.

🎙

B 뭐, 네가 그렇게 말하면 하지 뭐.

If you say so.

＊ 상대의 말에 100% 동의하거나 믿지 못하지만 '네가 그렇게 말하면야.' '그렇다고 치자.'는 의미

정답 089 What's your biggest pet peeve? 090 You can never be too prepared.

망각방지 장치 10-1 문장 말하기 (대화문 091~100)

네이티브들이 매일 주고받는 대화, 이제 영어로 얼마나 말할 수 있는지 한번 확인해볼까요?

○ ✕ 복습

01 (퇴근 여부를 물어볼 때) 아직 회사야?
Are you _____ at work?
⬜⬜ 100

02 지금 기세를 유지해줘.
Keep this _____ going.
⬜⬜ 092

03 그냥 형식적인 겁니다.
It's just a _____.
⬜⬜ 093

04 다 정석대로 했잖아.
You did everything _____.
⬜⬜ 091

05 고민할 거 없이 그녀가 이 직업엔 딱 맞는 사람이야.
Hands down, she's _____ for the job.
⬜⬜ 098

06 미팅 후에 조셉과 연락했어?
Did you _____ with Joseph after the meeting?
⬜⬜ 094

07 퇴근하자마자 전화할게.
I'll call you the _____ I get _____.
⬜⬜ 100

08 최소한 2시간은 들 거야.
It'll _____ at least 2 hours.
⬜⬜ 098

09 마무리할 시간인 것 같네요.
It looks like it's time to _____ up.
⬜⬜ 095

10 이렇게 될 줄 알았어야 했는데.
I should have _____ this _____.
⬜⬜ 096

정답 01 still 02 momentum 03 formality 04 by the book 05 the one 06 follow up 07 second, off
08 take 09 wrap 10 seen, coming

				○	✕	복습

11 최소한 넌 노력했잖아.
　　　　　　　 you tried.　　　　　☐ ☐ `098`

12 눈치보지 말고. / 부끄러워하지 말고.
Don't be 　　　　　　.　　　　　　☐ ☐ `095`

13 정말 많이 나아졌는 걸.
You've come a 　　　　　　.　　　　☐ ☐ `097`

14 간단한 추가 질문이 하나 있는데요.
Just a 　　　　　 follow-up question.　☐ ☐ `094`

15 그냥 이것 좀 작성해 주셔야 돼서요.
I just need you to 　　　　 this 　　　　 for me.　☐ ☐ `093`

16 그 남자는 원칙주의자야/모든 걸 FM대로 해.
He's a very 　　　　　　 kind of guy.　☐ ☐ `091`

17 양식을 이메일로 보내주시는 거 맞죠?
You'll be sending us the form 　　　　 email, right?　☐ ☐ `099`

18 (천사로 느껴질 만큼) 넌 정말 최고야.
You're an 　　　　　　.　　　　　☐ ☐ `100`

19 그때 다시 연락하는 거 잊지 마.
Don't forget to touch 　　　　　 with him then.　☐ ☐ `094`

20 오늘은 여기까지.
　　　　　　　 for today.　　　　　☐ ☐ `099`

정답　**11** At least　**12** shy　**13** long way　**14** quick　**15** fill, out　**16** by-the-book　**17** via　**18** angel　**19** base
20 That's it

290

망각방지 장치 10-2 실전 대화연습 (대화문 091~100)

---

091 정석대로 다 하고서도 전전긍긍하며 결과를 기다리는 친구/동료에게 #직장 #지원결과

A 서류 통과가 왜 이리 오래 걸리는 걸까?

What do you think is taking so long for the document to go through?

* **take so long** 시간이 오래 걸리다 | **go through** 통과되다. 성사되다

B 아마 휴일 때문에 그런 것 같은데. 얼마나 됐는데 그래?

It's probably because of the holiday. How long has it been?

A 일주일도 넘었어. 보통 2-3일이면 처리되는데 말야.

It's been over a week, and the average turnaround time is 2 to 3 business days.

* **turnaround time** 총 처리 시간/기간 | **business day** 영업일, 근무일

B 다 정석대로 했잖아. 며칠만 더 기다려보면 누군가 연락할 거야.

🎤 _____ Just give it a few more days, and I'm sure someone will reach out to you.

* **reach out to + 사람** ~에게 연락하다

---

092 좋은 결과에 계속 이 기세로 가자고 독려할 때 #직장 #성과

A 우리 신규고객유치 팀이 회사 전체 그 어떤 지점보다 더 많은 고객을 유치했어.

Our acquisition team has brought in more customers than any other branch in our entire company.

* **acquisition** 획득, 취득 | **branch** 지점

B 우와, 정말 굉장한 걸요! 열심히 일한 보람이 있네요.

Wow, that's amazing! Our hard work has really paid off.

A 계속 이 기세를 유지하는 게 정말 중요해. 혹시 모르잖아. 우리가 다음달에 두둑한 보너스를 받을지도.

It's really important to 🎤 _____ . Who knows? We might get a big bonus next month.

* **Who knows?** (어떻게 될지 아무도 모른다는 뉘앙스) 혹시 모르지, 어쩌면

B 그럼 좋겠네요. 다들 여윳돈을 정말 필요로 할 테니까요.

That would be nice. I'm sure everyone could use some extra money.

* **could use** ~을 필요로 하다

정답 **091** You did everything by the book. **092** keep this momentum going

A 클레어, 저 부르셨나요?

Claire, you wanted to see me?

B 네, 들어오세요.

Yes, please come in.

* 안에 있는 사람이 문 바깥에 있는 사람 보고 '들어오라'고 할 때는 Come in.을 쓰면 됨

A 제가 뭐 잘못한 거라도 있나요?

Am I in trouble?

* in trouble 곤란한 상황에 처한 (여기서는 내가 뭐 잘못해서 곤란한 상황이냐고 묻는 것)

B 당연히 아니죠. 그냥 이것 좀 작성해 주셔야 돼서요. 그냥 형식적인 거고요, 5분에서 10분정도밖에 안 걸릴 거예요.

Of course not! I just need you to fill this out for me. 🎤   , and it'll only take 5 to 10 minutes.

* fill out (양식/서식을) 작성하다 | take + 시간 (시간이) ~ 걸리다

A 미팅 후에 조셉과 연락했어?

🎤

B 네, 9월 첫째 주에 다시 연락 달라고 하더라고요.

I did. He told me to follow up in the first week of September.

* He told me to + 동사원형 그 남자가 내게 ~하라고 (말)했다 | follow up 후속 연락을 하다

A 9월 첫째 주면 다음주네. 그때 다시 연락하는 거 잊지 마.

That's next week. Don't forget to touch base with him then.

* Don't forget to + 동사원형 ~하는 거 잊지 마. 잊지 말고 ~해 | touch base 다시 접촉하다

B 네, 잊지 않고 연락할게요.

I won't.

정답 093 It's just a formality   094 Did you follow up with Joseph after the meeting?

A 마무리할 시간인 것 같네요.

It looks like it's time to wrap up.

* It's time to + 동사원형 ~할 시간이다 | wrap up 마무리 짓다

B 음, 질문 있으신 분 계시면 두어 개 정도는 답변 드릴게요.

Well, I'd be happy to take a couple of questions, if anybody has any.

* I'd be happy to + 동사원형 ~ 기꺼이 ~해드릴게요

A 질문 있으신 분 있나요? 부끄러워하지 마시고요.

Anyone? 🎤

B 어떤 주제에 관한 거든 다 괜찮아요. 바보 같은 질문은 없으니 편히 하세요.

It can be about anything. No question is silly.

* silly 어리석은, 바보 같은

A 그래, 계획했던 대로 다 잘 진행됐고?

So, did everything go as you planned?

* as you planned 네가 계획했던 대로

B 아니, 에린이 너무 긴장해서 (실수해서) 망쳤어.

No, Erin was so nervous that she ended up dropping the ball.

* so ~ that... 너무 ~해서 …하다 | end up -ing 결국 ~하게 되다, ~한 상황에 처하게 되다 | drop the ball 실수로 망치다

A 망치다니 전혀 에린답지 않은데.

That doesn't sound like Erin at all.

B 사실 일이 그렇게 될 줄 알았어야 했는데. 프레젠테이션 준비할 시간이 충분하지 않았다고 에린이 나한테 말했거든.

Actually, 🎤 _____. She told me that she didn't have enough time to prepare for the presentation.

* don't have enough time to + 동사원형 ~할 시간이 충분하지 않다

정답 095 Don't be shy. 096 I should have seen that coming

293

A 그래, 노아 어땠어?

So, how did Noah do?

B 정말 잘했어! (예전보다) 진짜 많이 나아졌더라.

He did great! 🎤

＊ Y가 일을 아주 잘해냈다고 얘기할 때는 간단히 〈Y did great!〉

A 뭐, 노아가 여기에 모든 걸 쏟아 붓고 있다는 건 우리 다 알잖아.

Well, we both know he's been putting everything into this.

＊ put everything into + 대상 (특히 최선을 다할 때) ~에 모든 걸 쏟아 붓다

B 그래. 정말 대견해.

Yes, I'm very proud of him.

A 무슨 일이야?

What's going on?

B 채용 안 됐어.

I didn't get the job.

＊ get the job 그 일을 얻다, 채용되다

A 음, 최소한 넌 노력했잖아. 그럼 된 거지. 게다가 지금 직원 모집 중인 회사가 거기만 있는 것도 아니고. 난 네 진가를 알아줄 곳을 찾을 거라 확신해.

Well, 🎤 _____. That's all that matters. Besides, it's not the only company that's hiring. I know you'll find one that appreciates you.

＊ That's all that matters. 그게 가장 중요한 거야. (그 외의 나머지는 중요하지 않다는 뉘앙스) 그럼 된 거야. | besides 게다가 | appreciate 진가를 알아보다

B 그랬으면 좋겠다.

I hope so.

099

회의/수업 등을 마무리하며

A 마무리하기 전에 내게 질문 있는 사람 있나?

Before we wrap up, does anyone have any questions for me?

* wrap up 마무리 짓다

B 양식을 이메일로 보내주시는 거 맞죠?

You'll be sending us the form via email, right?

* via ~을 거쳐서, ~을 통해서

A 그래, 사무실에 돌아가자마자 바로 보내줄게. 또 질문 있는 사람 있나? 없으면 오늘은 여기까지 하지. 다들 수고했어.

Yes, I'll do that the second I get back to the office. Does anyone else have any questions? If not, 🎤   . Great work, everyone.

* the second S + V ~가 …하자마자 | Great work. (특히 상사가 부하직원에게) 수고했어.

B 감사합니다.

Thank you.

100

퇴근 후를 기약하며

A 아직 회사야?

Are you still at work?

* 퇴근 여부를 물어보는 말

B 응, 나 없이 먼저 저녁 먹는 게 어때? 다들 배고플 텐데.

Yeah, why don't you just go ahead and have dinner without me? I'm sure everyone's hungry.

* go ahead and + 동사원형 (주저하거나 고민하지 말고 하라고 허락할 때) ~해 | have dinner 저녁을 먹다

A 알겠어. 그래도 네가 먹을 거 한 접시 남겨 놓을게. 그래야 너도 뭔가 기대되는 게 있잖아.

Okay. I'll save you a plate, though, so you can have something to look forward to.

* save you a plate 네 몫으로 한 접시 남겨놓다 | look forward to + (동)명사 ~을 몹시 기대하다, 즐거운 마음으로 기다리다

B 네가 최고고, 정말. 퇴근하자마자 전화할게.

You're an angel. 🎤

네이티브가 매일 주고받는 대화,
무슨 뜻일까요?

01 칭찬에 겸손하게 대답하며

A 축하해. 정말 잘됐다

B 고마워요. *I didn't do it alone, though.*

A 에이, 다 네가 잘해서 그런 거지.

▶ 정답은 1권 15쪽에

02 식사하러 갈 때

A *What are you in the mood for?*

B 난 뭐든 좋아.

A 그럼 이태리 음식은? 파스타가 당겨서.

▶ 정답은 1권 93쪽에

03 바쁜데 날 도와주려 할 때

A 내 도움이 필요하면 말해줘.

B *You've already got a lot on your plate.*

A 정말 도와주고 싶어서 그래.

▶ 정답은 1권 139쪽에

04 진행중인 일에 차질이 있을 때

A 뭐 때문에 이렇게 오래 걸리는 거야?

B *There's been a slight hiccup.*

A 그래서 계약했어, 안했어?

▶ 정답은 1권 195쪽에

The Native English Speaks Easily - 200 Dialogues
네이티브는 쉬운 영어로 말한다 – 200대화 편

ISBN 979-11-407-0701-0 03740 값 21,000원

2권
101~200
대화

★

네이티브는
쉬운 영어로
말한다

구슬 지음

200.

대화편

네이티브가 매일 쓰는 일상대화 200개,
쉬운 영어로 센스 있고 자신 있게 말한다!

🎧 네이티브의 실제 대화 속도로 녹음한 mp3 파일 무료 다운로드

길벗
이지:톡

네이티브는
쉬운 영어로
말한다
200

대화 편 | **2**권 | 101-200 대화

구슬 지음

네이티브는 쉬운 영어로 말한다 - 200대화 편
The Native English Speaks Easily - 200 Dialogues

초판 1쇄 발행 · 2021년 7월 20일
초판 5쇄 발행 · 2023년 11월 20일

지은이 · 구슬
발행인 · 이종원
발행처 · (주)도서출판 길벗
브랜드 · 길벗이지톡
출판사 등록일 · 1990년 12월 24일
주소 · 서울시 마포구 월드컵로 10길 56 (서교동)
대표 전화 · 02)332-0931 | **팩스** · 02)323-0586
홈페이지 · www.gilbut.co.kr | **이메일** · eztok@gilbut.co.kr

기획 및 책임 편집 · 임명진(jinny4u@gilbut.co.kr) | **표지디자인** · 강은경, 최주연 | **본문디자인** · 최주연
마케팅 · 이수미, 장봉석, 최소영 | **제작** · 이준호, 손일순, 이진혁 | **영업관리** · 심선숙, 김명자 | **독자지원** · 윤정아

편집진행 및 교정 · 강윤혜 | **전산편집** · 이현해 | **일러스트** · 최정을
오디오 녹음 및 편집 · 와이알미디어 | **CTP 출력 및 인쇄** · 금강인쇄 | **제본** · 금강제본

ISBN 979-11-407-0701-0 (03740) (길벗 도서번호 301180)

정가 21,000원

....

독자의 1초까지 아껴주는 정성 길벗출판사

(주)도서출판 길벗 | IT실용서, IT단행본, 경제경영서, 어학&실용서, 인문교양서, 자녀교육서
www.gilbut.co.kr
길벗스쿨 | 국어학습, 수학학습, 어린이교양, 주니어 어학학습, 학습단행본
www.gilbutschool.co.kr

간단하고 센스 있는 네이티브 영어 한마디로
대화의 분위기가 180도 확 달라집니다!

미국에서 회사생활하던 시절, 상사가 안부를 물을 때 습관처럼 "I'm good."이라고 말했는데요. 똑같은 답변을 한 1년 정도 하자 상사가 농담 반 진담 반으로 "Seul, 어떻게 넌 매일 'good'일 수 있어?"라고 말하더라고요. 그때 딱 느낀 게 전 분명 원어민과 의사소통을 하는 데 아무 문제가 없었음에도 저도 모르게 늘 쓰는 표현만 계속 쓴다는 거였어요. 그게 익숙하고 편하니까요. 어떻게 보면 제겐 상황에 따라 기계처럼 툭툭 나오는 정형화된 답변이 있었던 거죠.

잘했다고 칭찬할 땐 Good job.
칭찬받을 땐 Thank you.
바쁠 땐 I'm busy.

사실 위 표현들도 절대 틀린 게 아닌 원어민도 자주 쓰는 일상 표현이지만, 늘 쓰는 표현만 쓰게 되면 자칫 대화가 단조롭고 지루해질 수 있어요. 때론 칭찬해주는 상사에게 되레 공을 돌리며 "I learned from the best.(다 최고한테 배워서 그래요.)"라며 능청스레 분위기를 띄워주거나 다들 도와줘서 잘된 거라고 "I didn't do it alone.(저 혼자 이룬 게 아닌 걸요.)"이라며 겸손하게 답할 수도 있는데 말이죠. 생각해보면 칭찬할 때마다 매번 'Thank you.'라고 대답하는 사람보다 이런 센스 있는 표현도 섞어 쓰는 사람에게 더 호감이 가지 않나요? 정말 흥미로운 건 막상 이런 센스 있는 표현들을 보면 그리 어려운 단어들로 구성된 것도 아니라는 거예요. 즉 우리 모두 충분히 쓸 수 있는 표현들이란 거죠.

이 책엔 여러분의 영어를 좀 더 다채롭게 만들어 줄 네이티브 표현들만 가득 담았습니다. 책을 한 장 한 장 넘길 때마다 지난 17년 동안 제가 차곡차곡 쌓아왔던 표현 보따리를 하나씩 풀어보는 느낌이 드실 거예요. 그리고 아무리 좋은 표현을 배워도 반복해서 내 표현으로 만들지 않는 한 금방 기억에서 잊히기 마련이잖아요. 그래서 여러분이 책을 통해 저와 충분히 복습하실 수 있도록 철벽수비 '망각방지 장치'까지 구성했어요. 여러분이 과거의 저처럼 늘 쓰는 표현만 쓰는 '지루한 영어'를 하지 않도록, 원어민을 미소 짓게 하는 센스 있는 영어 대화를 나눌 수 있도록 구성했으니 이 책에 나온 표현들은 꼭 100% 여러분 걸로 만들어 주세요.

> 이 책을 사랑하는 나의 엄마, 아빠, 그리고 구독자분들께 바칩니다.
> **I couldn't have done this without you.**
> THANK YOU for EVERYTHING.

구슬

네이티브가 매일같이 나누는 일상대화 200편이 1, 2권에 나누어 수록되어 있습니다.
각 권은 네이티브 대화문 100편과 대화문의 주요 영어회화 표현을 정리한 〈본책〉과

· 본책

네이티브가 칭찬할 때, 수다 떨 때, 직장/학교에서, 도움을 청할 때, 고마움을 표현할 때 등
다양한 상황에서 나누는 생생한 대화들이 한 편당 2페이지 구성으로 정리되어 있습니다.

좌 영어 대화의 의미 파악하기

네이티브 대화 듣기 MP3

파일명 101-1.mp3 ~ 200-1.mp3

대화 내용을 잘 파악할 수 있도록
2번 반복해서 들려줍니다 MP3는
모두 네이티브가 실제로 대화를
나눌 때의 자연스러운 속도로 녹
음했습니다.

영어 대화문

네이티브가 자주 나누는 대화를 초중
급자에게도 어렵지 않고 유용한 문
장으로 정리했습니다. 영문을 보고
MP3파일을 들으며 대화 내용을 파
악하세요. 상단 박스의 대화 상황과
대화문 아래 표현설명을 참고하시면
내용 파악에 도움이 됩니다.

미니 회화사전

대화에 별표(*) 표시된 주요 표현을
정리했습니다. 표현설명이 어찌나 알
차고 친절한지 어지간한 회화사전 부
럽지 않을 겁니다.

네이티브는 이런 표현으로 말한다!

구슬쌤이 대화에서 뽑은 '간단한 한
마디로 분위기를 확 바꾸는 센스만점
네이티브 표현'입니다. 표현의 정확
한 뉘앙스와 쓰임, 실전 예문과 함께
일대일 강의처럼 설명했습니다.

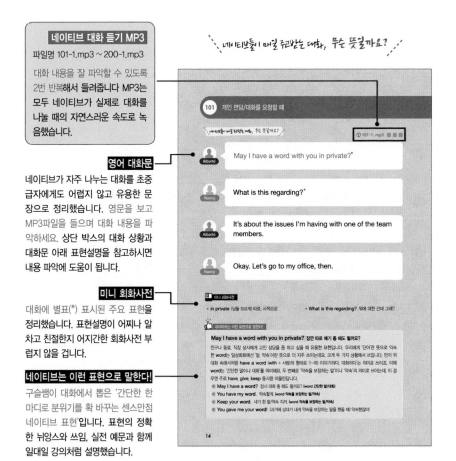

네이티브들이 매일 주고받는 대화, 무슨 뜻일까요?

101 개인 면담/대화를 요청할 때

ⓘ 101-1. mp3

Alberto: May I have a word with you in private?*

Nancy: What is this regarding?*

Alberto: It's about the issues I'm having with one of the team members.

Nancy: Okay. Let's go to my office, then.

미니 회화사전

· in private (남들 모르게) 따로, 사적으로   · What is this regarding? 왜에 대한 건데 그래?

네이티브는 이런 표현으로 말한다!

May I have a word with you in private? 잠깐 따로 얘기 좀 해도 될까요?

친구나 동료, 직장 상사에게 고민 상담을 좀 하고 싶을 때 유용한 표현입니다. 우리에게 '단어'란 뜻으로만 익숙
한 word는 일상회화에선 '말' 약속'이란 뜻으로 더 자주 쓰이는데요. 크게 두 가지 상황에서 쓰입니다. 먼저 위
대화 속에서처럼 have a word (with + 사람)의 형태로 '~와 이야기하다. 대화하다'는 의미로 쓰이죠. 이때
word는 '간단한 말이나 대화'를 의미해요. 두 번째로 '약속을 보장하는 말'이나 '약속'의 의미로 쓰이는데, 이 경
우엔 주로 have, give, keep 동사랑 어울립니다.

때 May I have a word? 잠시 대화 좀 해도 될까요? (word 간단한 말/대화)
때 You have my word. 내가 약속할게. (word 약속을 보장하는 말/약속)
때 Keep your word. 네가 한 말 지켜. (word 약속을 보장하는 말/약속)
때 You gave me your word! (내가에 상대가 내게 약속을 보장하는 말을 했을 때) 네가 약속했잖아!

14

학습한 내용을 잊어버리지 않도록 복습하는 철벽수비 〈망각방지 장치〉의 구성입니다.
하루에 5분, 대화 하나씩 시작해 보세요. 매일 습관이 평생의 영어 실력을 완성합니다.

왼쪽 페이지에서는 대화 속 영어문장을 보면서 우리말 뜻을 떠올려보고, 오른쪽 페이지에서는
우리말을 보고 영어문장을 5초 이내에 바로 말할 수 있을 때까지 확실하게 연습해야 합니다.

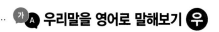

우리말을 영어로 말해보기

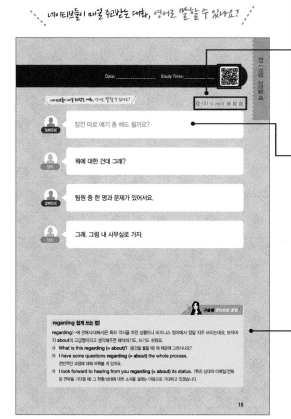

네이티브 대화 연습 MP3

파일명 101-2.mp3 ~ 200-2.mp3

우리말을 영어로 말하는 연습을 하는 MP3입니다. 섀도우스피킹으로 네이티브 대화를 따라 할 수 있도록 문장마다 3초의 pause가 주어집니다.

우리말 대화문

영어 대화의 우리말 해석입니다. 영어문장의 뜻과 뉘앙스를 살려 자연스러운 우리말로 옮겼습니다. 우리말 대화를 보면서 영어로 말해보세요. 실제 상황에서도 자신 있게 말할 수 있을 때까지 상황을 상상하며, 감정을 살려, 네이티브와 비슷한 속도로 말할 수 있도록 반복 연습하세요.

구슬쌤의 영어회화 꿀팁

독자에게 하나라도 더 알려주고픈 구슬쌤의 욕심이 가득 담긴 코너입니다. 네이티브와 대화시 주의해야 할 표현과 어법, 놓치면 아쉬울 문화 팁들을 아낌없이 채웠습니다. 영어회화 꿀팁, 놓치면 나만 손해!

하루만 지나도 학습한 내용의 50%가, 일주일이 지나면 79%가 사라진다는 사실, 아셨나요?
여러분이 본책에서 익힌 표현을 확실히 기억할 수 있도록 '망각방지 장치'를 준비했습니다.

1단계 단어 채워서 문장 완성하기

문장 말하기 MP3

파일명 TEST 11-1.mp3 ~ 20-1.mp3

문제를 풀고 난 후 MP3파일로 한 번 더 확실하게 복습하세요. 각 문장은 남녀 성우가 번갈아 한 번씩 총 2회 반복하여 들려줍니다. 회화는 눈으로만 공부하면 안 되는 거 아시죠? 네이티브의 정확한 발음과 억양을 잘 듣고 따라 해주세요.

문장 말하기

앞에서 배운 네이티브 대화 10개에 나온 핵심 문장들을 제대로 말할 수 있는지 확인하는 코너입니다. 총 20 문항으로 빈칸에 알맞은 표현을 넣어 5초 이내에 문장을 말해보세요. 틀린 문장은 오른쪽 대화 번호를 참고해, 그 표현이 나온 페이지로 돌아가서 다시 한 번 확인하고 넘어가세요.

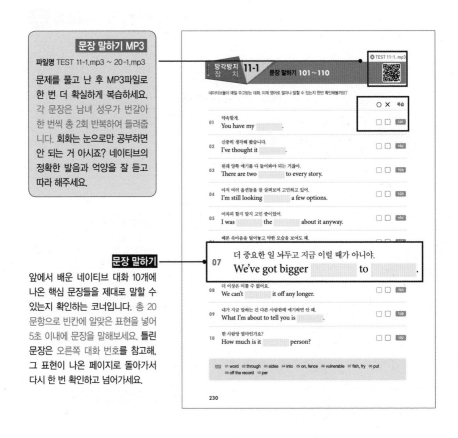

망각방지 장치 11-1 문장 말하기 101~110

◉ TEST 11-1. mp3

네이티브들이 매일 주고받는 대화, 이제 영어로 얼마나 말할 수 있는지 한번 확인해볼까요?

		O X 복습
01	약속할게. You have my ____.	□ □ 101
02	신중히 생각해 봤습니다. I've thought it ____.	□ □ 102
03	원래 양쪽 얘기를 다 들어봐야 되는 거잖아. There are two ____ to every story.	□ □ 103
04	아직 여러 옵션들을 잘 살펴보며 고민하고 있어. I'm still looking ____ a few options.	□ □ 103
05	어차피 할지 말지 고민 중이었어. I was ____ the ____ about it anyway.	□ □ 104
06	때론 속마음을 털어놓고 약한 모습을 보여도 돼.	□ □
07	더 중요한 일 놔두고 지금 이럴 때가 아니야. We've got bigger ____ to ____.	□ □
08	더 이상은 미룰 수 없어요. We can't ____ it off any longer.	□ □ 105
09	내가 지금 말하는 건 다른 사람한테 얘기하면 안 돼. What I'm about to tell you is ____.	□ □ 106
10	한 사람당 얼마인가요? How much is it ____ person?	□ □ 107

정답 01 word 02 through 03 sides 04 into 05 on, fence 06 vulnerable 07 fish, fry 08 put 09 off the record 10 per

230

10일에 한 번씩, 10개 대화를 공부한 후 '문장 만들기'와 '실전 대화연습'의 2단계로 복습할 수 있게 구성했습니다. 귀찮다고 넘어가지 말고 요긴하게 활용해 주세요.

2단계 네이티브 표현으로 실전 대화연습

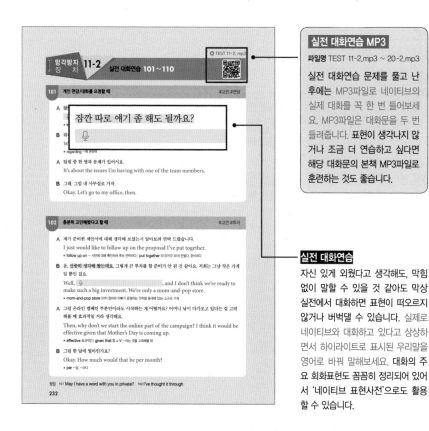

실전 대화연습 MP3

파일명 TEST 11-2.mp3 ~ 20-2.mp3

실전 대화연습 문제를 풀고 난 후에는 MP3파일로 네이티브의 실제 대화를 꼭 한 번 들어보세요. MP3파일은 대화문을 두 번 들려줍니다. 표현이 생각나지 않거나 조금 더 연습하고 싶다면 해당 대화문의 본책 MP3파일로 훈련하는 것도 좋습니다.

실전 대화연습

자신 있게 외웠다고 생각해도, 막힘 없이 말할 수 있을 것 같아도 막상 실전에서 대화하면 표현이 떠오르지 않거나 버벅댈 수 있습니다. 실제로 네이티브와 대화하고 있다고 상상하면서 하이라이트로 표시된 우리말을 영어로 바꿔 말해보세요. 대화의 주요 회화표현도 꼼꼼히 정리되어 있어서 '네이티브 표현사전'으로도 활용할 수 있습니다.

2권 차례

Part 07 네이티브가 걱정·고민할 때

101 개인 면담/대화를 요청할 때 ··· 14
102 충분히 고민해봤다고 할 때 ··· 16
103 여러 옵션들을 꼼꼼히 따져보며 고민 중이라고 할 때 ··· 18
104 고민 중이던 일이 외부 요인에 의해 저절로 결정이 났을 때 ··· 20
105 고민스러운 상황에서 우선순위를 따질 때 ··· 22
106 떠들고 다닐 순 없지만 입이 근질근질해서 고민일 때 ··· 24
107 결정을 고민하는 상대에게 생각해볼 여지를 줄 때 ··· 26

Part 08 네이티브가 조언하거나 다독일 때

108 전후 사정 살피지도 않고 성급히 단정 짓지 말자고 할 때 ··· 30
109 한쪽 얘기만 듣고 섣불리 판단해서는 안 된다고 할 때 ··· 32
110 고민 있어 보이는 친구에게 속내를 털어놔보라고 할 때 ··· 34
111 계속 잘하다 어쩌다 한 번 실패한 동료를 다독일 때 ··· 36
112 어떻게 해야 할지 고민하는 친구/동료에게 ··· 38
113 상황을 지켜보자고 조언할 때 ··· 40
114 주어진 상황에서 서둘러 결정을 내려야 한다며 조언조로 말할 때 ··· 42
115 혹시 모를 가능성을 열어두자고 할 때 ··· 44
116 너무 늦은 게 아닐지 고민하는 친구/동료에게 ··· 46
117 원치 않는 상황에 빠진 상대를 다독일 때 ··· 48
118 미리 사서 걱정하지 말자고 할 때 ··· 50
119 평소대로 하면 충분하다고 상대를 다독이고 격려해줄 때 ··· 52
120 장점 또는 단점의 한쪽에만 너무 매몰되지 말라고 할 때 ··· 54
121 섣불리 판단하지 말고 좀 지켜보자고 할 때 ··· 56
122 성급히 굴지 말고 충분히 시간을 가지라고 조언해줄 때 ··· 58
123 해서 손해 볼 것도 없다고 말할 때 ··· 60
124 뻔하지만 간과해서는 안 되는 사실을 짚어줄 때 ··· 62
125 승산은 없지만 한번 해보자고 제안/조언할 때 ··· 64

Part 09 네이티브가 습관처럼 자주 쓰는 한 마디

126 확실하다고 긍정 대답을 할 때 ··· 68
127 일말의 믿음도 가지 않을 때 ··· 70
128 상대의 말에 딱 잘라 그럴 리 없다고 부정할 때 ··· 72
129 내 말뜻을 오해 없이 전달하고자 할 때 ··· 74
130 헛소리 아니니까 내 말 믿으라고 강조할 때 ··· 76

131 행운을 빌어줄 때 ··· 78

132 네 물건처럼 편하게 쓰라고 할 때 ··· 80

133 취미에 안 맞거나 그다지 좋아하지 않는다고 할 때 ··· 82

134 얘기를 들어봐도 기억이 잘 안 날 때 ··· 84

135 상대의 칭찬에 쑥스러워하며 ··· 86

136 딱 봐도 뻔한 상황일 때 ··· 88

137 차이가 잘 분간이 안 될 때 ··· 90

138 오늘따라 외모에 유달리 신경 쓰는 상대에게 ··· 92

139 아는 선에서 정보를 전달할 때 ··· 94

140 누군가가 부러울 때 ··· 96

141 감사인사에 별거 아니라고 응수할 때 ··· 98

142 상황이나 상태가 정말 좋다고 강조할 때 ··· 100

143 내 취향에 맞지 않을 때 ··· 102

144 내게 천사처럼 고마운 상대에게 ··· 104

145 세월이 흘러도 식상해지지 않는 대상에 대해 ··· 106

146 상대에게 결정권/선택권이 있다고 말해줄 때 ··· 108

147 속는 셈 치더라도 일단은 믿고 기회를 줘보자고 할 때 ··· 110

148 비싸긴 해도 좋을 때 ··· 112

Part 10 네이티브가 도움을 청하거나 호의를 베풀 때

149 잠깐만 시간 내서 도와달라고 할 때 ··· 116

150 줄곧 마음에 담아둔 질문을 조심스레 꺼낼 때 ··· 118

151 도움 받기를 유보했던 친구의 도움이 필요해졌을 때 ··· 120

152 많을수록 좋다며 한기분 낼 때 ··· 122

153 밤잠 안 자고 준비했다고 어필할 때 ··· 124

154 힘든 시기를 겪고 있는 친구에게 ··· 126

Part 11 네이티브가 고마움을 표현할 때

155 어떤 사실을 알려준 것에 대한 고마움을 표현할 때 ··· 130

156 까다로운 나를 감내해준 것에 대한 고마움을 표현할 때 ··· 132

157 감정을 물씬 담아 고마움을 강조해 표현할 때 ··· 134

158 평생 고마워할 정도로 고마운 마음이 클 때 ··· 136

159 고마운 마음을 주체 못하는 상대에게 ··· 138

160 고마워하는 친구에게 우리 사이에 도움을 주는 건 당연하다는 뉘앙스로 ··· 140

Part 12 네이티브가 동의/반대 등의 의견을 낼 때

161 상대의 말에 전적으로 동의할 때 ··· 144

162 안 좋은 상황 속에 있는 상대에 공감해줄 때 ··· 146

163 상대와 같은 감정을 느낀다고 동조할 때 ⋯ 148

164 상대의 제안에 이의를 제기할 때 ⋯ 150

165 중요하지 않은 것에 연연해하는 상대에게 ⋯ 152

166 드러난 상황만으론 함부로 판단할 수 없다고 제동을 걸 때 ⋯ 154

167 상대의 말에 신빙성이 없을 때 ⋯ 156

168 여러 가능성이 열려 있는 상황임을 환기시키며 ⋯ 158

169 진짜 괜찮은데 사람들이 가치를 잘 몰라준다고 평가할 때 ⋯ 160

Part 13 네이티브가 품위를 지키며 경고하거나 따질 때

170 개인적으로 아주 싫어하는 행태에 대해 말할 때 ⋯ 164

171 화가 난다는 걸 품위 있게 알릴 때 ⋯ 166

172 상대가 한 말의 저의가 의심스러울 때 ⋯ 168

173 작작 좀 하라고 할 때 ⋯ 170

174 어쩔 수 없는 상황이라는 말을 부드럽게 돌려서 할 때 ⋯ 172

175 생각지도 못한 상대의 말에 감정이 아주 상했을 때 ⋯ 174

176 아무 상관 없는 내게 괜한 분풀이를 할 때 ⋯ 176

177 어느 누구에게도 득이 될 게 없는 행동에 대해 주의를 줄 때 ⋯ 178

178 선 넘는 행동/발언을 하는 상대에게 ⋯ 180

179 나를 물로 보지 말라고 할 때 ⋯ 182

180 사사건건 간섭하는 상대에게 ⋯ 184

181 잘못해놓고 모르는 척 시치미 떼는 상대에게 ⋯ 186

182 상대의 태도를 지적할 때 ⋯ 188

183 자꾸 채근해서 짜증스런 상대에게 ⋯ 190

Part 14 네이티브가 불만이나 고충을 말할 때

184 정말로 얘기하고 싶지 않은 주제를 상대가 꺼내려 할 때 ⋯ 194

185 타이밍이 안 좋다고 할 때 ⋯ 196

186 차가 막혀 약속시간에 늦었을 때 ⋯ 198

187 정말 짜증 돋는 상황일 때 ⋯ 200

188 나를 괴롭히고 신경 쓰이게 하는 점에 대해 말할 때 ⋯ 202

189 어떤 일에 진절머리가 날 때 ⋯ 204

190 뜻대로 따라와줄 기미가 안 보이는 사람을 두고 ⋯ 206

191 누군가 내 상황에 동조해주지 않는 고충을 얘기할 때 ⋯ 208

192 험담을 유도하는 상대에게 장단은 맞춰주면서 험담은 피해갈 때 ⋯ 210

193 터무니없는 상황을 접했을 때 ⋯ 212

194 불만사항을 나름 포장해서 말할 때 ⋯ 214

195 상대방 때문에 입장이 난처해져 속상할 때 ⋯ 216

196 업무 과부하로 머리가 안 돌아갈 때 ⋯ 218

197 답변 듣자고 한 말이 아닌데 따박따박 답하려 하는 상대에게   … 220

198 납득이 안 되는 얘기를 꺼내는 상대에게   … 222

199 상대가 꽁해 보일 때   … 224

200 받아들일 수밖에 없는 상황일 때   … 226

망각방지 장치

망각방지 장치 11-1   문장 말하기 (대화문 101-110)   … 230

망각방지 장치 11-2   실전 대화연습 (대화문 101-110)   … 232

망각방지 장치 12-1   문장 말하기 (대화문 111-120)   … 237

망각방지 장치 12-2   실전 대화연습 (대화문 111-120)   … 239

망각방지 장치 13-1   문장 말하기 (대화문 121-130)   … 244

망각방지 장치 13-2   실전 대화연습 (대화문 121-130)   … 246

망각방지 장치 14-1   문장 말하기 (대화문 131-140)   … 251

망각방지 장치 14-2   실전 대화연습 (대화문 131-140)   … 253

망각방지 장치 15-1   문장 말하기 (대화문 141-150)   … 258

망각방지 장치 15-2   실전 대화연습 (대화문 141-150)   … 260

망각방지 장치 16-1   문장 말하기 (대화문 151-160)   … 265

망각방지 장치 16-2   실전 대화연습 (대화문 151-160)   … 267

망각방지 장치 17-1   문장 말하기 (대화문 161-170)   … 272

망각방지 장치 17-2   실전 대화연습 (대화문 161-170)   … 274

망각방지 장치 18-1   문장 말하기 (대화문 171-180)   … 279

망각방지 장치 18-2   실전 대화연습 (대화문 171-180)   … 281

망각방지 장치 19-1   문장 말하기 (대화문 181-190)   … 286

망각방지 장치 19-2   실전 대화연습 (대화문 181-190)   … 288

망각방지 장치 20-1   문장 말하기 (대화문 191-200)   … 293

망각방지 장치 20-2   실전 대화연습 (대화문 191-200)   … 295

1권

Part 01   네이티브가 칭찬할 때

Part 02   네이티브가 일정 잡을 때

Part 03   네이티브가 간단히 수다 떨고 헤어질 때

Part 04   네이티브가 식사할 때

Part 05   네이티브가 쇼핑할 때

Part 06   네이티브가 직장/학교에서

Part

07

네이티브가

걱정·고민할 때

사람 사는 게 다 거기서 거깁니다.
네이티브는 걱정이나 고민거리가 있을 때
어떤 대화를 나누는지, 자주 쓰는 표현에는 뭐가 있는지
실감 나고 공감 가는 대화를 보면서 알아볼까요?

더 중요한 일 놔두고
지금 이럴 때가 아니야.

어차피 할지 말지
고민 중이었어.

잠깐 따로 얘기 좀
해도 될까요?

서둘러 결정할
필요 없어요.

내 말 다른 사람한테
얘기하면 안 돼.

네이티브들이 매일 주고받는 대화, 무슨 뜻일까요?

🎧 101-1. mp3 ▣ ▣ ▣

 Alberto

May I have a word with you in private?*

 Nancy

What is this regarding?*

 Alberto

It's about the issues I'm having with one of the team members.

 Nancy

Okay. Let's go to my office, then.

 📖 미니 회화사전

* **in private** (남들 모르게) 따로, 사적으로

* **What is this regarding?** 뭐에 대한 건데 그래?

 네이티브는 이런 표현으로 말한다!

May I have a word with you in private? 잠깐 따로 얘기 좀 해도 될까요?

친구나 동료, 직장 상사에게 고민 상담을 좀 하고 싶을 때 유용한 표현입니다. 우리에게 '단어'란 뜻으로 익숙한 word는 일상회화에선 '말, 약속'이란 뜻으로 더 자주 쓰이는데요. 크게 두 가지 상황에서 쓰입니다. 먼저 위 대화 속에서처럼 **have a word** (with + 사람)의 형태로 '(~와) 이야기하다, 대화하다'는 의미로 쓰이죠. 이때 word는 '간단한 말이나 대화'를 의미해요. 두 번째로 '약속을 보장하는 말'이나 '약속'의 의미로 쓰이는데, 이 경우엔 주로 **have, give, keep** 동사랑 어울린답니다.

예 **May I have a word?** 잠시 대화 좀 해도 될까요? (word 간단한 말/대화)

예 **You have my word.** 약속할게. (word 약속을 보장하는 말/약속)

예 **Keep your word.** 네가 한 말/약속 지켜. (word 약속을 보장하는 말/약속)

예 **You gave me your word!** (과거에 상대가 내게 약속을 보장하는 말을 했을 때) 약속했잖아!

Date: _____ Study Time: _____

네이티브들이 매일 주고받는 대화, 영어로 말할 수 있나요?

🔊 101-2. mp3 ▦ ▦ ▦

알베르토

잠깐 따로 얘기 좀 해도 될까요?

낸시

뭐에 대한 건데 그래?

알베르토

팀원 중 한 명과 문제가 있어서요.

낸시

그래. 그럼 내 사무실로 가자.

구슬쌤 영어회화 꿀팁

regarding 쉽게 쓰는 법!

regarding(~에 관해서/대해서)은 특히 격식을 차린 상황이나 비즈니스 영어에서 정말 자주 쓰이는데요. 보자마자 about의 고급형이라고 생각해주면 해석하기도, 쓰기도 쉬워요.

예 **What is this regarding (= about)?** (용건을 물을 때) 뭐 때문에 그러시나요?

예 **I have some questions regarding (= about) the whole process.**
전반적인 과정에 대해 여쭤볼 게 있어요.

예 **I look forward to hearing from you regarding (= about) its status.** (특히 상대의 이메일/전화
등 연락을 기다릴 때) 그 현황/상태에 대한 소식을 설레는 마음으로 기대하고 있겠습니다.

15

네티브들이 때로 주고받는 대화, 무슨 뜻일까요?

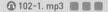 🎧 102-1. mp3 ▪ ▪ ▪

Asher

I just would like to follow up on the proposal I've put together.

Olivia

Well, I've thought it through, and I don't think we're ready to make such a big investment. We're only a mom-and-pop store.*

Asher

Then, why don't we start the online part of the campaign? I think it would be effective given that* Mother's Day is coming up.

Olivia

Okay. How much would that be per* month?

📖 **미니 회화사전**

* **mom-and-pop store** (마치 엄마와 아빠가 운영하는 것처럼 동네에 있는) 소규모 가게
* **given that S + V** ~라는 것을 고려해볼 때
* **per** ~당, ~마다

 👍 **네이티브는 이런 표현으로 말한다!**

I've thought it through. 신중히 생각해 봤습니다.

think through는 '~을 충분히 생각하다, 심사 숙고하다'는 의미로, 결정이나 판단을 내리기에 앞서 충분히 따져보고 심사 숙고할 때 자주 씁니다. 단순히 눈 앞에 있는 것만 신중히 살펴보는 게 아니라, 어떤 결정을 내리면 어떤 결과가 따라올지, 처음부터 끝까지 철저히 따져보고 생각하는 느낌을 줍니다. 따라서 어떤 사안에 대해 결정한 내용을 말하려고 할 때는 일단 **I've thought it through.**라고 말한 다음, 결정 내용을 말해보세요. 즉흥적으로 결정한 게 아니라 시간을 갖고 충분히 생각해보고 하는 결정이라는 무게감을 전달할 수 있습니다.

예 **I didn't think it through.** 깊이 생각해보진 않았어.

Date: _____   Study Time: _____

🔊 102-2. mp3 ▪▪ ▪▪ ▪▪

 애셔
제가 준비한 제안서에 대해 생각해 보셨는지 알아보려 연락 드렸습니다.

 올리비아
음, 신중히 생각해 봤는데요, 그렇게 큰 투자를 할 준비가 안 된 것 같아요. 저희는 그냥 작은 가게일 뿐인 걸요.

 애셔
그럼 온라인 캠페인 부분만이라도 시작하는 게 어떨까요? 어머니 날이 다가오고 있다는 걸 고려해볼 때 효과적일 거라 생각해요.

 올리비아
그럼 한 달에 얼마인가요?

 **구슬쌤 영어회화 꿀팁**

마트에서도 자주 쓰이는 per

'~당, ~마다'라는 뜻으로 특히 금액을 얘기할 때 per가 자주 쓰이는데요. 따라서 마트 등에서 가격을 언급할 때도 자주 쓰이죠. 가격표엔 '/'라고 쓰여 있지만 읽을 땐 per라고 읽습니다. 예를 들어, 가격표에 $3/lb는 '1파운드 당 3달러'라는 뜻이고, 읽을 때는 three dollars per pound라고 합니다. 참고로, 미국에서는 kg 대신 pound를 쓰니 참고하세요. 1kg은 2.205lb입니다.

예 How much is it per person? 한 사람당 얼마인가요?

예 It's $75 per day. 하루에 75달러입니다.

네이티브들이 매일 주고받는 대화, 무슨 뜻일까요?

🎧 103-1. mp3 ▣ ▣ ▣

Elaine

I feel like our meat supplier* is charging* us too much, and their quality is not even that good anymore.

Dwayne

I'm thinking we should get a new supplier.

Elaine

Who do you have in mind?

Dwayne

Well, I'm still looking into a few options, but I've heard great things about* Happy Cow.

📖 **미니 회화사전**

* **supplier** 공급업체, 공급업자
* **charge + 사람 + 값** ~에게 (값을) … 부과하다, 청구하다

* **I've heard great things about ~** ~에 대해 좋은 말을 많이 들었어
  특히 처음 만난 상대에게 좋은 말씀 많이 들었다고 할 때 응용해서 I've heard great things about you.(좋은 말씀 많이 들었어요.)라고 쓸 수 있습니다. 또, 원가에 대해 좋은 말만 들었다고 강조해서 I've only heard great things about ~ (~에 대해 좋은 말만 들었어)이라고도 자주 쓰여요.

👍 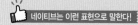 네이티브는 이런 표현으로 말한다!

I'm still looking into a few options. 아직 여러 옵션들을 살펴보며 고민하고 있어.

샴푸 하나를 구매할 때도 가격, 브랜드, 향 등의 다양한 요소들을 꼼꼼히 따져보며 비교하는 것처럼 특히 중요한 결정을 내릴 땐 여러 옵션들을 더 꼼꼼히 따져보겠죠. 뭔가 아직은 결정하지 못했지만 여러 옵션들을 고려 중일 때 **look into**(주의 깊게 살피다)를 써서 **I'm still looking into a few options.**라고 하세요.

Date: _____   Study Time: _____

네이티브들이 매일 주고받는 대화, 영어로 말할 수 있나요?

🔊 103-2. mp3

일레인

우리 육류 공급업체가 너무 비싸게 받는 것 같아. 그리고 품질도 이제 그리 좋지도 않고 말야.

드웨인

내 생각엔 새로운 공급업체를 쓰는 게 좋을 것 같아.

일레인

어디 생각하고 있는데?

드웨인

음, 아직 몇 군데를 살펴보며 고민 중이긴 한데 '해피 카우'가 괜찮다고 들었어.

구슬쌤 영어회화 꿀팁

자세히 알아본다고 할 때 look into

문제점이나 우려되는 사항이 있다는 얘기를 듣고 어떻게 된 건지 내가 한번 알아보겠다고 할 때 look into를 자주 쓰는데요. 무언가를 속속들이 들여다보는 것처럼 자세히 알아보고 조사하는 느낌을 줍니다.

예 I'll **look into** that. (어떻게 된 건지) 제가 자세히 알아볼게요.

예 I'll have Emma **look into** that. 엠마보고 자세히 알아보라고 할게.

이외에 단순히 뭔가에 대해 알아보겠다고 할 때도 쓸 수 있습니다.

예 We'll **look into** every possibility. 모든 가능성을 알아볼게.

예 I'll **look into** season tickets. 시즌 티켓 좀 알아볼게.

네이티브들이 매일 주고받는 대화, 무슨 뜻일까요?

🎧 104-1. mp3 ■ ■ ■

Veronica

Do you have a minute?

Randy

Sure. What's going on?

Veronica

I just got an email saying that the deal didn't go through.* Maybe the price we offered was too low.

Randy

It's okay. I was on the fence about it anyway.

 미니 회화사전

* **go through** (계약이) 성사되다, 통과되다

👍 **네이티브는 이런 표현으로 말한다!**

I was on the fence about it anyway. 어차피 할지 말지 고민 중이었어.

마치 울타리에 앉아 왼쪽으로 갈지 오른쪽으로 갈지 갈팡질팡하는 것처럼 고민될 때 be on the fence(할지 말지 고민 중이다)를 씁니다. 앞서 여러 옵션을 살펴볼 때 쓰는 look into a few options와 달리 be on the fence는 마치 울타리에 앉아 두 가지 선택을 고민할 때, 즉 여부가 확실히 나뉘는 상황(yes or no situation)에 쓰죠. 그래서 '아직 할지 말지 고민 중이야.'라고 하려면 I'm still on the fence.라 하고, 위 대화에서처럼 할지 말지 고민 중이던 일이 외부 요인에 의해 저절로 결정이 났을 때는 I was on the fence about it anyway.라고 하면 됩니다. 이 밖에도 '나(I)'가 아닌 다른 사람을 주어로 해 be on the fence를 활용한 문장도 한번 보세요.

예 **There are** a lot of people **on the fence.** 결정을 쉽게 못하고 고민 중인 사람들이 많아.

예 **Is Lauren still on the fence** about moving? 이사 가는 거 로렌은 아직 고민 중이야?

Date: _____   Study Time: _____

네이티브들이 매일 주고받는 대화, 영어로 말할 수 있나요?

🎵 104-2. mp3

베로니카

잠깐 시간 돼?

랜디

그럼, 무슨 일이야?

베로니카

거래가 성사되지 않았다고 방금 이메일 받았어. 아마 우리가 제안한 가격이 너무 낮았나 봐.

랜디

괜찮아. 어차피 해야 될지 안 해야 될지 고민됐었거든.

구슬쌤 영어회화 꿀팁®

힘든 시기를 보내고 있을 때 go through

go through는 계약이 성사될 때, 결제가 통과됐을 때 등 다양한 상황에서 쓰이지만 일상에서 가장 자주 쓰이는 뜻은 '겪다'인데요. 특히 힘든 시기를 겪을 때 go through가 자주 쓰입니다.

예 We're **going through** a rough patch. 우린 힘든 시기를 겪고 있어.
예 Mark is **going through** a divorce. 마크는 이혼 절차를 밟고 있어.

go through가 특히 힘든 시기를 겪을 때 자주 쓰이다 보니 굳이 뒤에 구체적으로 힘든 일을 언급하지 않고 go through a lot만 써도 여러모로 힘든 시기를 겪는다는 의미가 됩니다.

예 I know you're **going through a lot** right now. Let me know if there's anything I can do to help. 너 요즘 여러모로 많이 힘들다는 거 알아. 내가 도와줄 수 있는 부분이 뭐라도 있다면 말해줘.

네이티브들이 매일 주고받는 대화, 무슨 뜻일까요?

🎧 105-1. mp3 ■■■

 (Mindy)

We've already postponed twice.

 (Eric)

Well, postpone it again.

 (Mindy)

We can't put it off* any longer.*

 (Eric)

You know that we've got bigger fish to fry.

 미니 회화사전

* put off ~을 미루다
* not ~ any longer 더 이상은 ~할 수 없다

👍 네이티브는 이런 표현으로 말한다!

We've got bigger fish to fry. 더 중요한 일 놔두고 지금 이럴 때가 아니야.

튀겨야 할 더 큰 생선이 있으니 작은 것까지 신경 쓸 여유가 없는 것처럼 더 중요한 일을 처리해야 되는데 엄한 게 끼어드는 상황에서 We've got bigger fish to fry.를 씁니다. 응용해서 We've got other fish to fry.(신경 써야 될 다른 일들이 있어.)라고 하기도 하니 참고해 주세요.

예 I'm sorry, but right now, **we've got bigger fish to fry.**
미안한데 지금 그것보다 더 중요한 일을 처리해야 해서 말이야.

Date: _____ Study Time: _____

네이티브들이 매일 주고받는 대화, 영어로 말할 수 있나요?

🎧 105-2. mp3 ▨ ▨ ▨

민디

이미 두 번이나 미뤘어요.

에릭

그럼 다시 미뤄.

민디

더 이상은 미룰 수 없어요.

에릭

그보다 더 중요한 일이 있는 걸 너도 알잖아.

 구슬쌤 영어회화 꿀팁

타이밍이 안 좋다고 할 때

지금은 시기상 좋은 타이밍이 아니라고 할 때 자주 쓰는 표현들을 몇 가지 기억해 두세요.

1. **Now is not the time.** 지금은 그럴 때가 아니야.
   └ 구체적으로 특정 행동을 거론하며 그럴 때가 아니라고 할 때는 〈Now is not the time to + 동사원형〉 또는 〈Now is not the time for + 명사〉
   예 **Now is not the time to discuss that.** 지금은 그런 얘기를 할 때가 아니야.
   예 **Now is not the time for distractions.** 지금은 다른 일에 정신이 팔릴 때가 아니야.

2. **The timing couldn't be worse.** 타이밍 정말 최악이다.
   └ 타이밍이 이보다 더 나쁠 수는 없다는 뉘앙스

3. **Is this really a priority?** 이거 정말 지금 해야 해?
   └ 정말 이게 우선순위인지 묻는 뉘앙스

23

네이티브들이 매일 주고받는 대화, 무슨 뜻일까요?

🎧 106-1. mp3 ▦ ▦ ▦

Mia

What I'm about to* tell you is off the record.

Noah

Okay. What is it?

Mia

I heard that George got let go* today.

Noah

Are you serious?*

📖 미니 회화사전

* **be about to + 동사원형** 지금 막 ~하려고 하다
* **get let go** 해고당하다
* **Are you serious?** (특히 상대가 한 말이 믿기지 않을 때) 진짜야? 진심이야? 정말이야?

네이티브는 이런 표현으로 말한다!

What I'm about to tell you is off the record.
내가 지금 말하는 건 다른 사람한테 얘기하면 안 돼.

여기서 포인트는 off the record예요. 마치 인터뷰를 할 때 기록에 남기지 않는다는 전제하에 비공식적으로 비밀스러운 얘기를 하는 것처럼 off the record는 '비공식적으로 하는 말인데, 우리끼리 하는 말인데'란 뜻으로 쓰입니다. 결국 밖으로 새어나가면 안 되니 다른 사람과 공유하지 말라는 거죠.

예 **Off the record**, she's got a lot of problems. 우리끼리 하는 말인데 걔는 문제가 많아.

예 Everything I said is **off the record**. 내가 한 말은 모두 다른 사람에게 말하면 안 돼.

예 Can we talk **off the record**? (비밀/기밀을 얘기하기 전 암묵적 합의) 편하게 말해도 될까요?

Date: _____   Study Time: _____

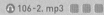

네이티브들이 매일 주고받는 대화, 영어로 말할 수 있나요?

🎧 106-2. mp3

미아

내가 지금 말하는 건 다른 사람한테 얘기하면 안 돼.

노아

알겠어. 뭔데 그래?

미아

조지가 오늘 해고됐다고 들었어.

노아

진짜야?

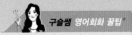
구슬쌤 영어회화 꿀팁

비밀을 얘기할 때

다른 사람에게 얘기하면 안 되는 말을 할 때 **It's secret.** 대신 자주 쓰는 표현들을 몇 가지 더 알아볼까요?

1. **Between us,** 우리끼리 하는 말인데

   예 **Between us,** he's not that special. 우리끼리 하는 말인데 그는 그리 특별하지 않아.

2. **What I say in this room stays in this room.**
   내가 여기서 말한 건 이 방을 나가서 다른 사람들에게 얘기하면 안 돼.

네이티브들이 매일 주고받는 대화, 무슨 뜻일까요?

🎧 107-1. mp3 ■ ■ ■

Ned

Can I think about it?

Jazz

Of course. We don't have to jump into anything.

Ned

Okay. If you can touch base with* me next week, that would be great.

Jazz

I will. Meanwhile,* feel free to* call me if you have any questions.

📖 미니 회화사전

* **touch base with** ~에게 다시 연락하다
* **meanwhile** (다른 일이 일어나고 있는) 그동안에, 그 사이에
* **feel free to + 동사원형** 편히 ~하세요

 네이티브는 이런 표현으로 말한다!

We don't have to jump into anything. (우리) 서둘러 결정할 필요 없어요.

마치 뭔가에 과감히 점프해 뛰어드는 것처럼 jump into는 회의, 세미나, 행사 등을 본격적으로 시작할 때 자주 쓰여요. Before we jump into anything, I just would like to thank everyone for being here today.(본격적으로 시작하기에 앞서 오늘 자리해주신 모든 분들께 감사인사를 전하고 싶습니다.)처럼 말이죠.

근데 jump into가 진짜 빛을 발하는 경우는 서둘러 뭔가를 결정하거나 지금 당장 본격적으로 시작할 필요는 없다고 상대의 부담을 덜어줄 때이죠. 고민하고 있는 상대에게 Just think about it. I mean, we don't have to jump into anything.(그냥 한번 생각해봐. 뭐, 서둘러 결정할 필요 없어.)이라고 여유롭게 말해보세요.

Date: _____ Study Time: _____

네이티브들이 매일 주고받는 대화, 영어로 말할 수 있나요?

🎧 107-2. mp3 ⬛⬛⬛

네드
생각 좀 해봐도 될까요?

재즈
그럼요. 서둘러 결정할 필요 없어요.

네드
알겠습니다. 다음주에 다시 연락 주시면 좋을 것 같아요.

재즈
그럴게요. 그동안 궁금한 점 있으시면 편히 연락 주세요.

구슬쌤 영어회화 꿀팁

회사에서 자주 쓰이는 touch base

Cambridge 사전에 touch base는 to talk to someone for a short time to find out how they are or what they think about something(누구의 근황 또는 특정 주제에 대한 생각을 알아보기 위해 간단히 얘기하다)이라고 나와 있는데요. 특히 회사에선 상대의 생각을 알아보기 위해 다시 연락하거나 얘기할 때 자주 쓰입니다.

예 Let's **touch base** next week. 다음주에 다시 연락하자/얘기하자.

예 I need you to **touch base** with your client and see if he's ready to sign the contract.
네 고객에게 연락해서 계약할 준비가 되었는지 알아봐줘.

네이티브가

조언하거나
다독일 때

고민에 빠졌거나 위로가 필요한 친구가 있을 때
네이티브는 어떤 말로 조언하고 다독이는지 궁금하다고요?
상대방의 처지에 공감하며 때로는 날카롭게, 때로는 따뜻하게 던지는
진심어린 조언과 위로의 말들을 네이티브의 대화에서 배워보세요.

사람 일은 어떻게 될지
아무도 모르는 거야.

그건 그때 가서
생각하자.

다 장단점이
있는 거지.

섣불리 결론
내리지 말자.

밑져야 본전이잖아.

108 전후 사정 살피지도 않고 성급히 단정 짓지 말자고 할 때

네이티브들이 매일 주고받는 대화, 무슨 뜻일까요?

 108-1. mp3

Frieda

He's throwing us under the bus.*

Monty

Let's not jump to any conclusions until we hear his side of the story.

Frieda

You know how he is. He's going to lie to our face.

Monty

I still think we should give him the benefit of the doubt.*

 미니 회화사전

* throw + 사람 + under the bus (이기적인 이유로) ~를 배신하다, 희생시키다, 탓하다
* give + 사람 + the benefit of the doubt (약간 의심은 되지만 일단 속는 셈치고) ~를 믿어주다, ~의 말을 선의로 해석해주다

네이티브는 이런 표현으로 말한다!

Let's not jump to conclusions. (우리) 섣불리 결론 내리지 말자.

상황을 정확히 파악하지도 않고 바로 결론으로 점프해 넘어가는 것처럼 '섣불리 단정 짓다', '성급히 결론을 내린다'고 할 때 jump to conclusions를 씁니다. 따라서 Let's not jump to conclusions.라고 하면 전후 사정 알아보지도 않고 '우리 섣불리 결론 내리지 말자.'는 의미죠. conclusions 앞에 any를 넣으면 '어떤 결론이라도' 섣불리 내리지 말자며 어감이 강조되는 느낌을 줍니다. 이 밖에 자주 쓰이는 아래 문장들도 익혀두세요.

예 **Don't jump to conclusions.** 섣불리 단정 짓지 마.
예 I don't think we should **jump to conclusions.**
상황을 잘 알아보지도 않고 섣불리 단정 짓진 않는 게 좋을 것 같아.

30

Date: _____ Study Time: _____

네이티브들이 매일 주고받는 대화, 영어로 말할 수 있나요?

🎧 108-2. mp3 ▦ ▦ ▦

프리다
그가 우릴 뒤통수 쳤어.

몬티
걔 얘기를 들어볼 때까지 성급히 결론을 내리지 말자.

프리다
걔가 어떤지 너도 알잖아. 우리 면전에 대놓고 거짓말을 할 거라고.

몬티
그래도 난 속는 셈치고 그를 믿어봐야 된다고 생각해.

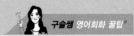
구슬쌤 영어회화 꿀팁

배신할 때 자주 쓰는 〈throw + 사람 + under the bus〉

마치 버스에 같이 타고 있던 친구나 동료를 밖으로 밀쳐내 버린다는 뜻으로 내가 원하는 걸 이루기 위해 다른 사람에게 해를 끼칠 때 〈throw + 사람 + under the bus(~를 희생시키다, 배신하다, 책임을 떠넘기다)〉를 자주 씁니다. 예를 들어 같이 잘못해놓고 내 탓으로 떠넘기고 모른 체하는 사람을 두고 He threw me under the bus.(걔가 날 배신했어.)라고 할 수 있는 거죠.

예 I can't believe you **threw me under the bus**.
네가 날 그렇게 불리한 상황에 넣었다는 게 믿기지가 않아.

예 Why are you **throwing me under the bus** here?
왜 나한테 책임을 다 떠넘기는 거야?

네이티브들이 매일 주고받는 대화, 무슨 뜻일까요?

🎧 109-1. mp3 ▮▮▮

Danica

I'm so disappointed in* Kyle.

Paul

What happened?

Danica

Scott told me that Kyle's always been insubordinate and disrespectful to* him.

Paul

Well, there are two sides to every story. Let's bring him in and ask him for an explanation before we jump to any conclusions.

📖 미니 회화사전

* **be disappointed in** ~에게 실망하다
* **insubordinate to** (특히 윗사람) ~에게 순종치 않는, 반항적인
* **disrespectful to** (존중하지 않고) ~에게 무례한

 네이티브는 이런 표현으로 말한다!

There are two sides to every story. 원래 양쪽 얘기를 다 들어봐야 되는 거잖아.

모든 건 양쪽 얘기를 다 들어봐야 된다고, 한쪽 사람 말만 듣고 섣불리 판단하면 안 된다는 말을 우리도 자주 하죠. 그걸 영어로 하면 There are two sides to every story.라고 합니다. 누군가 가십이나 특정 사람에 대해 안 좋은 평가를 유도할 때 함부로 판단하지 않는 느낌을 주면서 나를 현명하게 보일 수 있게 하는 좋은 표현입니다.

Date: _____ Study Time: _____

🔊 109-2. mp3 ▮▮ ▮▮ ▮▮

다니카

카일한테 정말 실망했어.

폴

무슨 일인데?

다니카

스캇이 그러는데 카일이 항상 시키는 대로 하지 않고 무례하게 굴었대.

폴

저기, 원래 양쪽 얘기를 다 들어봐야 되는 거잖아. 성급히 판단하기 전에 걔 데려와서 (왜 그랬는지) 설명해달라고 하자.

구슬쌤 영어회화 꿀팁

상대의 입장에서 하는 얘기를 들어볼 때

상황을 더 잘 파악하기 위해 한쪽 얘기만 듣는 게 아니라 반대쪽의 입장에서 하는 얘기도 들어봐야 하죠. 그때
I want to hear your side of the story.(네 입장에서 하는 얘기를 들어보고 싶어.)라고 할 수 있어요.
또는 한쪽 얘기만 듣고 성급히 결정하는 사람에게 **Don't you want to hear my side of story?**(내 입장에서의 얘기도 들어보고 싶지 않아?)라며 성급히 판단하지 말고 내 얘기도 들어달라고 할 수 있습니다.

네이티브들이 매일 주고받는 대화, 무슨 뜻일까요?

🎧 110-1. mp3

Nancy

What's wrong?

James

Nothing.

Nancy

James, it's okay to be vulnerable sometimes.
It's just me.

James

I know, but I'm just not used to* sharing my feelings.*

📖 미니 회화사전

* be used to + (동)명사 ~에 익숙하다　　　* share one's feelings 자신의 감정을 (다른 사람과) 함께 나누다

네이티브는 이런 표현으로 말한다!

It's okay to be vulnerable sometimes. 때론 속마음을 털어놓고 약한 모습을 보여도 돼.

vulnerable은 공격, 비난, 유혹, 상처 등에 영향 받기 쉽다는 의미인 '취약한, 연약한'이란 뜻으로 자주 쓰이는
데요. 신체적으로 약해서 바이러스에 영향 받기 쉬울 때도 쓰지만 정신적으로 힘들고 연약해서 외부 환경에 쉽
게 영향을 받을 때도 자주 쓰입니다. 예를 들어, 쉽게 상처받거나 조종당하거나 공격받기 쉬운 상황일 때 She's
vulnerable.(걔는 연약해.)이라고 하는 거죠.
대부분 부정적인 뉘앙스로 쓰이지만 전 vulnerable이 친한 지인에게 마음을 터놓고 얘기하라고 할 때면 정말
예쁘게 쓰인다고 생각해요. 상대를 믿기에 상처받기 쉬운 자신의 약한 모습을 오픈하는 거잖아요. 고민 있어 보
이는 친구에게 염려하는 맘을 담아 약한 모습 보여도 괜찮으니 속마음을 털어놔 보라고 할 때 **It's okay to be
vulnerable sometimes.**라고 할 수 있죠. 또 용기 내서 자신의 고민거리나 약점 등을 털어놓은 상대에게는
Thank you for being vulnerable with us.(속마음을 털어놓고 말씀해 주셔서 감사해요.)라고 할 수 있습니다.

Date: _____ Study Time: _____

🎧 110-2. mp3 ▤ ▤ ▤

낸시
무슨 문제 있어?

제임스
아무것도 아니야.

낸시
제임스, 때론 속마음을 털어놓고 약한 모습을 보여도 돼.
다른 사람도 아닌 나잖아.

제임스
나도 아는데 내 감정을 털어놓는 게 그냥 익숙치 않아서 그래.

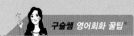
구슬쌤 영어회화 꿀팁

타격을 입기 쉬운 상황일 때도 vulnerable

특히 회사에선 타격을 입기 쉬운 상황일 때 vulnerable을 자주 씁니다.

예 We need to think it through because that could put us in a **vulnerable** position.
우리도 타격을 입을 수 있기에 신중히 생각해봐야 해요.

예 My firm is in a **vulnerable** spot right now.
회사가 지금 좀 (타격을 입기 쉬운 상황이어서) 힘들어요.

111 계속 잘하다 어쩌다 한 번 실패한 동료를 다독일 때

🎧 111-1. mp3 ▪️ ▪️ ▪️

Anderson
I can't believe he chose Emily over me. I honestly thought it was a done deal.*

Naomi
I know it's disappointing, but there's not much you can do at this point.

Anderson
I just can't figure out* what could have been the problem. Do you think I'm just not that good of a salesman anymore?

Naomi
Come on, you're human.* You can't hit a home run every time.

📖 **미니 회화사전**

* **done deal** (기정 사실이나 마찬가지로) 다 끝난 일, 거래가 성사된 일
* **figure out** (곰곰이 생각한 후) 이해하다, 알아내다
* **You're human.** (특히 실수한 사람에게 누구나 다 실수를 하는 거라며 위로할 때) 너도 사람이잖아.

 네이티브는 이런 표현으로 말한다!

You can't hit a home run every time. 어떻게 매번 잘할 수 있겠어.

프로 야구 선수들에게도 홈런을 친다는 게 정말 특별하고 매번 있는 일이 아닌 만큼 계속 대성공을 거두다 삐끗한 지인에게 **You can't hit a home run every time.**이라고 위로해줄 수 있어요. 한 번쯤은 홈런을 못 쳐도, 대성공을 거두지 못해도 괜찮다는 뉘앙스죠.

36

Date: _____   Study Time: _____

네이티브들이 매일 주고받는 대화, 영어로 말할 수 있나요?

🎧 111-2. mp3 ▮▮ ▮▮ ▮▮

앤더슨

그가 나 대신 에밀리를 선택했다는 게 믿기지 않아. 솔직히 난 완전 다 계약한 거나 다름없다고 생각했거든.

나오미

실망스럽다는 거 나도 아는데 지금 시점에선 네가 할 수 있는 게 별로 없잖아.

앤더슨

그냥 뭐가 문제였는지 아무리 생각해도 모르겠어. 나도 이젠 예전만 한 세일즈맨이 아닌 걸까?

나오미

에이, 너도 사람이잖아. 어떻게 매번 잘할 수 있겠어.

구슬쌤 영어회화 꿀팁

연달아 성공한 지인에겐

연달아 원하는 목표를 이루고 성공을 한 지인에겐 마치 또 홈런을 쳤다는 뉘앙스로 You hit another home run.이라고 칭찬해줄 수 있습니다.

예 Kudos to you! **You hit another home run.** 너 정말 대단하다! 또 대성공인 걸.

네이티브들이 매일 주고받는 대화, 무슨 뜻일까요?

🎧 112-1. mp3 ▣ ▣ ▣

Ashley

I slept on* it, but I still don't know what to do.

Gerald

What does your gut tell you?

Ashley

I've never been a gut sort of girl, but my gut is telling me I should take a risk* and go with it.

Gerald

Then you should. I mean, what do you have to lose?

📖 미니 회화사전

* **sleep on** (하룻밤 자며) ~에 대해 곰곰이 생각해보다   * **take a risk** 위험을 감수하다

  네이티브는 이런 표현으로 말한다!

What does your gut tell you? 네 직감상 어떻게 해야 될 것 같아?

소화기관이나 배를 뜻하는 gut은 일상회화에선 '직감, 촉, 본능'이란 뜻으로 자주 쓰이는데요. Collins 사전을 찾아보면 A gut feeling is based on instinct or emotion rather than reason.이라고 나와요. 즉, 이성적인 것보단 본능이나 감정을 바탕으로 느껴지는 것, 느낌상 드는 생각이 gut이라는 거죠.

예 It's not logical. It's a gut feeling. 논리적으로 설명할 수는 없지만 직감적으로 그렇게 해야 될 것 같아.

gut은 당신의 직감, 촉을 믿고 마음이 가는 대로 밀어붙이라는 뉘앙스의 Follow your gut.처럼 유명인들의 명언이나 연설에서도 자주 등장합니다. 하지만 현실적으로 쉽게 쓸 수 있는 상황은 조언할 때인데요. 어떻게 해야 될지 고민하는 상대에게 **What does your gut tell you?**라며 상대의 촉이나 본능적으로 느껴지는 바가 무엇인지를 물어보며 해답을 찾아갈 수 있게 유도해줄 수 있습니다.

Date: _____   Study Time: _____

네이티브들이 매일 주고받는 대화, 영어로 말할 수 있나요?

🎵 112-2. mp3 ▮▮ ▮▮ ▮▮

애슐리

(하룻밤 자며) 곰곰이 생각해봤는데도 아직 어떻게 해야 될지 모르겠어.

제럴드

네 느낌상 어떻게 해야 될 것 같아?

애슐리

난 느낌에 따라 결정을 내리는 여자가 아니긴 하지만 직감상 위험을 감수하고 해야 할 것 같은 느낌은 들어.

제럴드

그럼 그렇게 하는 게 좋겠다. 뭐, 네가 잃을 게 뭐가 있겠어?

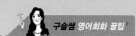
구슬쌤 영어회화 꿀팁

gut vs. guts

직감(gut)상 뭔가를 해야겠다는 생각이 계속 들면 그 감정이 쌓이고 쌓여 밀어붙일 수 있는 배짱이나 용기가 생기죠. 그래서 gut의 복수형인 guts는 '배짱, 용기'란 뜻으로 자주 쓰입니다.

예 **You gotta have some guts.** 넌 배짱 좀 가져야 해.

예 **You don't have the guts.** 넌 그럴 배짱 없잖아.

예 **That took guts.** (그런 행동을 하다니) 배짱 있네.

네이티브들이 매일 주고받는 대화, 무슨 뜻일까요?

🎧 113-1. mp3 ▦ ▦ ▦

Oliver

How did it go with Luke?

Lucia

Not as well as I'd hoped.* Do you think I should give him a call? I'm just worried that he might not change his mind.

Oliver

Why don't you just wait and see? I mean, worrying isn't going to help.*

Lucia

You're right. I'll try my best to distract myself with* work.

 미니 회화사전

* **Not as well as I'd hoped.** 내가 바랐던 만큼 잘되진 않았어.

* **Worrying isn't going to help.** (걱정을 많이 하고 있는 상대에게 조언할 때) 걱정한다고 해결되는 건 아니잖아.

* **distract myself with** ~로 주의를 돌리려 노력하다

 네이티브는 이런 표현으로 말한다!

Why don't you just wait and see? 그냥 상황을 좀 지켜보는 게 어때?

wait and see는 '상황이 어떻게 될지 기다리며 지켜본다'는 의미이죠. 따라서 이럴까 저럴까 고민이 많은 친구에게 '그냥 상황을 좀 지켜보는 게 어때?'라며 조언할 때는 **Why don't you just wait and see?**라고 해보세요. 함께 해결해야 하는 상황에 대해서 이야기할 때는 **Let's just wait and see what happens.**(상황이 어떻게 되는지 그냥 기다려보자.) 등과 같이 말할 수 있습니다.

Date: _____ Study Time: _____

🎧 113-2. mp3

올리버

루크와는 어떻게 됐어?

루시아

내가 바랐던 만큼 잘되진 않았어. 걔한테 전화하는 게 좋을까?
마음을 안 바꿀까 봐 걱정돼서.

올리버

그냥 상황을 좀 지켜보는 게 어때? 걱정한다고 해결되는 건
아니잖아.

루시아

네 말이 맞아. 일로 생각 좀 떨쳐보려 노력해봐야겠다.

구슬쌤 영어회화 꿀팁

두고 보라며 작심할 때도 wait and see
wait and see는 상대가 잘못 생각했다는 걸 증명해 보이고 싶을 때 '두고 봐.'란 뉘앙스로도 쓸 수 있습니다.
I know they're wrong. Wait and see.(난 걔네들이 틀렸다는 걸 확신해. 두고 봐.)처럼 말이죠.

네이티브들이 때로 주고받는 대화, 무슨 뜻일까요?

🔊 114-1. mp3

Linda

Is there any way we can get him to reconsider?

Hank

I'm afraid not. I already tried talking to him, but he wouldn't budge.*

Linda

Well, then let's just wait and see.

Hank

I hate to say this, but our options here are very limited. We need to make a decision sooner than later.*

 미니 회화사전

* **budge** 약간 움직이다. 의견을 바꾸다
  생각/마음을 조금도 바꿀 기미를 보이지 않는다는 뉘앙스의 부정문으로 자주 쓰입니다.

* **sooner than later** (나중으로 미루는 것보단 곧 하는 게 낫다는 뉘앙스) 일찌감치, 하루 빨리

👍 **네이티브는 이런 표현으로 말한다!**

Our options are very limited. 우리에겐 선택권이 별로 없어.

우리에게 '제한된, 한정된'으로 익숙한 limited는 시간이나 수량이 한정되어 얼마 없을 때 자주 씁니다.

예 Since we have **limited** time, I'll make it short and sweet.
   시간이 얼마 없기에 용건만 간단히 말할게요.

이외에도, 선택권이 별로 없으니 주어진 상황에서 서둘러 결정을 내려야 한다고 할 때 **Our options are very limited.**라고 하는데요. 특히 현재 상황에서 딱히 달라질 것도 없고 빨리 결정을 내려야 하는데도 고민하느라 시간을 끌고 있는 상대에게 조언조로 자주 쓰입니다.

Date: _____ Study Time: _____

네이티브들이 매일 주고받는 대화, 영어로 말할 수 있나요?

🎧 114-2. mp3

린다

그가 재고해 보도록 설득할 수 있는 방법이 어떻게든 없을까?

행크

안타깝게도 없을 것 같아. 내가 이미 얘기해보려 했는데 꿈쩍도 않더라고.

린다

뭐, 그럼 기다리면서 상황을 지켜보자.

행크

이런 말 하고 싶지 않지만 지금 우리에겐 선택권이 얼마 없어. 하루 빨리 어떻게 할 건지 결정해야 돼.

구슬쌤 영어회화 꿀팁

상대가 듣고 싶어 하지 않을 말을 하기 전

상대와 반대되는 의견을 표현하거나 상대가 듣고 싶어 하지 않을 말을 꺼내기 전엔 **I hate to say this, but ~** (이런 말 하고 싶지만)으로 시작해 주세요. 그냥 바로 반대되는 의견이나 상처되는 말을 툭 던지는 것보다 나도 원치 않지만 어쩔 수 없이 이런 말을 꺼내야겠다는, 좀 더 조심스러운 느낌을 줍니다. 참고로, 좀 더 격식을 차린 상황에선 **With all due respect**(외람된 말씀이지만, 이런 말씀드려 죄송하지만)도 자주 씁니다.

📝 **I hate to say this, but** you're reading too much into it.

이런 말 하고 싶지 않지만 네가 너무 확대 해석하고 있어.

└ 지나치게 숨은 의미나 의도를 찾으려고 애쓰며 작은 말, 행동까지도 일일이 의미를 부여할 때 You're reading too much into it.(너 너무 확대 해석하고 있어.)이라고 함

📝 **I hate to say this, but** he's not exactly CFO material.

이런 말 하고 싶지 않지만 그는 딱히 최고재무책임자 감은 아니야.

43

네이티브들이 매일 주고받는 대화, 무슨 뜻일까요?

🎧 115-1. mp3

 Judith

I saw a posting about the digital marketing competition.

 Jamie

You should sign up.* Isn't that your area of interest?*

 Judith

It is, but I've never been in a competition. What if I make a fool of myself?*

 Jamie

Just give it a shot.* Who knows? You might actually impress everyone.

📖 미니 회화사전

* **sing up** 등록하다, 신청하다
* **interest** 관심
* **make a fool of oneself** 바보 같은 짓을 하다, 웃음거리가 되다
* **give it a shot** 한번 시도해보다

 네이티브는 이런 표현으로 말한다!

Who knows? 혹시 알아?

일이 어떻게 될지 누군들 알겠냐며 상황을 단정 지어 판단하는 것보단 어쩌면 있을지도 모르는, 혹시 모를 가능성을 열어두자는 걸 강조할 때 **Who knows?**를 씁니다. 상대에게 진짜 아는 사람이 누군지 답변하라는 의도로 묻는 게 아니라, 마치 우리가 '혹시 알아?'를 덧붙이듯 답변을 기대하며 묻는 질문이 아니니 참고하세요.

ⓔ **Who knows?** You might actually end up liking him. 혹시 알아? 네가 진짜 그를 좋아하게 될지.

ⓔ **Who knows?** We might even learn something out of this.
　　혹시 알아? 우리가 여기에서 뭔가를 배울지도.

44

Date: _____   Study Time: _____

네이티브들이 매일 주고받는 대화, 영어로 말할 수 있나요?

🎧 115-2. mp3

쥬디스
디지털 마케팅 대회에 대한 포스팅 봤어.

제이미
나가봐. 네가 관심 있어 하는 분야 아니야?

쥬디스
그렇긴 한데 한 번도 대회 같은 데 나가본 적이 없어서. 나가서 웃음 거리만 되면 어떻게 해?

제이미
그냥 한번 해봐. 혹시 알아? 네가 모두에게 깊은 인상을 남길지.

구슬쌤 영어회화 꿀팁

시도해 보라고 강조해 말할 때 You miss 100% of the shots you don't take.

아이스하키 선수 Wayne Gretzky(웨인 그레츠키)는 시도조차 하지 않으면 단 1%의 성공 가능성도 없이 100% 실패할 수밖에 없다며 You miss 100% of the shots you don't take.(슛을 날리지 않으면 골인은 100% 불가능하다.)라고 했는데요. 정말 유명한 명언이기도 하고, 시도해 보라고 조언할 때 자주 쓰이기도 하니 정확한 뉘앙스를 기억해 주세요.

네이티브들이 매일 주고받는 대화, 무슨 뜻일까요?

🎧 116-1. mp3

Ronald

You know how I never had a chance to finish college? I've been seriously thinking about going back to school.

Trish

Wow, I'm so proud of you!

Ronald

Well, what if people think I'm just having a mid-life crisis?* I'm going to be a 50-year-old sophomore.*

Trish

I think it's wonderful that you have the courage to make such a decision. Besides, who cares how old you are? It's better late than never.

📖 **미니 회화사전**

* **mid-life crisis** (갑자기 평소와 다른 과감한 선택을 하는) 중년기 위기   * **sophomore** (4년제 대학의) 2학년

 네이티브는 이런 표현으로 말한다!

Better late than never. 늦더라도 아예 안 하는 것보단 나아.

나이가 들수록 영어공부, 운동 등 새로운 도전을 할 때 많은 생각을 하게 되죠. 과감히 도전하기보단 너무 늦은 게 아닐지, 지금 와서 해봤자 달라지는 게 있을지 고민하고 있는 상대에게 **Better late than never.**라며 조언해 주세요. '늦게 시작하는 게 아예 안 하는 것보다 낫다.'는 의미입니다. 사과, 화해 등 타이밍을 놓쳐 지금 와서 해봤자 별의미 없지 않을까 고민하는 상대에게도 쓸 수 있어요. 대화에서처럼 앞에 **It's**를 넣어도 됩니다.

예 You should call him and apologize. It's really **better late than never.**
개한테 전화해서 사과해. 늦더라도 아예 안 하는 것보단 훨씬 나아.

Date: _____ Study Time: _____

네이티브들이 매일 주고받는 대화, 영어로 말할 수 있나요?

🎧 116-2. mp3 ▮▮ ▮▮ ▮▮

로널드

내가 대학 졸업 못한 거 알지? 다시 학교로 돌아갈까 진지하게 생각 중이야.

트리쉬

우와, 정말 멋지네!

로널드

저기, 사람들이 내가 중년기 위기를 보내고 있다고 생각하면 어쩌지? 쉰 살짜리 대학교 2학년인 거잖아.

트리쉬

난 네가 그런 결정을 내릴 용기가 있다는 게 정말 대단하다고 생각해. 게다가 네가 몇 살인지 알 게 뭐야? 늦더라도 아예 안 하는 것보단 낫잖아.

구슬쌤 영어회화 꿀팁

나이 때문에 도전을 주춤하는 상대에게 쓸 수 있는 조언 3가지!

상대가 I'm old.(난 늙었어.) 또는 I'm getting old.(나도 이제 나이가 들어가네.)라며 도전하는 걸 주춤할 때 아래 표현들을 응용해 힘을 실어주세요.

1. **You're never too old to learn something new.** 배움에 있어서 나이는 숫자에 불과해.

2. **Age is just a number.** 나이는 숫자에 불과해.

3. **60 is the new 40.** 60살은 요즘 세상에선 40살이나 다름없어.
   └ 다른 나이로도 다양하게 응용 가능

네이티브들이 매일 주고받는 대화, 무슨 뜻일까요?

🎧 117-1. mp3

Audrey
I just got an email saying my company is relocating* me to Memphis next month.

Carl
I love Memphis! It is literally one of my favorite cities. Are you excited?

Audrey
Not really. I really wanted to go to New York. What am I going to do in Memphis?

Carl
I know it sounds cliché,* but everything happens for a reason. You might fall in love with Memphis and end up* wanting to live there for good.*

📖 **미니 회화사전**

* **relocate** (회사나 직원들을) 이전하다, 이동시키다
* **cliché** 뻔한/식상한 말 또는 행동
* **end up -ing** 결국 ~하게 되다
* **for good** 영원히

 네이티브는 이런 표현으로 말한다!

Everything happens for a reason. 세상 일에는 다 이유가 있는 법이잖아.

모든 일이 일어나는 데는 다 이유가 있다며, 지금 당장은 안 좋은 일인 것처럼 보이더라도 배움을 주는 계기가 될 수도 있고, 다른 방향으로 일이 오히려 더 잘 풀릴 수도 있기에 낙담하지 말고 이 시기를 잘 넘기라는 위로조로 자주 쓰입니다.

Date: _____   Study Time: _____

네이티브들이 매일 주고받는 대화, 영어로 말할 수 있나요?

🎧 117-2. mp3 ▪▪ ▪▪ ▪▪

오드리

방금 회사에서 이메일 왔는데 나 다음달에 멤피스로 전근가야 된대.

칼

나 멤피스 정말 좋아하는데! 정말 내가 가장 좋아하는 도시 중의 하나잖아. 설레니?

오드리

아니, 별로. 난 뉴욕에 정말 가고 싶었는데. 멤피스에서 내가 뭘 하겠어?

칼

뻔한 말이란 거 알지만 모든 일이 일어나는 데는 다 이유가 있잖아. 너 멤피스가 너무 좋아서 쭉 거기서 살고 싶어 할지도 몰라.

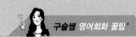

구슬쌤 영어회화 꿀팁

그럴 만한 이유가 있었을 거라며 이해해줄 때

평소 옳은 행동만 하던 믿음직한 사람이 고개를 가우뚱하게 하는 행동이나 말을 했을 땐 다 그럴 만한 이유가 있어서 그런 걸 거라며 이해하려 노력할 때가 있죠. 그때 must have had a reason(틀림없이 사유/이유가 있다)을 응용할 수 있습니다.

예 If he didn't tell you, he **must have had a reason.**
그가 너에게 얘기해주지 않았다면 (틀림없이) 그럴 만한 이유가 있었을 거야.

예 It's okay. I'm sure you **must have had a reason.**
괜찮아. 너가 그런 말/행동을 했을 땐 당연히 그럴 만한 이유가 있었겠지.

49

네이티브들이 매일 주고받는 대화, 무슨 뜻일까요?

🎧 118-1. mp3 ■ ■ ■

Erica

What if* she says no?

Darius

Let's cross that bridge when we come to it.

Erica

Aren't you worried even just a little?

Darius

I'd be lying if I said* I wasn't worried at all, but there's no point in worrying about things you can't control.*

📖 미니 회화사전

* **What if ~?** 만일 ~라면 어떻게 해? ~라면 어쩌지?
* **I'd be lying if I said ~** ~라고 말한다면 거짓말일 거야
* **There's no point in worrying about things you can't control.**
  어차피 컨트롤할 수도 없는데 걱정해봐야 아무 소용없어.
  아직 일어난 일도 아닌데 사서 걱정하는 상대에게 '걱정한다고 달라질 것도 없으니 마음 편히 가지라'며 해주는 말입니다.
  간단히 Don't worry about things you can't control.이라고 조언해줄 수도 있죠.

 네이티브는 이런 표현으로 말한다!

Let's cross that bridge when we come to it. 그건 그때 가서 생각하자.

실질적으로 어려운 상황이 눈앞에 다가오지도 않았는데 미리 걱정하지 말고 마치 다리 앞에 가면 그때 가서 건너듯 그때 가서 생각하자고 할 때 자주 쓰이는 숙어입니다.

Date: _____ Study Time: _____

네이티브들이 매번 주고받는 대화, 영어로 말할 수 있나요?

🎧 118-2. mp3 ■ ■ ■

에리카

그녀가 안 된다고 하면 어떻게 해?

다리우스

그건 그때 가서 생각하자.

에리카

넌 조금도 걱정 안 돼?

다리우스

전혀 걱정 안 된다고 하면 거짓말이겠지만 어차피 컨트롤할 수 없는 부분인데 걱정해봐야 아무 소용 없잖아.

구슬쌤 영어회화 꿀팁

조심스레 속마음을 말할 땐 I'd be lying if I said ~(~라고 말한다면 거짓말일 거야)

상대에게 조심스레 사실이나 속마음을 말할 때 I'd be lying if I said ~(~라고 말한다면 거짓말일 거야)를 자주 쓰는데요. 공식적으로 대놓고 쉽게 인정하긴 부끄럽거나 어렵지만 그렇다고 부인하는 건 거짓말이니 마지못해 또는 조심스레 인정하는 느낌을 주는 거죠.

예 **I'd be lying if I said** I didn't think about it. 내가 그런 생각을 안 했다고 말한다면 거짓말일 거야.
   ∟ 결국 그런 생각을 했다는 걸 인정

예 **I'd be lying if I said** I wasn't disappointed. 실망하지 않았다고 말한다면 거짓말일 거야.
   ∟ 결국 실망했다는 걸 인정

예 **I'd be lying if I said** I didn't miss you. 네가 보고 싶지 않았다고 말한다면 거짓말일 거야.
   ∟ 결국 상대를 보고 싶어 함

네이티브들이 매일 주고받는 대화, 무슨 뜻일까요?

🎧 119-1. mp3

Harry

So, how are you feeling?

Pamela

Extremely nervous. I don't know if I can do this.

Harry

If you can't do this, I don't know a single person who can. Just be yourself. I'm sure everyone's going to like you.

Pamela

Thank you for the pep talk.*

📖 미니 회화사전

* **Thank you for the pep talk.** (특히 상사가 부하직원에게 또는 친구 사이에서 하는 응원의 말을 듣고) 격려/응원의 말 고마워.

 네이티브는 이런 표현으로 말한다!

Just be yourself. 그냥 평소대로 해.

중요한 미팅, 면접 등 상대가 긴장하고 있을 때 우리도 그냥 평소 하던 대로 하면 될 거라고 조언해 주잖아요. 네이티브도 똑같아요. 상대의 평소 실력이나 모습을 보여준다면 일이 충분히 잘 풀릴 거란 뉘앙스로 **Just be yourself.**(그냥 평소 하던 대로 행동해.)라고 말해주세요. 긴장도 풀어주고 상대의 평소 모습이 근사하다는 걸 간접적으로 칭찬까지 해줄 수 있는 좋은 표현입니다.

예 You'll be fine. **Just be yourself.** 괜찮을 거야. 그냥 평소대로 해.

예 **Just relax and be yourself.** 그냥 긴장 풀고 평소 하던 대로 해.

Date: _____   Study Time: _____

네이티브들이 매일 주고받는 대화, 영어로 말할 수 있나요?

119-2. mp3

해리

그래, 뭐 기분은 어떻고?

파멜라

엄청 긴장돼. 이걸 할 수 있을지 모르겠어.

해리

네가 못한다면 이걸 할 수 있는 사람 한 명도 없을 걸.
그냥 평소대로 해. 다들 널 마음에 들어 할 거라 확신해.

파멜라

격려해줘서 고마워.

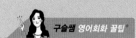
구슬쌤 영어회화 꿀팁

지금 현재 모습, 있는 그대로를 얘기할 때

내 현재 모습, 있는 그대로를 얘기할 때 for who I am이란 표현을 자주 씁니다.

예 She respects me **for who I am.** 그녀는 내 있는 그대로의 모습을 존중해줘.

예 I like you **for who you are.** 난 네 있는 그대로의 모습이 좋아.

사물의 있는 그대로의 조건이나 상태를 얘기할 땐 as-is를 씁니다. 특히 중고 물품을 거래할 때 보증기간이 없거나 교환, 환불이 불가하다는 뉘앙스로 sold as-is라고 쓰이니, 물건을 살 때 이런 문구는 놓치지 않고 살펴야 해요.

예 They are **sold as-is.** (교환, 환불 불가) 지금 현 상태로 판매합니다.

53

네이티브들이 매일 주고받는 대화, 무슨 뜻일까요?

🎧 120-1. mp3

Mike

How's the new job?

Donna

Well, I certainly get paid more, but I hardly* have time for myself. I miss my old work schedule.

Mike

Everything has its pros and cons. At least you're getting a bigger paycheck.*

Donna

I don't have time to spend it, though.

📖 미니 회화사전

* hardly 거의 ~하지 않는, 거의 ~가 없는
* paycheck 봉급, 급여

 네이티브는 이런 표현으로 말한다!

Everything has its pros and cons. 다 장단점이 있는 거지.

'모든 것엔 다 장단점이 있다'는 말 우리도 많이 하죠. 영어로는 **Everything has its pros and cons.**라고 합니다. 결국 장점(pros)에만 또는 단점(cons)에만 치우치지 말자는 조언조로 쓰입니다.

Everything has ~의 응용표현 2개를 더 알려 드릴게요. 이 표현들도 모두 조언조로 자주 쓰입니다.

1. **Everything has** its time. 다 때가 있는 거야.
2. **Everything has** its place. 다 제자리가 있는 거야.

Date: _____   Study Time: _____

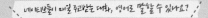

🔊 120-2. mp3 ▦ ▦ ▦

마이크

> 새 일은 어때?

도나

> 음, 전보단 확실히 돈은 더 버는데 내 시간이 거의 없어. 예전 근무시간이 그립네.

마이크

> 다 장단점이 있는 거지. 적어도 예전보다 월급은 더 많이 받잖아.

도나

> 근데 돈 쓸 시간이 없어.

구슬쌤 영어회화 꿀팁

고민될 때 자주 만드는 pros and cons list

쉽게 결정을 내리기 어렵고 고민될 때 **pros and cons list**를 자주 만들어요. 뭔가를 해야 되는 이유인 **pros**(장점, 찬성론)와 **cons**(단점, 반대론)를 한눈에 보며 비교하기 쉽게 리스트를 만드는 거죠.

예 We should **make a list of pros and cons**. 장단점 리스트를 만들어보자.

예 I **made a list of pros and cons**, and it seems there are far more cons than pros.
장단점 리스트를 만들어봤는데 장점보단 단점이 훨씬 더 많은 것 같아요.

55

네이티브들이 매일 주고받는 대화, 무슨 뜻일까요?

🎧 121-1. mp3

Joel

That's it. I'm not putting up with this anymore.

Gayle

Is Travis getting on your nerves again?

Joel

As always! I'm about to call him and tell him that I'm done working with him.

Gayle

Why don't you cool down a bit before giving him a call? You don't want to* burn any bridges.* You never know. You might need his help in the future.

📖 **미니 회화사전**

* **You don't want to + 동사원형** (상대를 타이르며) ~하지 않는 게 좋을 거야, ~하면 후회할 거야

* **burn bridges** 돌이킬 수 없는 선택을 하다, 인간 관계를 끊어버리다
  다리를 다시는 건널 수 없도록 태워버리는 것처럼 절대 돌이킬 수 없는 극단적인, 무모한 결정을 할 때 씁니다.

 네이티브는 이런 표현으로 말한다!

You never know. 사람 일은 어떻게 될지 아무도 모르는 거야.

직역하면 '넌 절대 모른다'는 의미처럼 들리지만 뭔가 전혀 불가능한 건 아니라고, 어떻게 될지 아무도 모르는 거니 단정 지어 상황을 판단하지 말고 지켜보자는 뉘앙스로 **You never know.**(사람 일은 모르는 거야. 그건 어떻게 될지 아무도 모르는 거야.)를 씁니다.

예 **You never know. It might change your entire career.**
사람 일은 모르는 거야. 그것 때문에 네가 평생 일해온 것이 뒤바뀔 수 있어.

예 **You never know. It might turn into a life-changing opportunity.**
사람 일은 모르는 거야. 그것 때문에 네 팔자가 바뀔지도 몰라.

Date: _____   Study Time: _____

네이티브들이 매일 주고받는 대화, 영어로 말할 수 있나요?

🎧 121-2. mp3 ▮▮ ▮▮ ▮▮

조엘

여기까지. 나도 더 이상은 못 참아.

게일

트래비스가 또 신경을 건드리니?

조엘

늘 그렇지! 전화해서 같이 일 못하겠다고 말하려고.

게일

전화하기 전에 조금 진정하는 게 어떨까? 돌이킬 수 없는 선택을 하면 후회할 것 같아서. 사람 일은 어떻게 될지 모르는 거고. 나중에 걔 도움이 필요할지도 모르잖아.

구슬쌤 영어회화 꿀팁

확실히 알 수는 없을 땐 You can never know for sure.

뭔가를 확실히 알 수는 없기에 단정 지어 말하기긴 어렵다고 할 땐 You can never know for sure.(확실히 알 수는 없는 거야.)를 씁니다.

예 **You can never know** anything **for sure.** 뭐든 확실히 알 수는 없는 거야.

예 **You can never know for sure** what someone's really thinking.
사람의 진짜 속마음을 알 수는 없는 거야.

네이티브들이 매일 주고받는 대화, 무슨 뜻일까요?

🎧 122-1. mp3

Hazel

I personally think now is not a good time.*

Oliver

You might be right. Maybe it's too soon, but I need time to think.

Hazel

Take as long as you need.
I don't want you to rush into* anything.

Oliver

Thank you for your advice.

 미니 회화사전

* **Now is not a good time.** 지금은 좋은 시기가 아냐.
* **rush into** (충분히 생각하지 않고) 급하게 ~하다

👍 **네이티브는 이런 표현으로 말한다!**

Take as long as you need. (필요한 만큼) 충분히 시간을 갖고 천천히 해.

서두를 필요 없다고 할 때 **No rush.**(서두르지 마세요.)를 써도 되지만 '필요한 만큼 충분히 시간을 갖고 천천히 해도 된다'는 **Take as long as you need.**가 상대의 페이스대로 할 수 있도록 훨씬 더 배려하는 느낌을 줍니다. 단순히 특정 행동을 필요한 만큼의 시간을 갖고 여유롭게 해도 된다고 할 때도 자주 쓰이지만 힘든 시기를 겪고 있어 마음을 가다듬을 시간이 필요한 상대를 배려해줄 때도 쓸 수 있어요.

예 There is no race. **Take as long as you need.** 경쟁하는 게 아니니 충분히 시간을 갖고 천천히 해도 돼.

예 You can **take as long as you need.** Time will heal. It always does. (상처받아 힘들어하는 지인에게) 필요한 만큼 충분히 시간을 가져도 돼. 시간이 지나면 나아질 거야. 항상 그렇듯 말이야.

Date: _____ Study Time: _____

네이티브들이 매일 주고받는 대화, 영어로 말할 수 있나요?

🎧 122-2. mp3

헤이즐

난 개인적으로 지금은 좋은 시기가 아니라고 생각해.

올리버

네가 옳을지도 몰라. 시기상조일 수도 있겠지만, 생각할 시간이 필요해.

헤이즐

필요한 만큼 충분히 시간 갖고 생각해봐.
네가 (잘 생각해보지 않고) 급하게 뭔가를 하지 않았으면 좋겠어.

올리버

조언해줘서 고마워.

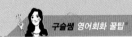
구슬쌤 영어회화 꿀팁

상대가 날 재촉할 때는 이렇게!

상대가 날 재촉하는 게 부담되거나 짜증날 때는 **Don't rush me.**(재촉하지 마.)를 쓰세요.

예 I'm thinking. **Don't rush me!** 생각 중이잖아. 재촉하지 마!

예 I'm almost done, so **don't rush me.** 거의 다 했으니 재촉하지 마.

해서 손해 볼 것도 없다고 말할 때

네이티브들이 매일 주고받는 대화, 무슨 뜻일까요?

🎧 123-1. mp3 ▮▮▮

Logan
Should I call Terry and see where he stands on* this issue?

Eva
Is that necessary? He's not even the decision-maker here.

Logan
I know he isn't, but I know Claire usually asks for his input* before making a big decision.

Eva
Well, then, I suppose* there's no harm in finding out what he thinks.

📖 미니 회화사전

* **stand on** ~에 대해 (특정한) 입장/의견/생각을 가지고 있다
  우리에게 '서 있다'로 익숙한 stand는 상대의 입장을 물어볼 때도 자주 쓰이는데요. 마치 어떤 쪽에 서 있는지 물어보는 것처럼 Where do you stand on ~?(~에 대해 어떤 입장/의견/생각을 가지고 계시나요?)으로 자주 쓰입니다.

* **input** 의견, 조언　　　　　　　　　　* **suppose** 생각하다

 네이티브는 이런 표현으로 말한다!

There's no harm in that. 밑져야 본전이잖아.

어차피 손해 볼 거 없으니 그냥 해보라고 조언할 때 There's no harm in that.(밑져야 본전이잖아. 그래서 나쁠 거 없잖아.)을 쓸 수 있어요. 한번 시도해봐서 설령 원하는 대로 잘되지 않더라도 손해 보거나 잃을 건 없다는 뉘앙스죠. 어떤 일에 시도해본다는 건지 대화 당사자가 서로 아는 경우에는 There's no harm in 뒤에 that을 쓰면 되지만, 구체적인 내용을 밝히고자 할 때는 〈There's no harm in -ing〉의 형태를 씁니다.
　예 **There's no harm in trying.** 시도해서 나쁠 거 없잖아.
　예 **There's no harm in asking.** 물어봐서 나쁠 거 없잖아.

Date: _____ Study Time: _____

네이티브들이 매일 주고받는 대화, 영어로 말할 수 있나요?

🎧 123-2. mp3 ■ ■ ■

로건

테리에게 전화해서 이 문제에 대해 어떻게 생각하는지 알아볼까요?

에바

그럴 필요가 있을까? 지금 상황에서 결정권자도 아닌데.

로건

결정권자는 아니지만 클레어가 중요한 결정을 내리기 전에 보통 그의 의견을 물어보더라고요.

에바

음, 그렇다면 그가 어떻게 생각하는지 알아봐서 나쁠 거 없을 것 같네.

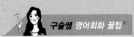
구슬쌤 영어회화 꿀팁

도전을 두려워하는 상대에게

비슷한 뉘앙스로 You have nothing to lose.(잃을 거 하나 없잖아. 손해 볼 거 없잖아.)도 자주 씁니다. 특히 아직 젊고 창창한데 도전을 두려워하는 상대에게 조언조로 저도 입에 달고 사는 표현입니다.

예 You're still young. **You have nothing to lose.** 넌 아직 젊잖아. 잃을 거 하나 없으니 해봐.

예 Give it a shot. **You have nothing to lose.** 한번 시도해봐. (잘되지 않더라도) 손해 볼 거 없잖아.

rhetorical question(수사 의문문)으로 응용해 **What's there to lose?**(잃을 게 뭐 있겠어?)로도 쓰이니 참고 하세요.

네이티브들이 때를 주고받는 대화, 무슨 뜻일까요?

🎧 124-1. mp3 ■ ■ ■

Dante

How's your application* coming along?*

Sheila

Not well. I'm not even sure whether I should apply.

Dante

I know it sounds cliché, but you miss 100% of the shots you don't take. Just give it a shot and see what happens.

Sheila

You're right. Thanks for the advice.

📖 **미니 회화사전**

* **application** 지원서 (*cf.* apply 지원하다)
* **come along** (원하는 대로 순조롭게) 되어가다, 나아지다

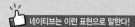 **네이티브는 이런 표현으로 말한다!**

I know it sounds cliché, but ~ 뻔한 말인 거 아는데, ~

조언을 해줄 때 획기적인 게 아닌 이미 누구나 다 알고 있지만 자칫 간과하고 넘길 수 있는 진부하고 뻔한 사실(cliché)을 짚어줄 때도 있잖아요. 그때 **I know it sounds cliché, but ~**으로 시작해 주세요. 예를 들어 상대에게 **Attitude is everything.**(뭐든 태도가 가장 중요해.)이란 조언을 하면 '그걸 누가 모르겠어?'라는 반응을 자아낼 수도 있지만 **I know it sounds cliché, but attitude is everything.**(뻔한 말이란 걸 알지만 뭐든 태도가 가장 중요해.)이라고 하면 누구나 아는 사실이고 상대 이미 알고 있겠지만 그래도 지금 상황에서 꼭 기억해야 할 중요한 내용을 상기시켜주는 느낌을 줍니다.

예 **I know it sounds cliché, but knowledge is power.** 상투적인 말이란 걸 알지만 아는 게 힘이야.

08 | 조언하거나 다독일 때

네이티브들이 매일 주고받는 대화, 영어로 말할 수 있나요?

🎧 124-2. mp3

단테 지원서는 어떻게 잘 되어가고 있어?

쉴라 아니, 잘 안 돼가. 이걸 지원해야 할지조차도 잘 모르겠어.

단테 뻔한 말이란 거 아는데, 슛을 날리지 않으면 골인은 100% 불가능한 거잖아. 그냥 한번 시도해보고 어떻게 되는지 봐봐.

쉴라 네 말이 맞아. 조언해줘서 고마워.

구슬쌤 영어회화 꿀팁

살짝 오글거리는 말을 할 때도 쓰이는 cliché

상대가 듣고 싶어 할 만한 식상하고 뻔한 말을 하는 것 같아 왠지 부끄러울 때도 I know it sounds cliché, but ~(흔히들 하는 말이란 거 알지만 ~)을 자주 씁니다.

예 **I know it sounds cliché, but** I do have the best group of people working for me.
(부하직원 칭찬) 뻔한 말이라는 걸 알지만 정말 최고의 실력자들이 절 위해 일하고 있어요.

예 **I know it sounds cliché, but** it was love at first sight. 뻔한 말이란 걸 알지만 첫눈에 반했어요.
ㄴ 꼭 연인과의 사랑 얘기가 아닌, 처음 뭔가를 접했을 때부터 마음에 쏙 들었다는 걸 강조할 때도 쓸 수 있음

63

125 승산은 없지만 한번 해보자고 제안/조언할 때

네이티브들이 매일 주고받는 대화, 무슨 뜻일까요?

🎧 125-1. mp3 ▢ ▢ ▢

We need to get Will on board.*

I thought he didn't approve of* **our plan from the get-go.***

I know, but it's the only option we have right now.

Well, I think it's a long shot, but let's go talk to him.

 미니 회화사전

* get + 사람 + on board (마치 같이 승선하는 것처럼) 동참하다, 동의하다
* approve of ~을 찬성하다, ~가 괜찮다고 생각하다   * from the get-go 처음부터

👍 **네이티브는 이런 표현으로 말한다!**

It's a long shot, but ~ 승산은 없지만 ~

승산이 없어 보여도 달리 방법이 없어서, 또는 도전할 만한 가치가 있어서, 또는 승산 따위 관계없이 그냥 해 보고 싶어서 도전이란 걸 하게 되는데요. 그럴 때 '승산은 없지만'이라고 앞에 단서를 붙이는 말이 바로 It's a long shot, but ~이에요. Cambridge 사전에 long shot은 something you try although it is unlikely to be successful(승산은 없지만 그래도 시도해보는 것/일)이라고 나오는데요. 원하는 목표물이 아주 멀리 있기에 시도해봐도 잘되거나 성공할 가능성이 낮을 때 자주 씁니다. 승산은 없지만 한번 해보자고 제안할 때나 해볼 만한 가치가 있으니 한번 해보라고 조언할 때 It's a long shot, but 뒤에 도전 내용을 말해주세요.

㉕ We could try it, but it sounds like a long shot. 시도해볼 수 있긴 하지만 승산은 없어 보여.

㉕ It's a long shot, but I think it's worth trying. 승산이 없긴 하지만 그래도 시도해볼 만한 가치가 있어.

Date: _____   Study Time: _____

네이티브들이 매일 주고받는 대화, 영어로 말할 수 있나요?

🎧 125-2. mp3 ▮▮ ▮▮ ▮▮

카밀라

> 윌이 동참하게 설득해야 돼요.

마커스

> 그 사람은 처음부터 우리 계획을 별로라고 생각한 걸로 알고 있는데.

카밀라

> 알아요. 근데 지금 우리에게 있는 유일한 옵션이에요.

마커스

> 음, 승산이 없을 거라 생각되긴 하지만 그래도 가서 얘기해보자.

구슬쌤 영어회화 꿀팁

절대 어림도 없을 땐 not by a long shot

long shot이 잘되거나 성공할 가능성이 낮은 거라면 not by a long shot은 '절대 어림도 없다'며 가능성이 없는 걸 강조할 때 쓰는 숙어표현이에요. 헷갈릴 수 있으니 뉘앙스 차이를 정확히 기억해 주셔야 돼요.

일단 **by a long shot**이라고 하면 '압도적인 차이로, 현저하게'란 뜻인데요. 앞에 **not**이 붙으면 '압도적인 차이로 아니'라는 것이니, 결국 '어림도 없는 일이다, 절대 그런 일은 없다'는 의미가 되는 것이죠. 참고로 Cambridge 사전엔 **not in any way**라고 나와 있습니다.

예 We didn't get everything we wanted, **not by a long shot.**
　저희가 원했던 걸 전부 다 얻어내진 못했죠. 절대로.

예 It's not our only problem, **not by a long shot.** 그게 우리의 유일한 문제는 아니죠. 절대로.

65

네이티브가

습관처럼 자주 쓰는
한 마디

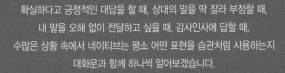

확실하다고 긍정적인 대답을 할 때, 상대의 말을 딱 잘라 부정할 때,
내 말을 오해 없이 전달하고 싶을 때, 감사인사에 답할 때,
수많은 상황 속에서 네이티브는 평소 어떤 표현을 습관처럼 사용하는지
대화문과 함께 하나씩 알아보겠습니다.

뻔하네.
딱 봐도 알겠네.

아니, 내 말은

내 취향 아냐.

확실해.

정말이야. 진짜라니까

네이티브들이 매일 주고받는 대화, 무슨 뜻일까요?

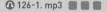 126-1. mp3

Ellen

I feel like I forgot something important.

Andy

I know you didn't because I helped you pack* everything.

Ellen

Are you positive you turned the light off?

Andy

Absolutely positive. Now, why don't you just relax and start enjoying the trip? I really want you to have a good time.

📖 미니 회화사전

* **pack** 짐을 싸다 (↔ unpack)

 네이티브는 이런 표현으로 말한다!

(I'm) Positive. 확실해.

'긍정적인'이란 뜻으로 우리에게 익숙한 positive는 '확실한'이란 뜻도 있는데요. Cambridge 사전에 따르면 certain and without any doubt, 즉 무엇이 옳거나 사실임을 전적으로 확신할 때 positive를 쓴다고 나와 있어요. 평소 positive를 쉽게 쓸 수 있는 상황은 상대가 내게 Are you sure?(확실해? 진짜야?)라고 질문할 때인데요. 그럴 때 Positive.라고 대답할 수 있습니다. I'm을 넣어 I'm positive.라고 하면 완전한 문장이겠지만, 구어체에선 I'm을 생략하고 Positive.만 쓰기도 하고요. 확신의 정도를 강조해서 Absolutely positive. 또는 100% positive.라고도 합니다.

A Are you sure? 확실해?　　B (I'm) Positive. 확실해.

Date: _____   Study Time: _____

네이티브들이 매일 주고받는 대화, 영어로 말할 수 있나요?

🎧 126-2. mp3 ◼️◼️◼️

엘렌

뭔가 중요한 걸 잊어버린 것 같아.

앤디

잊은 거 없다는 걸 난 알아. 왜냐면 내가 짐 싸는 거 도와줬잖아.

엘렌

불 끄고 온 거 확실해?

앤디

진짜 확실해. 이제 긴장 좀 풀고 여행을 즐기는 건 어때? 정말 네가 좋은 시간을 가졌으면 좋겠어.

구슬쌤 영어회화 꿀팁

걱정쟁이는 worrier

걱정을 많이 하는 사람을 worrier, 강조해서 big worrier라고 하는데요. 정도를 재치 있게 강조한 이 표현들도 재미있는 것 같아요. 물론 걱정을 자주 하는 상대를 놀릴 때 쓰면 안 되겠지만 저처럼 평소 걱정을 많이 한다면 자신의 단점을 농담 반 진담 반, 재치있게 승화시켜 얘기할 때 쓸 수 있습니다.

예 I'm a world-class **worrier**. 전 세계 최고급 걱정쟁이입니다.
예 I'm a born **worrier**. 전 타고난 걱정쟁이예요.

물론 world-class와 born은 강조해서 칭찬할 때도 쓸 수 있는 좋은 표현입니다.

예 I'm a **world-class** problem solver. 난 문제 해결이라면 세계 최고급이야.
예 He's a **world-class** doctor. 그는 세계 최고급 의사야.
예 She's a **born** leader. 그녀는 타고난 리더야.
예 You're a **born** salesman. 넌 타고난 영업사원이야.

네이티브들이 매일 주고받는 대화, 무슨 뜻일까요?

🎧 127-1. mp3

Landry

> How did it go? Did he buy it?

Trisha

> **No,** he didn't buy it for a second.

Landry

> Then, what do you think we should do?

Trisha

> Well, we have no choice but to* come clean.*

 미니 회화사전

* **have no choice but to + 동사원형** (~ 외엔 선택의 여지가 없을 때) ~하는 수밖에 없네, ~하는 수밖에 별도리가 없네
* **come clean** 실토하다, 이실직고하다

👍 네이티브는 이런 표현으로 말한다!

I don't buy it for a second. 난 그 말 조금도 안 믿어.

특정 대상이 내게 가치 있다는 걸 믿어야 돈을 주고 구매하는 것처럼 뭔가를 안 믿는다고 할 때 **I don't buy it.**이라고 하는데요. 한 단계 더 나아가 단 1초도 믿지 않을 만큼 조금도 안 믿는다고 할 땐 **I don't buy it for a second.**(난 그 말 조금도 안 믿어.)라고 합니다. **for a second** 대신 단 1분도 믿지 않는다는 뉘앙스인 **for a minute**를 써도 됩니다. 네이티브는 '믿다'라는 뜻으로 buy를 자주 쓰니까 꼭 기억해 주세요.

Date: _____ Study Time: _____

네이티브들이 매일 주고받는 대화, 영어로 말할 수 있나요?

🎧 127-2. mp3

랜드리

어떻게 됐어? 그가 그 말 믿었어?

트리샤

아니, 조금도 안 믿더라고.

랜드리

그럼, 이제 우리 어떻게 해야 할까?

트리샤

뭐, 솔직히 이실직고하는 수밖에 없네.

구슬쌤 영어회화 꿀팁

솔직히 사실을 털어놓을 땐 come clean

숨겼던 사실이나 일을 솔직히 털어놓을 때 **come clean**(실토하다, 이실직고하다)을 씁니다. 마치 깨끗이 다 털어놓는 느낌이죠.

예 It's time to **come clean** and tell everyone. 이제 솔직히 털어놓고 사람들에게 얘기할 때야.

예 I'll **come clean**. 솔직히 털어놓을게.

예 You should have just **come clean**. 그냥 솔직히 말했어야 했어.
　└ 결국 솔직히 털어놓지 않은 것에 대한 안타까움

128 상대의 말에 딱 잘라 그럴 리 없다고 부정할 때

네이티브들이 매일 주고받는 대화, 무슨 뜻일까요?

🎧 128-1. mp3

Peter

I know it's our first time, but I have a feeling that we might actually win this thing.

Iris

Oh, I doubt it.

Peter

You're such a pessimist.*

Iris

I'm just being realistic. I don't want us to get our hopes up* and end up being disappointed.

📖 미니 회화사전

* pessimist 비관주의자

* get one's hopes up 크게 기대하다

 네이티브는 이런 표현으로 말한다!

I doubt it. 안 그럴 걸.

영화 *La La Land*(라라랜드)에서 Sebastian(세바스찬)이 Mia(미아)에게 가는 곳마다 우리가 서로를 우연히 만나게 되는 게 단순히 우연의 일치가 아닌 Maybe it means something.(무슨 의미가 있는 게 아닐까.)이라고 슬쩍 운을 띄우자 Mia가 일초의 고민도 없이 딱 잘라 I doubt it.이라고 말합니다. 이때 I doubt it.을 직역하면 '난 그것을 의심하다.'지만 정확한 뉘앙스는 '안 그럴 걸. 설마 그럴 리가.'이죠. 초가을인데 상대가 내게 내일 눈 올 것 같지 않냐고 물어볼 때도 '설마, 그럴 리가.'라며 I doubt it.이라고 답할 수 있습니다. 단순히 〈doubt = 의심하다〉로 외우지 말고 이런 실질적인 활용법도 꼭 기억해 주세요. 참고로 doubt에서 b는 묵음으로 [daut 다웃]으로 발음됩니다.

A It'll be you next. (다음엔 네가 승진할 거라며) 다음엔 네 차례일 거야.

B Oh, I doubt it, but thanks. 에이, 설마 그럴 리가. 그래도 그렇게 말해줘서 고마워.

Date: _____ Study Time: _____

네이티브들이 매일 주고받는 대화, 영어로 말할 수 있나요?

🎧 128-2. mp3 ▨ ▨ ▨

피터

처음이라는 걸 알지만 우리 진짜 이길 수도 있을 거란 기분이 들어.

아이리스

에이, 안 그럴 걸.

피터

넌 정말 비관적이다.

아이리스

난 그냥 현실적으로 생각하는 것뿐이야. 큰 기대를 했다 실망하고 싶지 않거든.

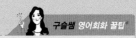
구슬쌤 영어회화 꿀팁

김칫국부터 마시지 말라고 할 땐

상대에게 너무 큰 기대는 하지 말라고 할 때 **Don't get your hopes up.**(너무 큰 기대는 하지 마.)이라고 하는데요. 직역하면 '너의 기대를 너무 높이지는 말라'는 뜻으로 잘될 가능성이 크진 않으니 상대가 기대했다 실망하지 않도록 미리 주의를 줄 때 자주 쓰여요. 미드나 영화에선 '김칫국부터 마시지 마.'로 의역되기도 합니다.

예 I'm meeting him this afternoon, but **don't get your hopes up.**
오늘 오후에 그와 만나긴 하는데 너무 큰 기대는 하지 마.

예 **I don't want you to get your hopes up.** It might fizzle out, just like last time.
난 네가 너무 큰 기대를 하진 않았으면 좋겠어. 저번처럼 흐지부지될지도 모르잖아.

예 It was just a little lunch. **I don't want to get my hopes up.**
그냥 간단히 점심 먹은 것뿐이야. 김칫국 마시지 않으려고.

네이티브들이 매일 주고받는 대화, 무슨 뜻일까요?

🎧 129-1. mp3

 Clive I don't understand why Bernadette is upset* with me.

 Annie It's probably because of the conversation you had the other day.

 Clive Come on,* everyone thinks it's not wise for her to quit her job before finding a new one.

 Annie I don't know. I mean, I think it's not what you said as much as how you said it.

 📖 **미니 회화사전**

* **upset** 속상한, 마음이 상한
* **Come on.** 에이, 말도 안돼. 에이, 무슨 소리야?

👍 **네이티브는 이런 표현으로 말한다!**

I mean, ~ 아니, 내 말은

네이티브는 평소 대화할 때 I mean을 정말 자주 덧붙이는데요. 일상에서 I mean을 쉽게 쓸 수 있는 상황은 크게 2가지로 나눌 수 있습니다.

1. (내가 방금 말한 내용을 정정할 때) 그게 아니라, 아니
   예 We met in college. **I mean,** grad school. 우린 대학 때 만났어. (내 말을 정정하며) 아니, 대학원.

2. (오해의 여지가 없도록 추가 정보를 주거나 확실히 설명할 때) 뭐, 그러니까, 내 말은
   예 Can you give us a bigger discount? **I mean,** 5% is practically meaningless after **tax.** 좀 더 할인해주실 수 있나요? (확실히 설명) 뭐, 5%는 세금 떼면 거의 의미 없는 거나 마찬가지잖아요.

Date: _____ Study Time: _____

🎧 129-2. mp3 ▦ ▦ ▦

클라이브

버나뎃이 왜 나한테 삐졌는지 모르겠어.

애니

아마 저번에 나눈 대화 때문에 그럴 걸.

클라이브

에이, 말도 안 돼. 다들 새 직장을 찾기 전에 회사를 그만두는 건 현명하지 않은 거라 생각하잖아.

애니

모르겠어. 뭐, 내 생각엔 네가 말한 내용보단 표현 방식의 문제인 것 같아.

구슬쌤 영어회화 꿀팁

진심일 땐 I mean it.

I mean, ~이 나온 김에 I mean it.도 짚고 넘어가 볼까요? 본책 대화를 죽 공부하다 I mean it.이란 표현 이미 접하셨을 텐데요. I mean it.은 '진심이야.'란 뜻입니다. 상대에게 내 말이 진심이란 걸 꼭 알려주고 싶을 때 I mean it.을 붙여 강조해 주세요.

예 I'm grateful. **I mean it.** 정말 감사해요. 진심으로요.

예 You're the best. **I mean it.** 네가 최고야. 진심이야.

반대로 진심이 아니었다고 할 땐 I didn't mean it.을 씁니다. 빈말이었다고 할 때도 쓰지만 특정 상황을 의도한 것은 아니었다고 변명할 때도 쓸 수 있습니다.

예 I just said it to be nice, I **didn't really mean it.** 그냥 듣기 좋으라고 한 말이지 진짜 진심은 아니었어.

예 I **didn't mean it** like that. 그런 뜻으로 말한 건 아니었어.

75

네이티브들이 매일 주고받는 대화, 무슨 뜻일까요?

🎧 130-1. mp3 ▪️ ▪️ ▪️

Nick

I think your phone's ringing.*

Wendy

It's probably Shawn. He's been calling me since yesterday.

Nick

Why don't you talk to him and see what he has to say?

Wendy

No, I have given him so many chances.*
I'm telling you, it's over* now.

📖 **미니 회화사전**

* ring (전화기가) 울리다
* chance 기회
* be over 끝나다

👍 **네이티브는 이런 표현으로 말한다!**

I'm telling you, ~ / ~, I'm telling you. 정말이야, 진짜라니까

I'm telling you는 '정말이야, 진짜라니까'라는 의미로, 내가 하는 말을 믿으라며 강조할 때 문장 앞이나 뒤에 덧붙이는 표현인데요. 정확한 뉘앙스를 모르면 '난 너에게 말하고 있는 중이야'라고 오역하기 쉬우니 활용법을 확실히 기억해 주세요.

예 **I'm telling you,** you're making the wrong call. 진짜야. 넌 지금 결정을 잘못 내리고 있다니까.

예 **I'm telling you,** she does have a point. 정말이지 그녀의 말에 일리가 있어.

예 It was perfect, **I'm telling you.** 완벽했어. 정말이야.

Date: _____ Study Time: _____

네이티브들이 매일 주고받는 대화, 영어로 말할 수 있나요?

🎧 130-2. mp3

닉

너 전화 온 것 같은데.

웬디

아마 쇼일 거야. 어제부터 계속 전화하네.

닉

무슨 말을 하려는지 들어나 보는 건 어때?

웬디

아니, 기회는 정말 많이 줬어. 정말이지, 이젠 끝이야.

구슬쌤 영어회화 꿀팁

다시 한 번의 기회 second chance

실수나 실패를 한 사람이 다시 한 번 제대로 해볼 수 있도록 두 번째 기회를 주는 걸 second chance라고 하는데요. 만회할 수 있도록, 이번엔 잘해낼 수 있도록 다시 한 번 기회를 주라고 설득할 때 자주 쓰입니다.

예 Give me a **second chance**. 한 번 더 기회를 주세요.

예 Everyone deserves a **second chance**. = We all deserve a **second chance**.
(살면서 실수하지 않는 사람은 없기에) 누구든 실수를 만회할 기회는 있어야지.

한 번 더 제대로 시도해볼 기회를 주라는 상황에서 더 자주 쓰이지만 두 번째 기회란 없기에 실수하거나 망치면 안 된다고 할 때도 쓸 수 있습니다.

예 Don't mess it up. We don't get a **second chance**. 망치면 안 돼. 또 다른 기회란 없어.

네이티브들이 매일 주고받는 대화, 무슨 뜻일까요?

🔊 131-1. mp3 ▦ ▦ ▦

 Neil

How's everything going?

 Jemma

It's going pretty well. I just hope my visa gets approved.

 Neil

I'll keep my fingers crossed that everything goes as you planned.*

 Jemma

Thanks. I needed that.

📖 미니 회화사전

* **as you planned** 네가 계획했던 대로
  응용해서 as you wanted는 '네가 원했던 대로'란 뜻으로 쓸 수 있습니다.

 네이티브는 이런 표현으로 말한다!

I'll keep my fingers crossed. 행운을 빌게. 잘되길 바랄게.

행운을 빌어줄 때 두 번째, 세 번째 손가락을 교차해 꼬면서 Fingers crossed.라고 말하는 건 Good luck. 못지않게 자주 쓰입니다. I'll keep my fingers crossed.라고도 하고요. 무엇에 대해 행운을 빌어주는 것인지 구체적인 내용을 밝힐 때는 뒤에 그냥 구체적인 내용을 ⟨(that) 문장⟩으로 말하면 되죠. 근데 Fingers crossed./I'll keep my fingers crossed.를 '행운을 빌게.'라고만 외우면 다양한 상황에서 쓰기 어려워요. '잘됐으면 좋겠다', '제발 ~하게 되길'이라고 할 때도 쓸 수 있다는 걸 기억해 주세요.

예 **Fingers crossed that it'll get approved.** 제발 그게 승인되면 좋겠다.

나아가 재치 있게 응용해서 손가락은 물론 발가락도 꼬고 있다고 강조해 농담처럼 말하기도 합니다.
예 **I've got my fingers and toes crossed.** 정말 잘되길 바라고 있어.

Date: _____   Study Time: _____

네이티브들이 매일 주고받는 대화, 영어로 말할 수 있나요?

🎧 131-2. mp3

네일

어떻게 다 잘 진행돼가?

젬마

그럭저럭 잘되고 있어. 비자만 문제없이 나왔으면 좋겠다.

네일

네가 계획한 대로 모든 게 잘되길 바랄게.

젬마

고마워, 안 그래도 그런 응원의 말이 필요했는데 말야.

구슬쌤 영어회화 꿀팁

Good luck은 상대에게만 쓸 수 있어요.

우리에게 익숙한 Good luck.(행운을 빌어.)은 상대가 바라는 대로 잘되길 바란다는 뉘앙스로 쓰고 상대에게 날 위해 행운을 빌어달라고 할 땐 주로 Wish me luck.(내게 행운을 빌어줘.)을 씁니다.

이외에도 잘되길 바라주는 구체적인 대상을 넣어 〈Good luck to + 대상(~에게 행운을 빌어)〉으로도 응용해 쓸 수 있지만, 내가 잘되길 빌어달라며 상대에게 Good luck.이라고 하면 어색할 수 있으니 정확히 알아두세요.

예 **Good luck** to me. 내게 행운이 함께하길.

예 **Good luck** to both of us. 우리 둘에게 행운이 함께하길.

예 **Good luck** to you. 너에게 행운이 함께하길.

네이티브들이 매일 주고받는 대화, 무슨 뜻일까요?

🎧 132-1. mp3 ▨ ▨ ▨

Jeremy

Are you done reading this paper?*

Anna

Yes, it's all yours.

Jeremy

Thanks. So, is there anything special in the paper?

Anna

There's an interesting article in the finance section.
You should check it out.*

📖 미니 회화사전

* paper (newspaper의 줄임말) 신문
* You should check it out. (부담 없이 추천) 한번 봐봐. 한번 알아봐.

 네이티브는 이런 표현으로 말한다!

It's all yours. 맘껏 써.

상대에게 물건을 주며 자신의 물건처럼 편히, 맘껏 쓰라고 할 때 **It's all yours.**(다 네 거야. 맘껏 써.)라고 할 수 있습니다. all yours(다 너의 것)는 물건 외에 친한 지인들끼리 농담처럼 쓰기도 하는데요. 예를 들어 **He's all yours.**라고 하면 '(난 이미 물어볼 질문이나 할 얘기를 다 나눴으니) 그 사람과 편히 얘기 나눠.'란 뜻이 됩니다. 이 외에도 발표나 프레젠테이션에서 다음 발표자에게 마이크를 건네며 **Floor's all yours.**(이제 당신 무대예요.)라고도 하니 all yours의 다양한 활용법을 기억해 주세요.

Date: _____ Study Time: _____

네이티브들이 매일 주고받는 대화, 영어로 말할 수 있나요?

🎧 132-2. mp3 ▥ ▥ ▥

제레미

이 신문 다 읽었어?

안나

응, 편히 봐도 돼.

제레미

고마워. 그래서 뭐, 오늘 신문에 특별한 내용이라도 있어?

안나

금융 섹션에 흥미로운 기사가 있더라. 한번 봐봐.

구슬쌤 영어회화 꿀팁

very interesting 대신 fascinating!

뭔가 흥미로울 때 interesting이라고 하는데요. 그 흥미로움의 강도를 더 높인 표현은 very interesting이죠. 그런데 이럴 때 아주 유용한 표현으로 fascinating도 있답니다. 넋을 잃고 빠져들 정도로 대단히 흥미롭고 매력적이라는 걸 강조할 때 쓰입니다. very interesting과 같다고 생각하면 평소에도 쓰기 쉬우니까, 천날만날 very interesting만 쓰지 말고 fascinating도 적절히 써보세요.

예 That's a **fascinating** story. 정말 흥미진진한 얘기네요.

예 It was a **fascinating** experience. 정말 흥미로운 경험이었어요.

예 Artificial Intelligence is such a **fascinating** field. 인공지능은 정말 흥미로운 분야잖아요.
  ㄴ 특히 상대가 종사하고 있는 분야를 칭찬해줄 때 fascinating field를 자주 씀

네이티브들이 매일 주고받는 대화, 무슨 뜻일까요?

🎧 133-1. mp3 ◼ ◼ ◼

Kevin

> What kind of food do you like?

Pauline

> I like Korean food.

Kevin

> How about Chinese?

Pauline

> Well, it's not my favorite. I find it too heavy* for my taste.

 미니 회화사전

* **heavy** (음식이 기름지거나 양이 많아) 소화가 잘 안 되는

👍 네이티브는 이런 표현으로 말한다!

It's not my favorite. (그걸) 그리 좋아하진 않아요.

It's not my favorite.를 직역하면 '내가 가장 좋아하는 건 아니야.'란 뜻이지만 결국 뭔가를 그다지 좋아하지 않는다는 걸 부드럽게 돌려 말할 때 자주 써요. 음식에 쓰이면 '굳이 찾아 먹진 않는다.'는 뜻으로, 영화에 쓰이면 '굳이 찾아보진 않는다.'는 뜻으로 의역되기도 합니다.

예 I've seen the show, but honestly, **it's not my favorite.**
   그 프로를 본 적은 있는데 솔직히 말해서 별로 좋아하진 않아요.

예 **It's not my favorite** color, but it's okay. 제가 별로 좋아하는 색상은 아니지만 그래도 괜찮아요.

참고로 not my favorite는 물건 외에 사람에게도 쓸 수 있는데요. She's not my favorite.라고 하면 결국 '난 그녀를 별로 좋아하진 않는다.'는 뜻이 됩니다.

Date: _____   Study Time: _____

🎧 133-2. mp3

케빈

어떤 종류의 음식을 좋아해?

폴린

난 한식 좋아해.

케빈

중식은 어때?

폴린

음, 굳이 찾아 먹진 않아. 내 취향에는 너무 기름져서.

구슬쌤 영어회화 꿀팁

안 좋아한다는 걸 강조할 땐 my least favorite

my least favorite는 말 그대로 '내가 가장 안 좋아하는 것', 즉 내 취향은 아니라는 걸 강조하면서도 싫어한다는 걸 부드럽게 돌려 말할 때 자주 쓰입니다. favorite(가장 좋아하는 것, 가장 좋아하는)는 명사와 형용사로 모두 쓰이죠.

📝 **This is my least favorite part of my job.** 이게 제 일 중 제가 가장 안 좋아하는 부분이에요.
ㄴ 결국 가장 싫어하는 부분이라는 말

📝 **Mint chocolate is my least favorite flavor. It literally tastes like toothpaste.**
민트 초콜릿은 제가 가장 안 좋아하는 맛이에요. 진짜 치약 맛 나요.
ㄴ 결국 가장 싫어하는 맛이라는 의미

📝 **Meetings are my least favorite thing.** 미팅은 제가 가장 좋아하지 않는 거예요.
ㄴ 결국 미팅하는 걸 싫어한다는 얘기

네이티브들이 매일 주고받는 대화, 무슨 뜻일까요?

🎧 134-1. mp3 ▦ ▦ ▦

Leo

Do you by chance know* Lauren Myers? She works in HR.*

Mindy

The name doesn't ring a bell. **Why?**

Leo

She's pretty good with this stuff. I thought we could ask her for help.

Mindy

That would be nice.

 미니 회화사전

* Do you by chance know ~? 혹시 ~알아?　　　　* HR 인사부 (Human Resources의 약자)

👍 **네이티브는 이런 표현으로 말한다!**

It doesn't ring a bell. 기억이 잘 안 나는데.

상대의 말을 들어보니 마치 머릿속에 종이 딸랑딸랑 울리듯 기억이 날 때 ring a bell(생각이 나다, 기억이 나다)을 쓸 수 있는데요. 일반동사 앞에 does, do, did를 쓰면 정도를 강조하는 느낌을 주는 것처럼 확실히 기억난다는 뉘앙스인 It does ring a bell. 형태로 자주 쓰입니다. 반면, 얘기를 들어봐도 생각이 잘 안 날 땐 It doesn't ring a bell.이라고 할 수 있어요. 특히 사람, 장소 이름을 얘기할 때 자주 쓰입니다. It 자리에는 물론 The name 등과 같이 구체적인 내용을 언급해도 되죠.

예　Does the name ring a bell? 그 이름 들어본 적 있어? (이름 들으니 기억나?)

예　I think that does ring a tiny bell. 희미하게 기억이 나는 것 같아요.

예　The name doesn't ring a bell. Do you have a picture?
　　이름을 들어도 기억이 잘 안 나는데. 사진 있어?

Date: _____ Study Time: _____

네이티브들이 매일 주고받는 대화, 영어로 말할 수 있나요?

🔊 134-2. mp3 ⬛⬛⬛

레오

혹시 로렌 마이어스 알아? 인사부에서 근무하는데.

민디

이름 들어도 잘 모르겠는데. 왜?

레오

로렌이 이런 거 꽤 잘하거든. 도움을 요청해도 괜찮을 것 같아서.

민디

그럼 좋겠네.

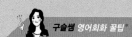
구슬쌤 영어회화 꿀팁

듣고 보니 생각났을 땐 Now that you mention it, ~

now that(~하니까, 이제 ~하고 나니)은 원인과 이유를 설명하는 부사절 접속사로 새로운, 바뀐 상황을 설명할 때 자주 쓰입니다. 따라서 '네가 그 말 하니까' 생각난다, '네 말 듣고 보니' 생각난다고 할 때는 Now that you mention it을 쓰면 되죠.

예 **Now that you mention it, it does ring a bell.** 네 말을 듣고 보니 기억이 나네.

나온 김에 Now that ~의 다른 활용예들도 몇 개 더 보도록 해요.

예 **Now that everyone's here, let's get started.** 다들 모였으니 시작하자.

예 **Now that it's over, let's go celebrate.** 이제 끝났으니 가서 기념하자.

네이티브들이 매일 주고받는 대화, 무슨 뜻일까요?

🎧 135-1. mp3

Terry

You really are management material.*

Zeta

Oh, you're just saying that.

Terry

No, I mean it. I've been in this business a long time, and I've never run across* anyone like you.

Zeta

Thank you. That means a lot.

📖 미니 회화사전

* material 자질, 감

* run across (우연히) 접하다, 만나다

 네이티브는 이런 표현으로 말한다!

You're just saying that. 그냥 하는 말이잖아.

상대가 약간 부끄러울 정도로 칭찬이나 듣기 좋은 말을 해줄 때 **You're just saying that.**이라고 자주 쓰는데요. 진심이 아니라 그냥 하는 말이란 걸 안다는 뉘앙스로, 장난스러운 말투로 자주 쓰여요. 상대가 믿기 어려운 충격적인 말을 했을 때 설마 진심으로 한 말은 아닐 거란 생각이 들 때도 쓸 수 있죠. 유사표현인 **You don't mean that.**(진심으로 하는 말 아니잖아.)도 자주 쓰이니 참고하세요.

A You look gorgeous in that dress. 너 그 원피스 입으니 정말 아름다워 보인다.

B **You're just saying that.** 진심이 아니라 그냥 하는 말이잖아.

A I've had enough! I'm going to break up with him. 더 이상은 못 참겠어! 걔랑 헤어질 거야.

B **You're just saying that.** Just a few days ago, you told me that he's great marriage material. 그냥 하는 말이잖아. 며칠 전만 해도 그가 결혼상대로 얼마나 괜찮은지 얘기했잖아.

Date: _____   Study Time: _____

네이티브들이 매일 주고받는 대화, 영어로 말할 수 있나요?

🎧 135-2. mp3

테리 넌 정말 경영진 감이야.

제타 에이, 그냥 하시는 말이잖아요.

테리 아니, 진심이야. 난 이 업계에 오래 종사해왔는데 너 같은 사람을 본 적이 없어.

제타 감사해요. 저에겐 정말 뜻깊어요.

 구슬쌤 영어회화 꿀팁

그냥 하는 말이 아니라 진심이라는 걸 강조할 때

진심이라는 걸 강조할 때 **I mean it.**(진심이야.)이 평소 가장 많이 쓰이지만 **I'm not just saying that.**(그냥 하는 말이 아냐.)도 자주 쓰이니까, 함께 알아두세요.

예 I have every confidence that you'll succeed. **I'm not just saying that.**
난 네가 성공할 거라고/잘해낼 거라고 전적으로 확신해. 그냥 하는 말이 아니라 진심이야.

예 You're so talented. **I'm not just saying that** to be nice. I've never run across anyone like you. 넌 정말 재능 있어. 그냥 기분 좋으라고 하는 말이 아니라 진심이야. 너 같은 사람을 본 적이 없어.

예 It was the worst movie ever. **I'm not just saying that.**
제가 본 최악의 영화였어요. 그냥 하는 말이 아니라 정말로요.

네이티브들이 매일 주고받는 대화, 무슨 뜻일까요?

🔊 136-1. mp3 ⬛ ⬛ ⬛

Marilyn

It's obvious that you don't approve.*

Stanley

To be completely honest, I don't. Pardon my bluntness.*

Marilyn

Oh, no, I enjoy bluntness. It saves time. Is there a single thing you like about it?

Stanley

I like the color, but that's about it.*

📖 미니 회화사전

* **approve** 찬성하다, 괜찮다고 생각하다
* **Pardon my bluntness.** 대놓고 말해서 미안해. 직설적으로/노골적으로 말해서 미안해.
* **That's about it.** (대략 할 말을 다해서 더 이상 덧붙일 게 딱히 없을 때) 그 정도가 다예요. 그게 다나 마찬가지예요.

 네이티브는 이런 표현으로 말한다!

It's obvious. 뻔하네. 딱 봐도 알겠네.

눈에 뻔히 보일 만큼 분명하고 뻔할 때 obvious를 자주 쓰죠. 따라서 '딱 봐도 ~네'라고 말하고 싶을 땐 <It's obvious (that) S + V>로 말하면 됩니다. 어떤 상황을 두고 "뻔하네." "딱 봐도 알겠네."라고 할 때는 간단히 It's obvious.라고 하면 되고요. 누가 봐도 쉽게 눈치챌 만큼 티나는지 물어보고 싶을 때는 Is it obvious?(티나?)를 쓰세요.

예 It's so **obvious**. 너무 뻔하다. 너무 티난다.

예 Is it that **obvious**? 그 정도로 티나?

예 Is it **obvious** that I don't like her? 내가 걔를 안 좋아하는 게 티나?

Date: _____ Study Time: _____

네이티브들이 매일 주고받는 대화, 영어로 말할 수 있나요?

🔊 136-2. mp3 ▇▇ ▇▇ ▇

마를린
딱 봐도 별로라고 생각하시는 것 같네요.

스탠리
정말 솔직히 말하면 별로예요. 너무 직설적으로 말해서 죄송해요.

마를린
아, 아니예요. 전 직설적으로 말하는 거 좋아해요. 시간 낭비하지 않고 좋잖아요. 마음에 드시는 점이 하나라도 있나요?

스탠리
색상은 마음에 드는데 그 정도가 다예요.

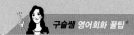
구슬쌤 영어회화 꿀팁

양해 및 용서를 구할 때 Pardon my ~

우리에게 익숙한 pardon은 상대의 말을 알아듣지 못했을 때 다시 말해달라며 쓰는 Pardon?(뭐라고요?)인 것 같은데요. pardon은 '~을 용서하다, 눈감아주다'라는 뜻으로도 자주 쓰여요.

예 **Pardon my** ignorance, but... 제가 잘 몰라서 그러는데요…
　└ 제 무지를 용서해 달라는 뉘앙스

예 **Pardon my** language. 제 말투를 용서해/눈감아 주세요.
　└ 센 비속어를 쓴 후 하는 말

89

네이티브들이 매일 주고받는 대화, 무슨 뜻일까요?

🎧 137-1. mp3

 AI

So, what do you think? I made some changes to make it look more polished.*

 Diana

I hate to say this, but I can hardly tell the difference.

 AI

Are you serious? I added more pictures on the last page, and the font style is different as well.*

 Diana

Oh, I see that now.*

 미니 회화사전

* polished (마치 매끄럽게 닦아 광을 낸 것처럼) 세련된, 다듬어진   * as well 또한, 역시
* I see that now. (아까는 잘 몰랐는데) 이제 보니 그렇네.

👍 네이티브는 이런 **표현**으로 말한다!

I can hardly tell the difference. 뭐가 다른지 잘 모르겠어.

뭔가를 딱 보면 알 수 있을 때 **I can tell.**(딱 보면 알아.)을 쓰는데요. 상대가 굳이 말을 안 해도 상황을 보고 쉽게 판단할 수 있는 부분이란 뉘앙스입니다.

예 She still likes you. **I can tell.** 걘 널 아직 좋아해. 딱 보면 알아.

반면, 뭔가 직접 보고 있어도 보이거나 느껴져야 될 부분이 바로 와닿지 않을 때 **I can't tell.**(난 봐도 잘 모르겠어.)이라고 할 수 있습니다.

예 **I can't tell** whether you're telling the truth or not. 네가 사실을 얘기하고 있는 건지 잘 모르겠어.

좀 더 응용해, hardly(거의 ~하지 않는)를 써서 **I can hardly tell the difference.**라고 하면 봐도 차이를 거의 잘 모르겠다는 뜻이 됩니다. difference는 '차이, 차이점'을 의미하죠.

Date: _____ Study Time: _____

🎧 137-2. mp3 ▮▮ ▮▮ ▮▮

알 그래, 어떤 것 같아? 더 세련된 느낌을 주려고 이것저것 좀 변경했어.

다이아나 이런 말 하고 싶지 않은데 뭐가 다른지 잘 모르겠어.

알 진심이야? 마지막 페이지에 사진도 더 추가했고 글씨체도 다르잖아.

다이아나 아, 이제 보니 그렇네.

구슬쌤 영어회화 꿀팁

거의 같은 거나 다름없다고 할 때

차이가 별로 느껴지지 않을 때 쓸 수 있는 표현 2개를 더 알려 드릴게요. 그게 그거라고 할 때 자주 쓰는 표현입니다.

1. It's basically the same thing. 그게 그거야.
   └ 근본적으로 같다는 뉘앙스

2. You're comparing apples to apples. 거의 같은 부류나 다름없어.
   └ 마치 두 개의 사과를 비교하는 것에 다름아니라는 뉘앙스

네이티브들이 매일 주고받는 대화, 무슨 뜻일까요?

🎧 138-1. mp3 ■ ■ ■

Ally

Which dress should I wear?

Ben

What's the occasion?

Ally

I have a second date with Steven, and I don't want to look like* I'm trying too hard.

Ben

Then, I would go with* the navy one.

 미니 회화사전

* I don't want to look like S + V ~처럼 보이고 싶진 않다
* I would go with ~ 나라면 ~을 선택하겠다

👍 네이티브는 이런 표현으로 말한다!

What's the occasion? 오늘 무슨 (특별한) 날이야?

상대가 평소보다 특히 더 옷차림이나 매무새에 신경 쓸 때 오늘 무슨 특별한 약속이라도 있는지 물어보잖아요. 그때 occasion(특별한 행사/때)을 이용해 What's the occasion?이라고 관심을 보일 수 있어요.

A You look nice today. **What's the occasion?** 오늘 근사해 보이는 걸. 무슨 (특별한) 날이야?
B I have a date tonight. 오늘밤 데이트가 있어서.

Date: _____   Study Time: _____

네이티브들이 매일 주고받는 대화, 영어로 말할 수 있나요?

🎧 138-2. mp3 ▢ ▢ ▢

앨리

어떤 드레스 입는 게 좋을까?

벤

무슨 날이야?

앨리

스티븐과 두 번째 데이트가 있는데 너무 애쓰는 것처럼 보이고 싶진 않아.

벤

그럼, 나라면 남색 드레스를 선택할 것 같아.

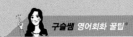
구슬쌤 영어회화 꿀팁

What's the occasion? 더 보기

갑자기 잡힌 미팅이나 방문에 대해 혹시 특별한 날이나 의미를 갖고 모인 건지 물어볼 때도 **What's the occasion?**을 쓸 수 있죠. 즉 외모든 행동거지든 상대가 평소와 달리 요란을 떨 때뿐 아니라, 동네가 평소와 달리 요란스런 분위기일 때, 갑자기 미팅이 소집됐다거나 회사에 갑자기 다과/선물이 들어왔을 때 등등, 무슨 특별한 일이라도 있나 싶을 때는 모두 **What's the occasion?**을 쓸 수 있습니다. 우리말과 똑같아요.

A I saw Joseph's car in the driveway. **What's the occasion?**
(평소 자주 왕래가 있는 건 아닐 때) 집 앞에 조셉 차 있는 거 봤는데 오늘 무슨 특별한 날이야?

B No occasion. He was just in the neighborhood and wanted to say hi.
특별한 날은 아니고 그냥 동네에 왔다가 인사차 들렀대.

🎧 139-1. mp3

Milo

I can tell you really like her.

Shawn

I do like her. Do you think she's seeing someone?

Milo

Not that I know of. I mean, she wouldn't have worked late on Valentine's day if she had a boyfriend.

Shawn

You're right. Maybe I should ask her out* on a date.

📖 **미니 회화사전**

* **ask + 사람 + out** ~에게 데이트 신청하다
  뒤에 on a date를 붙여도 되고 빼도 됩니다.

 네이티브는 이런 표현으로 말한다!

> **Not that I know of.** 내가 알기로는 그렇지 않아.
>
> 뭔가를 100% 확정 지어 아니라고 얘기하긴 조심스럽고 그렇다고 I don't know.(몰라.)라고 성의 없이 대답하기엔 어느 정도는 아는 상황일 때 **Not that I know of.**(내가 알기론 안 그런데.)를 쓰세요. 딱 잘라 아니라고 확신할 수는 없지만 지금 내가 아는 바로는 그렇지 않다, 내가 틀릴 수도 있다는 여지를 남기는 표현인데요. 잘만 쓰면 잘못된 정보를 주고 져야 되는 책임이나 부담되는 상황으로부터 벗어나게 해줄 수 있는 유용한 표현입니다.
>
> A **Is there something wrong with Jamie?** 제이미한테 무슨 문제 있어?
> B **Not that I know of.** 내가 알기론 없는데.

94

Date: _____　　Study Time: _____

 네이티브들이 매일 주고받는 대화, 영어로 말할 수 있나요?

🎧 139-2. mp3 ▮▮ ▮▮ ▮▮

 마일로 네가 그녀를 좋아하는 게 딱 보여.

 손 맞아, 정말 좋아해. 만나는 사람이 있는 것 같니?

 마일로 내가 알기론 없어. 아니, 남자친구가 있었다면 발렌타인 데이 때 야근하지 않았겠지.

손 네 말이 맞네. 데이트 신청 해볼까 보다.

 구슬쌤 영어회화 꿀팁

〈take + 사람 + out〉은 데이트할 때만 쓴다고요?

〈ask + 사람 + out〉 표현이 나온 김에 〈tak + 사람 + out〉 표현도 한번 살펴볼까요? 〈take + 사람 + out〉은 '~를 데리고 나가 대접하다'라는 뜻인데요. 데이트 신청을 할 때만 쓴다고 오해하시는 분들이 가끔 있더라고요. 물론 이 표현은 데이트 신청할 때 자주 쓰이긴 하지만 단순히 제가 부모님, 동료, 친구 등에게 식사를 대접할 때나 영화, 뮤지컬 등을 보여줄 때도 쓸 수 있어요. 말 그대로 take out 밖으로 데리고 가서 내가 돈을 내고 대접할 때 쓰는 거죠.

예 Could I **take you out** for coffee sometime? 언제 시간 될 때 커피 한잔 대접해도 될까요?

예 Why don't I **take you out** to a nice lunch for your birthday? The sky's the limit.
　네 생일 기념으로 맛있는 점심 사줄게. 같이 가는 거 어때? (하늘이 한계점일 정도로 무궁무진하니 금액의 한계는 없는 거나 마찬가지라는 뉘앙스) 먹고 싶은 거 다 먹어도 돼.

예 I **took my parents out** to a movie. 부모님 모시고 나가서 영화 보여드렸어.

네이티브들이 매일 주고받는 대화, 무슨 뜻일까요?

🎧 140-1. mp3 ▢ ▢ ▢

 Ray
What are you up to?

 Laura
I'm just looking at some pictures on Instagram.
I wish I were Gabby. She has the perfect, happy life,
whereas* I'm living paycheck to paycheck.*

 Ray
You need to stop comparing yourself to others.
Everyone looks perfect on the surface, just like how
you only post the highlights of your life.

 Laura
I didn't think of it that way.

📖 미니 회화사전

* **whereas** (두 가지 상황을 비교 대조할 때) 그런데, ~인 반면
* **live paycheck to paycheck** (마치 다음달 월급만 바라보고 사는 것처럼) 한 달 벌어 한 달 먹고 살다

 네이티브는 이런 표현으로 말한다!

I wish I were you. (네가 되고 싶을 만큼) 정말 부럽다.

상대가 정말 부러울 때 마치 내가 상대가 되고 싶을 만큼 부러운 마음을 강조하는 I wish I were you.를 자주
써요. '내가 너라면 얼마나 좋을까. 정말 부럽다.'는 느낌이죠. 내가 상대였으면 좋겠지만 그렇게 될 수는 없기에
내가 원하는 게 현실과 반대되는 상황에 대한 아쉬움을 표현하는 〈I wish S + were/과거동사(~하면 좋을 텐
데, ~하면 얼마나 좋을까)〉 패턴을 이용했습니다. you 말고 부러운 다른 사람을 넣어서도 말해보세요.
예 **I wish I were you. I would love to go to Paris.** 정말 부럽다. 나도 정말 파리에 가고 싶은데.

Date: _____ Study Time: _____

네이티브들이 매일 주고받는 대화, 영어로 말할 수 있나요?

🎧 140-2. mp3 ▨ ▨ ▨

레이

뭐 하고 있어?

로라

그냥 인스타그램에서 사진 보고 있어. 걔비가 정말 부럽다. 난 하루 벌어 하루 먹고 사는데 걘 완벽하고 행복한 삶을 살잖아.

레이

다른 사람하고 비교하는 걸 멈춰야 해. 너도 네 인생에서 제일 좋은 순간만 올리는 것처럼 다른 사람들도 겉에서 보기엔 완벽해 보이는 거야.

로라

그렇게는 생각 안 해봤네.

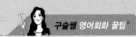
구슬쌤 영어회화 꿀팁

부러울 땐 I'm jealous도 자주 써요!

질투날 정도로 정말 부러울 때 I'm jealous!(부럽다! 좋겠다)를 긍정적인 뉘앙스로 자주 씁니다.

예 **I'm so jealous** that you're going to Europe. I wish I were you.
유럽에 간다니 진짜 좋겠다! 정말 부러워.

물론 연인에게 느끼는 질투나 부정적인 상황에서도 **jealous**를 쓸 수 있습니다.

예 Ignore them. They're just **jealous**. 걔들은 무시해. 그냥 부러워서 그러는 거니까.

예 Are you **jealous**? 질투하는 거야?

친한 사이에서 상대가 질투할 때 장난스러운 말투로 Someone's jealous.(질투하는 사람 여기 하나 있네.)라며 농담하기도 합니다.

네이티브들이 매일 주고받는 대화, 무슨 뜻일까요?

🎧 141-1. mp3 🔲🔲🔲

Willy

Thank you for coming all the way here to pick me up.*

Erin

It's no trouble at all.

Willy

How bad was the traffic?*

Erin

It wasn't that bad.

📖 미니 회화사전

* pick + 사람 + up ~를 데리러 오다
* How bad was the traffic? (교통 상황이 얼마나 나빴는지 물어볼 때) 차는 얼마나 막혔나요?

 네이티브는 이런 **표현으로 말한다!**

No trouble at all. 전혀 번거로울 거 없어.

problem과 trouble은 둘 다 주로 '문제'라는 뜻으로 해석되지만 미묘한 뉘앙스 차이가 있어요. **problem**은 해결책을 구해야 하는 문제일 때 쓰는 반면 **trouble**은 힘든, 번거로운, 안 좋은 일이 생길 때 느껴지는 부정적인 감정에 초점이 맞춰집니다. 예를 들어 **I'm having trouble sleeping.**(나 잠자는 데 어려움을 겪고 있어.)이라고 하면 수면 장애를 해결해야 한다는 것보단 수면 장애로 단순히 현재 힘든 상황을 겪고 있다는 것에 초점이 맞춰지는 거죠.

그래서 전혀 문제될 거 없다고 할 때 **No problem at all.**도 자주 쓰지만 전혀 성가시거나 번거로운 일이 아니라는 걸 강조하는 **No trouble at all.**도 자주 쓰이니 정붙여 주세요. 직역하면 '전혀 번거로울 거 없어요. 전혀 문제되지 않아요.'지만 '무슨 말씀을. 별말씀을요.' 등으로 의역되기도 합니다. 앞에 **It's**를 넣어 써도 돼요.

Date: _____ Study Time: _____

네이티브들이 매일 주고받는 대화, 영어로 말할 수 있나요?

🎧 141-2. mp3 ▦ ▦ ▦

윌리

여기까지 절 데리러 와주셔서 고마워요.

에린

무슨 말씀을요.

윌리

차는 얼마나 막혔나요?

에린

그리 막히지 않았어요.

구슬쌤 **영어회화 꿀팁**

의문문, 조건문에서 쓰이는 at all(조금이라도)

'전혀 아니'라는 뜻의 not at all은 평소 쉽게 쓰면서 at all(조금이라도)은 잘 못 쓰는 분들이 많더라고요. 일단 at all은 '조금이라도'란 뜻으로 의문문과 조건문에서 강조의 뉘앙스로 정말 자주 쓰입니다.

예 Did you sleep **at all**? 잠 좀 잤어?

예 Do you like it **at all**? 조금이라도 마음에 들어?

조건문이라고 해서 어렵다고 생각하지 말고 '~하다면, ~한다면'처럼 단순히 조건이 붙는 거라 생각해 주시면 돼요.

예 Let me know if you need anything **at all**. 조금이라도 필요한 게 있으면 내게 말해.

네이티브들이 매일 주고받는 대화, 무슨 뜻일까요?

🎧 142-1. mp3 🔲🔲🔲

Victoria

Hey, Matt. How are you?

Matt

Never better. How about you?

Victoria

Top of the world.* I just got engaged.* Tom proposed last night.

Matt

Wow, congratulations! No wonder* you've been smiling all morning.*

 미니 회화사전

* **Top of the world.** (세계 최정상에 있는 것처럼) 정말 행복해. 최고야.

* **get engaged** 약혼하다

* **No wonder S + V** ~라는 게 놀랍지 않네, 당연히 ~할 만하네

* **all morning** 오전 내내

🔆 네이티브는 이런 표현으로 말한다!

Never better. 더할 나위 없이 좋아.

Never better.는 I've never been better.의 줄임말로 지금보다 더 좋았던 적이 없다며 정말 좋다는 걸 강조할 때 자주 쓰입니다. Couldn't be better.(정말 좋아요.)처럼 안부를 묻고 답할 때 자주 쓰죠.

A I'm worried about you. 네가 걱정돼.

B Don't be. **Never better.** 걱정하지 마. 컨디션 최고니까.

Date: _____ Study Time: _____

네이티브들이 매일 주고받는 대화, 영어로 말할 수 있나요?

🎧 142-2. mp3 ▪▪ ▪▪ ▪▪

빅토리아 아, 맷, 오늘 기분 어때?

맷 더할 나위 없이 좋아. 넌?

빅토리아 최고야. 나 약혼했어. 탐이 어젯밤 프로포즈 했거든.

맷 우와, 축하해! 어쩐지 오전 내내 미소 짓고 있더라니.

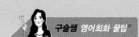
구슬쌤 영어회화 꿀팁

축하를 전하는 여러 가지 표현들

상대에게 축하해줄 좋은 일이 생겼을 때 가장 먼저 떠오르는 말은 '축하해!'와 '잘됐다!'는 말이죠. 영어로는 Congratulations!(축하해!)나 Good for you!(잘됐다!) 또는 I'm happy for you!(잘됐다!)가 평소 자주 쓰입니다. 여기에 '잘됐다!'는 의미로 I'm excited for you!라는 표현까지 하나 더 알아두세요. 네가 잘되니까 나까지 설렌다며 상대의 잘된 일에 정말로 좋아해주고 축하해주는 마음을 전달할 수 있습니다.

예 I'm so excited for you! 정말 잘됐다!

예 I'm excited for us. (우리에게 좋은 일이 생겨 정말 신나고 설렐 때) 정말 잘됐어.

네이티브들이 매일 주고받는 대화, 무슨 뜻일까요?

🎧 143-1. mp3 ▦ ▦ ▦

Adam

So, how was the movie?

Heather

It wasn't really my cup of tea.

Adam

Really? I thought you like sci-fi.*

Heather

I do, but the storyline* was so complex that it was almost impossible to follow.*

📖 **미니 회화사전**

* **sci-fi** 공상과학소설, 공상과학영화 (science fiction의 줄임말)

* **storyline** 줄거리, 이야기 전개   * **follow** 이해하다, 내용을 따라가다

 네이티브는 이런 표현으로 말한다!

It's not my cup of tea. 내 취향 아냐.

누군가의 **cup of tea**라고 하면 그 사람의 '취향이나 기호에 맞다는 걸' 의미해요. 주로 부정문으로 써서 누군가의 취향이 아니라는 걸 부드럽게 돌려 말할 때 쓰죠. 따라서 '그건 내 취향이 아냐.'라고 할 땐 **It's not my cup of tea.**라고 합니다. 여기에 **really**를 넣어 **It's not really my cup of tea.**라고 하면 '딱히 내 취향은 아냐.'라는 의미가 되고요. 〈**It's not for** + 사람〉도 '~의 취향이 아냐, ~에게 안 맞아'라는 뜻으로 자주 쓰입니다.

예 It's not my cup of tea. = It's not for me. 그건 내 취향이 아니야.

예 It's not everyone's cup of tea. = It's not for everyone.
　　(모두의 취향은 아니라는 뉘앙스) 그건 호불호가 갈려.

Date: _____   Study Time: _____

네이티브들이 매일 주고받는 대화, 영어로 말할 수 있나요?

🎧 143-2. mp3 ▊ ▊ ▊

애덤

그래서 영화는 어땠어?

헤더

딱히 내 취향은 아니었어.

애덤

정말? 너 SF영화 좋아한다고 생각했는데.

헤더

좋아하는데 이야기 전개가 너무 복잡해서 이해하기가 거의 불가능
했어.

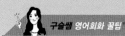
구슬쌤 영어회화 꿀팁

딱히 좋아하지 않는다고 할 때는 I don't care for ~도 써봐요!

뭔가를 딱히 좋아하지는 않는다고 할 때는 **I don't care for ~** 쓸 수 있으니까, 아래 예문들 보면서 그 느낌
을 익혀두세요.

예 **I don't care for** spicy food. 전 매운 음식은 별로 안 좋아해요.

예 I'll eat it if it's there, but **I don't particularly care for** it.
있으면 먹긴 하는데 특별히 좋아하진 않아요.

103

네이티브들이 매일 주고받는 대화, 무슨 뜻일까요?

🔊 144-1. mp3 ◼◼◼

Joey

How did you manage to* finish all this?

Kylie

I pulled an all-nighter.*

Joey

I knew you would do that. Here, I picked you up some coffee.

Kylie

You're an angel!

📖 미니 회화사전

* **manage to + 동사원형** (힘든 일을) 용케 ~해내다, 어떻게든 ~해내다
* **pull an all-nighter** 밤새다
  '밤새도록 깨어 있다'는 뜻인 stay up all night도 자주 씁니다.
  특정 행동을 하느라 밤샜다고 할 땐 〈I stayed up all night -ing(~하느라 밤샜어)〉를 쓰면 돼요.
  📕 I stayed up all night making this. 이거 만드느라 밤샜어.
  📕 We stayed up all night talking. 우리 얘기하느라 밤샜어.

 네이티브는 이런 표현으로 말한다!

You're an angel! (네가 천사처럼 느껴질 만큼) 정말 고마워! 네가 최고야!

직역하면 '넌 천사야'인데요. 정말 딱 필요할 때 내게 도움을 주는 상대라면 정말로 천사로 느껴질 만큼 내게는 고맙고 최고인 사람이죠. 그런 큰 고마움이 용솟음칠 때 상대를 향해 You're an angel!이라고 써보세요. 같은 맥락의 표현으로 1권에서 익혔던 You're the best.(네가 최고로 느껴질 만큼 정말 고마워!)도 평소에 많이 쓰이니까, 다시 한 번 곱씹어 보시고요.

Date: _____ Study Time: _____

네이티브들이 매일 주고받는 대화, 영어로 말할 수 있나요?

🔊 144-2. mp3 ▦ ▦ ▦

조이 이걸 다 어떻게 끝낸 거야?

카일리 밤샜어.

조이 내가 너 그럴 줄 알았어. 여기, 커피 사왔어.

카일리 (네가 천사처럼 느껴질 만큼) 정말 고마워!

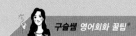
구슬쌤 영어회화 꿀팁

상대를 위해 커피나 간식을 사왔을 때 buy 대신 pick up

지인이나 동료를 위해 커피나 간식을 사왔을 때 buy를 쓰는 게 틀리진 않지만 실제 네이티브는 get 또는 pick up을 더 자주 써요. 왠지 상대가 신용카드를 긁는 게 떠오르는 '사다'란 뜻의 buy보다 카페나 가게에 들러 간단히 픽업해오는 느낌인 get, pick up이 부담을 덜 주기 때문이죠. 심지어 선물을 줄 때도 buy보단 get을 응용해 I got something for you.(줄 게 있어.)를 더 자주 쓰는 것처럼요.

예 **I picked you up a sandwich.** 너 주려고 샌드위치 사왔어.

예 **I'll go get us some coffee.** 가서 우리 마실 커피 좀 가져올게/사올게.

└ 단순히 사무실에 비치되어 있는 커피를 가져다줄 때도 쓰고, 사올 때도 쓸 수 있음

네이티브들이 매일 주고받는 대화, 무슨 뜻일까요?

🎧 145-1. mp3

Aiden

I'm about to* go for a walk.* Do you want to join me?

Katy

Where are you thinking about going?

Aiden

By Mud Island Park. It's a beautiful day. I just want to enjoy a sunset by the river.

Katy

Yes, the view never gets old. Just give me 5 minutes to get ready.

📖 미니 회화사전

* be about to + 동사원형 막 ~할 참이다. ~하려고 한다   * go for a walk 산책하러 가다

네이티브는 이런 표현으로 말한다!

It never gets old. 아무리 봐도/들어도 안 질려.

get은 정말 다양한 뜻이 있죠. 기본적인 의미는 나아가서 잡는 것, 즉 뭔가 얻고 구하고 사온다는 것입니다. 그러나 특정 상태에 도달하는 변화를 강조할 때도 자주 쓰이죠. 이 경우 주로 **get** 뒤에 상태를 나타내는 형용사를 넣어 '~하게 되다'란 의미가 됩니다. 따라서 **get old**라고 하면 '나이가 들다, 나이를 먹다'란 의미가 되는데요. 진짜로 나이가 들어가는 상태를 나타낼 때도 쓰지만, 어떤 것이 '올드해져서 식상해진다'는 비유적인 의미로도 쓰여요. 따라서 **It never gets old.**라고 하면 '그건 절대 올드해지지 않는다.' 즉 '아무리 봐도/들어도 식상해지거나 질리지 않는다.'란 의미를 전달할 수 있죠. It 자리에는 위 대화에서처럼 구체적인 대상을 콕 집어 말해줘도 좋아요. 반면 뭔가 점점 올드해지고 식상해질 땐 **It's getting old.**(점점 질리네.)를 쓸 수 있습니다.

예 This song **never gets old.** 이 곡은 아무리 들어도 안 질려.
예 That joke **never gets old.** 그 농담은 아무리 들어도 안 질려.

Date: _____ Study Time: _____

네이티브들이 매일 주고받는 대화, 영어로 말할 수 있나요?

🎧 145-2. mp3 ▪▪▪

 에이튼 산책 갈 참인데 같이 갈래?

 케이티 어디 갈 생각인데?

 에이튼 머드 아일랜드 공원 쪽. 날씨도 정말 좋고 그냥 강가에서 해지는 걸 보고 싶어서.

 케이티 그래, 그 경치는 아무리 봐도 안 질리지. 준비하는 데 5분만 줘.

 **구슬쌤 영어회화 꿀팁**

천천히 여유롭게 산책하는 느낌의 stroll

산책하러 갈 때 go for a walk도 자주 쓰지만 좀 더 천천히 주변을 둘러보며 여유롭게 산책하는 느낌의 go for a stroll도 자주 씁니다. 참고로 stroll의 연관 표현으로는 stroller(유모차)가 있는데요. 아이가 유모차에 타고 앞만 보고 가는 게 아니라, 천천히, 좀 더 여유롭게 가는 느낌을 주죠.

예 It's a lovely day. Let's **go for a stroll.** 날도 좋은데 (여유롭게) 산책이나 하러 가자.

예 We're out for an evening **stroll.** 저녁 산책하러 나와 있어.

네이티브들이 매일 주고받는 대화, 무슨 뜻일까요?

🔊 146-1. mp3 ▢ ▢ ▢

Mark

Do you think I should change my major?

Wendy

I can't make that decision for you, but you've been wanting to change your major for a while.*

Mark

I just wish someone could tell me what would be best for me. What do you think I should do?

Wendy

Again, it's up to you to decide what you want to do. It's your life.

 미니 회화사전

* for a while 한동안

👍 **네이티브는 이런 표현으로 말한다!**

It's up to you. 선택은 네 몫이야. 너한테 달렸어.

It's up to you.는 한마디로 '너한테 달렸다.'는 의미인데요. 결정권자가 상대라는 걸 알려줄 때 혹은 결과를 도출해내는 당사자가 상대라는 걸 알려줄 때 씁니다. 즉, 둘이서 뭔가를 선택해야 할 때 난 딱히 원하는 게 없으니 상대에게 하고 싶은 대로 하라며 **It's up to you.**(네가 하고 싶은 대로 해.)를 쓸 수 있죠. 물론 위 대화에서처럼 '선택이나 결정은 네 몫'이라고 조언해줄 때도 쓰고요. 또, 상대가 하기에 따라 결과가 달라진다고 할 때도 **It's up to you.**(네가 하기에 달렸어.)라고 할 수 있습니다. It의 내용을 구체적으로 밝히고 싶다면 **It's up to you** 뒤에 〈to + 동사원형〉으로 그 내용을 덧붙이세요.

📝 Do you want to cook or go out to eat? It's up to you.
요리해 먹을까? 아니면 밖에 나가서 먹을까? 네가 하고 싶은 대로 해.

📝 It's all up to you. 다 네가 하기에 달렸어.

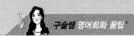

Date: _____   Study Time: _____

네이티브들이 매일 주고받는 대화, 영어로 말할 수 있나요?

🎧 146-2. mp3 ▪▪▪

마크

내가 전공을 바꿔야 된다고 생각해?

웬디

대신 그런 결정을 내려줄 수는 없지만, 너 한동안 전공을 바꾸고 싶어 했잖아.

마크

그냥 누군가 내게 가장 최선의 결정이 뭔지 말해줄 수 있으면 좋겠어. 넌 내가 어떻게 해야 된다고 생각해?

웬디

다시 말하지만, 뭘 하고 싶은지 결정하는 건 네 몫이야. 네 삶이잖아.

구슬쌤 영어회화 꿀팁

It's up to you.의 짝꿍 In that case(그런 경우라면)

내가 하고 싶은 대로 결정하라며 결정권을 내게 줬을 때 **In that case**(그런 경우라면, 그렇다면)로 답변할 때가 많아요. 결국 결정권이 나에게 있는 거라면 그럼 이렇게 하겠다며 내가 원하는 바를 얘기하는 거죠.

A Do you want to stay a little longer? 더 있다 갈래?

B **It's up to you.** (난 상관 없으니) 네가 하고 싶은 대로 해.

A **In that case,** let's go home. I'm kind of tired. 그렇다면 집에 가자. 좀 피곤해서 말야.

147 속는 셈 치더라도 일단은 믿고 기회를 줘보자고 할 때

네이티브들이 매일 주고받는 대화, 무슨 뜻일까요?

🎧 147-1. mp3 ▣ ▣ ▣

Dennis

I looked up* the restaurant that we were planning to go to and saw some bad reviews.

Uma

What did they say?

Dennis

Someone said* they have the worst service ever.

Uma

Well, they still have 4 stars, which isn't bad.
Let's give them the benefit of the doubt.

📖 미니 회화사전

* **look up** (정보지나 인터넷 검색 등을 통해) 찾아보다, 조사하다
* **say** 적혀 있다

 네이티브는 이런 표현으로 말한다!

Let's give them the benefit of the doubt. 속는 셈치고 한번 기회를 줘보자.

뭔가에 대해 미심쩍고 의심되는 부분을 선의로 해석할 때 〈give + 사람 + the benefit of the doubt(~를 믿어주다. ~를 유리하게/좋게 판단해주다)〉를 쓸 수 있는데요. 결국 뭔가를 믿어주고 기회를 줄 때 쓰는 건데 사실 이 표현은 외우고도 막상 쓰기 힘든 표현 중 하나예요. 일단 새로운 표현과 친해지려면 평소 쉽게 쓸 수 있는 상황과 예문으로 정붙이는 게 가장 좋아요. 그러니 일단 위 대화 내용처럼, 안 좋은 리뷰가 있는 음식점이나 카페에 갈 때 써보세요. 솔직히 부정적인 리뷰가 단 하나도 없는 곳은 찾기 힘들잖아요. 부정적인 리뷰가 정말 사실일 수도 있고 의심쩍은 부분도 있지만 그래도 한번 속는 셈 치고 기회를 주어서 가보자는 뉘앙스로 **Let's give them the benefit of the doubt.**를 쓸 수 있습니다.

Date: _____ Study Time: _____

네이티브들이 매일 주고받는 대화, 영어로 말할 수 있나요?

🎧 147-2. mp3 ▦ ▦ ▦

데니스

우리가 가려던 레스토랑 찾아봤는데 안 좋은 리뷰가 있더라고.

우마

뭐라고 써있었었는데?

데니스

누가 그러는데 역대 최악의 서비스래.

우마

뭐, 그래도 별점은 (5점 만점에서) 4점이니 나쁘진 않잖아.
속는 셈 치고 한번 가보자.

구슬쌤 영어회화 꿀팁

잘할 수 있을지 의심되더라도 자기 자신을 믿어보라고 할 때

I'm not sure if he's telling us the truth, but let's give him the benefit of the doubt.(그 사람이 우리한테 사실을 얘기하고 있는지는 모르겠지만 그래도 속는 셈 치고 믿어보자.) 식으로 〈give + 사람 + the benefit of the doubt〉는 타인에 대해 자주 쓰는 표현인데요. 자기 자신의 부족한 점을 그 누구보다 더 잘 알기에 잘할 수 있을지 여러모로 의심되는 부분이 있더라도 그래도 그냥 자신을 믿고 추진해보라고 할 때도 Give yourself the benefit of the doubt.(속는 셈 치고 자기 자신을 믿어보세요.)라는 식으로 씁니다. 원래 내게 가장 엄격한 사람은 나 자신이라고 하잖아요. 자신에게 너무 엄격하게 굴며 도전을 주춤하는 상대에게 어떻게 보면 가장 현실적인 조언 중 하나이니 꼭 기억해 주세요.

네이티브들이 매일 주고받는 대화, 무슨 뜻일까요?

🎧 148-1. mp3 ⬛ ⬛ ⬛

 Levi

Did you buy a new car?

 Eloise

I did. It cost me a fortune.*

 Levi

Well, it's nice, though.

 Eloise

It really is. I know this might sound silly, but just looking at it makes me happy.

📖 미니 회화사전

* cost a fortune 엄청 비싸다, 거금을 쓰다

 네이티브는 이런 표현으로 말한다!

It's nice, though. 그래도 좋긴 하다.

네이티브는 평소 문장 끝에 접속부사 though(그래도, 그렇지만, 하지만)를 자주 붙이는데요. 이게 뜻은 알아도 막상 대화할 때 쉽게 붙이긴 어렵죠. 일단 평소 쉽게 쓸 수 있는 문장으로 though의 감을 잡아볼게요.

1. 거절할 때

　예 I'm good. Thank you, **though**. 전 괜찮아요. 그래도 제안해 주셔서 고맙습니다.

2. 이런저런 논란이 있거나 문제가 있어 보이는 면이 있지만 그래도 맘에 들 때

　예 I like her, **though**. 난 그래도 걔가 맘에 들어.

3. 서비스나 분위기는 별로였지만 그래도 음식이 맛있었을 때

　예 The food was good, **though**. 그래도 음식은 맛있었잖아.

Date: _____　　Study Time: _____

네이티브들이 매일 주고받는 대화, 영어로 말할 수 있나요?

🎧 148-2. mp3 ▨ ▨ ▨

리바이

차 새로 샀어?

엘로이즈

응. 거금을 들였지.

리바이

뭐, 그래도 좋긴 하다.

엘로이즈

정말 그렇긴 해. 바보처럼 들릴지 모르지만 보고만 있어도 행복하다니까.

구슬쌤 영어회화 꿀팁

이디엄을 꼭 외워야 할까요?

둘 이상의 단어가 합쳐져 특별한 의미를 갖게 되는 숙어나 관용구를 이디엄(idiom)이라고 하죠. 특히 연령대나 직업군에 따라 자주 쓰는 이디엄이 약간 다르기도 하기에 초보라면 네이티브가 자주 쓰는 기본 동사를 먼저 외우는 게 중요하지만 중급으로 넘어가면서 이디엄을 모르면 의사소통이 어렵다는 걸 절실히 느끼게 돼요. 사실 일상이나 회사 생활에서 미국인들이 자주 쓰는 이디엄은 정해져 있어요. 그러니 뭔가 비쌀 때 쓰는 **cost a fortune**같은 표현도 내가 실제 쓰지는 않더라도 상대가 쓰면 무슨 뜻인지 이해할 수 있도록 뉘앙스 정도는 파악하고 있어야 해요.

네이티브가

도움을 청하거나
호의를 베풀 때

살다 보면 혼자서 해결하기 어려운 일도 만나게 됩니다.
상대에게 호의를 베풀고 감동을 주는 기특한 일도 하게 됩니다.
직장동료나 친구에게 도움을 요청하는 표현부터
사랑하는 이를 감동시키는 표현까지
훈훈한 네이티브 표현들을 대화 속에서 배워보시죠.

거의 하루도 안 빠지고
매일 늦게 잤어.

전부터 물어보고
싶었는데 말야.

잠깐 와서 저 좀
도와줄 수 있으세요?

많을수록 더 좋지.

말동무가 필요할
것 같아서.

네이티브들이 떠ㄹ 주고받는 대화, 무슨 뜻일까요?

ⓐ 149-1. mp3 ▨ ▨ ▨

Isla

Remy, can I borrow you for a second?

Remy

Whatever it is, it's going to have to wait. I'm late for a meeting.

Isla

It's just a quick question.*

Remy

I'm sorry, but I was hoping to be out the door by now.*
Ask Brendan to help you.

📖 미니 회화사전

* **quick question** (시간을 많이 빼앗지 않는) 간단한 질문
* **I was hoping to be out the door by now.** 진작 나갔어야 하는 상황에서 지금쯤이면 사무실을 나갔으면 하는 바람이 있을 정도로 바쁘다는 뉘앙스

 네이티브는 이런 표현으로 말한다!

Can I borrow you for a second? 잠깐 와서 저 좀 도와줄 수 있으세요?

직역하면 '잠깐만 너를 빌려도 될까?'인데요. 우리도 누군가의 도움이 필요할 때 "너 잠깐만 좀 빌리자."는 식으로 말하듯 영어도 사람을 빌린다는 식으로 말을 합니다. 이렇듯 Can I borrow you for a second?는 잠깐만 시간 내서 나 좀 도와달라고 부탁할 때 쓸 수 있죠. 또, 여러 사람 있는 데서 누구를 콕 찍어 〈Can I borrow + 사람 + for a second?〉라고 하면 '그 사람을 잠깐 빌릴 수 있을까요?' 즉 '그 사람이랑 잠깐 따로 얘기 좀 해도 되겠냐?'고 양해를 구하는 질문이 됩니다.

네이티브들이 매일 주고받는 대화, 영어로 말할 수 있나요?

🎧 149-2. mp3

아일라

레미, 잠깐 와서 저 좀 도와줄 수 있으세요?

레미

그게 뭐든 간에 이따 해야 해. 회의에 늦어서 말야.

아일라

그냥 간단한 질문인데요.

레미

미안한데 나 지금 나가야 해. 브렌든에게 도와달라고 해.

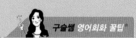
구슬쌤 영어회화 꿀팁

조심스레 바람을 말할 때는 I was hoping ~으로!

조심스레 내 바람을 말할 때 I was hoping ~(~했으면 해서, ~해줬으면 해서)을 자주 쓰는데요. 현재 바라는 거지만 과거 진행형을 써서 전부터 바랐던 희망사항을 조심스레 말하는 느낌을 줍니다. 특히 상대가 해줬으면 하는 걸 정중히 말할 때 쓰세요. 대화에서처럼 〈I was hoping to + 동사원형〉 패턴도 자주 쓰이고, I was hoping you/I could ~ 패턴도 자주 쓰입니다.

예 **I was hoping you could** help. 네가 도와줬으면 해서.

예 **I was hoping you could** take a look at this. 네가 이것 좀 한번 봐줬으면 해서.

예 **I was hoping I could** have a word with you. 잠깐 얘기 좀 했으면 해서.

예 **I was hoping I could** get your input on this. 이 점에 대해 네 의견 좀 얻을 수 있으면 해서.

네이티브들이 매일 주고받는 대화, 무슨 뜻일까요?

ⓐ 150-1. mp3

Homer

There's something I've been meaning to ask you.

Margaret

What is it?

Homer

One of* my friends is having a Christmas party next weekend, and I was wondering if you'd like to be my plus-one.*

Margaret

Of course. I'd love to.

📖 미니 회화사전

* **one of + 복수명사** (딱 한 개가 아니라 여러 개일 때) ~ 중 하나
* **plus-one** 행사, 파티, 모임 등에 같이 데려가는 데이트 상대나 친구
  실제 상대를 소개할 때도 농담 섞인 말투로 He's my plus-one.(제 파트너예요.)이라고도 합니다.

 네이티브는 이런 표현으로 말한다!

There's something I've been meaning to ask you. 전부터 물어보고 싶었는데 말야.

전부터 계속 물어보려던 말이 있는데 기회가 안 됐거나 용기가 안 나서 못 물어보다가 마침 이때다 싶을 때가 있습니다. 그럴 때 There's something I've been meaning to ask you.로 조심스레 말을 꺼내보세요. 말 꺼내기가 힘들어 오랫동안 맘에 품고 있던 부탁이라면 그럴 때도 이 표현으로 말문을 열면 좋습니다. 〈I've been meaning to + 동사원형〉은 뭔가를 예전부터 또는 아까부터 할 의도는 있었지만 지금까지 못하고 있었다는 뉘앙스의 패턴이에요(이때 mean은 '의도하다'란 뜻). 안 그래도 연락하려고 했던 상대가 내게 먼저 문자나 전화를 했을 때 I've been meaning to text/call you.(안 그래도 문자/전화 하려고 했는데)처럼 쓰면 되죠.

Date: _____ Study Time: _____

🎧 150-2. mp3

호머 전부터 물어보고 싶었던 게 있는데 말야.

마가렛 뭔데 그래?

호머 내 친구가 다음주에 크리스마스 파티를 여는데 혹시 내 데이트 상대로 같이 가줄 수 있나 해서.

마가렛 그럼. 좋지.

구슬쌤 영어회화 꿀팁

연인을 의미하는 significant other

특히 파티나 행사에서 significant other란 표현을 자주 접할 수 있는데요. 초대장에 '남편, 부인, 연인을 데려와도 됩니다'라고 쓰는 것보다 '상대에게 중요한 누군가를 데리고 오라'는 표현으로 상대의 사생활을 건드리지 않는 문구를 쓰곤 하는데요. 바로 이때 '상대에게 중요한 누군가'가 significant other입니다. politically correct(정치적으로 옳은)한 표현이죠.

예 You can bring your **significant other**. 배우자나 연인을 데리고 오셔도 돼요.

119

네이티브들이 매일 주고받는 대화, 무슨 뜻일까요?

🎧 151-1. mp3

Pam

Were you serious about wanting to help me?

George

Of course! Let me know if I can be of any help.*

Pam

Well, I know you're friendly with* Amie, so I was wondering if you could put in a good word for* me.

George

Ok. I'll give her a call.

📖 미니 회화사전

* be of help 힘이 되다, 도움이 되다
* be friendly with ~와 사이가 좋다
* put in a good word for (추천하듯) ~를 좋게 말하다, ~를 위해 말 좀 잘 해주다

 네이티브는 이런 표현으로 말한다!

Were you serious about wanting to help me? 나 도와주고 싶다는 말 진심이었어?

진작부터 필요하면 도와주겠다고 하는 친구의 호의를 잠시 접어둔 채 혼자서 고군분투하는 시간들을 겪어냅니다. 그렇게 혼자 힘으로 해결이 되면 좋은데, 하다 하다 도저히 안 돼서 이제 친구에게 도움의 손길을 뻗으려 해요. 그럴 때 바로 Were you serious about wanting to help me?로 도움을 청해보세요. '나 도와주고 싶다는 말 진심이었어?'라고 묻는데 '아니, 빈말이었어.'라고 할 사람은 많지 않죠. 나아가 Were you serious about ~? 패턴 자체를 '~라는 말 진심이었어?'로 기억해뒀다 상대가 한 얘기가 진심이었는지 물어볼 때 다양하게 응용하시기 바랍니다. 예를 들어, 언제 같이 점심 먹자고 제안했던 상대에게 연락해 약속을 잡을 때 Were you serious about lunch?(점심 먹자는 말 진심이었어?)라고 말예요.

120

Date: _____ Study Time: _____

\ 네이티브들이 매일 주고받는 대화, 영어로 말할 수 있나요? /

🎧 151-2. mp3 ▦ ▦ ▦

팸

나 도와주고 싶다는 말 진심이었어?

조지

그럼! 내가 도움 줄 수 있는 게 있으면 말해.

팸

음, 너 애이미와 사이가 좋잖아. 그래서 혹시 내 말 좀 잘 해줄 수 있나 해서 말야.

조지

알겠어. 애이미에게 전화해볼게.

구슬쌤 영어회화 꿀팁

word를 '단어'로만 알고 있나요?

우리에게 '단어'로 익숙한 word는 '말, 약속'이라는 뜻으로 더 자주 쓰인다는 사실, 이제 잘 알죠? 앞서 이미 익혔듯 상대에게 네가 한 말이나 약속을 지키라고 할 때는 **Keep your word.**(네가 한 말/약속 지켜.)라고 하면 됩니다. 약속을 지키겠다고 한 상대가 딴 소리를 할 땐 **You gave me your word!**(나와 약속했잖아!)라고 따질 수 있고요. 상대에게 실수를 한 후 두 번 다시 이런 일이 일어나지 않도록 하겠다고 하며 사과할 땐 **I give you my word that this won't happen again.**(다시는 이런 일이 일어나지 않을 것을 약속 드립니다.)이라고 쓸 수 있습니다. 단순한 '단어'가 아니라, 반드시 '지켜야 할 말이나 약속'이란 의미도 있는 **word**를 다시 한 번 꼭 기억해 주세요!

네이티브들이 매일 주고받는 대화, 무슨 뜻일까요?

🎧 152-1. mp3 ▦ ▦ ▦

 Amy

Why don't you join us?

 Salvador

Well, I'd hate to impose.*

 Amy

It's no imposition at all.* As a matter of fact,*
the more, the merrier.

 Salvador

Then, I'll stay only if you let me treat everyone to a drink.
I'm sure everyone could use a nice glass of wine.

📖 미니 회화사전

* **I'd hate to impose.** (상대가 내게 호의를 베풀 때 미안해하며) 폐 끼치고 싶지 않아. 부담 주고 싶지 않아.

* **It's no imposition at all.** 전혀 폐 끼치는 거 아니야. 전혀 부담 안 돼.

* **as a matter of fact** (특히 흥미로운, 새로운, 중요한 사실을 말하기 전 덧붙이며) 사실은, 실은

 네이티브는 이런 표현으로 말한다!

The more, the merrier. 많을수록 더 좋지.

사람들을 많이 초대할 때나 뭔가를 양껏 사자고 할 때 특히 자주 쓰는 표현이에요. 여기서 merrier는 Merry Christmas.할 때 merry(즐거운, 기쁜)의 비교급입니다. 즉 The more, the merrier.는 '양이 많으면 많을수록 더 즐겁고 좋다'는 거죠. 분명 학창시절 〈The 비교급, the 비교급(~할수록 더 …해)〉을 외웠지만 막상 네이티브와 대화할 때 쉽게 튀어나오진 않는데요. 이왕 나온김에 평소 활용도 높은 〈The 비교급, the 비교급〉 표현들을 몇 가지 더 보도록 해요.

예 **The quieter, the better.** 조용할수록 더 좋아. (일을 조용히 처리하라고 할 때도 쓸 수 있음)

예 **The cheaper, the better.** 가격이 쌀수록 더 좋아.

Date: _____ Study Time: _____

네이티브들이 매일 주고받는 대화, 영어로 말할 수 있나요?

🎧 152-2. mp3 ■ ■ ■

에이미

우리와 합석하는 게 어때?

살바도르

저기, 폐 끼치고 싶지 않아서 말야.

에이미

전혀 폐 끼치는 거 아냐. 사실 사람이 많으면 많을수록 더 좋지, 뭐.

살바도르

그럼 내가 술 한 잔씩 대접하게 해주면 합석할게. 다들 맛있는 와인 한 잔은 좋아할 테니까.

구슬쌤 영어회화 꿀팁

〈The 비교급, the 비교급〉은 이렇게도 쓰여요!

앞서 본 것처럼 비교급만 단독으로 쓸 수도 있지만 뒤에 주어와 동사를 가져올 수도 있어요. 평소 쉽게 쓸 수 있는 〈The 비교급 S + V, the 비교급 S + V〉 표현 2개만 알려 드릴게요.

1. **The sooner we start, the sooner we finish.** 빨리 시작하면 시작할수록 더 빨리 끝나.
   └ The sooner we do it, the sooner we're done.(빨리 하면 할수록 더 빨리 끝나.) 등으로도 응용 가능. 결국 빨리 시작해서 빨리 끝내자고 상대를 재촉할 때 쓸 수 있는 표현

2. **The more you give away, the more you get back.** 많이 베풀수록 더 많이 돌아와.
   └ 베푼 만큼 돌아온다는 말을 우리도 많이 하는 것처럼 네이티브도 자주 쓰는 표현

네이티브들이 매일 주고받는 대화, 무슨 뜻일까요?

🔊 153-1. mp3 ■ ■ ■

Pauline

When did you have time to orchestrate* all of this?

Stacey

I stayed up late almost every single night, but I'm glad you like it.

Pauline

Now I realize why you had bags under your eyes.* You're the best husband anyone could ask for.

Stacey

Anything for you.

미니 회화사전

* **orchestrate** (원하는 결과를 내기 위해 치밀히) 기획/구상/준비하다
마치 오케스트라의 지휘자와 연주자가 세세한 것까지 신경 써 완벽한 공연을 하는 것처럼 plan보다 체계적으로 계획하고 구상할 때 orchestrate을 씁니다. 부정적으로는 '조작하다, 꾸미다'란 뜻으로도 쓰입니다.
  예 Did you **orchestrate** everything? (긍정) 이 모든 걸 네가 다 기획한 거야? (부정) 이 모든 걸 네가 다 꾸민 거야?

* **have bags under one's eyes** (지쳐 보일 때) 다크서클이 생기다

네이티브는 이런 표현으로 말한다!

I stayed up late almost every single night. 거의 하루도 안 빠지고 매일 늦게 잤어.

stay up late는 '늦게까지 안 자고 깨어 있다', 즉 '늦게 잔다'는 말입니다. '나 어제 늦게 잤어.'는 I stayed up late last night. '거의 하루도 안 빠지고 매일 늦게 잤다.'면 last night 대신 almost every single night을 쓰면 되죠. 밤잠 안 자고 거의 매일 뭔가를 하는 정성을 발휘했다면 I stayed up late almost every single night.로 상대방을 감동시켜 보세요. 특정 행동을 구체적으로 밝혀야 할 때는 뒤에 동명사를 씁니다.

예 **I stayed up late** working on this presentation. 이 프레젠테이션 작업하느라 늦게 잤어.
예 **I stayed up late almost every single night** knitting this sweater for you.
   너한테 줄 이 스웨터 뜨느라 거의 하루도 안 빠지고 매일 늦게 잤어.

Date: _____ Study Time: _____

네이티브들이 매일 주고받는 대화, 영어로 말할 수 있나요?

🔊 153-2. mp3 ■ ■ ■

폴린

다른 일로 바빴을 텐데 이걸 구상하고 준비할 시간이 언제 있었던 거야?

스테이시

거의 하루도 안 빠지고 매일 늦게 잤는데 그래도 당신이 마음에 들어 하니 기쁘네.

폴린

이제 왜 눈에 다크서클이 있었는지 이해가 되네. 정말 이 세상 둘도 없는 최고의 남편이야.

스테이시

당신 위해선 뭐든 할 수 있지.

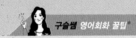
구슬쌤 영어회화 꿀팁

몇 시 되어서야 잤다고 할 땐 stayed up till ~

〈I stayed up till + 시간〉 하면 구체적으로 '~시까지 안 자고 깨어 있었다', 즉 '~가 되어서야 잤다'는 의미입니다.

예 **I stayed up till 2 binge-watching *Suits* on Netflix.**
넷플릭스에서 '슈츠' 정주행 하느라 2시에 잤어.

참고로 우리도 '나 어제 2시에 잤어.'라고 하면 그게 새벽인지 오후인지 구체적으로 말하지 않아도 맥락상 파악 가능한 것처럼 영어도 똑같아요. 오해의 소지가 있는 상황이 아닌 구어체에선 굳이 2 A.M. 또는 2 in the morning이라고 하지 않아도 됩니다. 가끔 새벽을 2 at dawn이라고 하는 분들이 있는데 이건 틀린 표현이에요. dawn은 동트기 직전의 새벽을 의미하는데 숫자와 같이 쓰이지 않고 **Let's leave at dawn.**(새벽에 출발하자.)처럼 단독으로 쓰입니다.

네이티브들이 매일 주고받는 대화, 무슨 뜻일까요?

🎧 154-1. mp3 ⬛ ⬛ ⬛

Anna

What a nice surprise! Aren't you supposed to* be at work right now?

Pascal

I cleared my schedule. I thought you could use some company.

Anna

I don't know what to say. Thank you, really.

Pascal

I'm here for you.* I brought some wine, so let's talk over a drink.

📖 미니 회화사전

* Aren't you supposed to + 동사원형 ~? 너 원래 ~해야 되는 거 아냐?
   예 Aren't you supposed to be getting ready? 원래 지금 준비하고 있어야 되는 거 아냐?

* I'm here for you. (내가 지금 여기 있으니) 힘들면 내게 의지해.

 네이티브는 이런 표현으로 말한다!

I thought you could use some company. 말동무가 필요할 것 같아서.

원가를 간절히 원하거나 필요로 할 때 〈I could use + 대상(~을 필요로 해, ~이 있다면 참 좋겠어)〉을 씁니다. **I could really use your advice.**(네 조언이 정말 필요해.)처럼 말이죠. 또 상대가 간절히 원하거나 필요로 하겠다 싶은 걸 미루어 짐작해 대신해주면서는 〈I thought you could use + 대상(네가 ~을 필요로 할/원할 거라 생각했어)〉 패턴을 써보세요. 혼자 힘든 시기를 겪고 있는 친구에게 **I thought you could use some company/help.**(말동무가/도움이 필요할 거 같았어.)처럼 말이죠.

   예 **I thought you could use this.** (상대가 원할 만한 정보나 서류를 주며) 네가 이걸 필요로 할 거 같아서.
   예 **I thought you could use some coffee.** 커피 마시고 싶을 거 같아서.

Date: _____   Study Time: _____

네이티브들이 때로 주고받는 대화, 영어로 말할 수 있나요?

🎧 154-2. mp3

안나

이게 누구야? 원래 지금 일하고 있어야 하는 거 아니야?

파스칼

일정 다 비웠어. 네가 말동무가 필요할 것 같아서.

안나

뭐라고 말해야 할지 모르겠다. 고마워, 정말로.

파스칼

힘들면 내게 의지해도 돼. 와인 가져왔으니 술 한잔 마시면서 얘기하자.

구슬쌤 영어회화 꿀팁

너무 놀라서 말문이 막힐 때 쓰는 표현 한 가지!

예상치 못한 사람이 찾아왔을 때 등 기분 좋은 서프라이즈일 때 '이게 누구야?', '어머 이게 뭐야?'란 의미로 **What a nice surprise!**를 쓰는데요. 너무 놀라거나 충격을 받아 순간 말문이 막히고 감정을 어떻게 표현해야 될지 모르겠을 때 쓰기 좋은 표현도 하나 알려 드릴게요. 바로 **Words fail me.**인데요. '말문이 막힌다. 뭐라고 말해야 좋을지 모르겠다.'는 의미랍니다.

예 **Words fail me. How could you be so naive?**
　　뭐라고 말해야 될지 모르겠다. 어떻게 그렇게 (세상 물정 모르고) 순진해빠질 수 있는 거야?

예 **This is beyond impressive. Words fail me.**
　　이건 정말 훌륭한 것 이상인 걸. 뭐라고 표현해야 할지 모르겠네.

예 **Words fail me. I've never seen anything like it.**
　　뭐라고 말해야 할지 모르겠어. 한 번도 그런 걸 본 적이 없어서.

네이티브가

고마움을 표현할 때

남에게 도움을 받았다면 고마움도 표현할 줄 알아야죠.
구체적으로 어떤 게 고마운지, 얼마나 고마운지,
표현하는 방법도 다양할 텐데요. 네이티브는 고마움을
어떻게 표현하는지 영어 대화를 통해 만나보겠습니다.

네가 없다면 정말
어떻게 할지 모르겠어.

참고 받아줘서
고마워.

말해줘서 고마워.

그런 말이라면
그만해.

네가 내 입장이었어도
똑같이 해줬을 거잖아.

네이티브들이 매일 주고받는 대화, 무슨 뜻일까요?

 155-1. mp3

Chad
Are you on your way?* Everyone's here.*

Gillian
Actually, that's why I called. I might be a little late. There's a lot of ice on the road.

Chad
Okay. Thanks for letting me know. Drive safe!*

Gillian
Will do.* See you soon.

📖 미니 회화사전

* Are you on your way? (현재 이동 중인지 물어볼 때) 지금 오는 중이야?
* Everyone's here. 다들 모였어/왔어.
* Drive safe! 운전 조심해!
* Will do. 그럴게.

👍 네이티브는 이런 표현으로 말한다!

Thank you for letting me know. 말해줘서 고마워.

〈let + 사람 + know〉는 '~에게 알려주다, 말해주다'란 뜻인데요. 상대가 내게 특정 상황에 대해 말해주거나 공지해줄 때 **Thank you for letting me know.**(말해줘서/알려줘서 고마워)라고 고마움을 표시할 수 있습니다.

Date: _____   Study Time: _____

네이티브들이 매일 주고받는 대화, 영어로 말할 수 있나요?

🔊 155-2. mp3 ▮▮ ▮▮

채드
지금 오는 중이야? 다들 왔는데.

질리안
사실 그래서 전화했어. 조금 늦을지도 몰라. 도로가 얼어서 너무 미끄러워.

채드
그래. 말해줘서 고마워. 운전 조심하고!

질리안
그럴게. 곧 봐.

구슬쌤 영어회화 꿀팁

학교를 안 가도 되는 snow day

저는 평소 눈이 잘 안 오고 따듯한 미국 남부에서 살았는데요. 그래서 눈이 오면 설레는 마음으로 snow day(눈이 많이 와서 학교를 안 가도 되는 날인지 지역 뉴스를 확인했어요. 대학 땐 한동안 snow day를 잊고 있다 휴강됐다는 이메일을 확인하지 않고 눈이 펑펑 오는 날 우산 쓰고 혼자 수업에 갔다 좌절한 날도 있었습니다. 이렇게 미국에선 죄책감 없이 땡땡이를 칠 수 있는, 설레는 snow day가 있다는 걸 참고해 주세요.

예 Yay! It's a **snow day**! 앗싸! 눈 와서 학교 안 가도 된다!

예 Is it okay if I work from home today? It's a **snow day**, and I can't get anyone to watch my kids. 오늘 재택근무해도 될까요? 눈 와서 학교가 휴강인데 애들 봐줄 사람을 못 구해서요.

131

네이티브들이 매일 주고받는 대화, 무슨 뜻일까요?

🎧 156-1. mp3 ▥ ▥ ▥

Bruce

Our office is going to feel empty without you.

Danielle

I'm not leaving. I'll just be working on another floor.

Bruce

Well, I wanted to say thank you* for putting up with me. I'm aware of how difficult* I can be. I honestly couldn't have asked for a better assistant.

Danielle

Now you're making me emotional.

📖 미니 회화사전

* **I wanted to say thank you** (진심을 담아 얘기할 때) 고맙다고 꼭 말해주고 싶었어
* **difficult** 어려운, 까다로운, 비협조적인

 네이티브는 이런 표현으로 말한다!

Thank you for putting up with me. 참고 받아줘서 고마워.

짜증나고 불쾌한 상황이나 사람에 대해 불평하거나 화내지 않고 참고 받아줄 때 **put up with**(참고 이해하다, 참고 받아들이다)를 쓸 수 있습니다. 따라서 **Thank you for putting up with me.**는 특히 내가 툴툴대고 귀찮게 해도 그걸 다 받아주는 지인에게 고마움을 표현할 때 자주 써요.

예 **Thank you for putting up with me** these past few weeks.
　　지난 몇 주간 (짜증나게/귀찮게 해도) 참고 받아줘서 고마워.

예 I don't understand why you keep **putting up with** her.
　　네가 왜 계속 걔를 참고 받아주는지 이해가 안 돼.

Date: _____   Study Time: _____

네이티브들이 매일 주고받는 대화, 영어로 말할 수 있나요?

🎧 156-2. mp3 ▪️▪️▪️

브루스 너 없으면 사무실이 정말 허전할 거야.

다니엘 아예 떠나는 게 아니라 그냥 다른 층에서 일하는 거예요.

브루스 저, 그간 짜증나게 해도 참고 받아줘서 고마워. 나도 내가 까다롭다는 거 잘 알아. 정말 최고의 비서였어.

다니엘 이제 그러니까 울컥하잖아요.

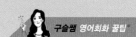
구슬쌤 영어회화 꿀팁

참을성이 한계에 도달했을 때

특정 상황이나 사람이 지금까지는 짜증나게 해도 꼭 참고 받아줬지만 더 이상은 못 참겠다고 할 때도 **put up with**를 자주 씁니다. 아래 예문들을 통해 쓰임을 확인해 보세요.

예 That's it! I'm not **putting up with** this anymore. 거기까지! 더 이상은 이런 취급을 견딜 수 없어.

예 We shouldn't **put up with** this nonsense. 이런 말도 안 되는 상황을 받아주면 안 돼.

157 감정을 물씬 담아 고마움을 강조해 표현할 때

네이티브들이 매일 주고받는 대화, 무슨 뜻일까요?

🎧 157-1. mp3 ▦ ▦ ▦

Dick

There. All Done!*

Jane

Finally! We can go home now.

Dick

I don't know what I would do without you.

Jane

Me neither. We do make a great team.

📖 미니 회화사전

* All done! 다 했어! 끝났어!

 네이티브는 이런 표현으로 말한다!

I don't know what I would do without you. 네가 없다면 정말 어떻게 할지 모르겠어.

평소 큰 힘이 되거나 많은 도움을 주는 상대에게 고마운 마음을 강조하는 표현입니다. 일상에서의 사소한 감사 표현으로도 쓰이는, Thank you.보다 훨씬 더 강하게 다가오는 약간 과장된 표현이지만 동시에 상대를 특별하게 만들어주는 좋은 표현입니다. 말을 조금 바꿔서 What would I do without you?(네가 없다면 정말 어떻게 하니/사니?)라고 해도 좋아요. 꼭 사람이 아닌 소중하거나 의미 있는 물건에도 쓸 수 있습니다.

예 **I don't know what I would do without** my crew.
(일을 함께하는 사람들이 많은 도움을 주는 상황) 우리 팀이 없다면 정말 어떻게 할지 모르겠어요.

예 These programs save me so much time. **I don't know what I would do without** them.
이 프로그램들 덕분에 정말 많은 시간을 절약해서요. 그게 없다면 정말 어떻게 할지/살지 모르겠어요.

Date: _____ Study Time: _____

네이티브들이 매일 주고받는 대화, 영어로 말할 수 있나요?

🎧 157-2. mp3 🔲🔲🔲

딕

거기까지. 다 했어!

제인

드디어 끝났네! 이제 집에 갈 수 있겠다.

딕

네가 없다면 정말 어떻게 할지 모르겠어.

제인

나도 그래. 우린 정말 최고의 팀이지.

 구슬쌤 영어회화 꿀팁

평소 내게 의지를 많이 하는 지인에게

평소 내게 의지도 많이 하고 덜렁거리거나 세상물정을 잘 몰라서 내가 챙겨주지 않으면 이 험난한 세상을 어떻게 살아갈지 걱정되는 지인에게 쓸 수 있는 표현인데요. 그런 지인에게 도움을 주며 농담 반 진담 반으로 **What would you do without me?**(내가 없으면 넌 정말 어떻게 하니/사니?)라고 하기도 합니다.

네이티브들이 매일 주고받는 대화, 무슨 뜻일까요?

🔊 158-1. mp3 ▩ ▩ ▩

Lawrence

You wanted to see me?

Caroline

Yes, please, have a seat. I just wanted to let you know that you'll be promoted to manager as of tomorrow. We're going to make it official this afternoon.

Lawrence

I don't know what to say. I mean, all I can say is that I'm forever grateful for everything, and I won't let you down.

Caroline

That's all I needed to hear.* Keep up the good work.

📖 미니 회화사전

* **That's all I needed to hear.** (상대가 말한 걸로 충분히 안도된다는 뉘앙스) 그럼 됐어.

 네이티브는 이런 표현으로 말한다!

I'm forever grateful. 정말 너무 고마워.

큰 감사함을 표현할 때 **I'm so/very/beyond grateful.**(정말 고마워.)을 써도 되지만 좀 더 강조해 표현하고 싶을 땐 **I'm forever grateful.**(정말 너무 고마워.)을 쓰세요. 과장한 표현이기에 격식을 차린 절제된 상황보단 감정을 담아 표현하는 상황에서 쓰입니다. 도움을 준 상대에게 마치 평생 고마워할 정도로 고마운 마음을 강하게 표현할 수 있습니다.

예 **I'm forever grateful** to everyone. 모두에게 정말 너무 고맙습니다.

예 If you help me with this, **I'll be forever grateful.** 이거 도와주면 정말 너무나 고마울 거야.

136

Date: _____   Study Time: _____

🎧 158-2. mp3 ▮▮ ▮▮ ▮▮

로렌스

저 부르셨나요?

캐롤라인

그래, 앉아봐. 내일부터 자네를 매니저로 승진시키기로 했다는 걸 말해주려 불렀어. 오늘 오후에 (사람들에게 공식적으로 알리며) 공식화할 거야.

로렌스

뭐라고 말씀드려야 될지 모르겠네요. 아니, 제가 드릴 수 있는 말은 여러모로 정말 너무 감사드리고 실망시키지 않을 거란 말밖에 없네요.

캐롤라인

그럼 됐어. 앞으로도 계속 열심히 해줘.

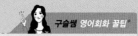
구슬쌤 영어회화 꿀팁

공식적으로 시작되는 시점을 말할 때 as of

언제부터 시작된다고 하면 '~부터'이니 from만 생각나죠. 하지만 네이티브는 **as of**(~일자로, ~로부터)도 자주 씁니다. Cambridge 사전에 따르면 as of가 starting from a particular time(특정한 시기부터 시작되는) 이라고 나와 있는데요. 특히 비즈니스 영어에서 **공식적으로 시작되거나 적용되는 시점**을 말할 때 자주 쓰여요.

예 **As of** 9 a.m. tomorrow, all the prices will go up by 3%.
　　내일 오전 9시부터 모든 가격이 3% 인상됩니다.

예 **As of** next week, everything is going to completely change.
　　다음주부터 모든 게 완전 싹 바뀔 거야.

네이티브들이 매일 주고받는 대화, 무슨 뜻일까요?

🎧 159-1. mp3

 Luna

I couldn't have done any of this without you.

 Asher

All I did was* point you in the right direction.
The rest was all you.

 Luna

Really, I just wanted to say* thank you again for everything.

 Asher

Not another word.

 📖 미니 회화사전

* **All I did was + 동사원형** 내가 한 거라곤 ~밖에 없어/~가 다야
* **I just wanted to say ~** (진심어린 말을 하기 전) ~라고 꼭 말하고 싶(었)어

👍 네이티브는 이런 표현으로 말한다!

Not another word. 그런 말이라면 그만해.

상대가 계속 고마운 마음을 표현할 때 이제 그런 말이라면 그만하라고 하며 **Not another word.**라고 할 수 있습니다. 미소 지으며 장난스레 **Not another word.**를 쓰면 훈훈한 상황이 되지만, 짜증나거나 화가 났을 때 상대의 입에서 나오는 단 한 단어도 더 이상 듣고 싶지 않다며 **Not another word!**(그런 말이라면 그만해!)라고 정색하며 쓸 수도 있으니 특히 말투와 표정에 신경 써주세요.

예 **Not another word.** We're friends. Friends help each other out.
그런 말이라면 그만해. 우린 친구잖아. 친구끼리 원래 돕고 그러는 거지.

예 **Not another word** from either one of you! 둘 다 그만 조용히 해!

Date: _____ Study Time: _____

네이티브들이 매일 주고받는 대화, 영어로 말할 수 있나요?

🎧 159-2. mp3

루나

네가 아니었다면 그 어떤 것도 해내지 못했을 거야.

애셔

내가 한 거라곤 그냥 옳은 방향으로 안내해줬을 뿐인 걸 뭐.
나머지는 다 네가 해낸 거야.

루나

정말 여러모로 고맙다고 다시 한 번 꼭 말하고 싶어.

애셔

그런 말이라면 그만해.

구슬쌤 영어회화 꿀팁

Shut up.(닥쳐.)보다 품위를 유지하며 경고할 때

Shut up.은 정말 친한 사이에서 '에이, 그만해.'란 뉘앙스로 가볍게 쓰이기도 하지만 그래도 기본적으로 부정적인 느낌을 강하게 갖고 있습니다. 따라서 Not another word. 외에 상대의 말을 더 이상 듣고 싶지 않을 때 품위를 유지하며 쓸 수 있는 표현 3개를 알려 드릴게요.

1. I don't want to hear it. 듣고 싶지 않아.

2. Hush. (쉿) 조용히 해.

3. Enough! (그만 하면 충분하다는 뉘앙스) 그만해!

네이티브들이 매일 주고받는 대화, 무슨 뜻일까요?

🔊 160-1. mp3 ⬛ ⬛ ⬛

Farah

I'm glad it's over now.

Denzel

I hear you.*

Farah

By the way, thanks for the heads-up.* If I hadn't known Shannon was coming, I would have been in big trouble.

Denzel

Of course. You would have done the same for me.

📖 미니 회화사전

* **I hear you.** 동감이야. 정말 그래. 네 말이 맞아.
* **Thanks for the heads-up.** (조심하거나 주의하라고) 미리 경고해줘서/말해줘서 고마워

  네이티브는 이런 표현으로 말한다!

You would have done the same for me. 네가 내 입장이었어도 똑같이 해줬을 거잖아.

내 도움을 받은 친한 지인이나 동료가 고마운 마음을 표현할 때 You're very welcome.(별 말씀을.), It's nothing.(아무것도 아닌 걸. 뭐.), Of course.(당연히 도와줘야지.) 등을 써도 괜찮지만 반대 입장이었어도 상대가 당연히 날 도와줬을 거고 우리 사이에서 이렇게 서로를 도와주는 건 당연하다는 뉘앙스인 **You would have done the same for me.**도 자주 씁니다. 서로를 도와주는 게 어색하지 않은 동등한 위치에서, 또 내가 불리한 상황일 때 상대의 도움을 기대할 수 있는 친한 사이에서 쓸 수 있는 표현으로, 의리를 강조할 수 있는 좋은 표현입니다.

Date: _____   Study Time: _____

🎧 160-2. mp3 ■ ■ ■

파라
이제 끝났다니 다행이야.

덴젤
동감이야.

파라
그런데 미리 경고해줘서 고마워. 섀넌이 온다는 걸 몰랐다면 정말 난처했을 거야.

덴젤
말해주는 건 당연한 건데, 뭐. 네가 내 입장이었어도 똑같이 해줬을 거잖아.

구슬쌤 영어회화 꿀팁

상대의 뜻에 반하는 얘기를 꺼낼 때도 I hear you

I hear you.는 상대의 말에 공감하고 이해할 때도 쓰이지만 상대와 반대되는 의견을 얘기하기 전 좀 더 부드럽게 시작하는 연결 표현으로도 자주 쓰입니다.

예 **I hear you**, but we can't afford to make such a decision at this point.
네가 무슨 말을 하는 건진 알겠는데 지금 이 시점에선 그런 결정을 내릴 여유가 없어.

예 **I hear you**, but can we deal with this tomorrow?
네가 무슨 말을 하는 건진 알겠는데 이건 내일 처리하면 안 될까?

141

네이티브가

동의/반대 등의 의견을 낼 때

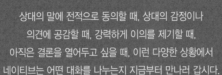

상대의 말에 전적으로 동의할 때, 상대의 감정이나
의견에 공감할 때, 강력하게 이의를 제기할 때,
아직은 결론을 열어두고 싶을 때, 이런 다양한 상황에서
네이티브는 어떤 대화를 나누는지 지금부터 만나러 갑시다.

그건 말이 안 돼.
앞뒤가 안 맞아.

나도 마찬가지야.

그게 말처럼
쉬운 게 아냐.

확정된 건
아무것도 없어.

네 말에 100% 동의해.

ㄴㅐㅌㅣㅂㄷㅡㄹㅣ 때ㄹㅓ 주고받는 대화, 무슨 뜻일까요?

🎧 161-1. mp3 ▦ ▦ ▦

Evan

I don't think Amie's looking at the big picture* here.

Angelina

I agree with you 100%, but she's the boss.

Evan

I wish there were someone who had the courage to tell her what we think.

Angelina

I honestly don't see that happening. I mean, I, for one, wouldn't want to jeopardize* my career.

📖 미니 회화사전

* look at the big picture 큰 그림을 보다
* jeopardize 위태롭게 하다

 네이티브는 이런 표현으로 말한다!

I agree with you 100%. 네 말에 100% 동의해.

상대의 말에 전적으로 동의할 때 I agree with you 100%.를 쓰세요. 단순히 동의한다는 I agree with you.보다 훨씬 더 강한 느낌을 줍니다. with you를 생략해도 맥락상 동의하는 대상이 뭔지 알 수 있기에 I agree 100%.라고만 쓰기도 합니다.

전적으로 반대한다는 걸 강조할 땐 I disagree 100%.(100% 반대해.)를 써도 되지만 결사 반대한다는 걸 강하게 표현해야 되는 상황이 아닌 이상 I'm not sure I agree with you 100%.(네 의견에 100% 동의하는지 잘 모르겠어.)라고 하는 게 좀 더 부드럽겠죠.

Date: _____   Study Time: _____

네이티브들이 매일 주고받는 대화, 영어로 말할 수 있나요?

🎧 161-2. mp3 ⬛ ⬛ ⬛

예반

애이미가 지금 큰 그림을 못 보는 것 같아.

안젤리나

네 말에 전적으로 동의하지만 상사인데 뭘 어쩌겠어.

예반

우리 생각을 딱 얘기해줄 용기가 있는 사람이 있으면 좋을 텐데.

안젤리나

솔직히 그런 일이 있을 거라곤 생각하지 않아. 아니, 다른 사람은 몰라도 일단 난 커리어를 위태롭게 하고 싶지 않거든.

구슬쌤 영어회화 꿀팁®

팀 대표로 희생할 땐 take one for the team

마치 내가 대표로 한 대 맞는 것처럼 다른 사람의 이익을 위해 양보하거나 희생할 때 take one for the team 을 쓸 수 있습니다. 팀원들 외에 회사나 가족을 위해 희생할 때도 다양하게 응용할 수 있고, 꼭 나 자신에게 치명타를 입힐 만큼의 큰 희생이 아니더라도 사람들이 선뜻 나서서 하고 싶어 하지 않는 잡일을 할 때나 손해보더라도 양보할 때 등에 쓸 수 있어요.

예 I'll **take one for the team** and talk to her. 내가 팀을 위해 총대를 매고 걔한테 얘기할게.

예 I'm willing to **take one for the company**. 회사를 위해 기꺼이 희생할 의향이 있어요.

145

네이티브들이 매일 주고받는 대화, 무슨 뜻일까요?

🔊 162-1. mp3 ■ ■ ■

Abigail

I honestly didn't see this coming.

Clark

I believe you, but I need to work with someone who's more experienced.

Abigail

I understand. I'm sorry it turned out* this way.*

Clark

That makes two of us.

📖 미니 회화사전

* **turn out** (일, 진행, 결과 등이 특정 방식으로) 되다, 풀리다
* **this way** 이런 식으로, 이렇게

 네이티브는 이런 표현으로 말한다!

That makes two of us. 나도 마찬가지야.

That makes two of us.는 '나도 마찬가지야. 나도 그래.'라는 뜻인데요. 특히 상대가 안 좋은 상황을 겪고 있을 때 그런 상황을 겪는 건 상대가 유일한 게 아닌 나도 그런 적이 있다며 공감해줄 때 자주 쓰는 표현입니다. 마치 그런 경험을 겪거나 감정을 느끼는 게 말하는 상대뿐만 아닌 나까지 포함해서 총 두 명이란 뉘앙스죠.

A I can't wait for this day to be over. (정말 힘든 하루일 때) 오늘이 빨리 끝났으면 좋겠다.
B **That makes two of us.** 나도 그래.

Date: _____   Study Time: _____

네이티브들이 매일 주고받는 대화, 영어로 말할 수 있나요?

🎧 162-2. mp3 ▮▮ ▮▮ ▮▮

아비게일

솔직히 이렇게 될지 몰랐어요.

클락

몰랐다는 말 믿지만 전 경험이 더 많은 분과 일해야 될 것 같아요.

아비게일

이해합니다. 일이 이렇게 풀려서 유감이에요.

클락

저도요.

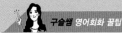
구슬쌤 영어회화 꿀팁

농담처럼 쓰이는 That makes one of us!

영화 *The Holiday*(로맨틱 홀리데이)에서 은퇴한 유명 시나리오 작가 Arthur(아서)가 나이가 들고 기억력이 안 좋아져 자신의 집을 헷갈려하며 길을 헤매고 있자 이웃 Iris(아이리스)가 말합니다.

Iris	Can I offer you a lift home? 집까지 모셔다 드릴까요?
Arthur	You know where I live? 제가 어디 사는지 아세요?
Iris	I believe I do! Yes! 그런 것 같아요! 네, 알아요!
Arthur	Good. **That makes one of us.** 다행이네요. 전 잘 모르겠는데.

아서가 자신은 자기 집이 어디인지 헷갈리지만 둘 중 한 명이라도 아니 다행이란 뉘앙스로 That makes one of us.를 썼는데요. 원래는 That makes two of us.가 표준이지만 이런 식으로 한 사람만 해당된다는 걸 강조해서 재치 있게 농담처럼 쓰이기도 합니다.

147

네이티브들이 매일 주고받는 대화, 무슨 뜻일까요?

🎧 163-1. mp3 ⬛ ⬛ ⬛

Tanya

I like how Josh doesn't micromanage.

Bernard

Same here. He's a good boss.

Tanya

I'm not sure I agree with you 100% on that. He's a real stickler for* punctuality.* I came in 5 minutes late the other day, and he wanted to have a one-on-one.

Bernard

Come on, we get paid to be here from 9 to 5. He has every right to expect us to be here at 9 a.m.

📖 미니 회화사전

* **stickler for** ~에 까다로운/엄격한 사람
* **punctuality** 시간 엄수

 네이티브는 이런 표현으로 말한다!

Same here. 나도 그래.

상대와 같은 감정을 느끼거나 같은 상황이라고 할 때 **Same here.**(나도 그래. 나도 마찬가지야.)를 씁니다. 그렇게 느끼는 건 너뿐만 아니라 여기 있는 나(here)도 똑같이(same) 느낀다는 거죠.

A It was nice talking to you. 대화 즐거웠어요.
B **Same here.** 저도요.

Date: _____ Study Time: _____

네이티브들이 매일 주고받는 대화, 영어로 말할 수 있나요?

🔊 163-2. mp3 ▣ ▣ ▣

타냐

난 조쉬가 이래라 저래라 사사건건 간섭하지 않아서 좋아.

버나드

나도. 그는 좋은 상사야.

타냐

(조쉬가 좋은 상사라는) 네 말에 100% 동의할 수 있는지는 모르겠어.
시간 엄수에 지나치게 엄격하잖아. 저번에 나 5분 늦게 왔는데
일대일 면담하자고 하더라니까.

버나드

에이, 9시부터 5시까지 일하라고 월급 받는 건데. 아침 9시면 출근
해 있을 거라 생각하는 건 당연한 거잖아.

구슬쌤 영어회화 꿀팁

레스토랑에서 같은 메뉴로 주문할 때도 Same here!

레스토랑에서 상대와 같은 메뉴로 주문할 때도 Same here.(저도 같은 걸로요)라고 쓸 수 있어요. 이 경우, 주문
을 한 개가 아닌 두 개로 넣어 달라는 뉘앙스의 Make it two.를 써도 됩니다.

A I'll have a cheeseburger. 전 치즈버거로 할게요.
B Same here. = Make it two, please. 저도 같은 걸로요.

149

네이티브들이 매일 주고받는 대화, 무슨 뜻일까요?

🔊 164-1. mp3 ■ ■ ■

 Mitch

Why don't you ask him out?*

 Hilary

It's not as easy as it sounds.

 Mitch

Just ask him to join you for lunch. I'm sure he will say yes.

 Hilary

I'd be more comfortable if* all of us can go for a team lunch. What do you say?

📖 **미니 회화사전**

* ask + 사람 + out ~에게 데이트 신청하다
* I'd be more comfortable if ~ ~라면 더 편할 것/좋을 것 같아

 네이티브는 이런 표현으로 말한다!

It's not as easy as it sounds. 그게 말처럼 쉬운 게 아냐.

학창시절에 as … as ~(~만큼 …한)를 분명 배웠는데도 막상 실전회화에선 쉽게 쓰지 못하는 것 같은데요. 오늘 나온 It's not as easy as it sounds.로 정붙여 보세요. 직역하면 '그게 들리는 것만큼 쉬운 일은 아냐.' 즉 '그게 말처럼 쉬운 게 아냐.'라는 의미랍니다. 큰 결정은 물론이고 영어공부나 운동처럼 특정 목표를 포기하지 않고 꾸준히 실천하는 게 말처럼 쉬운 게 아니라고 할 때도 쓸 수 있는 활용도 높은 표현이에요. 응용표현으로 It's not as easy as it looks.(보이는 것처럼 쉬운 게 아냐.)로도 쓸 수 있습니다.

예 It took years of training. **It's not as easy as it looks.**
수년 간의 훈련으로 익힌 거야. 보이는 것처럼 쉬운 게 아니지.

Date: _____ Study Time: _____

네이티브들이 매일 주고받는 대화, 영어로 말할 수 있나요?

🎧 164-2. mp3 ▣ ▣ ▣

미치

갸한테 데이트하자고 말하는 게 어때?

힐러리

그게 말처럼 쉬운 게 아냐.

미치

그냥 같이 점심 먹자고 물어봐 봐. 분명 좋다고 할 거야.

힐러리

우리 다 같이 가서 팀원끼리 먹는 점심이면 더 편할 것 같은데, 어때?

구슬쌤 영어회화 꿀팁

It's easier said than done.도 알아두자!

말이야 누구든 할 수 있지만 실제 실천하는 게 힘들다고 할 때 It's easier said than done.도 자주 쓰입니다. '말이야 쉽지, 말처럼 쉽지 않아.'라는 의미이죠.

예 I try to get everyone to participate, but **it's easier said than done.**
　　모든 사람들이 참가하게 하려 노력하지만 말처럼 쉽지 않아요.

예 I know **it's easier said than done**, but it's important to keep the momentum going.
　　말처럼 쉽지 않다는 걸 알지만 계속 기세를 유지하는 게 중요해요.

응용표현으로 특히 누군가의 능력이나 성품에 대해 반신반의할 때 Easy to say, harder to prove.(말하긴 쉬워도 증명하긴 어렵지.)도 있습니다.

A I'm a straight shooter. 전 솔직한 사람이에요.
B **Easy to say, harder to prove.** 말하긴 쉬워도 증명하긴 어렵지.

네이티브들이 매일 주고받는 대화, 무슨 뜻일까요?

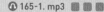 165-1. mp3

Daniel

Have you decided what you're going to do?

Casandra

Not yet. I want to take the job in California, but the cost of living* is much higher there.

Daniel

It's not about money. It's about what's best for you in the long run.*

Casandra

You're right.

 미니 회화사전

* cost of living 생활비
* in the long run 장기적으로

 네이티브는 이런 표현으로 말한다!

It's not about money. 돈이 중요한 게 아냐.

It's not about ~은 '~에 관한 게 아니야'란 뜻도 있지만 '~가 중요한 게 아니야'란 뜻으로도 자주 쓰여요. 특정 상황에서 뭔가 중요하지 않을 때도 쓰인다는 걸 모르면 해석이 어색해질 수도 있으니 정확히 기억해 주세요. 일상회화에서 가장 자주 쓰이는 It's not about ~ 대표 표현 3개입니다.

1. **It's not about** money. It's about compatibility. (연애 충고)
   돈이 중요한 게 아니라 성향이 비슷하고 잘 맞는게 중요한 거야.

2. **It's not about** looks. 외모가 중요한 게 아냐.

3. **It's not about** winning. It's all about having fun. 이기는 게 중요한 게 아니라 즐기는 게 중요한 거야.

Date: _____   Study Time: _____

네이티브들이 매일 주고받는 대화, 영어로 말할 수 있나요?

🎧 165-2. mp3 ▣▣▣

다니엘

뭘 어떻게 할 건지 결정했어?

카산드라

아직 못 했어. 캘리포니아의 일을 택하고 싶지만 거긴 생활비가 훨씬 더 비싸잖아.

다니엘

돈이 중요한 게 아니야. 장기적으로 너한테 어떤 게 최선의 결정일지가 중요한 거지.

카산드라

네 말이 맞아.

구슬쌤 영어회화 꿀팁

특히 관계에서 자주 쓰이는 compatible

기기나 프로그램이 호환이 될 때 compatible을 쓰지만 두 사람의 생각, 흥미, 취향 등이 비슷해서 사이 좋게 지내고 잘 맞을 때도 compatible을 자주 쓴다는 사실, 알아두세요.

예 Is it **compatible** with an iPhone? 아이폰과 호환되나요?

예 We're not **compatible**. 우린 (생각, 흥미, 취향 등이 달라서) 잘 안 맞아.

예 Turns out Bryan and I are very **compatible**. 알고 보니 브라이언과 난 정말 잘 맞더라고.

네이티브들이 매일 주고받는 대화, 무슨 뜻일까요?

🔊 166-1. mp3

Rhonda

I heard Mark said the F-word to Oliver during the conference call.

Gerry

I heard that, too, but why would he say that?
It doesn't add up. There has to be more to the story.

Rhonda

You might be right. Mark is very respectful of others.*

Gerry

Oliver probably provoked* him and said something mean* about his team. You know how protective Mark can be when it comes to his people.

📖 미니 회화사전

* **respectful of others** 다른 사람들에게 예의바른, 다른 사람들을 존중하는
* **provoke** 화나게/짜증나게 하다, 도발하다
* **mean** 못된, 나쁜

네이티브는 이런 표현으로 말한다!

It doesn't add up. 그건 말이 안 돼. 앞뒤가 안 맞아.

add up은 '합산하다'란 뜻도 있지만 '말이 되다, 앞뒤가 맞다'란 뜻도 있는데요. Cambridge 사전에 따르면 to seem reasonable or likely(합리적이거나 그럴 듯하게 보이다)라고 나와요. 즉 지금까지 들은 여러 가지 얘기나 연관된 상황을 보고 합리적으로 판단할 때 쓸 수 있어요. 일상회화에선 부정형으로 더 자주 쓰이는데요. 뭔가 말이 안 되고 앞뒤가 안 맞을 때 It doesn't add up.이라고 할 수 있죠.

예 I see it now. You like him. It all **adds up**! 이제 뭔지 알겠네. 너 걔 좋아하는구나. 이제야 설명이 되네.
예 Your story doesn't **add up**. 네 얘기는 말이 안 돼/앞뒤가 안 맞아.

Date: _____ Study Time: _____

🔊 166-2. mp3

론다 마크가 올리버에게 전화 회의하다 욕했다고 하더라.

게리 나도 그 얘기 들었는데 왜 그랬을까? 그건 말이 안 돼. 잘 모르지만 그럴 만한 이유가 있을 거야.

론다 네 말이 맞을지도 모르겠다. 마크는 사람들한테 정말 예의바르잖아.

게리 아마 올리버가 마크의 팀에 대해 뭔가 나쁜 말로 자극해서 화나게 만들었을 거야. 마크가 자기 사람들을 얼마나 보호하는지 너도 알잖아.

구슬쌤 영어회화 꿀팁

It doesn't add up.의 짝꿍 표현

지금까지 들은 얘기나 드러난 상황만으로는 뭔가 말이 안 되고 앞뒤가 안 맞을 때 **There has to be more to the story.**도 자주 쓰여요. 내가 모르거나 드러나지 않은 비하인드 스토리가 분명 있을 거란 뉘앙스로 쓰입니다.

예 This can't be true. **There has to be more to the story.**
이게 사실일 리가 없어. 분명 감추는 게 있을 거야.

155

네이티브들이 매일 주고받는 대화, 무슨 뜻일까요?

⏵ 167-1. mp3

Leo

Rumor has it,* they might push* the launch date to Christmas.

Theresa

That sounds a bit of a stretch. There's no reason for them to miss Black Friday.

Leo

If that actually happens, though, that could be a plus for* us.

Theresa

It certainly would be.

📖 **미니 회화사전**

* Rumor has it, ~ 소문에 따르면 ~래　　　　* push (일정을) 미루다
* That could be a plus for ~ 그렇게 되면 ~에게 유리할 수도 있다 (plus 유리한 점, 이점)

 네이티브는 이런 표현으로 말한다!

That sounds a bit of a stretch. 그건 좀 억지처럼 들리는데.

원래 크기보다 더 크게 보이도록 억지로 쭉 잡아 늘리는 것처럼, 뭔가 살짝 과장한 느낌이 나서 사실이거나 실제 일어날 확률이 낮아 보일 때 **It's a stretch.**(그건 억지야/무리야.)를 자주 씁니다. 너무 대놓고 억지라고 말하는 게 부담스럽다면 **That sounds ~**(~처럼 들린다) 패턴에 a bit of(다소, 좀)를 곁들여 **It/That sounds a bit of a stretch.**라고 말하세요.

예 **With all due respect, it sounds a bit of a stretch.**
이런 말씀드려 죄송하지만 그건 좀 억지처럼 들리네요.

예 **Come on, don't you think that's a bit of a stretch?** 에이, 그건 좀 억지/지나친 거 아냐?

156

Date: _____ Study Time: _____

네이티브들이 매일 주고받는 대화, 영어로 말할 수 있나요?

🎧 167-2. mp3

레오

소문에 따르면 그들이 출시일을 크리스마스까지 미룰지도 모른대요.

테레사

그건 좀 억지처럼 들리는데. 블랙 프라이데이를 놓칠 이유가 없잖아.

레오

그래도 정말 그렇게 되면 우리에겐 유리할 수도 있죠.

테레사

분명 그렇긴 하네.

구슬쌤 영어회화 꿀팁

과장이나 억지가 아니라고 할 땐 It's not a stretch.

반대로 과장이나 억지가 아니라 '그 정도는 가능하다고 생각한다'는 **It's not a stretch.**(그건 억지/과장/무리가 아니야.)로도 자주 쓰이는데요. 특히 **It's not a stretch to say ~**(~라고 해도 과언/무리가 아니야) 등으로 자주 응용됩니다.

예 **It's not a stretch, is it?** (무리가 아니라) 그 정도는 가능하지 않아?

예 **It's not a stretch to call him an artist.** 그를 아티스트라고 불러도 무리가 아닙니다.

〈 네이티브들이 매일 주고받는 대화, 무슨 뜻일까요? 〉

🎧 168-1. mp3 ▮▮▮

Oliver

Do you think it's too late to change the name?

Emma

I don't know. Do you have a better idea?

Oliver

Well, I just felt like what we have is too generic,* so I put together a list of catchier* names.

Emma

You bring up a good point, and technically speaking, nothing is set in stone. Let me take a look at the list and get back to you.

📖 미니 회화사전

* **generic** (특별할 게 없는) 일반적인, 뻔한
* **catchy** (마치 한 번 들으면 기억에서 꽉 잡고 놓지 않듯) 기억하기 쉬운
  특히 한 번 들으면 쉽게 잊혀지지 않는 음악의 멜로디나 이름을 얘기할 때 catchy를 자주 씁니다.

👍 네이티브는 이런 표현으로 말한다!

Nothing is set in stone. 확정된 건 아무것도 없어.

돌에 뭔가를 새기면 쉽게 지우거나 없앨 수 없잖아요. 그만큼 뭔가 변경하기 매우 어렵거나 불가능하다는 걸 강조해서 말할 때 be set in stone을 씁니다. 따라서 '그건 확정됐어.'라고 하려면 **It's set in stone.** 변경의 여지가 없는지 확인하고 싶을 땐 **Is it set in stone?**(그건 확정된 거야?)이라고 물어보면 되죠. '확정된 건 아무것도 없어.'라고 말하고 싶다면 **Nothing is set in stone.**이라고 하면 됩니다.

예 **The exam dates are set in stone.** 시험일은 확정됐어요.
예 **The prices are set in stone.** (변경이나 조정이 불가능할 때) 가격은 확정됐어요.

Date: _____   Study Time: _____

네이티브들이 매일 주고받는 대화, 영어로 말할 수 있나요?

🎧 168-2. mp3

올리버

이름을 바꾸긴 너무 늦은 것 같나요?

엠마

잘 모르겠네. 더 좋은 아이디어가 있어?

올리버

음, 우리가 정한 건 너무 일반적인 것 같아서 좀 더 기억하기 쉬운 이름들을 리스트에 준비했어요.

엠마

좋은 지적이네. 그리고 따지고 보면 확정된 건 아무것도 없기도 하고. 리스트 한번 보고 말해줄게.

구슬쌤 영어회화 꿀팁

name brand보다 저렴한 generic brand

우리에게 익숙한 의약품 또는 식료품 브랜드와 성분이나 모양은 같지만 오리지널 제품이 아닌 저렴한 상품이 있죠. 그걸 generic brand라고 합니다. 회사 브랜드 이름보단 주로 제품 특성으로만 식별되기에 코카콜라나 펩시처럼 브랜드 이름이 적혀진 게 아니라, '콜라(Cola)'라고만 적혀 있어요. 브랜드나 제품명을 홍보하는 데 드는 비용을 아끼거나 포장을 간소화해 품질은 원제품과 비슷하지만 낮은 가격으로 소비자들에게 제공할 수 있는 거죠. 근데 원래 generic brand는 패키징이 화려하지 않아서인지 딱 봐도 저렴해 보였는데 요즘은 대형할인 마트에서 아예 가게 이름을 걸고 하는 store brand를 내놓기도 합니다. 이마트의 No Brand나 홈플러스의 Simplus가 대표적인 예라고 보시면 되는데요. 저렴해 보이던 패키징과 달리 일부 상품은 대충 보면 인기가 많은 오리지널 제품과 너무 비슷해서 헷갈릴 정도이고 오히려 오리지널 상품보다 퀄리티나 가격이 좋아 더 선호하게 되는 제품이 돼버린 경우도 있습니다.

네이티브들이 매일 주고받는 대화, 무슨 뜻일까요?

🔊 169-1. mp3 ▣ ▣ ▣

Jessica

So, what are we watching?

Brad

It's *Good Girls*. It's an underrated show, and I was hoping to get you into it.

Jessica

What is it about?

Brad

Just watch. I know you'll get hooked* after only one episode.

📖 **미니 회화사전**

* get hooked (갈고리에 걸려 빠져나오지 못하는 것처럼) ~에 푹 빠지다

👍 **네이티브는 이런 표현으로 말한다!**

It's an underrated show. (그 드라마) 진짜 재미있는데 사람들이 잘 모르더라.

네이티브는 평소 overrated, underrated라는 표현을 자주 쓰는데요. 이 단어들을 '과대평가된', '과소평가된'
이라고만 딱 외우고 말면 정확한 활용법을 알기 어려워요. 맛집에 갔는데 소문보다 별로일 때, 사람들이 다들 재
미있다고 한 영화를 봤는데 별로 재미없을 때 **It's overrated.**(그건 소문보다 별로야.)를 쓰세요. 실제 그런 것
보다 좋게 평가됐다는 뜻이죠. 반대로 정말 좋은데 그 가치를 사람들이 잘 몰라줄 땐 과소평가됐다는 뉘앙스인
It's underrated.를 쓰면 되고요. 대화에서처럼 뒤에 특정 명사를 넣어 **It's an underrated show.**와 같이
써도 좋아요.

Date: _____   Study Time: _____

🎧 169-2. mp3 ■ ■ ■

제시카

> 지금 우리 뭐 보고 있는 거야?

브래드

> '굿 걸스'야. 진짜 재미있는데 사람들이 잘 모르더라고. 너도 그 재미에 빠져봤으면 해서.

제시카

> 어떤 내용인데?

브래드

> 그냥 봐봐. 에피소드 딱 하나만 보면 완전 푹 빠질 걸.

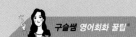
구슬쌤 영어회화 꿀팁

그럼 I think sleep is overrated.는 어떻게 해석해야 되나요?

음식점, 책, 영화, 도시 등이 좋은 평에 비해 별로 안 좋을 때도 overrated를 쓰지만 사람들이 흔히 강조하는 것에 비해 별로 안 중요하다고 할 때도 overrated를 씁니다. 예를 들어 I think sleep is overrated.라고 하면 '사람들이 강조하는 것만큼 잠이 그렇게 중요한 건 아닌 것 같다'는 뜻이 되는 거죠. 대중과 다른 나의 의견을 얘기할 때 자주 쓰여요.

예 **I think teamwork is overrated.** 팀워크는 (사람들이 강조하는 것만큼) 그리 중요하진 않은 것 같아.

예 **I think college is overrated.** 대학은 (사람들이 강조하는 것만큼) 그리 중요하진 않은 것 같아.

Part

13

네이티브가

품위를 지키며
경고하거나 따질 때

목소리가 큰 사람이 이긴다고 하지만
사회생활을 하다 보면 선 넘지 않고 품위를 지키며
조목조목 말하는 분들이 최후의 승자가 되는 경우가 많습니다.
우아하면서도 강력한 경고와 분노의 표현들을
네이티브의 생생한 대화 속에서 만나보겠습니다.

그건 우리에게
아무 도움도 되지
않을 거야.

너 지금 선 넘는 거야.

그거 무슨 뜻으로
하는 말이야?

내가 알아서 할게.

더 이상 뭐라고
말해야 할지 모르겠어.

네이티브들이 매일 주고받는 대화, 무슨 뜻일까요?

🔊 170-1. mp3 ▪▪▪

Dean

You're always so cold to* Miranda.

Lidia

I don't like her that much.

Dean

Why? I think she's nice.

Lidia

She's incompetent* and lazy. The worst part is that
she doesn't care about her work performance at all.
I have zero tolerance for people like her.

📖 미니 회화사전

* be cold to ~ ~에게 냉정하게/차갑게 굴다   * incompetent 무능한 (↔ competent)

 네이티브는 이런 표현으로 말한다!

I have zero tolerance for people like her. 난 그런 사람 정말 용납 못해.

tolerance는 '내성'이란 뜻으로 우리에게 익숙하지만 '용인, 관용'이란 뜻도 있는데요. have zero tolerance
라고 하면 참을 수 있는 정도가 0인 무관용이란 뜻으로, 관습·제도·규칙상 용납하지 않는 부분을 얘기할 때 쓰
입니다. 뿐만 아니라 일상생활에서 내가 개인적으로 용납하지 않는 부분을 말할 때도 쓸 수 있어요. 결국 내가
개인적으로 극도로 싫어하는 부분이니 주의해달라고 할 때 쓸 수 있는 거죠. 내가 용납하지 않는 부분은 I have
zero tolerance 뒤에 for ~로 붙여주면 됩니다. 예문을 몇 가지 더 보면서 쓰임을 느껴보세요.

📝 **We have zero tolerance for** cell phones in class. 수업에서 휴대폰 사용은 용납하지 않습니다.

📝 **I have zero tolerance for** liars. 난 거짓말쟁이는 용납 못해.

Date: _____   Study Time: _____

네이티브들이 매일 주고받는 대화, 영어로 말할 수 있나요?

🔊 170-2. mp3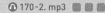

 딘

넌 미란다한테 항상 차갑게 대하더라.

 리디아

난 걔 별로 안 좋아해.

 딘

왜? 괜찮은 애 같던데.

 리디아

걘 무능하고 게으르잖아. 최악인 건 근무 실적이 어떻든 조금도 신경 쓰지 않는다는 거야. 난 그런 사람 정말 용납 못해.

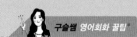 구슬쌤 영어회화 꿀팁

일상에서 자주 쓰이는 low tolerance

zero tolerance처럼 아예 용납하지 않을 정도까진 아니지만 뭔가를 잘 못 참을 땐 low tolerance를 씁니다. 술, 카페인, 약물 등의 내성이 낮을 때도 쓰이지만 단순히 뭔가를 잘 못 견디고 받아들이기 어려워한다는 뉘앙스로도 자주 쓰여요.

예 **I have a low tolerance for** boredom. 전 지루한 건 잘 못 참아요.

예 **They have a low tolerance for** mistakes. 그들은 실수를 잘 용납하지 않아요.

네이티브들이 매일 주고받는 대화, 무슨 뜻일까요?

🎧 171-1. mp3 ▨ ▨ ▨

Jennifer

Are you almost done?*

Malcolm

Not yet.

Jennifer

Okay. I'm running out of patience. You were supposed to* give me the final copy last week.

Malcolm

I know. I'm really sorry. I promise I'll have it on your desk in 30 minutes.

📖 **미니 회화사전**

* be done 끝내다
* be supposed to + 동사원형 (원래) ~하기로 되어 있다, ~해야 해

 네이티브는 이런 표현으로 말한다!

I'm running out of patience. 점점 인내심이 바닥나.

네이티브는 뭔가 바닥날 때 run out of(~를 다 써버리다, ~가 떨어지다)를 자주 쓰는데요. 커피, 돈, 자동차, 기름 등이 현재 얼마 남지 않아 바닥나간다는 느낌을 담은 현재진행형(be running out of)이 가장 많이 쓰입니다. We're running out of time.(우리 시간이 정말 얼마 안 남았어.), We're running out of gas.(우리 기름이 다 바닥나.)처럼 말예요.

근데 전 run out of가 품위 있게 화내거나 짜증낼 때 빛을 발한다고 생각해요. 화가 날 때 I'm angry!(나 화났어.)를 쓰는 게 틀리진 않지만 참는 것도 한계가 있으니 이제 그만하라는 뉘앙스로 I'm running out of patience.(나 인내심이 바닥나.)를 쓰면 오히려 상대를 더 긴장하게 만들죠. 화나 짜증을 참을 때뿐 아니라 기다리는 것도 한계가 있다는 뉘앙스로도 쓰입니다.

Date: _____ Study Time: _____

네이티브들이 매일 주고받는 대화, 영어로 말할 수 있나요?

171-2. mp3

제니퍼 거의 다 돼가?

말콤 아직이요.

제니퍼 자, 나도 점점 인내심이 바닥나가. 너 원래 지난주에 최종본 줘야 되는 거였잖아.

말콤 알아요. 정말 죄송해요. 마무리해서 30분 후에 책상 위에 꼭 갖다 놓을게요.

구슬쌤 영어회화 꿀팁

run out이 되기 전 run low

다 떨어지고 바닥나는 run out까지는 아니지만 조금밖에 안 남았다는 걸 강조할 땐 run low를 쓰세요. 지금 당장 액션을 취하지 않으면 안 좋은 상황이 일어날 것만 같은 run out보다 조금 더 여유가 있을 때 쓸 수 있습니다.

예 My battery's **running low**. 배터리가 얼마 안 남았어.

예 We're **running low** on beer. 맥주가 얼마 안 남았어.

네이티브들이 매일 주고받는 대화, 무슨 뜻일까요?

 172-1. mp3

Robert

You're not supposed to say "no" to your child.
Here, it looks like you could use some tips from this
parenting* book.

Alexis

What's that supposed to mean?

Robert

I'm just trying to help you be a better mom.

Alexis

I am a good mother, and it's not your place* to tell
me how to raise my son.

 미니 회화사전

* parenting 육아　　　　* It's not your place (~를 할 입장/자격/권한이 없을 때) 네가 끼어들 자리가 아냐

 네이티브는 이런 표현으로 말한다!

What's that supposed to mean? 그거 무슨 뜻으로 하는 말이야?

⟨be supposed to + 동사원형(원래 ~하기로 되어 있어, ~해야 해)⟩의 의문문은 단순히 궁금할 때뿐만 아니라 짜증낼 때도 자주 쓰입니다. 예를 들어, 원래 가야 하는 곳이 어디인지 잘 몰라 짜증날 때는 **Where am I supposed to go?**(나 어디로 가야 되는 거야?)를, 원래 해야 하는 일이 뭔지 모르겠어서 속 터질 때는 **What am I supposed to do?**(나 뭘 해야 하는 거야? 나보고 뭘 어쩌라는 거야?)를 짜증섞인 어투로 말하면 되죠. 그런데 평소 일상에서 be supposed to 의문문이 가장 많이 쓰이는 경우는 **What's that supposed to mean?**이에요. 직역하면 '그건 원래 무슨 뜻이어야 하는 거야?'지만 상대가 한 말이나 행동이 믿기지 않을 때, 당혹스러울 때, 말의 저의가 의심스러워 기분이 조금 나빠려고 할 때 '그거 무슨 뜻으로 하는 말/행동이야?'란 의미로 쓰입니다. 참고로 '그게 무슨 뚱딴지 같은 소리야?'라고 의역되기도 해요.

Date: _____ Study Time: _____

🎧 172-2. mp3

로버트

원래 아이한테 '안 돼'라는 말을 하면 안 돼. 여기, 이 육아책에서 팁을 얻을 필요가 있는 것 같네.

알렉시스

그거 무슨 뜻으로 하는 말이야?

로버트

그냥 네가 더 좋은 엄마가 되도록 도와주려는 거야.

알렉시스

난 좋은 엄마야. 그리고 네가 나보고 내 아이를 어떻게 키우라고 얘기할 자격은 없어.

구슬쌤 영어회화 꿀팁

답변하기 곤란한 질문을 했을 때

상대가 내게 답변하기 곤란한 질문을 했을 때 **I'm not very comfortable with this conversation.**(이 대화가 아주 편치만은 않네요.)이라고 하며 불편한 마음을 부드럽게 얘기할 수 있는데요. 단순히 내가 답변하고 싶지 않다는 게 아닌 뭐라고 얘기할 입장, 자격, 권한이 없다는 뉘앙스의 **It's not my place to say.**(제가 뭐라고 얘기할 입장이 아니죠.)라고도 할 수 있습니다. 자칫 날 곤란한 상황에 처하게 할 수 있는 질문을 부드럽게 넘길 수 있는 좋은 표현이니 꼭 기억해 주세요.

A Do you think it's a bad idea? 넌 이 아이디어가 별로라고 생각해?

B It's not my place to say. 제가 뭐라고 얘기할 입장이 아니죠.

네이티브들이 매일 주고받는 대화, 무슨 뜻일까요?

🎧 173-1. mp3 ■ ■ ■

Olive

I'm home!*

Iris

I thought you were going to the gym after work.

Olive

I was going to, but it's freezing* outside. I just want to snuggle up in bed with a book.*

Iris

You've been making up ridiculous excuses for like 2 weeks. Seriously, enough already! Just go to the gym.

📖 미니 회화사전

* **I'm home!** (볼일 다 보고 집에 들어오며) 나 왔어! 다녀왔어!
* **freezing** (꽁꽁 얼 정도로 날씨가) 정말 추운
* **snuggle up in bed with a book** (마치 책에 바짝 달라붙듯) 이불속에 들어가 뒹굴거리며 책을 읽다

 네이티브는 이런 표현으로 말한다!

Seriously, enough already! 이제 진짜 그만 좀 해라!

enough는 그만하면 충분하니 이제 그만 좀 하라고 할 때도 자주 쓰이는데요. 사람을 성가시게 하고 피곤하게 하는 말이나 행동을 끊임없이 하는 상대에게 그만 좀 하라고 할 때 **Enough is enough!**(그만하면 됐어) 또는 줄여서 **Enough!**(그만해)라고 곧잘 말하죠. 한 번 말해서 안 통할 때는 seriously(진짜로)를 붙여 **Seriously, enough!**(진짜로 그만 좀 해). 인내심이 한계치에 다다라서 진작부터 멈췄으면 했다는 어감까지 덧붙이고 싶다면 **Seriously, enough already!**(이제 진짜 그만 좀 해!)라고 해도 좋겠네요.

Date: _____   Study Time: _____

네이티브들이 매일 주고받는 대화, 영어로 말할 수 있나요?

🔊 173-2. mp3 ▮▮ ▮▮ ▮▮

올리브

나 왔어!

아이리스

퇴근하고 헬스장 간다고 한 줄 알았는데.

올리브

가려고 했는데 밖에 날씨가 너무 추워서 그냥 이불속에 들어가 책이나 읽고 싶더라고.

아이리스

너 지난 2주간 말도 안 되는 변명만 늘어놓네.
이제 진짜 그만 좀 해라! 그냥 운동하러 가.

구슬쌤 영어회화 꿀팁

enough는 자연스레 화제를 전환시킬 때도 써요

enough는 뭔가를 그만하라며 짜증내거나 경고할 때도 자주 쓰이지만 특정 얘기나 행동은 이미 충분히 했으니 다른 주제로 넘어가자며 자연스레 화제를 전환시킬 때도 좋은 연결고리로 쓰입니다.

예 **Enough** about me. How are you? 이제 내 얘기는 충분히 한 것 같고 넌 잘 지내?
　└ 지인에게 내 얘기만 한 것 같을 때

예 **Enough** with the chitchat, let's get down to business. 잡담은 충분히 나눴으니 본론으로 들어가죠.

네이티브들이 때결 주고받는 대화, 무슨 뜻일까요?

🎧 174-1. mp3 ■ ■ ■

Laura

Sorry for showing up unannounced,* but you weren't answering my calls.

Timothy

Laura, you shouldn't have wasted a trip* here. I've told you several times that the decision has been made.

Laura

I know, but there has to be something you can do.

Timothy

I don't know what else to tell you. It's too late to change anything.

📖 **미니 회화사전**

* unannounced 미리 알리지 않은, 예고 없는
* trip (특정 목적을 위한) 여행, (특정 장소까지) 이동, 오고감

👍 **네이티브는 이런 표현으로 말한다!**

I don't know what else to tell you. 딱히 더 이상 뭐라고 말해야 될지 모르겠어.

이미 상대에게 해줄 수 있는 말은 다 해줬고 더 이상 할 말이 없거나 마땅치 않을 때 **I don't know what else to tell you.**(딱히 더 이상 뭐라고 말해야 될지 모르겠어.)를 쓸 수 있어요. 결국 내가 해줄 수 있는 말은 더 이상 없으니 주어진 상황을 받아들이는 게 좋을 것 같다는 걸 부드럽게 돌려 말하는 거죠.

Date: _____ Study Time: _____

네이티브들이 매일 주고받는 대화, 영어로 말할 수 있나요?

🎧 174-2. mp3

로라

예고 없이 그냥 와서 미안한테 내 전화를 안 받길래.

티모시

로라, 여기까지 오느라 시간 낭비할 필요 없었는데. 이미 결정된 일이라고 여러 번 말했잖아.

로라

나도 아는데 네가 할 수 있는 게 뭐라도 있을 거 아냐.

티모시

딱히 뭐라고 말해야 될지 모르겠다. 뭘 바꾸기엔 너무 늦었어.

구슬쌤 영어회화 꿀팁

예고 없이 들렀을 때 자주 쓰는 기본 매너 표현

다음은 상대에게 미리 얘기하지 않고 사무실이나 집에 갑자기 들렀을 때 자주 쓰는 표현입니다. unannounced(미리 알리지 않은, 예고 없는)를 응용한 기본 매너 표현이니 꼭 기억해 주세요.

1. Sorry for dropping in **unannounced**. 예고 없이 들러서 미안해.

2. Sorry for showing up **unannounced**. 예고 없이 와서/나타나서 미안해.

네이티브들이 때껄 주고받는 대화, 무슨 뜻일까요?

🎧 175-1. mp3 ▢ ▢ ▢

 Brad

Janine, I'm sorry to break it to you, but our department has decided to call off* your project.

 Janine

What do you mean?

 Brad

As you know,* we have a limited budget, and we've decided to fund* another project at this time.

 Janine

How could you say that like it's nothing? You know this has been my baby* for months!

 📖 **미니 회화사전**

* **call off** 취소하다, 중지하다
* **fund** 자금을 지원하다
* **As you know,** 너도 알다시피,
* **baby** (마치 아기처럼 소중히 다루고) 애정을 쏟은 일/프로젝트

 👍 **네이티브는 이런 표현으로 말한다!**

How could you say that like it's nothing?
어떻게 그렇게 아무렇지도 않게 말씀하실 수 있으세요?

생각도 못한 상대가 너무 실망스럽거나 속상한 얘기/행동을 할 때 "어떻게 그럴 수 있어?"라는 말 자주 하잖아요. 영어로는 How could you?로 그런 속상한 마음을 담아 따질 수 있습니다. How could you?만 써도 맥락상 어떤 행동에 대한 속상함을 표현하는 건지 알 수 있지만, How could you say that like it's nothing? (어떻게 그렇게 아무렇지도 않게 말씀하실 수 있으세요?)처럼 상대방의 구체적인 행동을 콕 집어 얘기할 때도 많죠.

예 **How could you do this to me?** 어떻게 나한테 이럴 수 있어?
예 **How could you lie to me?** 어떻게 나한테 거짓말을 할 수 있어?

Date: _____   Study Time: _____

🎧 175-2. mp3 ▨ ▨ ▨

브래드 재닌, 이런 얘기해서 미안한데 우리 부서는 네 프로젝트를 중단시키기로 했어.

재닌 그게 무슨 말씀이세요?

브래드 너도 알다시피 우리 예산은 한정되어 있잖아. 그래서 이번에는 다른 프로젝트를 지원하기로 결정했어.

재닌 어떻게 그렇게 아무렇지도 않게 말씀하실 수 있으세요? 수개월간 제가 얼마나 이 프로젝트에 애정을 쏟았는지 아시잖아요.

구슬쌤 영어회화 꿀팁

How could you ~?는 부정형으로도 자주 쓰여요

어떻게 특정 행동을 하지 않을 수 있냐고 속상함과 실망감을 담아 따질 땐 How could you not ~?(어떻게 ~하지 않을 수 있어?)이라고 합니다.

예 **How could you not** believe me? 어떻게 나를 믿지 않을 수 있어?

예 **How could you not** tell me that? 어떻게 그걸 나한테 말하지 않을 수 있어?

예 **How could you not** notice it? 어떻게 그걸 몰라볼 수 있어?

네이티브들이 매일 주고받는 대화, 무슨 뜻일까요?

🎧 176-1. mp3 ■ ■ ■

 Hugo

How are you holding up?*

 Venessa

I'm sick of* everyone pretending to* care.
Just leave me alone.

 Hugo

I'm willing to let it go because you're hurting, but
don't take it out on me.

 Venessa

I'm really sorry. I just can't make sense of* it.

📖 미니 회화사전

* How are you holding up? 어떻게 버티고 있어? 좀 괜찮아?
* be sick of ~가 지긋지긋하다, ~에 진절머리 나다
* pretend to + 동사원형 ~하는 척하다   * make sense of ~을 이해하다

 네이티브는 이런 표현으로 말한다!

Don't take it out on me. 나한테 화풀이하지 마.

〈take it out on + 사람〉은 '~에게 화풀이하다'는 의미예요. 따라서 다른 일로 속상하고 감정이 상한 걸 내게
막 꺼내놓듯(take it out) 화풀이하지 말라고 할 때 **Don't take it out on me.**(나한테 화풀이하지 마.)를 씁니
다. 아무 상관도 없는 나한테 괜히 분풀이하는 사람에게 그러지 말고 감정 컨트롤하라고 충고하는 표현이죠. 또,
의도치 않게 상대에게 화풀이를 한 후 사과할 때도 쓸 수 있는데요, 이땐 잘못한 후 변명할 때 자주 쓰이는 〈I
didn't mean to + 동사원형(일부러 ~하려던 건 아니었어, ~를 의도한 건 아니었어)〉 패턴을 활용해 I'm sorry.
I didn't mean to take it out on you.(미안해. 너한테 화풀이하려던 건 아니었어.)와 같이 말할 수 있습니다.

Date: _____   Study Time: _____

네티브들이 매일 주고받는 대화, 영어로 말할 수 있나요?

🎧 176-2. mp3 ▫▫▫

휴고

(상대가 힘든 상황일 때) 좀 괜찮아?

베네사

사람들이 신경 써주는 척하는 데 정말 진절머리 난다.
그냥 나 좀 내버려둬.

휴고

네가 지금 힘들어하니깐 그냥 넘어가주는 건데,
나한테 화풀이하지 마.

베네사

정말 미안해. 그냥 이런 상황이 이해가 안 돼.

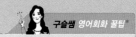
구슬쌤 영어회화 꿀팁

힘든 시기를 보내고 있는 상대에게 안부를 물어볼 땐

힘든 시기를 보내고 있는 상대에게 좀 괜찮은지 안부를 물어볼 때 How are you holding up?(어떻게 버티고 있어? 좀 괜찮아?)을 자주 써요. 자칫 흔들리거나 무너질 수 있을 만큼 힘든 시기에 자신을 어떻게 잘 지탱하고 있는지 안부를 묻는 뉘앙스이죠.

A How are you holding up? 좀 괜찮아?
B I'll be fine. I'm just trying to take it day by day. 괜찮아질 거야. 그냥 하루 하루 나아가려 노력 중이야.

네이티브들이 매일 주고받는 대화, 무슨 뜻일까요?

🔊 177-1. mp3 ⬛ ⬛ ⬛

Alice

Brendon, can I talk to you for a second?

Brendon

Sure. I was actually just about to go to your office.

Alice

Well, I thought about our conversation earlier, and you should take back* what you said. We're in this together. Saying hurtful things to each other is not going to get us anywhere.

Brendon

You're right. I'm sorry for taking it out on you, and I do take back everything I said. You're a good person to work with. I mean it.

📖 **미니 회화사전**

* **take back** (다시 가져가듯) 취소하다, 철회하다

 네이티브는 이런 표현으로 말한다!

> **It's not going to get us anywhere.** 그건 우리에게 아무 도움도 되지 않을 거야.
>
> 특정 행동을 It으로 받아 '그 행동이 우리를 그 어디로도 데려다주지 않을 것이다', 즉 '그건 우리에게 아무 도움도 되지 않을 것'이라고 할 때 **It's not going to get us anywhere.**를 씁니다. 대화를 나누는 당사자들이 특정 행동이 무엇인지 다 아는 경우에는 It을 쓰면 되지만, 구체적으로 어떤 행동이 도움이 되지 않는지를 분명히 언급해 주려면 대화에서처럼 동명사 주어로 특정 행동을 밝혀주세요.
>
> 예 Pointing fingers at each other **isn't going to get us anywhere.**
>   서로를 탓하는 건 우리에게 아무 도움도 되지 않을 거야.

178

Date: _____   Study Time: _____

네이티브들이 매일 주고받는 대화, 영어로 말할 수 있나요?

🔊 177-2. mp3

브렌든, 잠시 얘기 좀 할 수 있을까?

그럼. 실은 막 네 사무실에 가려던 참이었는데.

저기, 아까 나눈 대화에 대해 생각해봤는데 네가 한 말 취소하는 게 좋을 것 같아. 우린 같은 편이잖아. 서로에게 상처주는 말을 하는 건 아무 도움도 되지 않을 거야.

맞아. 너에게 화풀이해서 미안해. 그리고 내가 한 말 다 취소할게. 넌 같이 일하기 좋은 사람이야. 진심으로.

구슬쌤 영어회화 꿀팁

상대가 순간 욱해서 상처주는 말을 했을 때

상대가 내게 상처주는 말을 했을 때 내뱉은 말을 다시 가져가듯 취소하라는 뉘앙스로 Take it back.(그 말 취소해.)이라고 할 수 있어요. 상대가 자신이 내뱉은 말을 다시 되짚어 볼 수 있도록, 서로에게 상처를 주는 후회할 상황을 만들지 않도록 기회를 주는 좋은 표현입니다. 구체적으로 You have three seconds to take back what you said.(네가 한 말 취소하는 데 3초 줄게.)처럼 최대한 상황을 심각하게 만들고 싶지 않은 마음을 담아 응용해 쓰이기도 합니다. 당연히 3초 대신 5초, 10초 등을 써도 되고요.

178 선 넘는 행동/발언을 하는 상대에게

네이티브들이 매일 주고받는 대화, 무슨 뜻일까요?

🔊 178-1. mp3 ▢ ▢ ▢

Tyler

What's wrong?

Chloe

I can't believe you made fun of* my voice in front of everyone. You know I'm insecure* about it.

Tyler

Come on, I was just joking.

Chloe

It wasn't funny at all. You really crossed the line this time.

📖 미니 회화사전

* make fun of ~을 놀리다

* insecure 자신이 없는, 불안정한
뭔가 확실히 보장되거나 안정적인(secure) 게 아니라면 걱정되고 자신감이 없을 수 있겠죠. insecure은 특히 자신에 있어 부족하다고 느끼거나 신경 쓰이는 점에 자주 씁니다.
　예 He's **insecure** about his appearance. 그는 자기 외모에 자신 없어 해.
　예 She's **insecure** about her accent. 그녀는 자기 말투에 자신 없어 해.

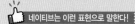 네이티브는 이런 표현으로 말한다!

You're crossing the line. 너 지금 선 넘는 거야.

상대가 선 넘는 행동이나 발언을 할 때 정도가 지나치다는 뉘앙스로 **You're crossing the line.**(너 지금 선 넘는 거야.)이라고 경고해 주세요. 이미 선 넘는 행동을 한 후엔 **You crossed the line.**(너 선 넘었어.)이라고 할 수 있습니다.

180

Date: _____   Study Time: _____

네이티브들이 매일 주고받는 대화, 영어로 말할 수 있나요?

🎧 178-2. mp3

타일러

무슨 문제라도 있어?

클로이

네가 사람들 앞에서 내 목소리를 놀렸다는 게 믿기지가 않아.
내가 얼마나 목소리에 자신 없어 하는지 너도 알잖아.

타일러

에이, 그냥 농담한 거였어.

클로이

전혀 안 웃겼어. 이번엔 너 정말 지나쳤어.

구슬쌤 영어회화 꿀팁

회사를 선택하는 기준 중 하나 job security(고용 안정)

확실히 보장되고 안정적인 직업이라는 게 사람들이 회사나 직업을 선택할 때 가장 중요한 요소가 되기도 하죠.
회사나 직업이 얼마나 안정적인지를 말할 때 job security(고용 안정)란 단어를 씁니다. 다음 예문을 통해 생활
속에서 어떻게 활용되는지 살펴보세요.

예 I value **job security**. 내겐 얼마나 안정적인 직장인지가 중요해.

예 The starting salary is low, but I would have great **job security**.
초봉이 낮긴 하지만 그래도 안정적이잖아.

179 나를 물로 보지 말라고 할 때

네이티브들이 매일 주고받는 대화, 무슨 뜻일까요?

🎧 179-1. mp3 ▩ ▩ ▩

Ryan

Who did this?

Matilda

I don't know.

Ryan

Oh, don't give me that.* I wasn't born yesterday.

Matilda

Okay. I'm telling you this only because I don't want to make things worse.* You should go* talk to Kim.

 미니 회화사전

* **Don't give me that.** (상대가 믿기지 않는 말을 해서 짜증날 때) 그런 말도 안 되는 소리 하지 마.
* **make things worse** 상황을 악화시키다
* **You should go + 동사원형** 가서 ~해 보세요, 가서 ~해보렴

👍 **네이티브는 이런 표현으로 말한다!**

> **I wasn't born yesterday.** 난 그렇게 아무것도 모르는 바보가 아냐.
>
> 직역하면 '난 어제 태어나지 않았어.'인데요. 이 말은 살면서 쌓인 연륜과 경험이 있다는 뉘앙스로 '난 그렇게 아무것도 모르는 바보가 아냐. 난 애송이가 아냐.'란 뜻으로 자주 쓰입니다. 결국 나도 세상물정 알 건 다 안다는 거죠. 또한, 내가 여려서 상처받고 힘들어할까 봐 걱정하는 상대에게 이 정도로 타격을 입을 만큼의 애송이가 아니다, 난 끄떡없다, 그러니 걱정하지 말라는 뉘앙스로도 쓸 수 있어요.
>
> 예 I don't buy that for a second. **I wasn't born yesterday.**
> 그 말 조금도 안 믿어. 난 그렇게 아무것도 모르는 바보가 아냐.
>
> 예 Don't worry. **I wasn't born yesterday.** 걱정 마. 내가 어린애도 아니고 이 정도론 끄떡도 안 해.

182

Date: _____ Study Time: _____

네이티브들이 매일 주고받는 대화, 영어로 말할 수 있나요?

🎧 179-2. mp3

라이언

이거 누가 한 짓이야?

마틸다

저도 잘 모르겠어요.

라이언

아, 그런 말도 안 되는 소리 하지 마. 난 그렇게 아무것도 모르는 애송이가 아냐.

마틸다

저기 그냥 상황을 악화시키고 싶지 않아서 말씀드리는 건데 킴에게 가서 얘기해 보세요.

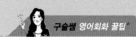
구슬쌤 영어회화 꿀팁

상대의 터무니없는 행동에도 Don't give me that!

상대가 터무니없는 답변을 할 때 그런 받아들이기 힘든, 말도 안 되는 소리를 하지 말라는 뉘앙스로 **Don't give me that.**을 자주 쓰지만, 상대가 받아들이기 힘든 태도를 보일 때 쓰기도 합니다. 예를 들어 엄마가 아이에게 방청소를 시키자 궁시렁궁시렁 대며 성의 없이 건성으로 할 때 그런 태도를 내게 보이지 말라는 뉘앙스로 **Don't give me that.**(그런 식으로 행동하지 마.)을 쓸 수 있는 거죠. 또는 구체적으로 마음에 안 드는 걸 콕 집어 얘기해도 됩니다.

예 **Don't give me that look.** (특히 불만스런 표정에) 그런 표정 짓지 마.

예 **Don't give me that attitude.** (불만스런 태도에) 그렇게 굴지 마.

네이티브들이 매일 주고받는 대화, 무슨 뜻일까요?

🎧 180-1. mp3 ▨ ▨ ▨

 Sophia
Slow down. You're driving too fast.

 Asher
I'm going the speed limit.

 Sophia
Easy with* the break.

 Asher
I've been driving for over 15 years with no accidents.
I know what I'm doing.

 미니 회화사전

* **easy with ~** ~는 살살해, 조심해서 다뤄

👍 **네이티브는 이런 표현으로 말한다!**

I know what I'm doing. 내가 알아서 할게.

상대가 지나치게 간섭하거나 걱정할 때 **I know what I'm doing.**(내가 알아서 할게.)이라고 할 수 있는데요. 내가 뭘 하고 있는 건지, 이런 행동을 함으로써 일어날 상황에 대해서 나도 잘 알고 있으니 굳이 다른 사람의 조언이나 도움이 필요 없다는 뉘앙스입니다. 걱정하는 상대에게 내가 알아서 잘 처리할 수 있으니 걱정하지 말라는 뉘앙스로 쓸 수도 있지만 말투나 상황에 따라 이래라 저래라 간섭하지 말라고 짜증낼 때도 자주 쓰이죠.

예 Trust me. **I know what I'm doing.** 내가 알아서 잘 처리할 수 있으니 날 믿어줘.

예 I wasn't born yesterday. **I know what I'm doing.**
난 그렇게 아무것도 모르는 바보가 아냐. 내 일은 내가 알아서 할게.

Date: _____   Study Time: _____

네이티브들이 매일 주고받는 대화, 영어로 말할 수 있나요?

🎧 180-2. mp3

소피아 천천히 가. 너 너무 빨리 가고 있어.

애셔 제한 속도에 맞춰 가고 있는데.

소피아 브레이크 살살 밟아.

애셔 나 지금까지 무사고로 15년 넘게 운전했거든. 내가 알아서 할게.

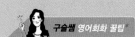 **구슬쌤 영어회화 꿀팁**

봐주라고 할 땐 Go easy on ~

누군가를 살살 다루듯 너무 엄하게 대하지 않고 너그럽게 대해달라고 할 땐 Go easy on ~(~ 좀 봐줘, 살살 대해)을 쓸 수 있어요.

예 **Go easy on** her. She's going through a rough patch. 걔 좀 봐줘. 지금 힘든 시기를 겪고 있거든.
예 Don't **go easy on** him. 걔 봐주지 마.

이외에도 Go easy on ~은 음식에서도 자주 쓰입니다. 예를 들어 Go easy on the sauce.라고 하면 소스를 확 부어버리는 게 아니라 살살, 조금만 달라는 의미로 쓰이고요. Go easy on the pizza.라고 하면 피자 한 판을 다 해치워버릴 기세로 와구와구 먹는 상대에게 체할 수 있으니 천천히, 조금만 먹으라는 의미입니다. 상대가 걱정돼서 쓰는 표현이죠.

185

181 잘못해놓고 모르는 척 시치미 떼는 상대에게

네이티브들이 매일 주고받는 대화, 무슨 뜻일까요?

🎧 181-1. mp3

Grace
I can't believe you've been bad-mouthing* me.

Ava
What are you talking about?

Grace
Don't play dumb with me. I overheard* you and Katrina in the bathroom.

Ava
We were just joking.

 미니 회화사전

* **bad-mouth** ~를 안 좋게 말하다
* **overhear** 우연히 듣다

네이티브는 이런 표현으로 말한다!

Don't play dumb with me. 시치미 떼지 마.

분명히 뭔가에 대해 잘 알고 있는 상대가 마치 바보처럼 연기를 하듯(play dumb) 아무것도 모르는 척 시치미를 뗄 때 **Don't play dumb with me.**(시치미 떼지 마. 모르는 척하지 마.)라고 할 수 있습니다. 참고로 **dumb** 자리를 다양하게 바꿔 응용할 수도 있어요. 아래 두 문장 정도는 기억해 두세요.

예 **Don't play with me. I'm being serious.** (날 갖고 놀듯) 장난 치지 마. 난 진지하게 말하는 거야.
예 **Don't play games with me.** (나와 게임을 하듯) 나랑 장난 치지 마.

Date: _____   Study Time: _____

네이티브들이 매일 주고받는 대화, 영어로 말할 수 있나요?

🔊 181-2. mp3

그레이스

네가 나에 대해 안 좋은 말을 하고 다녔다는 게 믿기지가 않아.

아바

그게 무슨 소리야?

그레이스

시치미 떼지 마. 화장실에서 카트리나랑 얘기하는 거 (우연히) 들었어.

아바

그냥 농담했던 거야.

구슬쌤 영어회화 꿀팁

dumb(멍청한, 바보 같은)을 쓸 땐 무생물 주어로!

누군가 멍청한 말이나 행동을 했을 때 **You're dumb.**(너 멍청하다. 바보 같아.)이라고 직설적으로 표현하는 게 틀린 건 아니지만 주어를 사람이 아닌 무생물 주어로 해 특정 행동이나 상황이 말로 표현할 수 없을 정도로 터무니없다고 말하는 게 조금 더 부드러워요.

예 **That's dumb.** (바보 같고 터무니없을 때) 말도 안 돼.

예 **It's such a dumb idea.** 그건 정말 바보 같은 생각이야.

네이티브들이 매일 주고받는 대화, 무슨 뜻일까요?

🎧 182-1. mp3 ◼◼◼

Davidson
Anne, please come back for a second.

Anne
What do you need this time?

Davidson
I really don't appreciate your attitude, and don't ever slam the door* again. Did I make myself clear?*

Anne
Crystal.*

📖 **미니 회화사전**

* **slam the door** (주로 화가 났을 때) 문을 쾅 하고 세게 닫다
  문에서 쾅 소리가 날 정도로 세게 닫는 건 주로 화가 났을 때 자주 하는 행동이기에 불쾌하거나 상대를 배려하지 않는 듯한 느낌을 줄 수 있어요. 가능하면 문은 조용히 닫아주세요.

* **Did I make myself clear?** (오해의 소지가 없도록 내가 잘 전달했는지 묻는 뉘앙스) 내 말 분명히 알아들었니?

* **crystal (clear)** (clear(분명한, 맑은)의 뜻을 강조) 정말 맑은, 정말 분명한

 네이티브는 이런 표현으로 말한다!

I don't appreciate your attitude. 네 태도가 마음에 안 들어.

상대의 불량한 태도가 거슬릴 때, 그냥 넘어갈 수 없을 정도로 불쾌할 땐 **I don't appreciate your attitude.** 라고 경고할 수 있어요. 상대의 태도를 반갑게 맞이할 수 없다는 뉘앙스로 동사 **appreciate**(고마워하다, 환영하다)를 쓴 거죠. 상대의 말투가 거슬려 지적하고 싶다면 **attitude** 대신 **tone**(말투)을 넣어 **I don't appreciate your tone.**이라고 하면 되고요. 말투나 태도를 지적하는 이 말을 듣는 사람도 물론 썩 기분이 유쾌하진 않겠지만 그래도 품위를 유지하며 경고할 수 있는 표현입니다. 참고로, **appreciate** 대신 단순히 **like**를 써서 **I don't like your attitude/tone.**으로 상대의 태도나 말투를 지적할 수도 있습니다.

Date: _____   Study Time: _____

네이티브들이 매일 주고받는 대화, 영어로 말할 수 있나요?

🔊 182-2. mp3

데이비드슨

앤, 잠깐 다시 와줘.

앤

이번엔 뭐가 필요하신데요?

데이비드슨

자네 태도가 정말 마음에 안 들어. 두 번 다시 문 세게 닫지 마.
분명히 알아들었나?

앤

네, 아주 분명이요.

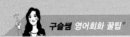
구슬쌤 영어회화 꿀팁

상대의 사무실을 나가며 자주 쓰는 표현

우리도 대화 후 상대의 사무실을 나가며 '문 열어둘까요? 아니면 닫아둘까요?'라고 종종 물어보는 것처럼 네이
티브도 똑같아요. 어떻게 보면 상대를 배려하는 표현이기도 하니 꼭 기억해 두세요.

A **Do you want the door open or closed?** 문 열어둘까요? 아니면 닫아둘까요?

B **Closed, please.** 닫아주세요.

189

네이티브들이 매일 주고받는 대화, 무슨 뜻일까요?

🔊 183-1. mp3 ▦ ▦ ▦

Ellie

Did you get a chance to* look at the material* I sent you?

Franky

Not yet, but I'll get to it.*

Ellie

When?

Franky

I said I'll get to it.

📖 미니 회화사전

* Did you get a chance to + 동사원형 ~? ~할 시간/기회 있었어?
* material 자료
* I'll get to it. (끝낸다는 보장은 없음) 봐 볼게. 할게.

 네이티브는 이런 표현으로 말한다!

I said I'll get to it. 본다고 했잖아. 한다고 했잖아.

보낸 자료 보겠다며 I'll get to it.이라고 긍정답을 줬는데도 자꾸 다그치면 부담스럽고 짜증나죠? 더구나 다른 일로 바빠서 정신없는 와중에 그러면 더 짜증이 납니다. 그럴 때 '본다고/보겠다고 말했잖아.'라며 **I said I'll get to it.**이라고 살포시 짜증을 내보세요. **I said I'll ~**(~하겠다고 했잖아)은 분명 하겠다고 말했으니(I said) 더 이상 얘기하거나 귀찮게 하지 말고 날 믿고 내버려두라는 뉘앙스로 아주 간단명료하게 쓸 수 있는 패턴입니다. 아래 예문들처럼 다양한 상황에서 활용해 보세요.

예 **I said I'll think about it.** (결정을 재촉할 때) 생각해본다고 했잖아.
예 **I said I'll take care of it.** (빨리 해달라고 재촉할 때) 내가 처리한다고 했잖아.

Date: _____   Study Time: _____

네이티브들이 때로 주고받는 대화, 영어로 말할 수 있나요?

🔊 183-2. mp3

엘리

내가 보낸 자료 볼 시간 있었어?

프랭키

아직 못 봤는데 볼게.

엘리

언제?

프랭키

본다고 말했잖아.

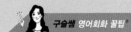
구슬쌤 영어회화 꿀팁

걱정하지 말라고 할 때도 자주 쓰는 I said I'll ~

단순히 내가 말한 내용을 전달하거나, 특정 행동을 하겠다고 했으니 귀찮게 하지 말고 나 좀 내버려 두라고 할 때도 I said I'll ~을 쓰지만, 꼭 얘기한 대로 할 테니 걱정 말라고 상대방을 안심시킬 때도 I said I'll ~을 자주 씁니다. 걱정되는 마음에서 재촉하는 상대를 달래는 말투로 I said I'll ~로 말을 한 다음, 뒤에 and I will을 붙여 강조해주면 되죠.

예 **I said I'll be back on time, and I will.** (늦게 돌아올까 봐 걱정하는 상대에게)
　내가 시간 맞춰 간다고 말했잖아. 그리고 진짜 시간 맞춰 갈 거야.

예 **I said I'll figure something out, and I will.** (어떻게 해야 될지 몰라 걱정하는 상대에게)
　내가 어떻게 해서든 무슨 해결책이라도 마련하겠다고 말했잖아. 그리고 정말 그렇게 할 거야.

네이티브가

불만이나 고충을
말할 때

＼ 매사에 감사하며 살고 싶지만. 살다 보면
불평불만이 쌓이고 고충이 생길 수밖에 없습니다.
마음에만 꼭꼭 담아두지 말고 가끔은 표현해 보세요.
네이티브가 불만이나 고충을 토로하는 대화를 보면서
영어로도 속 시원하게 말해보는 겁니다.

도움이 되려는
네 맘은 알겠지만 ~

왜 이러는 거야?

대답 듣자고
물어본 게 아냐.

타이밍 최악이야.

할 말은 있지만
하지 않을게.

네이티브들이 매일 주고받는 대화, 무슨 뜻일까요?

🔊 184-1. mp3 ▨ ▨ ▨

Robin

So, how's work treating you?

Charles

To be honest, work is the last thing I want to talk about right now. In fact, I'm thinking about starting my own business.

Robin

Wow! That would be a big change for you. You've been a company man for your entire life.

Charles

I know, but I'm getting tired of* working for someone else.

 미니 회화사전

∗ **be getting tired of + (동)명사** 점점 ~에 질려가다, 점점 ~에 진절머리 나다

👍 **네이티브는 이런 표현으로 말한다!**

Work is the last thing I want to talk about. 일 얘기는 하고 싶지 않아.

일은 내가 마지막으로 하고 싶은 얘기인 것처럼, 그 무엇보다 일 얘기는 하고 싶지 않다는 걸 강조해서 얘기할 땐 Work is the last thing I want to talk about. 또는 The last thing I want to talk about is work.라고 합니다. I don't want to talk about work.보다 훨씬 더 하고 싶지 않은 마음을 강하게 전달할수 있죠. 나온 김에, 그 무엇보다 원치 않는다는 걸 강조해서 얘기하는 The last thing I want is ~(내가 정말원치 않는 건 ~야)와 뭔가를 정말 필요로 하지 않는다는 걸 강조하는 The last thing I need is ~(내가 정말필요로 하지 않는 건 ~야)식의 패턴도 기억해 두세요.

예 **The last thing I want is** to jeopardize our relationship.
   난 정말 우리 사이를 위태롭게 만들고 싶지 않아.

예 **The last thing I need is** a lecture right now. 지금 정말 나 잔소리 듣고 싶지 않아.

Date: _____ Study Time: _____

네이티브들이 매일 주고받는 대화, 영어로 말할 수 있나요?

🔊 184-2. mp3

로빈

그래, 일은 어떻게 잘 되어가고?

찰스

솔직히 말해서 지금 일 얘기하고 싶지 않아. 실은 창업할까 생각 중이기도 하고.

로빈

우와, 정말 큰 변화일 수도 있겠네. 넌 평생 직장만 다녔잖아.

찰스

그래, 근데 누구 밑에서 일하는 게 점점 진절머리 나.

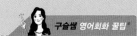
구슬쌤 영어회화 꿀팁

the last thing은 이렇게도 응용돼요!

뭔가를 생각도 안 하고 있다는 걸 강조할 땐 마치 내 마음 속에 가장 마지막, 중요하지 않은 거나 다름없다는 the last thing on my mind를 쓸 수 있습니다. the last thing과 정붙이기 좋은 표현이니 꼭 기억해 주세요.

예 That's **the last thing on my mind.** 그건 생각도 안 하고 있어. 그런 생각할 겨를 없어.

예 Food is **the last thing on my mind.** (음식 생각 전혀 없음) 지금 먹을 거 생각할 상황이 아니야.

예 I'm sure that's **the last thing on anyone's mind** today. 오늘 누가 그걸 신경 쓸 겨를이 있겠어.

네이티브들이 매일 주고받는 대화, 무슨 뜻일까요?

🔊 185-1. mp3 ◼️◼️◼️

 Roberta

How did it go with Karl?

 Tyler

It went well. I'm pretty sure he's going to do something with us.

 Roberta

Great!

 Tyler

The timing couldn't be worse, though. He said he has already set his marketing budget* for the next quarter.* I need to come up with* a game plan* to get him to spend all of his budget on us.

📖 미니 회화사전

* **set budget** 예산을 정하다
* **come up with** (아이디어나 전략 등을) 생각해내다
* **quarter** (1년의 4분의 1, 즉 3개월 단위의) 분기
* **game plan** (특히 스포츠, 사업 상의) 전략, 작전

 네이티브는 이런 표현으로 말한다!

The timing couldn't be worse. 타이밍 최악이야.

이보다 더 나쁠 수 없을 정도로 정말 최악일 때 Couldn't be worse.(최악이야.)를 쓰는데요. 타이밍이 정말 안 좋다는 걸 강조할 때도 이 표현을 이용해 The timing couldn't be worse.라고 자주 씁니다. 여기에 any 까지 넣으면 나빠도 나빠도 정말 이보다 더 나쁠 수 없다며 좀 더 강조하는 표현이 되죠. 즉 상대에게 타이밍이 이보다 더 나쁠 수 없을 정도로 '안타깝게도 타이밍이 정말 안 좋아요.'라고 말할 땐 I'm afraid your timing couldn't be any worse.라고 합니다.

Date: _____ Study Time: _____

네이티브들이 매일 주고받는 대화, 영어로 말할 수 있나요?

🔊 185-2. mp3 ▦ ▦ ▦

로베르타

칼하고는 어떻게 됐어?

타일러

잘됐어요. 우리와 뭔가를 할 거라고 확신해요.

로베르타

잘됐네!

타일러

근데 타이밍이 최악이긴 해요. 이미 다음 분기 마케팅 예산을 정했다고 하더라고요. 전략을 잘 마련해서 예산을 다 우리와 쓸 수 있도록 설득해야겠어요.

구슬쌤 영어회화 꿀팁®

목적을 달성하기 위한 전략인 game plan

네이티브는 특히 스포츠, 사업 상의 전략을 얘기할 때 strategy 외에 game plan도 자주 쓰는데요. 목적을 달성하기 위해 세우는 전략 또는 치밀하고 섬세한 계획을 뜻합니다.

예 **What is your game plan?** (상대의 전략/계획을 물어보며) 어떻게 할 건데?

예 **We need to come up with a game plan.** (목표를 달성하기 위해선) 전략/계획을 마련해야 해.

네이티브들이 매일 주고받는 대화, 무슨 뜻일까요?

🎧 186-1. mp3

Julianna

Sorry I'm late.

Lucas

What took you so long?

Julianna

Traffic was a nightmare.

Lucas

It's Friday afternoon. You should have* left earlier if you wanted to beat the traffic.*

 미니 회화사전

* You should have p.p. ~ ~했어야지　　　　　* beat the traffic 교통 체증을 피하다

 네이티브는 이런 표현으로 말한다!

Traffic was a nightmare. 차가 엄청 막혔어.

nightmare는 악몽을 꿨을 때도 쓸 수 있지만 우리가 굳이 내 악몽에 대해 영어로 네이티브에게 얘기할 상황은 흔치 않잖아요. 그러니 평소 악몽처럼 끔찍한 상황에서 써주세요. 사실 nightmare의 짝꿍처럼 자주 쓰이는 상황은 차가 엄청, 끔찍할 정도로 막혔을 때인데요, 특히 차가 막혀 약속에 늦었을 때 **Traffic was a nightmare.**로 자주 씁니다. '교통이 정말 최악이었어.' 즉 '차가 엄청 막혔어.'란 의미이죠.

예 Sorry I'm late. **Traffic was a nightmare.** 늦어서 미안해. 차가 엄청 막혔어.

이외에도 다루기 힘든, 함께하는 시간이 악몽 같은 사람에게도 nightmare를 갖다붙일 수 있습니다.

예 Everyone who has worked with her knows that **she's a nightmare.**
　 개와 일해본 사람이라면 다들 알겠지만 개는 (같이 일하는 게 악몽처럼 느껴질 만큼) 정말 최악이야.

Date: _____ Study Time: _____

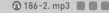

네티브들이 매일 주고받는 대화, 영어로 말할 수 있나요?

🎧 186-2. mp3

줄리아나

늦어서 미안해.

루카스

왜 이렇게 오래 걸린 거야?

줄리아나

차가 엄청 막혔어.

루카스

금요일 오후잖아. 차 막히는 걸 피하고 싶었다면 조금 더 일찍 출발했어야지.

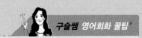
구슬쌤 영어회화 꿀팁

원치 않는 걸 피할 때 빛을 발하는 beat

beat을 '때려 눕히다'라고만 알고 있으면 평소 쉽게 쓰기 어렵겠죠. '피하다'의 beat과 친해지세요. 차 막히는 걸 피하거나 식당에 점심시간대에 사람들이 몰리는 걸 피할 때 등 원치 않는 상황을 피할 경우에 자주 쓸 수 있습니다.

예 We should leave now to **beat the traffic.** 차 막히는 걸 피하려면 지금 출발해야 돼.

예 I left early to **beat rush hour.** 러시아워를 피하려고 일찍 출발했어.

예 Let's go have lunch early to **beat the crowd.** 점심시간대 사람들이 몰리니깐 가서 일찍 먹고 오자.

187 정말 짜증 돋는 상황일 때

네이티브들이 매일 주고받는 대화, 무슨 뜻일까요?

🎧 187-1. mp3

 Jackson

Is everything okay?

 Bev

Not really. Lia canceled on* me at the last minute.*

 Jackson

Again?

 Bev

She's so inconsiderate,* and it's driving me nuts.

📖 **미니 회화사전**

* **cancel on + 사람** ~와 잡은 일정을 취소하다
* **at the last minute** 마지막 순간에, 막판에
* **inconsiderate** 사려 깊지 못한, 배려심 없는 (↔ considerate)

 네이티브는 이런 표현으로 말한다!

It's driving me nuts. 정말 짜증나.

우리에게 '견과류'로 익숙한 nuts는 crazy와 동의어로 쓰이기도 하는데요. 마치 다람쥐가 견과류를 미칠 정도로 좋아해서 볼이 터질 정도로 빵빵하게 넣는 것처럼 뭔가를 정말 좋아할 때도 nuts를 쓰지만 '정상이 아닌, 미친듯이 화가 난'일 때도 자주 써요. nuts를 단순히 '견과류'라고만 외우면 해석이 어색할 때가 많으니 crazy와 동의어로 자주 쓰인다는 걸 꼭 기억해 주세요.

예 This is **nuts**. = This is **crazy**. 이건 말도 안 돼.

예 She's driving me **nuts**. = She's driving me **crazy**. (날 미칠 정도로 화나게 만들 때)
　 걔 땜에 정말 짜증나.

Date: ______________ Study Time: ______________

네이티브들이 매일 주고받는 대화, 영어로 말할 수 있나요?

187-2. mp3

잭슨: 아무 일 없는 거지?

베브: 아니. 리아가 막판에 일정을 취소했어.

잭슨: 또?

베브: 걔는 정말 배려심이 없어. (그 때문에) 정말 짜증나.

구슬쌤 영어회화 꿀팁

좀 봐주라고 할 땐 cut ~ some slack

문제나 고민을 떠안고 있는 사람에게 뭐 조금 잘못했다고 몰아부치는 건 너무 야박하죠? 그런 사람에게 평소처럼 너무 엄격하게 굴지 말고 좀 봐주라는 뉘앙스로 〈cut + 사람 + some slack〉을 씁니다. '~를 봐주다', 마음에 들지 않는 부분이 있더라도 '모른 체해주다'라는 의미이죠. 짜증나고 미치겠는 상황이더라도 배려가 필요한 이들에게는 cut ~ some slack을 해주고요. 대신 홧병 나면 안 되니까, 그로 인한 스트레스는 이 대화에서처럼 다른 친구에게 하소연하며 풀어버리자고요.

예 She just started her new job. **Cut her some slack.** 걔 이번에 새로 일 시작했잖아. 좀 봐줘.

예 I just had a baby. Could you **cut me some slack?** 나 얼마 전에 출산했잖아. (마음에 들지 않는 부분이 있더라도 평소처럼 엄격하게 대하지 말고) 제발 잘 좀 대해줄래?

188 나를 괴롭히고 신경 쓰이게 하는 점에 대해 말할 때

🎧 188-1. mp3 ⬛⬛⬛

Frederick

Have you talked to Greg?

Stephanie

Yes, but we didn't really have a productive conversation.*

Frederick

How so?

Stephanie

He's never been a good listener. Now that we're in a relationship,* that bothers me even more.

 미니 회화사전

* have a conversation 대화를 하다
* be in a relationship ~와 사귀다

👍 **네이티브는 이런 표현으로 말한다!**

That bothers me. 그게 신경 쓰이는 부분이야.

뭔가 걱정될 때 I'm worried.(나 걱정돼.)라고 하는 것보다 주어를 사람이 아닌 무생물 주어로 써서 That worries me.(그게 걱정되는 부분이야.)라고 하면 감정을 더 절제한 느낌을 줍니다. 내가 걱정하고 불안해하는 것보다 특정 상황이 나로 하여금 걱정하게 만든다는 거죠. 여기에 동사만 bothers로 바꿔 That bothers me.(그게 신경 쓰여.)라고 해보세요. 마음에 걸리거나 성가시고 좀 괴로운 부분이 있을 때 쓰기 좋은 표현입니다. '그 부분이 전보다 훨씬 더 신경 쓰여.'라고 하고 싶다면 '이전보다 훨씬 더'를 뜻하는 even more만 뒤에 붙이면 되죠.

Date: _____ Study Time: _____

네이티브들이 매일 주고받는 대화, 영어로 말할 수 있나요?

🎧 188-2. mp3

프레데릭

그레그와 얘기해봤어?

스테파니

응, 근데 딱히 생산적인 대화는 아니었어.

프레데릭

어째서?

스테파니

그레그는 상대방의 말을 귀 기울여 듣는 사람이 아니잖아.
사귀니깐 그 점이 전보다 훨씬 더 신경 쓰여.

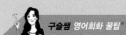
구슬쌤 영어회화 꿀팁

생산적인 대화는 productive conversation

결과적으로 결실이 있는, 의미있는 대화를 productive conversation(생산적인 대화)이라고 하는데요. 특히 미팅이나 중요한 대화가 어떻게 진행됐는지 물어볼 때 답변으로 자주 쓰입니다.

예 We had a very **productive conversation**. 정말 생산적인 대화였어.

이외에도 불필요한 대화를 하느라 시간이나 에너지를 낭비할 때 이제 이런 얘기는 그만하고 생산적인 대화를 하자고 유도하며 이렇게 말할 수 있어요.

예 I don't think this **conversation** is very **productive**. 아주 생산적인 대화인 것 같진 않네요.

189 어떤 일에 진절머리가 날 때

네이티브들이 매일 주고받는 대화, 무슨 뜻일까요?

 189-1. mp3

Aisha

John, can you help me with* something?

John

I'm sorry, but I've got my hands full.* Ask someone else.

Aisha

What's going on?

John

I'm just sick and tired of being everyone's go-to.*

 미니 회화사전

* **help + 사람 + with...** ~의 …를 도와주다, ~가 …하는 걸 도와주다
* **have got one's hands full** 할 일이 꽉 차다, 정말 바쁘다
* **go-to (person)** 도움을 얻기 위해 찾는 사람

네이티브는 이런 표현으로 말한다!

I'm just sick and tired of being everyone's go-to.
그냥 사람들이 필요할 때마다 날 찾는 게 정말 지긋지긋해.

뭔가 진절머리 날 정도로 지긋지긋할 때 I'm tired of ~ / I'm sick of ~ / I'm sick and tired of ~를 쓸 수 있는데요. 그 지긋지긋함의 정도가 I'm tired of ~(~에 지쳐/질려) < I'm sick of ~(~에 진절머리 나) < I'm sick and tired of ~(~가 정말 지긋지긋해) 순으로 강해집니다. 짜증나고 답답한 마음을 담아 뭔가를 그만하고 싶을 때 네이티브는 간단히 I'm sick of it.(지긋지긋해.)이라고 자주 말하죠. 군소리 없이 잘해오다가 어느 순간 갑자기 넌더리가 나고 지긋지긋해서 끔찍하게 하기 싫어지는 일도 있습니다. 순간 스트레스 팍 치고 올라오죠. 그럴 때는 위 대화에서처럼 I'm (just) sick and tired of -ing로 그 감정을 솔직히 쏟아내 보세요.

Date: _____   Study Time: _____

네이티브들이 매일 주고받는 대화, 영어로 말할 수 있나요?

🎧 189-2. mp3 ▮▮ ▮▮ ▮▮

아이샤

존, 뭐 좀 도와줄 수 있어?

존

미안한데 나 지금 할 게 많아서 말야. 다른 사람에게 물어봐.

아이샤

(상대가 갑자기 평소와 다르게 행동하자) 무슨 일이야?

존

그냥 사람들이 필요할 때마다 날 찾는 게 정말 지긋지긋해.

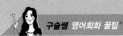
구슬쌤 영어회화 꿀팁®

손이 열 개라도 모자를 정도로 바쁠 때 I've got my hands full.

이미 내 손에 해야 할 일들로 가득 차 추가적으로 뭔가를 할 수 없을 정도로 엄청 바쁠 때 I've got my hands full.이라고 합니다. 우리 식으로 생각하면 손이 비질 않는다는 얘기이죠. 이때 have got은 have의 구어체 표현이에요.

205

네이티브들이 매일 주고받는 대화, 무슨 뜻일까요?

🎧 190-1. mp3 ▦ ▦ ▦

Nina

What did she say?

Matthew

Nothing we want to hear. She won't budge an inch on this.

Nina

Did you tell her that we're willing to* up the price?*

Matthew

I did, but she didn't seem to* care at all.

📖 미니 회화사전

* **be willing to + 동사원형** (기꺼이) ~할 의향이 있다   * **up the price** 가격을 올리다 (up이 동사로 쓰임)
* **seem to + 동사원형** ~인 것처럼 보이다

 네이티브는 이런 표현으로 말한다!

She won't budge. 꿈쩍도 안 해. 생각을 바꿀 기미가 안 보여.

budge는 '약간 움직이다, 의견을 바꾸다'란 뜻이 있는데요. 무거운 물건을 아무리 밀거나 들어도 조금도 움직이지 않을 때 It won't budge.(꿈짝도 안 해.)라고 할 수도 있지만, 주로 누군가가 생각이나 마음을 조금도 바꿀 기미를 보이지 않을 때 자주 씁니다. 생각을 바꿀 기미가 '한 치도' 없다며 강조해서 말하려면 뒤에 an inch를 붙여 She won't budge an inch.라고 하면 되고, 구체적으로 '~에 대해서'라고 덧붙이고 싶으면 전치사 on을 활용하세요. 즉 위 대화에서처럼 She won't budge an inch on this.라고 하면 '그 여자는 이 부분에 대해서는 생각을 바꿀 기미가 조금도 안 보여.' '그 여자는 이 부분에 대해서는 꿈쩍도 안 해.'라는 의미가 됩니다.

예 **He won't budge. He has a very different value set than we do.**
　　생각을 바꿀 기미가 안 보여. 그는 우리와 정말 가치관이 다르거든.

Date: _____   Study Time: _____

네이티브들이 매일 주고받는 대화, 영어로 말할 수 있나요?

🔊 190-2. mp3 ▪ ▪ ▪

 니나

그분이 뭐라고 하셨어?

 매튜

우리가 듣고 싶은 말은 안 하셨어. 이 부분에 대해 생각을 바꿀 기미가 조금도 안 보이더라고.

 니나

가격을 올릴 의향이 있다고 말씀드렸어?

 매튜

응, 근데 전혀 신경 쓰지 않는 눈치더라.

 구슬쌤 영어회화 꿀팁

우리와 다른 측정 단위를 쓰는 미국

측정 단위로 미터법인 metric system을 쓰는 우리나라와 달리 미국은 야드파운드법인 imperial system을 쓰는데요. 예를 들어 길이를 얘기할 때 센티미터(cm) 대신 인치(inch)를 쓰고, 거리를 얘기할 때도 킬로미터(km)가 아닌 마일(mile)을 쓰고, 무게를 얘기할 때도 킬로그램(kg)이 아닌 파운드(pound)를 씁니다. 특히 여행할 때 거리나 무게의 측정 단위가 다르다는 걸 모르면 당황할 수도 있으니 기억해 주세요.

네이티브들이 매일 주고받는 대화, 무슨 뜻일까요?

🔊 191-1. mp3 ■ ■ ■

Shelley

How are things with you and Erika?

Gordon

We're golden* except for* one thing.

Shelley

What's the problem here?

Gordon

She doesn't approve of my friends. **She thinks they're too immature.**

 미니 회화사전

* golden 훌륭한, 특별한, 소중한
* immature 미성숙한, 철이 없는

* except for ~를 빼고

 네이티브는 이런 표현으로 말한다!

She doesn't approve of my friends. 그녀는 내 친구들을 별로라고 생각해.

'승인하다'란 뜻으로 우리에게 익숙한 approve는 '찬성하다, 괜찮다고 생각하다'란 뜻도 있는데요. 결국 뭔가를 찬성하고 괜찮다고 생각해야 승인하는 것처럼 뭔가에 대한 긍정적 또는 부정적인 의견을 얘기할 때 자주 쓰입니다. 따라서 I don't approve of ~라고 하면 '난 ~를 별로라고 생각해, 난 ~에 반대야'라는 의미가 되고, She/He doesn't approve of ~라고 하면 '그 여자/남자는 ~를 별로라고 생각해, 그 여자/남자는 ~에 반대야'라는 의미가 됩니다.

예 **I don't approve of** him. 난 그가 별로라고 생각해. 난 그 사람 반대야.
예 **I don't approve of** your choice. 난 너의 선택이 별로라고 생각해. 너의 선택에 반대해.
예 **Do you approve of** how it was handled? 그걸 처리하는 방식이 괜찮았다고 생각하시나요?

Date: _____   Study Time: _____

네이티브들이 매일 주고받는 대화, 영어로 말할 수 있나요?

🎧 191-2. mp3

셀리

에리카와 사이는 어때?

고든

딱 한 가지만 빼고 정말 좋아.

셀리

뭐가 문제인데 그래?

고든

에리카는 내 친구들을 별로라고 생각해. 너무 미성숙하다고 생각하더라고.

구슬쌤 영어회화 꿀팁

금쪽같은 기회는 golden opportunity

놓치면 안 될 소중한 기회를 '금쪽같은 기회'라고 하는 것처럼 영어로는 golden opportunity라고 합니다. golden의 '귀중한, 소중한'이란 뜻을 살린 거죠.

예 I see this as a **golden opportunity** for us.
  난 우리에게 있어 이게 금쪽같은 기회라고 생각해.

예 We've got a **golden opportunity** to turn things around.
  상황을 호전시킬 수 있는 금쪽같은 기회가 왔어요.

209

네이티브들이 매일 주고받는 대화, 무슨 뜻일까요?

🎧 192-1. mp3 ▨ ▨ ▨

 Jackie

So, how's your new boss treating you?

 Brad

I'm still trying to get to know* her, so it's too early to tell.*

 Jackie

I heard that she likes to micromanage.*

 Brad

Well, I'll hold my tongue on that one.

📖 미니 회화사전

* get to know + 사람 (점점 알아가는 과정을 강조) ~를 알아가다
* It's too early to tell. 뭐라고 말하긴 너무 일러.
* micromanage 아주 사소한 것까지 관리하고 통제하다, 사사건건 간섭하다

 네이티브는 이런 표현으로 말한다!

I'll hold my tongue. 할 말은 있지만 하지 않을게.

하고 싶은 말은 있지만 괜히 혀를 잘못 놀려 말실수를 하거나 원치 않는 상황을 만들 수도 있으니 아무 말도 안
하겠다는 뉘앙스로 **I'll hold my tongue.**(할 말은 있지만 하지 않을게요.)을 쓸 수 있습니다. 특히 누군가 험담을
유도할 때 어느 정도 장단은 맞춰주면서 실질적으로 아무 말도 하지 않으며 상황을 넘길 수 있는 좋은 표현이죠.
상대방이 꺼낸 말을 받아서 '그 점에 있어선 할 말은 있지만 하지 않을게.'라고 할 때는 뒤에 **on that one**만 덧
붙여 **I'll hold my tongue on that one.**이라고 하면 됩니다.

Date: _____   Study Time: _____

네이티브들이 매일 주고받는 대화, 영어로 말할 수 있나요?

🎧 192-2. mp3

재키
그래, 새로운 상사는 어떻구?

브래드
아직 알아가는 단계라 뭐라고 말하긴 시기상조야.

재키
모든 것에 이래라저래라 사사건건 간섭하길 좋아한다고 들었어.

브래드
음, 그 점에 있어선 할 말은 있지만 하지 않을게.

시기상조라고 할 때 자주 쓰는 〈It's too early to + 동사원형〉

특정 행동을 하긴 너무 이르기에 함부로 하기 어렵다고 할 때 〈It's too early to + 동사원형(~하긴 시기상조야, ~하긴 너무 일러)〉을 자주 쓰는데요. 시기상조라고 확정 지어 말하기도 하지만 앞에 I think(전/개인적으로 ~라고 생각해요)를 붙이면 좀 더 조심스러운 느낌을 줍니다.

예 I think **it's too early to** make that decision.
그런 결정을 내리긴 너무 이르다고 생각해요.

예 I think **it's too early to** predict exactly what the long-term impact will be.
장기적으로 정확히 어떤 영향을 미칠지를 예상하긴 너무 이르다고 생각해요.

211

193 터무니없는 상황을 접했을 때

네이티브들이 매일 주고받는 대화, 무슨 뜻일까요?

🎧 193-1. mp3 ■ ■ ■

Austin
Why are you shaking your head?*

Charlize
I'm looking at the new design, and it looks ridiculous.

Austin
Let me see. Oh, it looks so tacky.*

Charlize
I know. I guess there's been a miscommunication.

📖 미니 회화사전

* shake one's head (불만이 있거나 반대할 때) 고개를 가로로 절레절레 흔들다
* tacky 조잡한, 엉성한

 네이티브는 이런 표현으로 말한다!

It looks ridiculous. 정말 황당해.

영화 *Harry Potter*(해리포터)에서 Riddikulus란 마법을 걸면 상대가 우스꽝스러운 모습으로 변하는 것처럼 ridiculous는 우스꽝스럽고 터무니없어서 어이가 없고 황당할 때 자주 씁니다. 무언가가 얼척없어 보이거나 어떤 상황이 터무니없어 보일 땐 위 대화에서처럼 **It looks ridiculous.**라고 하면 되죠. 또, 상대방의 말이나 어떤 상황이 터무니없고 황당할 때는 **That's ridiculous.** 또는 **This is ridiculous.**라고 많이 씁니다. '말도 안 돼. 진짜 황당하네. 어이가 없네.'라는 뜻이죠. 말도 안 되는 소리를 하는 친구에게는 **Don't be ridiculous.**(웃기지 마. 어이없게 굴지 마.)라고 한마디 날려줄 수도 있죠. ridiculous는 네이티브가 습관처럼 자주 쓰는 일상 표현 중 하나이니 꼭 기억해 주세요.

212

Date: _____   Study Time: _____

네티즌들이 매일 주고받는 대화, 영어로 말할 수 있나요?

🎧 193-2. mp3 ▮▮ ▮▮ ▮▮

오스틴

왜 머리를 절레절레 흔드는 거야?

샤를리즈

새로운 디자인 보고 있는데 정말 황당해.

오스틴

어디 한번 보자. 아, 정말 조잡해 보인다.

샤를리즈

그러니까. 아마 의사소통에 문제가 있었나 봐.

구슬쌤 영어회화 꿀팁

싼 티 나고 조잡할 때 tacky

회사 직속상사가 매해 크리스마스마다 자신의 집에서 **Tacky Christmas Party**를 열었는데요. 정확히 무슨 파티인지 몰라서 동료에게 물어보니 **ugly sweater**를 입고 가야 된다고 하더라고요. 그래서 전 눈사람과 눈 송이가 주렁주렁 달려 있는 조잡한 스웨터를 입고 갔는데요. Cambridge 사전에 따르면 **tacky**를 cheap in quality or design이라고 하는데요. 품질이나 디자인이 싼 티 날 때, 즉 조잡하고 엉성할 때 **tacky**를 씁니다.

예 It's not **tacky** in any way. 그 어떤 면에서도 조잡해 보이지 않아.

예 It's hard for me to say something romantic without coming across as **tacky**.
  내겐 촌스럽지 않게 느껴지는 로맨틱한 말을 하는 게 참 어려워.

213

194 불만사항을 나름 포장해서 말할 때

네이티브들이 매일 주고받는 대화, 무슨 뜻일까요?

🔊 194-1. mp3

Riley
So, how do you like* your salad?

Barry
I don't mean to complain, but I think it's a bit overpriced.*

Riley
Well, it's my treat,* so please, just enjoy.

Barry
I still don't understand why* people would be willing to pay $20 for a salad.

📖 미니 회화사전

* How do you like + 명사? ~는 어떻게 맘에 들어?
* overpriced (제 가치보다 값이) 비싸게 매겨진
* It's my treat. 내가 쏘는 거야. 내가 낼게.
* I don't understand why S + V 왜 ~하는지 이해가 안 돼

 네이티브는 이런 표현으로 말한다!

I don't mean to complain, but ~ 불평하려는 건 아닌데 ~

개선했으면 하는 점을 말하기 전 I don't mean to complain, but ~으로 문장을 시작할 때가 많은데요. 결국 불만사항을 말하는 거긴 하지만 불평할 의도를 갖고 말한다기보다는 단순히 이 점만 개선하면 더 좋아질 것 같다는 뉘앙스로 나름 포장할 때 자주 쓰입니다.

예 **I don't mean to complain, but** I think it's way too salty.
불평하려는 건 아닌데 정말 너무 짠 것 같아요.

214

Date: _____ Study Time: _____

네이티브들이 매일 주고받는 대화, 영어로 말할 수 있나요?

🔊 194-2. mp3

라일리

그래, 샐러드는 어떻게 입에 맞고?

배리

불평하려는 건 아닌데 가격이 좀 비싼 것 같아.

라일리

저기, 내가 대접하는 거니 그냥 맛있게 먹어줘.

배리

사람들이 샐러드 하나에 20달러나 낼 마음이 있다는 게 여전히 이해가 안 돼.

구슬쌤 영어회화 꿀팁

상대가 I don't mean to ~(일부러 ~하려는 건 아닌데)로 말을 시작할 때

'일부러 ~하려는 건 아니지만'인 I don't mean to ~로 말을 시작할 땐 거의 뒤에 안 좋은 말이 이어 나오는데요. 그래서 상대가 I don't mean to ~로 문장을 시작할 때 친한 사이에선 농담 반 진담 반으로 딱 잘라 Then, don't.(그럼 하지 마.)라고 말하기도 합니다.

A **I don't mean to** upset you, but... (안 좋은 말을 하기 전) 널 속상하게 하려는 건 아닌데…
B **Then, don't.** 그럼 속상한 말 하지 마.

A **I don't mean to** be rude, but... (무례할 수 있는 말을 하기 전) 무례하게 굴려는 건 아닌데…
B **Then, don't.** 그럼 무례한 말 하지 마.

네이티브들이 매일 주고받는 대화, 무슨 뜻일까요?

🎧 195-1. mp3 ▮▮ ▮▮ ▮▮

John

I told Will that he should leave you alone. You're welcome.*

Minnie

What?! What would you do that for?

John

I thought you wanted him to know how you feel about him.

Minnie

I did, and I was going to tell him in my own way. I know you mean well, but you just put me in an awkward position.

📖 미니 회화사전

＊ **You're welcome.** (상대가 당연히 고마움을 느껴야 된다는 뉘앙스로) 고맙지? 나 잘했지?

 네이티브는 이런 표현으로 말한다!

I know you mean well, but ~ 도움이 되려는 네 맘은 알겠지만 ~

좋은 의도로 한 일인데도 불구하고 의도와 달리 문제를 일으키거나 방해만 될 때가 있죠. 그럴 때 mean의 '의도하다'란 뜻을 살려 mean well(결과는 안 좋을지 몰라도 선의를 지니고 있다)을 씁니다. 나를 위한답시고 한 상대방의 행동 때문에 난처한 상황에 처하면 선의로 한 일을 두고 뭐라 하기도 참 그렇고, 그렇다고 상대의 선 넘은 오지랖을 가만두고볼 수도 없고 참 속상한데요. 그럴 때 **I know you mean well, but ~**이라고 한 다음 속상한 사정을 풀어내 보세요. 또, 도움이 되고 잘하려 노력한 누군가의 실수나 잘못을 옹호해줄 때도 **She means well.**(걔 나쁜 애는 아니야. 나쁜 의도로 그런 건 아냐.)과 같은 식으로 자주 쓰입니다.

예 **I know you mean well, but** you're only making things worse.

(결과야 어찌 됐든) 도움이 되려는 네 마음은 알겠지만 네가 상황만 더 안 좋게 만들고 있어.

예 She might get on your nerves sometimes, but **she means well.**

때로 걔가 널 짜증나게 하더라도 나쁜 애는 아니야.

Date: _____ Study Time: _____

🔊 195-2. mp3

윌한테 널 귀찮게 하지 말고 좀 내버려 두라고 얘기했어. 고맙지?

뭐?! 도대체 왜 그런 거야?

난 네가 걔를 어떻게 생각하는지 걔가 알았으면 하는 줄 알았는데.

그랬지, 근데 난 내 방식대로 얘기하려고 했어. 도움이 되려는 네 마음은 알겠지만 이제 너 때문에 내 상황만 곤란해졌어.

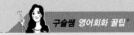
구슬쌤 영어회화 꿀팁

상대에게 제정신이냐고 다그칠 때

상대가 어리석은 말이나 행동을 할 때 제정신이냐며 다그칠 수 있죠. **Are you crazy/nuts?**(너 미쳤어?)보단 부드럽지만 편하게 대할 수 있는 사이에서만 쓸 수 있는 표현들입니다.

1. **Have you lost your mind?** (제정신을 잃어버렸냐는 뉘앙스) 너 제정신이야?

2. **What's wrong with you?** (무슨 문제라도 있는 거냐는 뉘앙스) 너 왜 이래?

3. **What do you think you're doing?** 너 대체 이게 무슨 짓이야?

196 업무 과부하로 머리가 안 돌아갈 때

네이티브들이 매일 주고받는 대화, 무슨 뜻일까요?

🎧 196-1. mp3 ▪️▪️▪️

Janice

Can we stop talking about work? My brain is fried.

Lucas

Then, let's talk about something else. How's life?

Janice

Busy as always.* Oh, I've been taking yoga* every morning.

Lucas

Good for you!

📖 미니 회화사전

* **as always** 늘 그렇듯
* **take yoga** 요가 수업을 듣다

 네이티브는 이런 표현으로 말한다!

My brain is fried. 피곤해서 머리가 잘 안 돌아가.

기계도 쉴 새 없이 계속 돌아가면 과부하로 모락모락 연기가 나며 뜨거워지고 에러 메시지가 뜨는 것처럼 업무량이나 스트레스가 많아 마치 머리가 튀겨진 것처럼 과부하 상태일 때, 머리가 제대로 돌아가지 않아 말실수를 하거나 할 말이 딱히 떠오르지 않을 때 **My brain is fried.**(피곤해서 머리가 잘 안 돌아가. 머리가 터질 지경이야. 머리에 쥐나.)를 씁니다. 다시 말해, 계속 머리를 써서 지쳤거나 생각할 게 많아 머리가 더 이상 잘 돌아가지 않을 때 쓰면 돼요.

예 Let's pick this up tomorrow. **My brain is a bit fried.**
　　내일 이어서 계속하자. 피곤해서 머리가 잘 안 돌아가네.

Date: _____ Study Time: _____

🔊 196-2. mp3 ▮▮ ▮▮ ▮▮

재니스

일 얘기는 그만하면 안 될까? 피곤해서 머리가 잘 안 돌아가.

루카스

그럼, 다른 얘기하자. 사는 건 어때?

재니스

늘 바쁘지. 아, 아침마다 요가 수업을 듣고 있어.

루카스

잘했네!

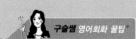
구슬쌤 영어회화 꿀팁

또 다른, 추가적인 걸 의미하는 else

평소 많이 봐서 익숙한 단어이지만 막상 else의 뜻을 물어보면 바로 대답을 못하시는 분들이 많더라고요. else 는 이미 했던 것에 추가로 또 다른 걸 얘기할 때 자주 써요.

예 Let's talk about something **else**. (특히 화제 전환을 하고 싶을 때) 다른 얘기하자.

예 Is there anything **else** I can do for you? (이미 상대에게 도움을 준 후) 제가 도움드릴 게 또 있을까요?

예 Is there anything **else**? (특히 레스토랑에서 주문을 받을 때) 더 필요하신 거 있으세요?

네이티브들이 매일 주고받는 대화, 무슨 뜻일까요?

🎧 197-1. mp3 ▮▮ ▮▮

Mitch

What kind of person just storms out* in the middle of a meeting?*

Tera

Well, I guess…

Mitch

It was a rhetorical question! A person with no manners whatsoever.

Tera

You're right.

미니 회화사전

* **storm out** 자리를 박차고 나가다
* **in the middle of a meeting** 한창 미팅 중

👍 **네이티브는 이런 표현으로 말한다!**

It was a rhetorical question. 대답 듣자고 물어본 게 아냐.

rhetorical question(수사 의문문)은 상대의 답변을 기대하며 묻는 질문이 아닌 요점을 강조하거나 극적인 효과를 주기 위해 하는 질문이에요. **Who cares?**(그걸 누가 신경 써? 무슨 상관이야?), **Who wouldn't want that?**(누군들 그걸 원치 않겠어?) 같은 질문들이 바로 rhetorical question이죠. 그런데 대답 듣자고 한 말이 아닌데 상대가 분위기 파악 못하고 따박따박 대답할 때면 가끔 짜증이 나기도 하죠? 그럴 땐 **It was a rhetorical question.**이라고 대놓고 살포시 타박을 주는 것도 필요합니다.

A **Are you stupid?** 너 바보야?
B **No, I'm not stupid.** 아니요, 저 바보 아닌데요.
A **It was a rhetorical question.** 대답 듣자고/진짜 궁금해서 물어본 게 아니잖아!

Date: _____ Study Time: _____

🔊 197-2. mp3

미치 어떤 사람이 한창 미팅 중에 그냥 자리를 박차고 나가냐고?

테라 음, 아마…

미치 대답 듣자고 물어본 게 아니야! 당연히 매너는 전혀 없는 사람이겠지.

테라 네 말이 맞아.

구슬쌤 영어회화 꿀팁

It wasn't a rhetorical question은 답변하라는 걸까요? 하지 말라는 걸까요?

rhetorical question은 부정문으로도 자주 쓰이는데요. 특히 내 질문에 아무 말도 안 할 때 수사 의문문이 아니니 답변하라는 뜻으로 It wasn't a rhetorical question.(답변 듣자고/정말 궁금해서 물어본 거야.)이라고 쓸 수 있어요. 내 질문에 대답하라는 Answer my question!보다 훨씬 더 고급스러운 표현이죠. 사실 고급스러운 걸 떠나 상대가 내 답변을 기대한다고 대놓고 말하는 건데, 무슨 말인지 못 알아들어서 입을 꾹 다물고 있으면 어색한 상황이 될 수도 있잖아요. 그러니 It wasn't a rhetorical question. 꼭 알아두세요.

예 **It wasn't a rhetorical question. Tell me.** 답변 듣자고 물어본 거야. 말해줘.

네이티브들이 매일 주고받는 대화, 무슨 뜻일까요?

🎧 198-1. mp3 ▨ ▨ ▨

 Silas

Okay, let's go and get this over with.

 Milo

Well, actually, I don't think we should do it.

 Silas

Where is this coming from? You were the one who brought up* the idea.

 Milo

I know, but we don't even have a solid* business plan yet. I think it's too risky to quit our jobs* right now.

 미니 회화사전

* **bring up** (의견, 화제 등을) 제시하다, 꺼내다
* **solid** 탄탄한, 확실한
* **quit one's job** 일을 그만두다

👍 **네이티브는 이런 표현으로 말한다!**

Where is this coming from? 왜 이러는 거야?

상대방이 이해되지 않거나 납득이 안 되는 말이나 행동을 했을 때 **Where is this coming from?**(왜 이런 말을 하는 거야? 왜 이러는 거야?)을 쓸 수 있는데요. 마치 쉽게 이해되지 않는 말이나 행동의 출처를 묻듯 도대체 어떤 상황이나 계기가 상대로 하여금 이렇게 하도록 만들었는지를 물어보는 거죠. 좀 더 격식을 차린 상황에선 **Do you mind if I ask you where this is coming from?**(왜 이러는 건지 여쭤봐도 될까요?)이라고 하면 됩니다.

예 **Where is this coming from?** I thought we were on the same page.
　왜 이러는 거야? 우리가 같은 생각인 줄 알았는데.

예 **Where is all this hesitation coming from?** 왜 이렇게 망설이는 거야?

Date: _____ Study Time: _____

네이티브들이 매일 주고받는 대화, 영어로 말할 수 있나요?

🎧 198-2. mp3 ▪▪ ▪▪ ▪▪

사일러스

자, 가서 후딱 끝내버리자!

마일로

저기, 실은 안 하는게 좋을 것 같아.

사일러스

왜 이러는 거야? 네가 꺼낸 아이디어잖아.

마일로

그래, 근데 우린 아직 확실한 비즈니스 계획조차 없잖아. 지금 당장 일을 그만두는 건 너무 위험한 것 같아.

구슬쌤 **영어회화 꿀팁**

어느 정도는 동의하지만 전적으로는 동의하기 어려울 때

상대의 말에 어느 정도는 동의하지만 전적으로는 동의하기 어려울 때가 있죠. 그럴 때 **I can see where you're coming from, but ~**(네가 왜 그런 말을 하는지 이해할 수 있지만)으로 문장을 시작할 수 있어요. 꼭 나와 같은 생각은 아니더라도 상대가 왜 특정한 의견을 갖게 되었는지 이해된다는 뉘앙스로, 상대의 의견도 어느 정도 존중하는 느낌을 주며 내 의견을 얘기할 수 있게 해주는 표현이죠.

예 **I can see where you're coming from, but it's not our call to make.**
네가 왜 그런 말을 하는지 이해할 수 있지만 우리가 결정할 수 있는 부분이 아니잖아.

예 **I can see where you're coming from, but we just have to accept this situation and move on.** 네가 왜 그런 말을 하는지 이해할 수 있지만 그냥 이 상황을 받아들이고 넘어가야 해.

네이티브들이 매일 주고받는 대화, 무슨 뜻일까요?

🎧 199-1. mp3

Liam

You've been quiet all morning. Is everything okay?*

Sophia

Yes.

Liam

Come on, it looks like there's something you need to get off your chest.

Sophia

Okay, I really don't appreciate* your sharing our private conversation* with your friends.

📖 **미니 회화사전**

* **Is everything okay?** (특히 분위기가 안 좋을 때) 아무 일 없는 거지?
* **appreciate** 진가를 알아보다, 고마워하다, 환영하다   * **private conversation** 사적인 대화

👍 **네이티브는 이런 표현으로 말한다!**

It looks like there's something you need to get off your chest.
하고 싶은 말이 있는 것 같은데.

get off one's chest는 '~을 허심탄회하게 말하다, 토로하다, 털어놓고 얘기하며 마음의 짐을 덜다'는 뜻입니다. 마음속에 있던 불만, 고민거리, 가슴에 맺힌 일 등을 속시원하게 털어놓으며 마음의 짐을 털어버리라고 할 때 씁니다. 내가 무슨 실수를 했는지 나한테 꽁해 있거나, 고민거리가 있어 보이는 친구에게 **It looks like there's something you need to get off your chest.**로 속에 담아둔 얘기를 유도해 보세요.

예 Is there anything you want to **get off your chest?** 혹시 털어놓고 싶은 말 있어?
예 Just **get it off your chest.** 그냥 허심탄회하게 털어놓고 말해.
예 There's something I'd like to **get off my chest.** 툭 털어놓고 하고 싶은 말이 있어.

Date: _____ Study Time: _____

네이티브들이 매일 주고받는 대화, 영어로 말할 수 있나요?

🎧 199-2. mp3 ▮▮ ▮▮ ▮▮

리암 오전 내내 말이 없네. 아무일 없는 거지?

소피아 어.

리암 에이, 하고 싶은 말이 있는 것 같은데.

소피아 그래, 우리가 사적으로 나눈 대화를 친구들하고 공유하는 거 정말 마음에 안 들어.

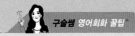
구슬쌤 영어회화 꿀팁

마음속에 있던 불만, 고민거리를 털어놓은 후

마음에 걸리던 불만, 고민거리를 속시원하게 털어놓은 후 홀가분한 마음을 표현할 때도 get off one's chest 를 쓸 수 있습니다.

예 It feels good to finally **get** that **off my chest.** 드디어 솔직히 털어놓고 말하니 속시원하네.

예 It feels good to **get** that **off my chest.** I needed that. 솔직히 털어놓으니 정말 마음이 편하네. 그런 게 정말 필요했거든.

225

200 받아들일 수밖에 없는 상황일 때

🎧 200-1. mp3

Katy

Do you think Luke would be willing to give us another chance?

Aiden

I already asked him, and he flat-out* said no.

Katy

This is devastating. We worked so hard on this.

Aiden

We messed it up.* It's our fault. We just have to deal with it.

📖 **미니 회화사전**

* **flat-out** 완전히, 딱 잘라서, 단도직입적으로   * **mess up** 망치다, 엉망으로 만들다

 네이티브는 이런 표현으로 말한다!

Just deal with it. 그냥 그러려니 해. 받아들여.

우리에게 '처리하다'로 익숙한 **deal with**는 힘든 상황이나 변하지 않는 사실을 받아들일 때도 쓰이는데요. Cambridge 사전에 따르면 to accept or continue in a situation that is difficult or unpleasant, 즉 어렵거나 유쾌하지 않은 상황을 계속 진행하거나 받아들인다고 나와 있어요. 그래서 **Just deal with it.**이 라고 하면 어쩔 수 없으니 '그냥 그러려니 해. 받아들여.'란 뜻이 됩니다. 위 대화에서처럼 **We just have to deal with it.**(우린 그냥 받아들여야 해.)으로 응용할 수 있어요. 직설적인 표현이긴 하지만 그래도 네이티브가 평소 자주 쓰니 꼭 기억해 두세요.

예 That's reality. **Just deal with it.** 그게 현실이니 그냥 받아들여.

예 Life is not fair. **Just deal with it.** 원래 인생은 불공평해. 그냥 받아들여.

Date: _____ Study Time: _____

네이티브들이 매일 주고받는 대화, 영어로 말할 수 있나요?

🔊 200-2. mp3 ■ ■ ■

케이티

루크가 우리에게 다시 한 번 기회를 줄 마음이 있을 것 같아?

에이든

이미 물어봤는데 딱 잘라 안 된다고 하더라고.

케이티

정말 허망하다. 우리 정말 열심히 공들였잖아.

에이든

우리가 망친 거니 우리 잘못이잖아. 그냥 받아들여야 해.

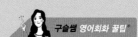
구슬쌤 영어회화 꿀팁

딱 잘라서 말할 때 flat-out

flat-out은 자동차 액셀(accelerator) 페달을 발이 바닥에 flat(평평한)하게 닿을 정도로 세게 밟아 최고 속도를 내는 데서 유래된 표현인데요. 일상에선 조금의 주저나 망설임도 없이 완전히, 딱 잘라 단도직입적으로 얘기할 때 자주 씁니다. 가장 자주 쓰이는 표현은 딱 잘라 안 된다고 말 했다는 **flat-out said no**지만 추가 예문으로도 정 붙여 볼게요.

예 She **flat-out** told me to do it. 걔가 나보고 하라고 단도직입적으로 말했어.

예 She **flat-out** rejected my offer. 그녀는 내 제안을 딱 잘라 거절했어.

예 I **flat-out** don't like him. 단도직입적으로 난 그를 안 좋아해.

네이티브 200대화

망각방지
장치

영어대화
연습

네이티브
표현 사전

하루만 지나도 학습한 내용의 50%가
일주일이 지나면 79%가 사라진다고 합니다.

앗, 이렇게 허무할 수가!
내가 이걸 어떻게 공부했는데~!!!

Don't Worry, I got you!
철벽수비 〈망각방지 장치〉를 준비했으니까요!

이 코너는 여러분이 공부한 내용을 2단계로 훈련하는
[망각방지 연습문제]로 활용할 수 있음은 물론,
200대화에 나온 중요한 표현을 꼼꼼히 챙겨주는
[영어회화 표현사전]의 기능도 겸하고 있습니다.
스마트한 망각방지 장치를 더 스마트하게 활용하셔서
여러분의 영어 자신감을 지켜주세요!

Good Job!

망각방지장치 11-1 문장 말하기 (대화문 101~110)

네이티브들이 매일 주고받는 대화. 이제 영어로 얼마나 말할 수 있는지 한번 확인해볼까요?

○ ✕ 복습

01 약속할게.
You have my _____. □ □ 101

02 신중히 생각해 봤습니다.
I've thought it _____. □ □ 102

03 원래 양쪽 얘기를 다 들어봐야 되는 거잖아.
There are two _____ to every story. □ □ 109

04 아직 여러 옵션들을 잘 살펴보며 고민하고 있어.
I'm still looking _____ a few options. □ □ 103

05 어차피 할지 말지 고민 중이었어.
I was _____ the _____ about it anyway. □ □ 104

06 때론 속마음을 털어놓고 약한 모습을 보여도 돼.
It's okay to be _____ sometimes. □ □ 110

07 더 중요한 일 놔두고 지금 이럴 때가 아니야.
We've got bigger _____ to _____. □ □ 105

08 더 이상은 미룰 수 없어요.
We can't _____ it off any longer. □ □ 105

09 내가 지금 말하는 건 다른 사람한테 얘기하면 안 돼.
What I'm about to tell you is _____. □ □ 106

10 한 사람당 얼마인가요?
How much is it _____ person? □ □ 102

정답 01 word 02 through 03 sides 04 into 05 on, fence 06 vulnerable 07 fish, fry 08 put
09 off the record 10 per

		O X 복습

11 조지가 오늘 해고됐다고 들었어.
I heard that George got _____ go today. ☐ ☐ 106

12 (우리) 서둘러 결정할 필요 없어.
We don't have to _____ into anything. ☐ ☐ 107

13 (정말 이게 우선순위인지 묻는 뉘앙스) 이거 정말 지금 해야 해?
Is this really a _____? ☐ ☐ 105

14 섣불리 단정 짓지 마.
Don't jump to _____. ☐ ☐ 108

15 잠깐 따로 얘기 좀 해도 될까요?
May I have a word with you in _____? ☐ ☐ 101

16 왜 나한테 책임을 다 떠넘기는 거야?
Why are you throwing me _____ the _____ here? ☐ ☐ 108

17 엠마보고 자세히 알아보라고 할게.
I'll have Emma _____ into that. ☐ ☐ 103

18 카일한테 정말 실망했어.
I'm so _____ Kyle. ☐ ☐ 109

19 거래가 성사되지 않았다고 방금 이메일 받았어.
I just got an email saying that the deal didn't _____. ☐ ☐ 104

20 우리도 타격을 입을 수 있기에 신중히 생각해봐야 해요.
We need to think it through because that could put us in a _____ position. ☐ ☐ 110

정답 11 let 12 jump 13 priority 14 conclusions 15 private 16 under, bus 17 look 18 disappointed in
19 go through 20 vulnerable

망각방지 11-2 장치 실전 대화연습 (대화문 101~110)

101 개인 면담/대화를 요청할 때 #고민 #면담

A 잠깐 따로 얘기 좀 해도 될까요?

🎤

＊ in private (남들 모르게) 따로, 사적으로

B 뭐에 대한 건데 그래?

What is this regarding?

＊ regarding ~에 관하여

A 팀원 중 한 명과 문제가 있어서요.

It's about the issues I'm having with one of the team members.

B 그래. 그럼 내 사무실로 가자.

Okay. Let's go to my office, then.

102 충분히 고민해봤다고 할 때 #고민 #투자

A 제가 준비한 제안서에 대해 생각해 보셨는지 알아보려 연락 드렸습니다.

I just would like to follow up on the proposal I've put together.

＊ follow up on ~ 사안에 대해 확인하려 후속 연락하다 | put together (이것저것 모아) 만들다, 준비하다

B 음, 신중히 생각해 봤는데요, 그렇게 큰 투자를 할 준비가 안 된 것 같아요. 저희는 그냥 작은 가게일 뿐인 걸요.

Well, 🎤 ＿＿＿＿＿＿＿＿＿＿＿＿＿＿＿＿＿, and I don't think we're ready to make such a big investment. We're only a mom-and-pop store.

＊ mom-and-pop store (마치 엄마와 아빠가 운영하는 것처럼 동네에 있는) 소규모 가게

A 그럼 온라인 캠페인 부분만이라도 시작하는 게 어떨까요? 어머니 날이 다가오고 있다는 걸 고려해볼 때 효과적일 거라 생각해요.

Then, why don't we start the online part of the campaign? I think it would be effective given that Mother's Day is coming up.

＊ effective 효과적인 | given that S + V ~라는 것을 고려해볼 때

B 그럼 한 달에 얼마인가요?

Okay. How much would that be per month?

＊ per ~당, ~마다

A 우리 육류 공급업체가 너무 비싸게 받는 것 같아. 그리고 품질도 이제 그리 좋지도 않고 말야.

I feel like our meat supplier is charging us too much, and their quality is not even that good anymore.

* supplier 공급업체, 공급업자 | charge + 사람 + 값 ~에게 (값을) … 부과하다, 청구하다 | that (부사) 그 정도로, 그렇게

B 내 생각엔 새로운 공급업체를 쓰는 게 좋을 것 같아.

I'm thinking we should get a new supplier.

A 어디 생각하고 있는데?

Who do you have in mind?

B 음, 아직 몇 군데를 살펴보며 고민 중이긴 한데 '해피 카우'가 괜찮다고 들었어.

Well, 🎤 _____, but I've heard great things about Happy Cow.

* I've heard great things about ~ ~에 대해 좋은 말을 많이 들었어

A 잠깐 시간 돼?

Do you have a minute?

* 1분 정도면 될 정도로 잠깐이라는 걸 강조하는 표현

B 그럼, 무슨 일이야?

Sure. What's going on?

A 거래가 성사되지 않았다고 방금 이메일 받았어. 아마 우리가 제안한 가격이 너무 낮았나 봐.

I just got an email saying that the deal didn't go through. Maybe the price we offered was too low.

* go through (계약이) 성사되다, 통과되다

B 괜찮아. 어차피 해야 될지 안 해야 될지 고민됐었거든.

It's okay. 🎤 _____

정답 **103** I'm still looking into a few options **104** I was on the fence about it anyway.

A 이미 두 번이나 미뤘어요.

We've already postponed twice.

＊ postpone ~을 미루다

B 그럼 다시 미뤄.

Well, postpone it again.

A 더 이상은 미룰 수 없어요.

We can't put it off any longer.

＊ put off ~을 미루다 | not ~ any longer 더 이상은 ~할 수 없다

B 그보다 더 중요한 일이 있는 걸 너도 알잖아.

You know that 🎤 .

A 내가 지금 말하는 건 다른 사람한테 얘기하면 안 돼.

🎤

＊ be about to + 동사원형 지금 막 ~하려고 하다, ~할 참이다 | off the record 비공식적으로, 우리끼리 하는 말인데

B 알겠어. 뭔데 그래?

Okay. What is it?

A 조지가 오늘 해고됐다고 들었어.

I heard that George got let go today.

＊ get let go 해고당하다

B 진짜야?

Are you serious?

＊ 특히 상대가 한 말이 믿기지 않을 때 진지하게 혹은 습관적으로 튀어나오는 표현

정답 105 we've got bigger fish to fry 106 What I'm about to tell you is off the record.

A 생각 좀 해봐도 될까요?

Can I think about it?

B 그럼요. 서둘러 결정할 필요 없어요.

Of course. 🎤

A 알겠습니다. 다음주에 다시 연락 주시면 좋을 것 같아요.

Okay. If you can touch base with me next week, that would be great.

* touch base with ~에게 다시 연락하다

B 그럴게요. 그동안 궁금한 점 있으시면 편히 연락 주세요.

I will. Meanwhile, feel free to call me if you have any questions.

* meanwhile (다른 일이 일어나고 있는) 그동안에, 그사이에 | feel free to + 동사원형 편히 ~하세요

A 그가 우릴 뒤통수 쳤어.

He's throwing us under the bus.

* throw + 사람 + under the bus (이기적인 이유로) ~를 배신하다, 희생시키다, 탓하다

B 걔 얘기를 들어볼 때까지 성급히 결론을 내리지 말자.

🎤   until we hear his side of the story.

A 걔가 어떤지 너도 알잖아. 우리 면전에 대놓고 거짓말을 할 거라고.

You know how he is. He's going to lie to our face.

* You know how he is. '원래 그가 어떤 사람인지 잘 알지 않냐'는 의미

B 그래도 난 속는 셈치고 그를 믿어봐야 된다고 생각해.

I still think we should give him the benefit of the doubt.

* give + 사람 + the benefit of the doubt (약간 의심은 되지만 일단 속는 셈치고) ~를 믿어주다, ~의 말을 선의로 해석해주다

정답 107 We don't have to jump into anything. 108 Let's not jump to any conclusions

235

A 카일한테 정말 실망했어.

I'm so disappointed in Kyle.

＊ **be disappointed in** ~에게 실망하다

B 무슨 일인데?

What happened?

A 스캇이 그러는데 카일이 항상 시키는 대로 하지 않고 무례하게 굴었대.

Scott told me that Kyle's always been insubordinate and disrespectful to him.

＊ **insubordinate to** (특히 윗사람) ~에게 순종치 않는, 반항적인 | **disrespectful to** (존중하지 않고) ~에게 무례한

B 저기, 원래 양쪽 얘기를 다 들어봐야 되는 거잖아. 성급히 판단하기 전에 걔 데려와서 (왜 그랬는지) 설명해달라고 하자.

Well, 🎤 _____. Let's bring him in and ask him for an explanation before we jump to any conclusions.

A 무슨 문제 있어?

What's wrong?

＊ 뭔가 안색이 안 좋거나 고민 있어 보이는 친구나 동료에게 건네기 좋은 표현

B 아무것도 아니야.

Nothing.

A 제임스, 때론 속마음을 털어놓고 약한 모습을 보여도 돼. 다른 사람도 아닌 나잖아.

James, 🎤 _____. It's just me.

B 나도 아는데 내 감정을 털어놓는 게 그냥 익숙치 않아서 그래.

I know, but I'm just not used to sharing my feelings.

＊ **be used to + (동)명사** ~에 익숙하다 | **share one's feelings** 자신의 감정을 (다른 사람과) 함께 나누다

망각방지 장치 12-1 문장 말하기 (대화문 **111~120**)

네이티브들이 매일 주고받는 대화, 이제 영어로 얼마나 말할 수 있는지 한번 확인해볼까요?

○ × 복습

01 그냥 한번 해봐.
Just _____ it a shot. □ □ 115

02 그건 그때 가서 생각하자.
Let's _____ that _____ when we come to it. □ □ 118

03 너 정말 대단하다! 또 대성공인 걸.
Kudos to you! You hit _____ home run. □ □ 111

04 네 직감상 어떻게 해야 될 것 같아?
What does your _____ tell you? □ □ 112

05 그냥 상황을 좀 지켜보는 게 어때?
Why don't you just _____ and _____? □ □ 113

06 (결국 실망했다는 걸 인정) 실망하지 않았다고 말한다면 거짓말일 거야.
I'd be _____ if I said I wasn't disappointed. □ □ 118

07 우리에겐 선택권이 별로 없어.
Our options are very _____. □ □ 114

08 혹시 알아?
Who _____? □ □ 115

09 늦더라도 아예 안 하는 것보단 나아.
Better _____ than never. □ □ 116

10 나이는 숫자에 불과해.
Age is just a _____. □ □ 116

정답 01 give 02 cross, bridge 03 another 04 gut 05 wait, see 06 lying 07 limited 08 knows 09 late
10 number

237

11 세상 일에는 다 이유가 있는 법이잖아.
Everything happens for a _____ . □ □ `117`

12 (특히 걱정을 많이 하고 있는 상대에게 조언할 때) 걱정한다고 해결되는 건 아니잖아.
_____ isn't going to help. □ □ `113`

13 걱정한다고 달라질 것도 없으니 마음 편히 가져.
Don't _____ about things you can't _____ . □ □ `118`

14 넌 배짱 좀 가져야 해.
You gotta have some _____ . □ □ `112`

15 그냥 평소대로 해.
Just _____ yourself. □ □ `119`

16 (특히 상사가 부하직원에게 또는 친구 사이에서 하는 응원의 말을 듣고) 격려/응원의 말 고마워.
Thank you for the _____ talk. □ □ `119`

17 다 장단점이 있는 거지.
Everything has its _____ and _____ . □ □ `120`

18 어떻게 매번 잘할 수 있겠어.
You can't _____ a home run every time. □ □ `111`

19 일로 생각 좀 떨쳐보려 노력해봐야겠다.
I'll try my best to _____ myself with work. □ □ `113`

20 이런 말 하고 싶지 않지만 네가 너무 확대 해석하고 있어.
I hate to _____ this, but you're _____ too much into it. □ □ `114`

 **12-2** 실전 대화연습 (대화문 111~120)

---

111 계속 잘하다 어쩌다 한 번 실패한 동료를 다독일 때   #격려 #계약실패

A 그가 나 대신 에밀리를 선택했다는 게 믿기지 않아. 솔직히 난 완전 다 계약한 거나 다름없다고 생각했거든.

I can't believe he chose Emily over me. I honestly thought it was a done deal.

＊ **done deal** (기정 사실이나 마찬가지로) 다 끝난 일, 거래가 성사된 일

B 실망스럽다는 거 나도 아는데 지금 시점에선 네가 할 수 있는 게 별로 없잖아.

I know it's disappointing, but there's not much you can do at this point.

＊ **at this point** 이 시점에서

A 그냥 뭐가 문제였는지 아무리 생각해도 모르겠어. 나도 이젠 예전만한 세일즈맨이 아닌 걸까?

I just can't figure out what could have been the problem. Do you think I'm just not that good of a salesman anymore?

＊ **figure out** (곰곰이 생각한 후) 이해하다, 알아내다

B 에이, 너도 사람이잖아. 어떻게 매번 잘할 수 있겠어.

Come on, you're human.

---

112 어떻게 해야 할지 고민하는 친구/동료에게   #조언 #고민길라잡이

A 곰곰이 생각해봤는데도 아직 어떻게 해야 될지 모르겠어.

I slept on it, but I still don't know what to do.

＊ **sleep on** (하룻밤 자며) ~에 대해 곰곰이 생각해보다

B 네 느낌상 어떻게 해야 될 것 같아?

A 난 느낌에 따라 결정을 내리는 여자가 아니긴 하지만 직감상 위험을 감수하고 해야 할 것 같은 느낌은 들어.

I've never been a gut sort of girl, but my gut is telling me I should take a risk and go with it.

＊ **sort of** 일종의, 종류의, 조금 | **take a risk** 위험을 감수하다

B 그럼 그렇게 하는 게 좋겠다. 뭐, 네가 잃을 게 뭐가 있겠어?

Then you should. I mean, what do you have to lose?

정답 111 You can't hit a home run every time.   112 What does your gut tell you?

239

113

상황을 지켜보자고 조언할 때

#조언 #상황관망

A 루크와는 어떻게 됐어?

How did it go with Luke?

* How did it go with ~? ~일은/~와는 어떻게 됐어?

B 내가 바랐던 만큼 잘되진 않았어. 걔한테 전화하는 게 좋을까? 마음을 안 바꿀까 봐 걱정돼서.

Not as well as I'd hoped. Do you think I should give him a call? I'm just worried that he might not change his mind.

* change one's mind ~의 마음을 바꾸다

A 그냥 상황을 좀 지켜보는 게 어때? 걱정한다고 해결되는 건 아니잖아.

🎤   I mean, worrying isn't going to help.

B 네 말이 맞아. 일로 생각 좀 떨쳐보려 노력해봐야겠다.

You're right. I'll try my best to distract myself with work.

* distract myself with ~로 주의를 돌리려 노력하다

114

주어진 상황에서 서둘러 결정을 내려야 한다며 조언조로 말할 때

#조언 #결정

A 그가 재고해 보도록 설득할 수 있는 방법이 어떻게든 없을까?

Is there any way we can get him to reconsider?

* Is there any way we can ~? (힘든 거 알지만) 우리 어떻게 해서든 ~할 수 있는 방법이 없을까?

B 안타깝게도 없을 것 같아. 내가 이미 얘기해보려 했는데 꿈쩍도 않더라고.

I'm afraid not. I already tried talking to him, but he wouldn't budge.

* not budge 꿈쩍도 않다. 생각을 바꿀 기미가 없다

A 뭐, 그럼 기다리면서 상황을 지켜보자.

Well, then let's just wait and see.

B 이런 말 하고 싶지 않지만 지금 우리에겐 선택권이 얼마 없어. 하루 빨리 어떻게 할 건지 결정해야 돼.

I hate to say this, but 🎤   . We need to make a decision sooner than later.

* sooner than later (나중으로 미루는 것보단 곧 하는 게 낫다는 뉘앙스) 일찌감치, 하루 빨리

A 디지털 마케팅 대회에 대한 포스팅 봤어.

I saw a posting about the digital marketing competition.

B 나가봐. 네가 관심 있어 하는 분야 아니야?

You should sign up. Isn't that your area of interest?

＊ sing up 등록하다, 신청하다 | area of interest 관심 분야

A 그렇긴 한데 한 번도 대회 같은 데 나가본 적이 없어서. 나가서 웃음거리만 되면 어떻게 해?

It is, but I've never been in a competition. What if I make a fool of myself?

＊ make a fool of oneself 바보 같은 짓을 하다, 웃음거리가 되다

B 그냥 한번 해봐. 혹시 알아? 네가 모두에게 깊은 인상을 남길지.

Just give it a shot. 🎤   You might actually impress everyone.

＊ give it a shot 한번 시도해보다

A 내가 대학 졸업 못한 거 알지? 다시 학교로 돌아갈까 진지하게 생각 중이야.

You know how I never had a chance to finish college? I've been seriously thinking about going back to school.

B 우와, 정말 멋지네!

Wow, I'm so proud of you!

A 저기, 사람들이 내가 중년기 위기를 보내고 있다고 생각하면 어쩌지? 쉰 살짜리 대학교 2학년인 거잖아.

Well, what if people think I'm just having a mid-life crisis? I'm going to be a 50-year-old sophomore.

＊ What if ~? (미리 걱정) ~하면 어쩌지? | mid-life crisis (갑자기 평소와 다른 과감한 선택을 하는) 중년기 위기 | sophomore (4년제 대학의) 2학년

B 난 네가 그런 결정을 내릴 용기가 있다는 게 정말 대단하다고 생각해. 게다가 네가 몇 살인지 알 게 뭐야? 늦더라도 아예 안 하는 것보단 낫잖아.

I think it's wonderful that you have the courage to make such a decision. Besides, who cares how old you are? 🎤

정답 115 Who knows? 116 It's better late than never.

A 방금 회사에서 이메일 왔는데 나 다음달에 멤피스로 전근가야 된대.

I just got an email saying my company is relocating me to Memphis next month.

* relocate (회사나 직원들을) 이전하다. 이동시키다

B 나 멤피스 정말 좋아하는데! 정말 내가 가장 좋아하는 도시 중의 하나잖아. 설레니?

I love Memphis! It is literally one of my favorite cities. Are you excited?

* one of + 복수명사 ~ 중 하나

A 아니, 별로. 난 뉴욕에 정말 가고 싶었는데. 멤피스에서 내가 뭘 하겠어?

Not really. I really wanted to go to New York. What am I going to do in Memphis?

B 뻔한 말이란 거 알지만 모든 일이 일어나는 데는 다 이유가 있잖아. 너 멤피스가 너무 좋아서 쭉 거기서 살고 싶어 할지도 몰라.

I know it sounds cliché, but 🎤   . You might fall in love with Memphis and end up wanting to live there for good.

* cliché 뻔한/식상한 말 또는 행동 | fall in love with ~와 사랑에 빠지다 | end up -ing 결국 ~하게 되다 | for good 영원히

A 그녀가 안 된다고 하면 어떻게 해?

What if she says no?

* What if ~? 만일 ~라면 어떻게 해? ~라면 어쩌지?

B 그건 그때 가서 생각하자.

🎤

A 넌 조금도 걱정 안 돼?

Aren't you worried even just a little?

B 전혀 걱정 안 된다고 하면 거짓말이겠지만 어차피 컨트롤할 수 없는 부분인데 걱정해봐야 아무 소용 없잖아.

I'd be lying if I said I wasn't worried at all, but there's no point in worrying about things you can't control.

* I'd be lying if I said ~ ~라고 말한다면 거짓말일 거야 | There's no point in -ing (어차피) ~해봐야 아무 소용없어

정답 117 everything happens for a reason   118 Let's cross that bridge when we come to it.

119 평소대로 하면 충분하다고 상대를 다독이고 격려해줄 때　　　#조언 #격려

A 그래, 뭐 기분은 어떻고?

　So, how are you feeling?

B 엄청 긴장돼. 이걸 할 수 있을지 모르겠어.

　Extremely nervous. I don't know if I can do this.

　* extremely 매우, 엄청 | I don't know if S + V ~인지 (어떤지) 모르겠어

A 네가 못한다면 이걸 할 수 있는 사람 한 명도 없을 걸. 그냥 평소대로 해. 다들 널 마음에 들어 할 거라 확신해.

　If you can't do this, I don't know a single person who can.

　🎤 　　　　　　　　　　　　　　　　　I'm sure everyone's going to like you.

　* I'm sure (that) S + V ~라고 확신해

B 격려해줘서 고마워.

　Thank you for the pep talk.

　* pep talk 격려의 말, 응원의 말

---

120 장점 또는 단점의 한쪽에만 너무 매몰되지 말라고 할 때　　　#조언 #일장일단

A 새 일은 어때?

　How's the new job?

B 음, 전보단 확실히 돈은 더 버는데 내 시간이 거의 없어. 예전 근무시간이 그립네.

　Well, I certainly get paid more, but I hardly have time for myself.
　I miss my old work schedule.

　* certainly 확실히, 분명히 | hardly 거의 ~하지 않는, 거의 ~가 없는

A 다 장단점이 있는 거지. 적어도 예전보다 월급은 더 많이 받잖아.

　🎤 　　　　　　　　　　　　　　　　At least you're getting a bigger paycheck.

　* paycheck 봉급, 급여

B 근데 돈 쓸 시간이 없어.

　I don't have time to spend it, though.

　* I don't have time to + 동사원형 ~할 시간이 없어 | though 그렇지만, 그래도

정답　119 Just be yourself.　120 Everything has its pros and cons.

243

망각방지 장치 **13-1** 문장 말하기 (대화문 **121~130**)

네이티브들이 매일 주고받는 대화. 이제 영어로 얼마나 말할 수 있는지 한번 확인해볼까요?

○ ✕ 복습

01 난 그 말 조금도 안 믿어.
I don't _____ it for a second. ☐ ☐ 127

02 안 그럴 걸.
I _____ it. ☐ ☐ 128

03 한번 시도해봐. (잘되지 않더라도) 손해 볼 거 없잖아.
Give it a shot. You have _____ to lose. ☐ ☐ 123

04 사람 일은 어떻게 될지 아무도 모르는 거야.
You _____ know. ☐ ☐ 121

05 (살면서 실수하지 않는 사람은 없기에) 누구든 실수를 만회할 기회는 있어야지.
Everyone deserves a _____ chance. ☐ ☐ 130

06 밑져야 본전이잖아.
There's no _____ in that. ☐ ☐ 123

07 (필요한 만큼) 충분히 시간을 갖고 천천히 해.
_____ as _____ as you need. ☐ ☐ 122

08 뻔한 말이란 거 아는데, 슛을 날리지 않으면 골인은 100% 불가능한 거잖아.
I know it sounds _____, but you miss 100% of the shots you don't take. ☐ ☐ 124

09 정말 감사해요. 진심으로요.
I'm grateful. I _____ it. ☐ ☐ 129

10 사람의 진짜 속마음을 알 수는 없는 거야.
You can never _____ for sure what someone's really thinking. ☐ ☐ 121

정답 01 buy 02 doubt 03 nothing 04 never 05 second 06 harm 07 Take, long 08 cliché 09 mean
10 know

			○	✕	복습

11 승산이 없을 거라 생각되긴 하지만 그래도 가서 얘기해보자.
Well, I think it's a _____, but let's go talk to him. ○ ✕ `125`

12 진짜 확실해.
Absolutely _____. ○ ✕ `126`

13 솔직히 털어놓을게.
I'll come _____. ○ ✕ `127`

14 오늘 오후에 그와 만나긴 하는데 너무 큰 기대는 하지 마.
I'm meeting him _____ afternoon, but don't get your _____ up. ○ ✕ `128`

15 모르겠어. 뭐, 내 생각엔 네가 말한 내용보단 표현 방식의 문제인 것 같아.
I don't know. I _____, I think it's not what you said as much as _____ you said it. ○ ✕ `129`

16 (상대를 타이르며) 돌이킬 수 없는 선택을 하고 싶지는 않을 걸.
You don't want to _____ any bridges. ○ ✕ `121`

17 정말이지, 이젠 끝이야.
I'm _____ you, it's over now. ○ ✕ `130`

18 망치면 안 돼. 또 다른 기회란 없어.
Don't _____ it up. We don't get a _____ chance. ○ ✕ `130`

19 뻔한 말이란 걸 알지만 첫눈에 반했어요.
I know it _____, but it was love at first sight. ○ ✕ `124`

20 (상처받아 힘들어하는 지인에게) 필요한 만큼 충분히 시간을 가져도 돼. 시간이 지나면 나아질 거야. 항상 그렇듯 말이야.
You can take as long as you _____. Time will _____. It always does. ○ ✕ `122`

정답 11 long shot 12 positive 13 clean 14 this, hopes 15 mean, how 16 burn 17 telling
18 mess, second 19 sounds cliché 20 need, heal

망각방지 13-2 장 치 실전 대화연습 (대화문 121~130)

121 섣불리 판단하지 말고 좀 지켜보자고 할 때 #조언 #경솔한 판단

A 여기까지. 나도 더 이상은 못 참아.

That's it. I'm not putting up with this anymore.

＊ put up with ~을 참다

B 트래비스가 또 신경을 건드리니?

Is Travis getting on your nerves again?

＊ get on someone's nerves ~의 신경을 거슬리게 하다, 짜증나게 하다

A 늘 그렇지! 전화해서 같이 일 못하겠다고 말하려고.

As always! I'm about to call him and tell him that I'm done working with him.

B 전화하기 전에 조금 진정하는 게 어떨까? 돌이킬 수 없는 선택을 하면 후회할 것 같아서. 사람 일은 어떻게 될지 모르는 거고 나중에 걔 도움이 필요할지도 모르잖아.

Why don't you cool down a bit before giving him a call? You don't want to burn any bridges. 🎤 You might need his help in the future.

＊ You don't want to + 동사원형 (상대를 타이르며) ~하지 않는 게 좋을 거야, ~하면 후회할 거야 | burn bridges 돌이킬 수 없는 선택을 하다, 인간 관계를 끊어버리다

122 성급히 굴지 말고 충분히 시간을 가지라고 조언해줄 때 #조언 #숙고

A 난 개인적으로 지금은 좋은 시기가 아니라고 생각해.

I personally think now is not a good time.

＊ personally 개인적으로 | Now is not a good time. 지금은 좋은 시기가 아냐.

B 네가 옳을지도 몰라. 시기상조일 수도 있겠지만, 생각할 시간이 필요해.

You might be right. Maybe it's too soon, but I need time to think.

A 필요한 만큼 충분히 시간 갖고 생각해봐. 네가 (잘 생각해보지 않고) 급하게 뭔가를 하지 않았으면 좋겠어.

🎤 I don't want you to rush into anything.

＊ rush into (충분히 생각하지 않고) 급하게 ~하다

B 조언해줘서 고마워.

Thank you for your advice.

정답 121 You never know. 122 Take as long as you need.

246

A 테리에게 전화해서 이 문제에 대해 어떻게 생각하는지 알아볼까요?

Should I call Terry and see where he stands on this issue?

* stand on ~에 대해 (특정한) 입장/의견/생각을 가지고 있다

B 그럴 필요가 있을까? 지금 상황에서 결정권자도 아닌데.

Is that necessary? He's not even the decision-maker here.

* even (심지어) ~도, ~조차 | decision-maker 결정권자

A 결정권자는 아니지만 클레어가 중요한 결정을 내리기 전에 보통 그의 의견을 물어보더라고요.

I know he isn't, but I know Claire usually asks for his input before making a big decision.

* input 의견, 조언

B 음, 그렇다면 그가 어떻게 생각하는지 알아봐서 나쁠 거 없을 것 같네.

Well, then, I suppose 🎤 _____.

* suppose 생각하다

A 지원서는 어떻게 잘 되어가고 있어?

How's your application coming along?

* application 지원서 | come along (원하는 대로 순조롭게) 되어가다, 나아지다

B 아니, 잘 안 돼가. 이걸 지원해야 할지조차도 잘 모르겠어.

Not well. I'm not even sure whether I should apply.

* apply 지원하다

A 뻔한 말이란 거 아는데, 슛을 날리지 않으면 골인은 100% 불가능한 거잖아. 그냥 한번 시도해보고 어떻게 되는지 봐봐.

🎤 _____ **you miss 100% of the shots you don't take. Just give it a shot and see what happens.**

B 네 말이 맞아. 조언해줘서 고마워.

You're right. Thanks for the advice.

A 윌이 동참하게 설득해야 돼요.

We need to get Will on board.

* get + 사람 + on board (마치 같이 승선하는 것처럼) 동참하다, 동의하다

B 그 사람은 처음부터 우리 계획을 별로라고 생각한 걸로 알고 있는데.

I thought he didn't approve of our plan from the get-go.

* approve of ~을 찬성하다, ~가 괜찮다고 생각하다 | from the get-go 처음부터

A 알아요. 근데 지금 우리에게 있는 유일한 옵션이에요.

I know, but it's the only option we have right now.

B 음, 승산이 없을 거라 생각되긴 하지만 그래도 가서 얘기해보자.

Well, 🎤 _____ let's go talk to him.

A 뭔가 중요한 걸 잊어버린 것 같아.

I feel like I forgot something important.

* I feel like S + V ~인 것 같아, ~인 기분이 들어

B 잊은 거 없다는 걸 난 알아. 왜냐면 내가 짐 싸는 거 도와줬잖아.

I know you didn't because I helped you pack everything.

* help + 사람 + 동사원형 ~가 …하는 것을 도와주다 | pack 짐을 싸다 (↔ unpack)

A 불 끄고 온 거 확실해?

Are you positive you turned the light off?

* turn off (기계의 전원을) 끄다

B 진짜 확실해. 이제 긴장 좀 풀고 여행을 즐기는 건 어때? 정말 네가 좋은 시간을 가졌으면 좋겠어.

🎤 _____ **Now, why don't you just relax and start enjoying the trip? I really want you to have a good time.**

정답 125 I think it's a long shot, but 126 Absolutely positive.

A 어떻게 됐어? 그가 그 말 믿었어?
How did it go? Did he buy it?

B 아니, 조금도 안 믿더라고.
No, 🎤＿＿＿＿＿＿＿＿＿＿＿.

A 그럼, 이제 우리 어떻게 해야 할까?
Then, what do you think we should do?

B 뭐, 솔직히 이실직고하는 수밖에 없네.
Well, we have no choice but to come clean.

* **have no choice but to + 동사원형** (~ 외엔 선택의 여지가 없을 때) ~하는 수밖에 없네, ~하는 수밖에 별도리가 없네 |
come clean 실토하다, 이실직고하다

A 처음이라는 걸 알지만 우리 진짜 이길 수도 있을 거란 기분이 들어.
I know it's our first time, but I have a feeling that we might actually win this thing.

B 에이, 안 그럴 걸.
Oh, 🎤＿＿＿＿＿＿＿＿＿＿＿.

A 넌 정말 비관적이다.
You're such a pessimist.

* **pessimist** 비관주의자

B 난 그냥 현실적으로 생각하는 것뿐이야. 큰 기대를 했다 실망하고 싶지 않거든.
I'm just being realistic. I don't want us to get our hopes up and end up being disappointed.

* **realistic** 현실적인 | **get one's hopes up** 크게 기대하다

A 버나뎃이 왜 나한테 삐졌는지 모르겠어.

I don't understand why Bernadette is upset with me.

＊ upset 속상한, 마음이 상한

B 아마 저번에 나눈 대화 때문에 그럴 걸.

It's probably because of the conversation you had the other day.

＊ the other day 요전 날, 저번에

A 에이, 말도 안 돼. 다들 새 직장을 찾기 전에 회사를 그만두는 건 현명하지 않은 거라 생각하잖아.

Come on, everyone thinks it's not wise for her to quit her job before finding a new one.

＊ Come on. 에이, 말도 안 돼. 에이, 무슨 소리야? | It's not wise for + 사람 + to + 동사원형 ~가 …하는 것은 현명하지 않다

B 모르겠어. 뭐, 내 생각엔 네가 말한 내용보단 표현 방식의 문제인 것 같아.

I don't know. 🎤 _____, I think it's not what you said as much as how you said it.

A 너 전화 온 것 같은데.

I think your phone's ringing.

＊ ring (전화기가) 울리다

B 아마 숀일 거야. 어제부터 계속 전화하네.

It's probably Shawn. He's been calling me since yesterday.

A 무슨 말을 하려는지 들어나 보는 건 어때?

Why don't you talk to him and see what he has to say?

B 아니, 기회는 정말 많이 줬어. 정말이지, 이젠 끝이야.

No, I have given him so many chances. 🎤 _____, it's over now.

＊ chance 기회 | be over 끝나다

망각방지 장치 14-1 문장 말하기 (대화문 131~140)

네이티브들이 매일 주고받는 대화, 이제 영어로 얼마나 말할 수 있는지 한번 확인해볼까요?

○ ✕ 복습

01 그냥 하는 말이잖아.
You're   that. □ □ 135

02 정말 부럽다.
I   I were you. □ □ 140

03 걘 널 아직 좋아해. 딱 보면 알아.
She still likes you. I can   . □ □ 137

04 행운을 빌게. 잘되길 바랄게.
I'll keep my fingers   . □ □ 131

05 맘껏 써.
It's   yours. □ □ 132

06 기억이 잘 안 나는데.
It doesn't ring a   . □ □ 134

07 (마치 두 개의 사과를 비교하는 것에 다름아니라는 뉘앙스) 거의 같은 부류나 다름없어.
You're comparing apples to   . □ □ 137

08 언제 시간 될 때 커피 한잔 대접해도 될까요?
Could I   you   for coffee sometime? □ □ 139

09 (그걸) 그리 좋아하진 않아요.
It's not my   . □ □ 133

10 (센 비속어를 쓴 후 하는 말) 제 말투를 용서해/눈감아 주세요.
     my language. □ □ 136

정답 01 just saying 02 wish 03 tell 04 crossed 05 all 06 bell 07 apples 08 take, out 09 favorite
10 Pardon

11 (interesting보다 강조) 정말 흥미진진한 얘기네요.
That's a _____ story.

○ ✕ 132

12 뭐가 다른지 잘 모르겠어.
I can hardly _____ the _____.

○ ✕ 137

13 다들 모였으니 시작하자.
_____ that everyone's here, let's get started.

○ ✕ 134

14 오늘 무슨 (특별한) 날이야?
What's the _____?

○ ✕ 138

15 딱 봐도 별로라고 생각하시는 것 같네요.
It's _____ that you don't _____.

○ ✕ 136

16 내가 알기로는 그렇지 않아.
Not that I _____.

○ ✕ 139

17 (부담 없이 추천) 한번 봐봐. 한번 알아봐.
You should _____ it out.

○ ✕ 132

18 네 생일 기념으로 맛있는 점심 사줄게, 같이 가는 건 어때? 먹고 싶은 거 다 먹어도 돼.
Why don't I _____ you out to a nice lunch for your
birthday? The sky's the _____.

○ ✕ 139

19 넌 정말 재능 있어. 그냥 기분 좋으라고 하는 말이 아니라 진심이야.
You're so talented. I'm _____ just _____ that
to be nice.

○ ✕ 135

20 내게 행운을 빌어줘. 잘되길 바라줘.
Wish me _____.

○ ✕ 131

망각방지 장치 **14-2** 실전 대화연습 (대화문 **131~140**)

---

131 행운을 빌어줄 때 #습관성 #행운기원

A 어떻게 다 잘 진행돼가?

How's everything going?

B 그럭저럭 잘되고 있어. 비자만 문제없이 나왔으면 좋겠다.

It's going pretty well. I just hope my visa gets approved.

* get approved 승인되다

A 네가 계획한 대로 모든 게 잘되길 바랄게.

🎤＿＿＿＿＿＿＿＿＿＿＿ that everything goes as you planned.

* as you planned 네가 계획했던 대로

B 고마워, 안 그래도 그런 응원의 말이 필요했는데 말야.

Thanks. I needed that.

* 응원 또는 위로의 말을 들었을 때 할 수 있는 감사 표현

---

132 네 물건처럼 편하게 쓰라고 할 때 #습관성 #허락답변

A 이 신문 다 읽었어?

Are you done reading this paper?

* paper (newspaper의 줄임말) 신문

B 응, 편히 봐도 돼.

Yes, 🎤＿＿＿＿＿＿＿＿＿＿＿.

A 고마워. 그래서 뭐, 오늘 신문에 특별한 내용이라도 있어?

Thanks. So, is there anything special in the paper?

B 금융 섹션에 흥미로운 기사가 있더라. 한번 봐봐.

There's an interesting article in the finance section. You should check it out.

* article 기사 | You should check it out. (부담 없이 추천) 한번 봐봐. 한번 알아봐.

A 어떤 종류의 음식을 좋아해?

What kind of food do you like?

* What kind of ~ do you like? 어떤 종류의 ~를 좋아해?

B 난 한식 좋아해.

I like Korean food.

A 중식은 어때?

How about Chinese?

B 음, 굳이 찾아 먹진 않아. 내 취향에는 너무 기름져서.

Well, 🎤 . I find it too heavy for my taste.

* favorite 가장 좋아하는 것 (형용사로도 쓰임) | heavy (음식이 기름지거나 양이 많아) 소화가 잘 안 되는 | taste 취향

A 혹시 로렌 마이어스 알아? 인사부에서 근무하는데.

Do you by chance know Lauren Myers? She works in HR.

* Do you by chance know ~? 혹시 ~알아? | HR 인사부 (Human Resources의 약자)

B 이름 들어도 잘 모르겠는데. 왜?

🎤 Why?

A 로렌이 이런 거 꽤 잘하거든. 도움을 요청해도 괜찮을 것 같아서.

She's pretty good with this stuff. I thought we could ask her for help.

* be good with ~에 능숙하다. ~를 잘 다루다 | ask + 사람 + for help ~에게 도움을 청하다

B 그럼 좋겠네.

That would be nice.

정답 133 it's not my favorite   134 The name doesn't ring a bell.

A 넌 정말 경영진 감이야.

You really are management material.

* material 자질, 감

B 에이, 그냥 하시는 말이잖아요.

Oh, 🎤   .

A 아니, 진심이야. 난 이 업계에 오래 종사해왔는데 너 같은 사람을 본 적이 없어.

No, I mean it. I've been in this business a long time, and I've never run across anyone like you.

* I mean it. 진심이야. | run across (우연히) 접하다, 만나다

B 감사해요. 저에겐 정말 뜻깊어요.

Thank you. That means a lot.

* That means a lot. (특정 말이나 행동에 감동했을 때 고마움을 표현하며) 정말 뜻깊어요, 힘이 나요.

A 딱 봐도 별로라고 생각하시는 것 같네요.

🎤   that you don't approve.

* approve 찬성하다, 괜찮다고 생각하다

B 정말 솔직히 말하면 별로예요. 너무 직설적으로 말해서 죄송해요.

To be completely honest, I don't. Pardon my bluntness.

* Pardon my bluntness. (상대의 감정을 생각하지 않고) 대놓고 말해서 미안해, 직설적으로/노골적으로 말해서 미안해.
(bluntness 무딤, 직설적임)

A 아, 아니에요. 전 직설적으로 말하는 거 좋아해요. 시간 낭비하지 않고 좋잖아요. 마음에 드시는 점이 하나라도 있나요?

Oh, no, I enjoy bluntness. It saves time. Is there a single thing you like about it?

B 색상은 마음에 드는데 그 정도가 다예요.

I like the color, but that's about it.

* That's about it. (대략 할 말을 다해서 더 이상 덧붙일 게 딱히 없을 때) 그 정도가 다예요, 그게 다나 마찬가지예요.

정답 **135** you're just saying that **136** It's obvious

A 그래, 어떤 것 같아? 더 세련된 느낌을 주려고 이것저것 좀 변경했어.

So, what do you think? I made some changes to make it look more polished.

* polished (마치 매끄럽게 닦아 광을 낸 것처럼) 세련된, 다듬어진

B 이런 말 하고 싶지 않은데 뭐가 다른지 잘 모르겠어.

I hate to say this, but   .

A 진심이야? 마지막 페이지에 사진도 더 추가했고 글씨체도 다르잖아.

Are you serious? I added more pictures on the last page, and the font style is different as well.

* as well 또한, 역시

B 아, 이제 보니 그렇네.

Oh, I see that now.

A 어떤 드레스 입는 게 좋을까?

Which dress should I wear?

B 무슨 날이야?

🎤

A 스티븐과 두 번째 데이트가 있는데 너무 애쓰는 것처럼 보이고 싶진 않아.

I have a second date with Steven, and I don't want to look like I'm trying too hard.

* I don't want to look like S + V ~처럼 보이고 싶진 않다

B 그럼, 나라면 남색 드레스를 선택할 것 같아.

Then, I would go with the navy one.

* I would go with ~ 나라면 ~을 선택하겠다 | navy 남색

정답   137 I can hardly tell the difference   138 What's the occasion?

256

A 네가 그녀를 좋아하는 게 딱 보여.

I can tell you really like her.

* I can tell S + V ~란 걸 알 수 있어

B 맞아, 정말 좋아해. 만나는 사람이 있는 것 같니?

I do like her. Do you think she's seeing someone?

A 내가 알기론 없어. 아니, 남자친구가 있었다면 발렌타인 데이 때 야근하지 않았겠지.

🎤 _____ I mean, she wouldn't have worked late on Valentine's day if she had a boyfriend.

* wouldn't have p.p. ~하지 않았을 것이다

B 네 말이 맞네. 데이트 신청 해볼까 보다.

You're right. Maybe I should ask her out on a date.

* ask + 사람 + out ~에게 데이트 신청하다 (뒤에 on a date를 붙여도 되고 빼도 됨)

A 뭐 하고 있어?

What are you up to?

B 그냥 인스타그램에서 사진 보고 있어. 걔비가 정말 부럽다. 난 하루 벌어 하루 먹고 사는데 걘 완벽하고 행복한 삶을 살잖아.

I'm just looking at some pictures on Instagram.

🎤 _____ She has the perfect, happy life, whereas I'm living paycheck to paycheck.

* whereas (두 가지 상황을 비교 대조할 때) 그런데, ~인 반면 | live paycheck to paycheck (마치 다음달 월급만 바라보고 사는 것처럼) 한 달 벌어 한 달 먹고 살다

A 다른 사람하고 비교하는 걸 멈춰야 해. 너도 네 인생에서 제일 좋은 순간만 올리는 것처럼 다른 사람들도 겉에서 보기엔 완벽해 보이는 거야.

You need to stop comparing yourself to others. Everyone looks perfect on the surface, just like how you only post the highlights of your life.

* on the surface 외견상으로, 표면상으로 | highlight (강조하고 싶을 만큼) 가장 좋은 부분, 가장 흥미로운 부분

B 그렇게는 생각 안 해봤네.

I didn't think of it that way.

정답 **139** Not that I know of. **140** I wish I were Gabby.

네이티브들이 매일 주고받는 대화. 이제 영어로 얼마나 말할 수 있는지 한번 확인해볼까요?

		○	✕	복습

01 엄청 비쌌어.
It cost me a _____. ☐ ☐ 148

02 그래도 좋긴 하다.
It's nice, _____. ☐ ☐ 148

03 그건 호불호가 갈려.
It's not everyone's _____ of tea. ☐ ☐ 143

04 더할 나위 없이 좋아.
Never _____. ☐ ☐ 142

05 조금이라도 필요한 게 있으면 내게 말해.
Let me know if you need anything _____. ☐ ☐ 141

06 잠깐 와서 저 좀 도와줄 수 있으세요?
Can I _____ you for a second? ☐ ☐ 149

07 있으면 먹긴 하는데 특별히 좋아하진 않아요.
I'll eat it if it's there, but I don't particularly _____ for it. ☐ ☐ 143

08 (네가 천사처럼 느껴질 만큼) 정말 고마워. 진심이야.
You're an _____. I mean it. ☐ ☐ 144

09 아무리 봐도/들어도 안 질려.
It never gets _____. ☐ ☐ 145

10 안 그래도 전화하려고 했는데 말야.
I've been _____ to call you. ☐ ☐ 150

정답 01 fortune 02 though 03 cup 04 better 05 at all 06 borrow 07 care 08 angel 09 old
10 meaning

		○	✕	복습

11 선택은 네 몫이야. 너한테 달렸어.
It's ⬚⬚⬚⬚ you. ☐ ☐ `146`

12 (용케 다 해냈을 때) 이걸 다 어떻게 끝낸 거야?
How did you ⬚⬚⬚⬚ to finish all this? ☐ ☐ `144`

13 속는 셈 치고 한번 기회를 줘보자.
Let's give them the ⬚⬚⬚⬚ of the doubt. ☐ ☐ `147`

14 그건 내 취향이 아니야.
It's not ⬚⬚⬚⬚ me. ☐ ☐ `143`

15 전혀 번거로울 거 없어.
No trouble ⬚⬚⬚⬚. ☐ ☐ `141`

16 전 괜찮아요. 그래도 (제안해 주셔서) 고맙습니다.
I'm ⬚⬚⬚⬚. Thank you, ⬚⬚⬚⬚. ☐ ☐ `148`

17 (조심스레 내 바람을 말하며) 이 점에 대해 네 의견 좀 얻을 수 있으면 해서.
I was ⬚⬚⬚⬚ I could get your input on this. ☐ ☐ `149`

18 가서 우리 마실 커피 좀 가져올게/사올게.
I'll go ⬚⬚⬚⬚ us some coffee. ☐ ☐ `144`

19 (꺼내기 어려운 말을 조심스레 꺼내며) 전부터 물어보고 싶었던 게 있었는데 말야.
There's something I've ⬚⬚⬚⬚ meaning to ⬚⬚⬚⬚ you. ☐ ☐ `150`

20 날도 좋은데 (여유롭게) 산책이나 하러 가자.
It's a lovely day. Let's go for a ⬚⬚⬚⬚. ☐ ☐ `145`

망각방지 장치 15-2 실전 대화연습 (대화문 **141~150**)

---

141 감사인사에 별거 아니라고 응수할 때   #습관성 #반응

A 여기까지 절 데리러 와주셔서 고마워요.

Thank you for coming all the way here to pick me up.

* pick + 사람 + up ~를 데리러 오다

B 무슨 말씀을요.

🎤

A 차는 얼마나 막혔나요?

How bad was the traffic?

B 그리 막히지 않았어요.

It wasn't that bad.

* It wasn't that + 형용사 그다지 ~하지 않았어

---

142 상황이나 상태가 정말 좋다고 강조할 때   #습관성 #안부답변

A 아, 맷, 오늘 기분 어때?

Hey, Matt. How are you?

B 더할 나위 없이 좋아. 넌?

🎤   How about you?

A 최고야. 나 약혼했어. 탐이 어젯밤 프로포즈 했거든.

Top of the world. I just got engaged. Tom proposed last night.

* Top of the world. (세계 최정상에 있는 것처럼) 정말 행복해. 최고야. | get engaged 약혼하다

B 우와, 축하해! 어쩐지 오전 내내 미소 짓고 있더라니.

Wow, congratulations! No wonder you've been smiling all morning.

* No wonder S + V ~라는 게 놀랍지 않네, 당연히 ~할 만하네 | all morning 오전 내내

정답 141 It's no trouble at all.   142 Never better.

260

내 취향에 맞지 않을 때　　　　　　　　　　　　　　　　#습관성 #취향답변

A 그래서 영화는 어땠어?

So, how was the movie?

B 딱히 내 취향은 아니었어.

A 정말? 너 SF영화 좋아한다고 생각했는데.

Really? I thought you like sci-fi.

＊ **sci-fi** 공상과학소설, 공상과학영화 (science fiction의 줄임말)

B 좋아하는데 이야기 전개가 너무 복잡해서 이해하기가 거의 불가능했어.

I do, but the storyline was so complex that it was almost impossible to follow.

＊ **storyline** 줄거리, 이야기 전개 ｜ **complex** 복잡한 ｜ **follow** 이해하다, 내용을 따라가다

---

144 **내게 천사처럼 고마운 상대에게**　　　　　　　　　　　　　　#습관성 #감사인사 #감정과잉

A 이걸 다 어떻게 끝낸 거야?

How did you manage to finish all this?

＊ **manage to + 동사원형** (힘든 일을) 용케 ~해내다, 어떻게든 ~해내다

B 밤샜어.

I pulled an all-nighter.

＊ **pull an all-nighter** 밤새다

A 내가 너 그럴 줄 알았어. 여기, 커피 사왔어.

I knew you would do that. Here, I picked you up some coffee.

B (네가 천사처럼 느껴질 만큼) 정말 고마워!

정답　143 It wasn't really my cup of tea.　144 You're an angel!

145

세월이 흘러도 식상해지지 않는 대상에 대해 #습관성 #찬탄

A 산책 갈 참인데 같이 갈래?

I'm about to go for a walk. Do you want to join me?

* be about to + 동사원형 막 ~할 참이다, ~하려고 한다 | go for a walk 산책하러 가다

B 어디 갈 생각인데?

Where are you thinking about going?

A 머드 아일랜드 공원 쪽. 날씨도 정말 좋고 그냥 강가에서 해지는 걸 보고 싶어서.

By Mud Island Park. It's a beautiful day. I just want to enjoy a sunset by the river.

* sunset 일몰 (↔ sunrise)

B 그래, 그 경치는 아무리 봐도 안 질리지. 준비하는 데 5분만 줘.

Yes, 🎙 _____ **. Just give me 5 minutes to get ready.**

* give me + 시간 + to get ready 내게 준비할 시간을 ~ 주다

상대에게 결정권/선택권이 있다고 말해줄 때 #습관성 #조언

A 내가 전공을 바꿔야 된다고 생각해?

Do you think I should change my major?

* major 전공

B 대신 그런 결정을 내려줄 수는 없지만, 너 한동안 전공을 바꾸고 싶어 했잖아.

I can't make that decision for you, but you've been wanting to change your major for a while.

* I can't make that decision for you. 너 대신 그런 결정을 내려줄 수는 없어. | for a while 한동안

A 그냥 누군가 내게 가장 최선의 결정이 뭔지 말해줄 수 있으면 좋겠어. 넌 내가 어떻게 해야 된다고 생각해?

I just wish someone could tell me what would be best for me. What do you think I should do?

B 다시 말하지만, 뭘 하고 싶은지 결정하는 건 네 몫이야. 네 삶이잖아.

Again, 🎙 _____ **to decide what you want to do. It's your life.**

* It's your life. (특히 다른 사람이 왈가왈부할 수 없다고 할 때) 네 인생이잖아.

정답 145 the view never gets old 146 it's up to you

속는 셈 치더라도 일단은 믿고 기회를 줘보자고 할 때

A 우리가 가려던 레스토랑 찾아봤는데 안 좋은 리뷰가 있더라고.

I looked up the restaurant that we were planning to go to and saw some bad reviews.

＊ **look up** (정보지나 인터넷 검색 등을 통해) 찾아보다, 조사하다

B 뭐라고 써있었는데?

What did they say?

＊ **say** 적혀 있다

A 누가 그러는데 역대 최악의 서비스래.

Someone said they have the worst service ever.

＊ **the worst** + 명사 + **ever** 역대 최악의 ~

B 뭐, 그래도 별점은 (5점 만점에서) 4점이니 나쁘진 않잖아. 속는 셈 치고 한번 가보자.

Well, they still have 4 stars, which isn't bad.

🎤

148

비싸긴 해도 좋을 때

A 차 새로 샀어?

Did you buy a new car?

B 응. 거금을 들였지.

I did. It cost me a fortune.

＊ **cost a fortune** 엄청 비싸다, 거금을 쓰다

A 뭐, 그래도 좋긴 하다.

Well, 🎤 .

B 정말 그렇긴 해. 바보처럼 들릴지 모르지만 보고만 있어도 행복하다니까.

It really is. I know this might sound silly, but just looking at it makes me happy.

＊ **silly** 어리석은, 엉뚱한 (정말 머리가 나빠 바보 같다는 **stupid**와 달리 **silly**는 엉뚱하고 뜬금없이 행동할 때 씀) |
~ **makes me happy** ~로 인해 행복해지다

정답 147 Let's give them the benefit of the doubt. 148 it's nice, though

A 레미, 잠깐 와서 저 좀 도와줄 수 있으세요?

Remy, 🎤 _____ ?

B 그게 뭐든 간에 이따 해야 해. 회의에 늦어서 말야.

Whatever it is, it's going to have to wait. I'm late for a meeting.

* be late for ~에 늦다

A 그냥 간단한 질문인데요.

It's just a quick question.

* quick question (시간을 많이 빼앗지 않는) 간단한 질문

B 미안한데 나 지금 나가야 해. 브렌든에게 도와달라고 해.

I'm sorry, but I was hoping to be out the door by now.
Ask Brendan to help you.

* I was hoping to be out the door by now. 진작 나갔어야 하는 상황에서 지금쯤이면 사무실을 나갔으면 하는 바람이 있을 정도로 바쁘다는 뉘앙스 | ask + 사람 + to + 동사원형 ~에게 …해달라고 요청/부탁하다

A 전부터 물어보고 싶었던 게 있는데 말야.

🎤 _____

B 뭔데 그래?

What is it?

A 내 친구가 다음주에 크리스마스 파티를 여는데 혹시 내 데이트 상대로 같이 가줄 수 있나 해서.

One of my friends is having a Christmas party next weekend, and I was wondering if you'd like to be my plus-one.

* one of + 복수명사 (딱 한 개가 아니라 여러 개일 때) ~ 중 하나 | plus-one 행사, 파티, 모임 등에 같이 데려가는 데이트 상대나 친구

B 그럼. 좋지.

Of course. I'd love to.

정답 149 can I borrow you for a second   150 There's something I've been meaning to ask you.

망각방지장치 16-1 문장 말하기 (대화문 151~160)

네이티브들이 매일 주고받는 대화. 이제 영어로 얼마나 말할 수 있는지 한번 확인해볼까요?

		○	✕	복습

01 가격이 쌀수록 더 좋아.
The _____, the better.　　○ ✕　152

02 말동무가 필요할 것 같아서.
I thought you could _____ some company.　　○ ✕　154

03 다시는 이런 일이 일어나지 않을 것을 약속 드립니다.
I give you my _____ that this won't happen _____.　　○ ✕　151

04 (참을성이 한계에 도달했을 때) 이런 말도 안 되는 상황을 받아주면 안 돼.
We shouldn't put _____ this nonsense.　　○ ✕　156

05 빨리 시작하면 시작할수록 더 빨리 끝나.
The _____ we start, the sooner we _____.　　○ ✕　152

06 거의 하루도 안 빠지고 매일 늦게 잤어.
I _____ late almost every _____ night.　　○ ✕　153

07 그런 말이라면 그만해.
Not _____ word.　　○ ✕　159

08 (조심하거나 주의하라고) 미리 경고해줘서/말해줘서 고마워.
Thanks for the _____.　　○ ✕　160

09 원래 지금 준비하고 있어야 되는 거 아냐?
Aren't you _____ to be getting ready?　　○ ✕　154

10 말해줘서/알려줘서 고마워.
Thank you for _____ me know.　　○ ✕　155

| | | ○ | × | 복습 |

11 네가 내 입장이었어도 똑같이 해줬을 거잖아.
You would have   the   for me. ☐ ☐ `160`

12 (짜증나고 귀찮게 해도) 참고 받아줘서 고마워.
Thank you for   up with me. ☐ ☐ `156`

13 네가 없다면 정말 어떻게 할지 모르겠어.
I don't know what I   do   you. ☐ ☐ `157`

14 나 도와주고 싶다는 말 진심이었어?
Were you   about wanting to help me? ☐ ☐ `151`

15 (평생 고마워할 정도로 큰 감사함을 강조) 정말 너무 고마워.
I'm   grateful. ☐ ☐ `158`

16 많을수록 더 좋지.
The   , the merrier. ☐ ☐ `152`

17 정말 여러모로 고맙다고 다시 한 번 꼭 말하고 싶어.
I just wanted to say thank you again for   . ☐ ☐ `159`

18 네가 무슨 말을 하는 건진 알겠는데 이건 내일 처리하면 안 될까?
I   you, but can we deal with this tomorrow? ☐ ☐ `160`

19 (예상치 못한 사람이 찾아왔을 때 등 기분 좋은 서프라이즈) 이게 누구야?
What a nice   ! ☐ ☐ `154`

20 오늘 재택근무해도 될까요? 눈 와서 학교가 휴강인데 애들 봐줄 사람을 못 구해서요.
Is it okay if I   from   today? It's a
         , and I can't get anyone to watch my kids. ☐ ☐ `155`

정답 11 done, same 12 putting 13 would, without 14 serious 15 forever 16 more 17 everything
18 hear 19 surprise 20 work, home, snow day

망각방지 장치 16-2 실전 대화연습 (대화문 151~160)

---

151 도움 받기를 유보했던 친구의 도움이 필요해졌을 때   #부탁 #도움

A 나 도와주고 싶다는 말 진심이었어?

🎤

B 그럼! 내가 도움 줄 수 있는 게 있으면 말해.
Of course! Let me know if I can be of any help.
* be of help 힘이 되다, 도움이 되다

A 음, 너 애이미와 사이가 좋잖아. 그래서 혹시 내 말 좀 잘 해줄 수 있나 해서 말야.
Well, I know you're friendly with Amie, so I was wondering if you could put in a good word for me.
* be friendly with ~와 사이가 좋다 | I was wondering if you could ~ (뭔가를 해줄 수 있는지 궁금하다며 조심스럽게 요청할 때) ~해줄 수 있을까 해서 | put in a good word for (추천하듯) ~를 좋게 말하다, ~를 위해 말 좀 잘 해주다

B 알겠어. 애이미에게 전화해볼게.
Ok. I'll give her a call.

---

152 많을수록 좋다며 한기분 낼 때   #호의 #초대

A 우리와 합석하는 게 어때?
Why don't you join us?

B 저기, 폐 끼치고 싶지 않아서 말야.
Well, I'd hate to impose.
* 상대가 내게 호의를 베풀 때 미안해하며 '폐 끼치거나 부담 주고 싶지 않다'는 의미로 하는 표현

A 전혀 폐 끼치는 거 아냐. 사실 사람이 많으면 많을수록 더 좋지, 뭐.
It's no imposition at all. As a matter of fact, 🎤   .
* as a matter of fact (특히 흥미로운, 새로운, 중요한 사실을 말하기 전 덧붙이며) 사실은, 실은

B 그럼 내가 술 한 잔씩 대접하게 해주면 합석할게. 다들 맛있는 와인 한 잔은 좋아할 테니까.
Then, I'll stay only if you let me treat everyone to a drink. I'm sure everyone could use a nice glass of wine.
* could use ~을 필요로 하다. ~이 있으면 좋을 것이다

A 다른 일로 바빴을 텐데 이걸 구상하고 준비할 시간이 언제 있었던 거야?

When did you have time to orchestrate all of this?

＊ orchestrate (원하는 결과를 내기 위해 치밀히) 기획/구상/준비하다

B 거의 하루도 안 빠지고 매일 늦게 잤는데 그래도 당신이 마음에 들어 하니 기쁘네.

🎤 _____, but I'm glad you like it.

A 이제 왜 눈에 다크서클이 있었는지 이해가 되네. 정말 이 세상 둘도 없는 최고의 남편이야.

Now I realize why you had bags under your eyes. You're the best husband anyone could ask for.

＊ have bags under one's eyes (지쳐 보일 때) 다크서클이 생기다

B 당신 위해선 뭐든 할 수 있지.

Anything for you.

A 이게 누구야? 원래 지금 일하고 있어야 하는 거 아니야?

What a nice surprise! Aren't you supposed to be at work right now?

＊ Aren't you supposed to + 동사원형 ~? 너 원래 ~해야 되는 거 아냐? (be supposed to (원래) ~해야 해, ~하기로 되어 있어)

B 일정 다 비웠어. 네가 말동무가 필요할 것 같아서.

I cleared my schedule. 🎤

＊ company 함께해줌, 함께해주는 사람

A 뭐라고 말해야 할지 모르겠다. 고마워, 정말로.

I don't know what to say. Thank you, really.

B 힘들면 내게 의지해도 돼. 와인 가져왔으니 술 한잔 마시면서 얘기하자.

I'm here for you. I brought some wine, so let's talk over a drink.

＊ I'm here for you. (내가 지금 여기 있으니) 힘들면 내게 의지해.

정답 153 I stayed up late almost every single night 154 I thought you could use some company.

155

어떤 사실을 알려준 것에 대한 고마움을 표현할 때　　　#감사 #사전연락 #정보

A 지금 오는 중이야? 다들 왔는데.

Are you on your way? Everyone's here.

* on one's way 가는/오는 중인

B 사실 그래서 전화했어. 조금 늦을지도 몰라. 도로가 얼어서 너무 미끄러워.

Actually, that's why I called. I might be a little late. There's a lot of ice on the road.

A 그래. 말해줘서 고마워. 운전 조심하고!

Okay. 🎤 _____ Drive safe!

* Drive safe! 운전 조심해! (Drive 뒤에 safely가 아니라 safe를 써야 한다는 점에 주의)

B 그럴게. 곧 봐.

Will do. See you soon.

까다로운 나를 감내해준 것에 대한 고마움을 표현할 때　　　#감사 #노고

A 너 없으면 사무실이 정말 허전할 거야.

Our office is going to feel empty without you.

* empty 텅 빈, 허전한

B 아예 떠나는 게 아니라 그냥 다른 층에서 일하는 거예요.

I'm not leaving. I'll just be working on another floor.

A 저, 그간 짜증나게 해도 참고 받아줘서 고마워. 나도 내가 까다롭다는 거 잘 알아. 정말 최고의 비서였어.

Well, I wanted to say 🎤 _____ . I'm aware of how difficult I can be. I honestly couldn't have asked for a better assistant.

* I wanted to say ~ (진심어린 말을 하기 전) ~라고 꼭 말하고 싶(었)어 | be aware of ~을 인식하다, 알다 | difficult 어려운, 까다로운, 비협조적인

B 이제 그러니까 울컥하잖아요.

Now you're making me emotional.

* emotional 감동/감상에 젖은, (감동이나 감상에 젖어) 울컥하는

정답　155 Thanks for letting me know.　156 thank you for putting up with me

감정을 물씬 담아 고마움을 강조해 표현할 때 #감사 #감개무량

A 거기까지. 다 했어!

There. All Done!

* **All done!** 다 했어! 끝났어!

B 드디어 끝났네! 이제 집에 갈 수 있겠다.

Finally! We can go home now.

A 네가 없다면 정말 어떻게 할지 모르겠어.

🎤

B 나도 그래. 우린 정말 최고의 팀이지.

Me neither. We do make a great team.

* **We make a great team.** 에서 make 앞에 do를 넣어 최고의 팀이라는 걸 강조

158

평생 고마워할 정도로 고마운 마음이 클 때 #감사 #승진

A 저 부르셨나요?

You wanted to see me?

B 그래, 앉아봐. 내일부터 자네를 매니저로 승진시키기로 했다는 걸 말해주려 불렀어. 오늘 오후에 (사람들에게 공식적으로 알리며) 공식화할거야.

Yes, please, have a seat. I just wanted to let you know that you'll be promoted to manager as of tomorrow. We're going to make it official this afternoon.

* **as of** ~일자로, ~로부터 | **make it official** (사람들에게 공식적으로 알리며) 공식화하다

A 뭐라고 말씀드려야 될지 모르겠네요. 아니, 제가 드릴 수 있는 말은 여러모로 정말 너무 감사드리고 실망시키지 않을 거란 말밖에 없네요.

I don't know what to say. I mean, all I can say is that 🎤

＿＿＿＿＿＿＿＿＿, and I won't let you down.

* **let + 사람 + down** ~를 실망시키다

B 그럼 됐어. 앞으로도 계속 열심히 해줘.

That's all I needed to hear. Keep up the good work.

* **That's all I needed to hear.** (상대가 말한 걸로 충분히 안도된다는 뉘앙스) 그럼 됐어. |
Keep up the good work. (특히 윗사람이 아랫사람에게) 계속해서 열심히 해. 계속 수고해.

정답 157 I don't know what I would do without you.   158 I'm forever grateful for everything

270

A 네가 아니었다면 그 어떤 것도 해내지 못했을 거야.

I couldn't have done any of this without you.

* couldn't have p.p. (과거사실 가정) ~하지 못했을 거야, ~할 수 없었을 거야

B 내가 한 거라곤 그냥 옳은 방향으로 안내해줬을 뿐인 걸 뭐. 나머지는 다 네가 해낸 거야.

All I did was point you in the right direction. The rest was all you.

* All I did was + 동사원형 내가 한 거라곤 ~밖에 없어/~가 다야 | the rest 나머지

A 정말 여러모로 고맙다고 다시 한 번 꼭 말하고 싶어.

Really, I just wanted to say thank you again for everything.

* I just wanted to say ~ (진심어린 말을 하기 전) ~라고 꼭 말하고 싶(었)어

B 그런 말이라면 그만해.

A 이제 끝났다니 다행이야.

I'm glad it's over now.

* I'm glad (that) S + V ~라니 기뻐, 다행이야

B 동감이야.

I hear you.

A 그런데 미리 경고해줘서 고마워. 섀넌이 온다는 걸 몰랐다면 정말 난처했을 거야.

By the way, thanks for the heads-up. If I hadn't known Shannon was coming, I would have been in big trouble.

* by the way (화제를 전환하며) 그런데 | heads-up (조심하라고) 미리 알려줌, 귀띔 | be in trouble 난처한 상황에 처하다

B 말해주는 건 당연한 건데, 뭐. 네가 내 입장이었어도 똑같이 해줬을 거잖아.

Of course.

정답 159 Not another word. 160 You would have done the same for me.

271

망각방지 장치 17-1 문장 말하기 (대화문 161~170)

네이티브들이 매일 주고받는 대화. 이제 영어로 얼마나 말할 수 있는지 한번 확인해볼까요?

○ ✕ 복습

01 내가 팀을 위해 총대를 매고 걔한테 얘기할게.
I'll take _____ for the team and talk to her. ☐ ☐ 161

02 솔직히 이렇게 될지 몰랐어요.
I honestly didn't see this _____. ☐ ☐ 162

03 (마치 돌에 새겨진 것처럼 변경하기 매우 어렵거나 불가능할 때) 그건 확정됐어.
It's set in _____. ☐ ☐ 168

04 (특히 까다롭고 엄격할 때) 그는 시간 엄수에 정말 엄격해.
He's a real _____ for punctuality. ☐ ☐ 163

05 그를 아티스트라고 불러도 무리가 아닙니다.
It's _____ a stretch to _____ him an artist. ☐ ☐ 167

06 (사람들이 강조하는 것만큼) 잠이 그렇게까지 중요하진 않은 것 같아.
I think _____ is overrated. ☐ ☐ 169

07 그게 말처럼 쉬운 게 아냐.
It's _____ as _____ as it sounds. ☐ ☐ 164

08 확정된 건 아무것도 없어.
_____ is set in stone. ☐ ☐ 168

09 전 지루한 건 잘 못 참아요.
I have a _____ tolerance for boredom. ☐ ☐ 170

10 나도 그래. / (레스토랑에서 같은 메뉴로 주문할 때) 저도 같은 걸로요.
_____ here. ☐ ☐ 163

정답 01 one 02 coming 03 stone 04 stickler 05 not, call 06 sleep 07 not, easy 08 Nothing 09 low
10 Same

| | | ○ | ✕ | 복습 |

11 돈이 중요한 게 아냐.
It's not ▨▨▨▨ money. ☐ ☐ `165`

12 그건 말이 안 돼. 앞뒤가 안 맞아.
It doesn't add ▨▨▨▨ . ☐ ☐ `166`

13 (말이야 누구나 할 수 있지만 실제 실천하는 게 힘들다는 뉘앙스) 말이야 쉽지.
It's easier ▨▨▨▨ than done. ☐ ☐ `164`

14 (그 드라마) 진짜 재미있는데 사람들이 잘 모르더라.
It's an ▨▨▨▨ show. ☐ ☐ `169`

15 우린 (생각, 흥미, 취향 등이 달라서) 잘 안 맞아.
We're not ▨▨▨▨ . ☐ ☐ `165`

16 그건 소문보다 별로야.
It's ▨▨▨▨ . ☐ ☐ `169`

17 그건 좀 억지처럼 들리는데.
That sounds a bit of a ▨▨▨▨ . ☐ ☐ `167`

18 나도 마찬가지야.
That makes ▨▨▨▨ of us. ☐ ☐ `162`

19 난 그런 사람 정말 용납 못해.
I have zero ▨▨▨▨ for people like her. ☐ ☐ `170`

20 네 말에 100% 동의해.
I ▨▨▨▨ with you ▨▨▨▨ . ☐ ☐ `161`

망각방지 장치 17-2 실전 대화연습 (대화문 161~170)

161 상대의 말에 전적으로 동의할 때 #의견 #동의

A 애이미가 지금 큰 그림을 못 보는 것 같아.

I don't think Amie's looking at the big picture here.

* look at the big picture 큰 그림을 보다

B 네 말에 전적으로 동의하지만 상사인데 뭘 어쩌겠어.

🎤 _____, but she's the boss.

A 우리 생각을 딱 얘기해줄 용기가 있는 사람이 있으면 좋을 텐데.

I wish there were someone who had the courage to tell her what we think.

* have the courage to + 동사원형 ~할 용기가 있다

B 솔직히 그런 일이 있을 거라곤 생각하지 않아. 아니, 다른 사람은 몰라도 일단 난 커리어를 위태롭게 하고 싶지 않거든.

I honestly don't see that happening. I mean, I, for one, wouldn't want to jeopardize my career.

* jeopardize 위태롭게 하다

162 안 좋은 상황 속에 있는 상대에 공감해줄 때 #의견 #공감

A 솔직히 이렇게 될지 몰랐어요.

I honestly didn't see this coming.

B 몰랐다는 말 믿지만 전 경험이 더 많은 분과 일해야 될 것 같아요.

I believe you, but I need to work with someone who's more experienced.

* experienced 경험이 많은

A 이해합니다. 일이 이렇게 풀려서 유감이에요.

I understand. I'm sorry it turned out this way.

* turn out (일, 진행, 결과 등이 특정 방식으로) 되다, 풀리다 | this way 이런 식으로, 이렇게

B 저도요.

🎤 _____

정답 161 I agree with you 100% 162 That makes two of us.

274

A 난 조쉬가 이래라 저래라 사사건건 간섭하지 않아서 좋아.

I like how Josh doesn't micromanage.

＊ micromanage (직원이 하는 일을) 사사건건 간섭하다, 일일이 컨트롤하다

B 나도. 그는 좋은 상사야.

He's a good boss.

A (조쉬가 좋은 상사라는) 네 말에 100% 동의할 수 있는지는 모르겠어. 시간 엄수에 지나치게 엄격하잖아. 저번에 나 5분 늦게 왔는데 일대일 면담하자고 하더라니까.

I'm not sure I agree with you 100% on that. He's a real stickler for punctuality. I came in 5 minutes late the other day, and he wanted to have a one-on-one.

＊ stickler for ~에 까다로운/엄격한 사람 | punctuality 시간 엄수 | one-on-one (특히 상사와 직원의 면담) 1대1

B 에이, 9시부터 5시까지 일하라고 월급 받는 건데. 아침 9시면 출근해 있을 거라 생각하는 건 당연한 거잖아.

Come on, we get paid to be here from 9 to 5. He has every right to expect us to be here at 9 a.m.

＊ expect us/me to + 동사원형 (당연히) ~할 거라 기대하다

A 걔한테 데이트하자고 말하는 게 어때?

Why don't you ask him out?

＊ ask + 사람 + out ~에게 데이트 신청하다

B 그게 말처럼 쉬운 게 아냐.

A 그냥 같이 점심 먹자고 물어봐. 분명 좋다고 할 거야.

Just ask him to join you for lunch. I'm sure he will say yes.

B 우리 다 같이 가서 팀원끼리 먹는 점심이면 더 편할 것 같은데, 어때?

I'd be more comfortable if all of us can go for a team lunch. What do you say?

＊ I'd be more comfortable if ~ ~라면 더 편할 것/좋을 것 같아

정답 163 Same here.　164 It's not as easy as it sounds.

A 뭘 어떻게 할 건지 결정했어?

Have you decided what you're going to do?

B 아직 못 했어. 캘리포니아의 일을 택하고 싶지만 거긴 생활비가 훨씬 더 비싸잖아.

Not yet. I want to take the job in California, but the cost of living is much higher there.

* cost of living 생활비

A 돈이 중요한 게 아니야. 장기적으로 너한테 어떤 게 최선의 결정일지가 중요한 거지.

It's about what's best for you in the long run.

* in the long run 장기적으로

B 네 말이 맞아.

You're right.

A 마크가 올리버에게 전화 회의하다 욕했다고 하더라.

I heard Mark said the F-word to Oliver during the conference call.

B 나도 그 얘기 들었는데 왜 그랬을까? 그건 말이 안 돼. 잘 모르지만 그럴 만한 이유가 있을 거야.

I heard that, too, but why would he say that? There has to be more to the story.

A 네 말이 맞을지도 모르겠다. 마크는 사람들한테 정말 예의바르잖아.

You might be right. Mark is very respectful of others.

* respectful of others 다른 사람들에게 예의바른, 다른 사람들을 존중하는

B 아마 올리버가 마크의 팀에 대해 뭔가 나쁜 말로 자극해서 화나게 만들었을 거야. 마크가 자기 사람들을 얼마나 보호하는지 너도 알잖아.

Oliver probably provoked him and said something mean about his team. You know how protective Mark can be when it comes to his people.

* provoke 화나게/짜증나게 하다, 도발하다 | mean 못된, 나쁜 | protective 방어적인, 보호적인 | when it comes to ~ ~에 있어서는/관해서는, ~한 면에선

정답   165 It's not about money.   166 It doesn't add up.

A 소문에 따르면 그들이 출시일을 크리스마스까지 미룰지도 모른대요.

Rumor has it, they might push the launch date to Christmas.

* Rumor has it, ~ 소문에 따르면 ~래 | push (일정을) 미루다 | launch date 출시일

B 그건 좀 억지처럼 들리는데, 블랙 프라이데이를 놓칠 이유가 없잖아.

[🎤]   There's no reason for them to miss Black Friday.

A 그래도 정말 그렇게 되면 우리에겐 유리할 수도 있죠.

If that actually happens, though, that could be a plus for us.

* That could be a plus for ~ 그렇게 되면 ~에게 유리할 수도 있다 (plus 유리한 점, 이점)

B 분명 그렇긴 하네.

It certainly would be.

A 이름을 바꾸긴 너무 늦은 것 같나요?

Do you think it's too late to change the name?

B 잘 모르겠네. 더 좋은 아이디어가 있어?

I don't know. Do you have a better idea?

A 음, 우리가 정한 건 너무 일반적인 것 같아서 좀 더 기억하기 쉬운 이름들을 리스트에 준비했어요.

Well, I just felt like what we have is too generic, so I put together a list of catchier names.

* generic (특별할 게 없는) 일반적인, 뻔한 | catchy (마치 한 번 들으면 기억에서 꽉 잡고 놓지 않듯) 기억하기 쉬운

B 좋은 지적이네. 그리고 따지고 보면 확정된 건 아무것도 없기도 하고, 리스트 한번 보고 말해줄게.

You bring up a good point, and technically speaking, [🎤]
                      . Let me take a look at the list and get back to you.

* bring up (화제를) 꺼내다, 언급하다

A 지금 우리 뭐 보고 있는 거야?

So, what are we watching?

B '굿 걸스'야. 진짜 재미있는데 사람들이 잘 모르더라고. 너도 그 재미에 빠져봤으면 해서.

It's *Good Girls*. 🎤   , and I was hoping to get you into it.

A 어떤 내용인데?

What is it about?

＊ 영화, 드라마, 책 등에 대한 이야기를 화젯거리로 삼을 때 알아두면 유용한 표현

B 그냥 봐봐. 에피소드 딱 하나만 보면 완전 푹 빠질 걸.

Just watch. I know you'll get hooked after only one episode.

＊ **get hooked** (갈고리에 걸려 빠져나오지 못하는 것처럼) ~에 푹 빠지다

A 넌 미란다한테 항상 차갑게 대하더라.

You're always so cold to Miranda.

＊ **be cold to ~** ~에게 냉정하게/차갑게 굴다

B 난 걔 별로 안 좋아해.

I don't like her that much.

A 왜? 괜찮은 애 같던데.

Why? I think she's nice.

B 걘 무능하고 게으르잖아. 최악인 건 근무 실적이 어떻든 조금도 신경 쓰지 않는다는 거야. 난 그런 사람 정말 용납 못해.

She's incompetent and lazy. The worst part is that she doesn't care about her work performance at all. 🎤

＊ **incompetent** 무능한 (↔ competent) | **work performance** 근무 실적, 업무수행능력

정답 169 It's an underrated show 170 I have zero tolerance for people like her.

망각방지 장치 18-1 · 문장 말하기 (대화문 171~180)

네이티브들이 매일 주고받는 대화, 이제 영어로 얼마나 말할 수 있는지 한번 확인해볼까요?

		○	✕	복습

01 그건 우리에게 아무런 도움도 되지 않을 거야.
It's not going to _____ us anywhere. ☐ ☐ `177`

02 점점 인내심이 바닥나가.
I'm running _____ of patience. ☐ ☐ `171`

03 (살살 대하지 말라는 뉘앙스) 걔 봐주지 마.
Don't go _____ on him. ☐ ☐ `180`

04 그거 무슨 뜻으로 하는 말이야?
What's that supposed to _____? ☐ ☐ `172`

05 (모국어가 아니기에 특정 말투가 있어 자신 없어 하고 지나치게 신경 쓸 때)
그녀는 자기 말투에 자신 없어 해.
She's _____ about her accent. ☐ ☐ `178`

06 어떻게 그걸 몰라볼 수 있어?
How could you _____ it? ☐ ☐ `175`

07 미안해. 너한테 화풀이하려던 건 아니었어.
I'm sorry. I didn't mean to _____ it _____ on you. ☐ ☐ `176`

08 (지인에게 내 얘기만 한 것 같을 때) 이제 내 얘기는 충분히 한 것 같고 넌 잘 지내?
_____ about me. How are you? ☐ ☐ `173`

09 딱히 더 이상 뭐라고 말해야 될지 모르겠어.
I don't know what else to _____ you. ☐ ☐ `174`

10 이제 진짜 그만 좀 해라!
Seriously, _____ already! ☐ ☐ `173`

정답 01 get 02 out 03 easy 04 mean 05 insecure 06 not notice 07 take, out 08 Enough 09 tell
10 enough

11 어떻게 그렇게 아무렇지도 않게 말씀하실 수 있으세요?
_____ you say that like it's nothing?
☐ ☐ `175`

12 나한테 화풀이하지 마.
Don't take it _____ on me.
☐ ☐ `176`

13 제가 뭐라고 얘기할 입장이 아니죠.
It's not my _____ to say.
☐ ☐ `172`

14 너 지금 선 넘는 거야.
You're _____ the line.
☐ ☐ `178`

15 (원래 해야 하는 일이 뭔지 모르겠어서 속 터지거나 난감할 때)
나 뭘 해야 하는 거야? 나보고 뭘 어쩌라는 거야?
What am I _____ to do?
☐ ☐ `172`

16 난 그렇게 아무것도 모르는 바보가 아냐.
I wasn't _____ yesterday.
☐ ☐ `179`

17 (특히 힘든 시기를) 어떻게 버티고 있어? 좀 괜찮아?
How are you _____ up?
☐ ☐ `176`

18 예고 없이 와서 미안해.
Sorry for showing up _____.
☐ ☐ `174`

19 (내가 뭘 하고 있는 건지 이미 잘 알고 있다는 뉘앙스) 내가 알아서 할게.
I know _____ I'm _____.
☐ ☐ `180`

20 배터리가 얼마 안 남았어.
My battery's _____ low.
☐ ☐ `171`

망각방지 장치 18-2 실전 대화연습 (대화문 171~180)

---

171 화가 난다는 걸 품위 있게 알릴 때
#경고 #화

A 거의 다 돼가?

Are you almost done?

＊ be done 끝내다

B 아직이요.

Not yet.

A 자, 나도 점점 인내심이 바닥나가. 너 원래 지난주에 최종본 줘야 되는 거였잖아.

Okay. 🎤 ＿＿＿＿＿＿＿＿＿＿＿＿＿＿＿＿＿＿ You were supposed to give me the final copy last week.

＊ be supposed to + 동사원형 (원래) ~하기로 되어 있다. ~해야 해 | final copy 최종본

B 알아요. 정말 죄송해요. 마무리해서 30분 후에 책상 위에 꼭 갖다 놓을게요.

I know. I'm really sorry. I promise I'll have it on your desk in 30 minutes.

---

172 상대가 한 말의 저의가 의심스러울 때
#따지기 #조언

A 원래 아이한테 '안 돼'라는 말을 하면 안 돼. 여기, 이 육아책에서 팁을 얻을 필요가 있는 것 같네.

You're not supposed to say "no" to your child. Here, it looks like you could use some tips from this parenting book.

＊ parenting 육아

B 그거 무슨 뜻으로 하는 말이야?

🎤 ＿＿＿＿＿＿＿＿＿＿＿＿＿＿＿＿＿＿

A 그냥 네가 더 좋은 엄마가 되도록 도와주려는 거야.

I'm just trying to help you be a better mom.

B 난 좋은 엄마야. 그리고 네가 나보고 내 아이를 어떻게 키우라고 얘기할 자격은 없어.

I am a good mother, and it's not your place to tell me how to raise my son.

＊ It's not your place (~를 할 입장/자격/권한이 없을 때) 네가 끼어들 자리가 아냐

정답 171 I'm running out of patience. 172 What's that supposed to mean?

A 나 왔어!

I'm home!

* 볼일 다 보고 집에 들어오며 하는 말

B 퇴근하고 헬스장 간다고 한 줄 알았는데.

I thought you were going to the gym after work.

* gym 체육관, 헬스장

A 가려고 했는데 밖에 날씨가 너무 추워서 그냥 이불 속에 들어가 책이나 읽고 싶더라고.

I was going to, but it's freezing outside. I just want to snuggle up in bed with a book.

* freezing (꽁꽁 얼 정도로 날씨가) 정말 추운 | snuggle up in bed with a book (마치 책에 바짝 달라붙듯) 이불 속에 들어가 뒹굴며 책을 읽다

B 너 지난 2주간 말도 안 되는 변명만 늘어놓네. 이제 진짜 그만 좀 해라! 그냥 운동하러 가.

You've been making up ridiculous excuses for like 2 weeks.
🎤 _____ **Just go to the gym.**

* make up (없는 이야기 또는 말 같지도 않은 이야기를) 지어내다, 꾸며내다 | excuse 변명

A 예고 없이 그냥 와서 미안한데 내 전화를 안 받길래.

Sorry for showing up unannounced, but you weren't answering my calls.

* unannounced 미리 알리지 않은, 예고 없는 | answer someone's call ~의 전화를 받다

B 로라, 여기까지 오느라 시간 낭비할 필요 없었는데. 이미 결정된 일이라고 여러 번 말했잖아.

Laura, you shouldn't have wasted a trip here. I've told you several times that the decision has been made.

* shouldn't have p.p. ~하지 말았어야 했다 | trip (특정 목적을 위한) 여행, (특정 장소까지) 이동, 오고감

A 나도 아는데 네가 할 수 있는 게 뭐라도 있을 거 아냐.

I know, but there has to be something you can do.

B 딱히 뭐라고 말해야 될지 모르겠다. 뭘 바꾸기엔 너무 늦었어.

🎤 _____ **It's too late to change anything.**

정답 173 Seriously, enough already! 174 I don't know what else to tell you.

175 생각지도 못한 상대의 말에 감정이 아주 상했을 때

#따지기 #서운함

A 재닌, 이런 얘기해서 미안한데 우리 부서는 네 프로젝트를 중단시키기로 했어.

Janine, I'm sorry to break it to you, but our department has decided to call off your project.

* call off 취소하다, 중지하다

B 그게 무슨 말씀이세요?

What do you mean?

A 너도 알다시피 우리 예산은 한정되어 있잖아. 그래서 이번에는 다른 프로젝트를 지원하기로 결정했어.

As you know, we have a limited budget, and we've decided to fund another project at this time.

* As you know, 너도 알다시피, | fund 자금을 지원하다

B 어떻게 그렇게 아무렇지도 않게 말씀하실 수 있으세요? 수개월간 제가 얼마나 이 프로젝트에 애정을 쏟았는지 아시잖아요.

🎤 _____ You know this has been my baby for months!

* baby (마치 아기처럼 소중히 다루고) 애정을 쏟은 일/프로젝트

---

176 아무 상관 없는 내게 괜한 분풀이를 할 때

#경고 #화

A 좀 괜찮아?

How are you holding up?

* 힘든 상황에 처해 있는 친구에게 '잘 버티고 있는지, 괜찮은지' 안부를 묻는 표현

B 사람들이 신경 써주는 척하는 데 정말 진절머리 난다. 그냥 나 좀 내버려둬.

I'm sick of everyone pretending to care. Just leave me alone.

* be sick of ~가 지긋지긋하다, 진절머리 나다 | pretend to + 동사원형 ~하는 척하다

A 네가 지금 힘들어하니깐 그냥 넘어가주는 건데, 나한테 화풀이하지 마.

I'm willing to let it go because you're hurting, but 🎤 _____ .

B 정말 미안해. 그냥 이런 상황이 이해가 안 돼.

I'm really sorry. I just can't make sense of it.

* make sense of ~을 이해하다

정답 **175** How could you say that like it's nothing? **176** don't take it out on me

A 브렌든, 잠시 얘기 좀 할 수 있을까?

Brendon, can I talk to you for a second?

B 그럼. 실은 막 네 사무실에 가려던 참이었는데.

Sure. I was actually just about to go to your office.

A 저기, 아까 나눈 대화에 대해 생각해봤는데 네가 한 말 취소하는 게 좋을 것 같아. 우린 같은 편이 잖아. 서로에게 상처주는 말을 하는 건 아무 도움도 되지 않을 거야.

Well, I thought about our conversation earlier, and you should take back what you said. We're in this together. 🎤

* **take back** (다시 가져가듯) 취소하다, 철회하다 | **We're in this together.** (같이 하는 거나 다름없다는 뉘앙스) 우린 같은 편이잖아.

B 맞아. 너에게 화풀이해서 미안해. 그리고 내가 한 말 다 취소할게. 넌 같이 일하기 좋은 사람이야. 진심으로.

You're right. I'm sorry for taking it out on you, and I do take back everything I said. You're a good person to work with. I mean it.

* **take it out on** + 사람 ~에게 화풀이하다 | **I mean it.** 진심이야.

A 무슨 문제라도 있어?

What's wrong?

B 네가 사람들 앞에서 내 목소리를 놀렸다는 게 믿기지가 않아. 내가 얼마나 목소리에 자신 없어 하는지 너도 알잖아.

I can't believe you made fun of my voice in front of everyone. You know I'm insecure about it.

* **make fun of** ~을 놀리다 | **insecure** 자신이 없는, 불안정한

A 에이, 그냥 농담한 거였어.

Come on, I was just joking.

B 전혀 안 웃겼어. 이번엔 너 정말 지나쳤어.

It wasn't funny at all. 🎤

정답   177 Saying hurtful things to each other is not going to get us anywhere.

178 You really crossed the line this time.

A 이거 누가 한 짓이야?

Who did this?

B 저도 잘 모르겠어요.

I don't know.

A 아, 그런 말도 안 되는 소리 하지 마. **난 그렇게 아무것도 모르는 애송이가 아냐.**

Oh, don't give me that. 🎤

＊ **Don't give me that.** (상대가 믿기지 않는 말을 해서 짜증날 때) 그런 말도 안 되는 소리 하지 마. 그 따위 소리 집어쳐.

B 저기 그냥 상황을 악화시키고 싶지 않아서 말씀드리는 건데 킴에게 가서 얘기해 보세요.

Okay. I'm telling you this only because I don't want to make things worse. You should go talk to Kim.

＊ **make things worse** 상황을 악화시키다 | **You should go + 동사원형** 가서 ~해 보세요. 가서 ~해보렴

A 천천히 가. 너 너무 빨리 가고 있어.

Slow down. You're driving too fast.

＊ **slow down** 좀더 느긋하게 하다. 천천히 하다

B 제한 속도에 맞춰 가고 있는데.

I'm going the speed limit.

＊ **speed limit** 제한 속도

A 브레이크 살살 밟아.

Easy with the break.

＊ **easy with ~** ~는 살살해, 조심해서 다뤄

B 나 지금까지 무사고로 15년 넘게 운전했거든. **내가 알아서 할게.**

I've been driving for over 15 years with no accidents.
🎤

정답 **179** I wasn't born yesterday.   **180** I know what I'm doing.

네이티브들이 매일 주고받는 대화, 이제 영어로 얼마나 말할 수 있는지 한번 확인해볼까요?

○ ✕ 복습

01 (분명 뭔가에 대해 잘 알고 있는 상대가 마치 바보처럼 연기를 할 때) 시치미 떼지 마.
Don't play _____ with me. 181

02 네 태도가 마음에 안 들어.
I don't _____ your attitude. 182

03 꿈쩍도 안 해. 생각을 바꿀 기미가 안 보여.
She won't _____. 190

04 일 얘기는 하고 싶지 않아.
Work is the _____ I want to talk about. 184

05 정말 생산적인 대화였어.
We had a very _____ conversation. 188

06 (이보다 더 나쁠 수는 없을 정도로) 타이밍 최악이야.
The timing couldn't be _____. 185

07 차가 엄청 막혔어.
_____ was a nightmare. 186

08 정말 짜증나.
It's driving me _____. = It's driving me crazy. 187

09 그게 신경 쓰이는 부분이야.
That _____ me. 188

10 (상대의 전략/계획을 물어보며) 어떻게 할 건데?
What is your game _____? 185

정답 01 dumb 02 appreciate 03 budge 04 last thing 05 productive 06 worse 07 Traffic 08 nuts
09 bothers 10 plan

		○	✕	복습

11 본다고 했잖아. 한다고 했잖아.
            I'll get to it.
☐ ☐ `183`

12 (불필요한 대화를 하느라 시간이나 에너지를 낭비할 때)
아주 생산적인 대화인 것 같진 않네요.
I don't think this   is very   .
☐ ☐ `188`

13 그냥 사람들이 필요할 때마다 날 찾는 게 정말 지긋지긋해.
I'm just   and   of being everyone's go-to.
☐ ☐ `189`

14 차 막히는 걸 피하려면 지금 출발해야 돼.
We should leave now to   the traffic.
☐ ☐ `186`

15 (두 손이 해야 될 일로 가득 차 추가로 뭔가를 할 수 없을 정도로)
정말 바빠. 나 지금 할 게 많아.
I've got my hands   .
☐ ☐ `189`

16 걔 이번에 새로 일 시작했잖아. 좀 봐줘.
She just started her new job. Cut her some   .
☐ ☐ `187`

17 (음식 생각 전혀 없음) 지금 먹을 거 생각할 상황이 아니야.
Food is the   thing on my mind.
☐ ☐ `184`

18 (잔소리는 필요 없다는 뉘앙스) 지금 정말 나 잔소리 듣고 싶지 않아.
The last thing I   is a lecture right now.
☐ ☐ `184`

19 점심시간대 사람들이 몰리니깐 가서 일찍 먹고 오자.
Let's go have lunch early to beat the   .
☐ ☐ `186`

20 (clear의 의미를 강조) 아주 분명해.
       clear.
☐ ☐ `182`

망각방지 장치 19-2 실전 대화연습 (대화문 181~190)

181 잘못해놓고 모르는 척 시치미 떼는 상대에게 #따지기 #뒷담화

A 네가 나에 대해 안 좋은 말을 하고 다녔다는 게 믿기지가 않아.

I can't believe you've been bad-mouthing me.

* bad-mouth ~를 안 좋게 말하다

B 그게 무슨 소리야?

What are you talking about?

A 시치미 떼지 마. 화장실에서 카트리나랑 얘기하는 거 (우연히) 들었어.

🎤 _____ I overheard you and Katrina in the bathroom.

* overhear 우연히 듣다

B 그냥 농담했던 거야.

We were just joking.

182 상대의 태도를 지적할 때 #경고 #태도

A 앤, 잠깐 다시 와줘.

Anne, please come back for a second.

B 이번엔 뭐가 필요하신데요?

What do you need this time?

A 자네 태도가 정말 마음에 안 들어. 두 번 다시 문 세게 닫지 마. 분명히 알아들었나?

🎤 _____ , and don't ever slam the door again. Did I make myself clear?

* slam the door (주로 화가 났을 때) 문을 쾅 하고 세게 닫다 | Did I make myself clear? (오해의 소지가 없도록 내가 잘 전달했는지 묻는 뉘앙스) 내 말 분명히/똑똑히 알아들었니?

B 네, 아주 분명이요.

Crystal.

* Crystal clear.에서 앞서 언급된 clear를 생략한 경우로, clear(분명한)를 강조하는 표현

A 내가 보낸 자료 볼 시간 있었어?

Did you get a chance to look at the material I sent you?

   * Did you get a chance to + 동사원형 ~? (특히 바쁜 상대에게) ~할 시간/기회 있었어? | material 자료

B 아직 못 봤는데 볼게.

Not yet, but I'll get to it.

   * I'll get to it. (끝낸다는 보장은 없음) 봐 볼게. 할게.

A 언제?

When?

B 본다고 말했잖아.

   🎤

A 그래, 일은 어떻게 잘 되어가고?

So, how's work treating you?

B 솔직히 말해서 지금 일 얘기하고 싶지 않아. 실은 창업할까 생각 중이기도 하고.

To be honest, 🎤   **. In fact, I'm thinking about starting my own business.**

   * to be honest 솔직히 말해 | in fact 사실, 실은 | start one's own business 사업을 시작하다, 창업하다

A 우와, 정말 큰 변화일 수도 있겠네. 넌 평생 직장만 다녔잖아.

Wow! That would be a big change for you. You've been a company man for your entire life.

B 그래, 근데 누구 밑에서 일하는 게 점점 진절머리 나.

I know, but I'm getting tired of working for someone else.

   * be getting tired of + (동)명사 점점 ~에 질려가다, 점점 ~에 진절머리 나다

정답 183 I said I'll get to it.   184 work is the last thing I want to talk about right now

A 칼하고는 어떻게 됐어?

How did it go with Karl?

B 잘됐어요. 우리와 뭔가를 할 거라고 확신해요.

It went well. I'm pretty sure he's going to do something with us.

＊I'm pretty sure S + V ~라고 확신하다 (pretty는 '꽤, 아주'란 뜻으로 sure를 강조)

A 잘됐네!

Great!

B 근데 **타이밍이 최악이긴 해요.** 이미 다음 분기 마케팅 예산을 정했다고 하더라고요. 전략을 잘 마련해서 예산을 다 우리와 쓸 수 있도록 설득해야겠어요.

🎤_____, though. He said he has already set his marketing budget for the next quarter. I need to come up with a game plan to get him to spend all of his budget on us.

＊set budget 예산을 정하다 | quarter (1년의 4분의 1, 즉 3개월 단위의) 분기 | come up with (아이디어나 전략 등을) 생각해내다 | game plan (특히 스포츠, 사업 상의) 전략, 작전 | spend + 돈 + on 돈을 ~에 쓰다

A 늦어서 미안해.

Sorry I'm late.

＊약속에 늦은 경우에 꼭 써야 할 기본 매너 표현

B 왜 이렇게 오래 걸린 거야?

What took you so long?

A **차가 엄청 막혔어.**

B 금요일 오후잖아. 차 막히는 걸 피하고 싶었다면 조금 더 일찍 출발했어야지.

It's Friday afternoon. You should have left earlier if you wanted to beat the traffic.

＊You should have p.p. ~ ~했어야지 | beat the traffic 교통 체증을 피하다

정답 185 The timing couldn't be worse 186 Traffic was a nightmare.

A 아무 일 없는 거지?

Is everything okay?

B 아니. 리아가 막판에 일정을 취소했어.

Not really. Lia canceled on me at the last minute.

* cancel on + 사람 ~와 잡은 일정을 취소하다 | at the last minute 마지막 순간에, 막판에

A 또?

Again?

B 걔는 정말 배려심이 없어. (그 때문에) 정말 짜증나.

She's so inconsiderate, and 🎤 _____ .

* inconsiderate 사려 깊지 못한, 배려심 없는 (↔ considerate)

A 그레그와 얘기해봤어?

Have you talked to Greg?

B 응, 근데 딱히 생산적인 대화는 아니었어.

Yes, but we didn't really have a productive conversation.

* productive 생산적인 | have a conversation 대화를 하다

A 어째서?

How so?

B 그레그는 상대방의 말을 귀 기울여 듣는 사람이 아니잖아. 사귀니깐 그 점이 전보다 훨씬 더 신경 쓰여.

He's never been a good listener. Now that we're in a relationship,
🎤 _____ .

* good listener 상대의 말을 잘 듣는 사람 | be in a relationship ~와 사귀다

A 존, 뭐 좀 도와줄 수 있어?

John, can you help me with something?

* help + 사람 + with... ~의 …를 도와주다. ~가 …하는 걸 도와주다

B 미안한데 나 지금 할 게 많아서 말야. 다른 사람에게 물어봐.

I'm sorry, but I've got my hands full. Ask someone else.

* have got one's hands full 할 일이 꽉 차다. 정말 바쁘다

A (상대가 갑자기 평소와 다르게 행동하자) 무슨 일이야?

What's going on?

B 그냥 사람들이 필요할 때마다 날 찾는 게 정말 지긋지긋해.

🎤

* go-to (person) 도움을 얻기 위해 찾는 사람

A 그분이 뭐라고 하셨어?

What did she say?

B 우리가 듣고 싶은 말은 안 하셨어. 이 부분에 대해 생각을 바꿀 기미가 조금도 안 보이더라고.

Nothing we want to hear. 🎤

A 가격을 올릴 의향이 있다고 말씀드렸어?

Did you tell her that we're willing to up the price?

* be willing to + 동사원형 (기꺼이) ~할 의향이 있다 | up the price 가격을 올리다 (up이 동사로 쓰임)

B 응, 근데 전혀 신경 쓰지 않는 눈치더라.

I did, but she didn't seem to care at all.

* seem to + 동사원형 ~인 것처럼 보이다 | care 신경 쓰다

정답 **189** I'm just sick and tired of being everyone's go-to. **190** She won't budge an inch on this.

망각방지 장치 20-1 문장 말하기 (대화문 191~200)

네이티브들이 매일 주고받는 대화, 이제 영어로 얼마나 말할 수 있는지 한번 확인해볼까요?

○ ✕ 복습

01 그냥 그러려니 해. 받아들여.
Just deal _____ it. ☐ ☐ 200

02 난 우리에게 있어 이게 금쪽같은 기회라고 생각해.
I see this as a _____ for us. ☐ ☐ 191

03 말도 안 돼. 진짜 황당하네. 어이가 없네.
That's _____ . ☐ ☐ 193

04 네가 왜 그런 말을 하는지 이해할 수 있지만 우리가 결정할 수 있는 부분이 아니잖아.
I can see _____ you're coming from, but it's not
our call to _____ . ☐ ☐ 198

05 그런 결정을 내리긴 너무 이르다고 생각해요.
I think it's too _____ to make that decision. ☐ ☐ 192

06 도움이 되려는 네 마음은 알겠지만 이제 너 때문에 내 상황만 곤란해졌어.
I know you _____ , but you just put me in an awkward
position. ☐ ☐ 195

07 솔직히 털어놓으니 정말 마음이 편하네.
It feels good to _____ that _____ my chest. ☐ ☐ 199

08 불평하려는 건 아닌데 가격이 좀 비싼 것 같아.
I don't _____ to _____ , but I think it's a bit overpriced. ☐ ☐ 194

09 (이미 상대에게 도움을 준 후) 제가 도움드릴 게 또 있을까요?
Is there anything _____ I can do for you? ☐ ☐ 196

10 대답 듣자고 물어본 게 아냐.
It was a _____ question. ☐ ☐ 197

정답 01 with 02 golden opportunity 03 ridiculous 04 where, make 05 early 06 mean well 07 get, off
08 mean, complain 09 else 10 rhetorical

	○	✕	복습

11 (도대체 어떤 상황이나 계기가 상대로 하여금 이런 말/행동을 하게 만들었는지를 물어보며) 왜 이러는 거야?
Where is this [   ] from? ☐ ☐ **198**

12 그래, 샐러드는 어떻게 입에 맞고?
So, [   ] do you [   ] your salad? ☐ ☐ **194**

13 답변 듣자고/진짜 궁금해서 물어본 거야. 말해줘.
It [   ] a rhetorical question. Tell me. ☐ ☐ **197**

14 할 말은 있지만 하지 않을게.
I'll [   ] my tongue. ☐ ☐ **192**

15 (꽁해 있는 상대에게) 하고 싶은 말이 있는 것 같은데.
It looks like there's something you need to get [   ] your [   ]. ☐ ☐ **199**

16 그녀는 내 제안을 딱 잘라 거절했어.
She [   ] rejected my offer. ☐ ☐ **200**

17 그녀는 내 친구들을 별로라고 생각해.
She doesn't [   ] my friends. ☐ ☐ **191**

18 웃기지 마. 어이없게 굴지 마.
Don't [   ]. ☐ ☐ **193**

19 (제정신을 잃어버렸냐는 뉘앙스) 너 제정신이야?
Have you [   ] your mind? ☐ ☐ **195**

20 내일 이어서 계속하자. 피곤해서 머리가 잘 안 돌아가네.
Let's [   ] this up tomorrow. My brain is a bit [   ]. ☐ ☐ **196**

정답 11 coming 12 how, like 13 wasn't 14 hold 15 off, chest 16 flat-out 17 approve of 18 be ridiculous 19 lost 20 pick, fried

망각방지 장치 **20-2** 실전 대화연습 (대화문 **191~200**)

---

191 누군가가 내 상황에 동조해주지 않는 고충을 얘기할 때 #고충 #인간관계

A 에리카와 사이는 어때?
How are things with you and Erika?

B 딱 한 가지만 빼고 정말 좋아.
We're golden except for one thing.
* golden 훌륭한, 특별한, 소중한 | except for ~를 빼고, ~를 제외하고

A 뭐가 문제인데 그래?
What's the problem here?

B 에리카는 내 친구들을 별로라고 생각해. 너무 미성숙하다고 생각하더라고.
🎤 ＿＿＿＿＿＿＿＿＿＿＿＿ She thinks they're too immature.
* immature 미성숙한, 철이 없는

---

192 험담을 유도하는 상대에게 장단은 맞춰주면서 험담은 피해갈 때 #불만 #험담

A 그래, 새로운 상사는 어떻구?
So, how's your new boss treating you?

B 아직 알아가는 단계라 뭐라고 말하긴 시기상조야.
I'm still trying to get to know her, so it's too early to tell.
* get to know + 사람 (점점 알아가는 과정을 강조) ~를 알아가다 | It's too early to tell. 뭐라고 말하긴 너무 일러.

A 모든 것에 이래라저래라 사사건건 간섭하길 좋아한다고 들었어.
I heard that she likes to micromanage.
* micromanage 아주 사소한 것까지 관리하고 통제하다, 사사건건 간섭하다

B 음, 그 점에 있어선 할 말은 있지만 하지 않을게.
Well, 🎤 ＿＿＿＿＿＿＿＿＿＿＿＿＿ .

정답 191 She doesn't approve of my friends.   192 I'll hold my tongue on that one

A 왜 머리를 절레절레 흔드는 거야?

Why are you shaking your head?

* shake one's head (불만이 있거나 반대할 때) 고개를 가로로 절레절레 흔들다

B 새로운 디자인 보고 있는데 정말 황당해.

I'm looking at the new design, and 🎤 ▢▢▢▢▢▢▢▢.

* It looks + 형용사 ~해 보이다

A 어디 한번 보자. 아, 정말 조잡해 보인다.

Let me see. Oh, it looks so tacky.

* tacky 조잡한, 엉성한

B 그러니까. 아마 의사소통에 문제가 있었나 봐.

I know. I guess there's been a miscommunication.

* miscommunication 의사소통이 잘못됨

A 그래, 샐러드는 어떻게 입에 맞고?

So, how do you like your salad?

* How do you like + 명사? ~는 어떻게 맘에 들어?

B 불평하려는 건 아닌데 가격이 좀 비싼 것 같아.

🎤 ▢▢▢▢▢▢▢▢▢▢

* I don't mean to + 동사원형 (특정 행동을 하기 전 일부러 그러는 건 아니라며 미리 변명) ~하려는 건 아냐, ~하려고 의도하는 건 아냐 | overpriced (제 가치보다 값이) 비싸게 매겨진

A 저기, 내가 대접하는 거니 그냥 맛있게 먹어줘.

Well, it's my treat, so please, just enjoy.

* It's my treat. 내가 쏘는 거야. 내가 낼게.

B 사람들이 샐러드 하나에 20달러나 낼 마음이 있다는 게 여전히 이해가 안 돼.

I still don't understand why people would be willing to pay $20 for a salad.

* I don't understand why S + V 왜 ~하는지 이해가 안 돼

정답 193 it looks ridiculous   194 I don't mean to complain, but I think it's a bit overpriced.

195 상대방 때문에 입장이 난처해져 속상할 때 #불만 #입장난처

A 윌한테 널 귀찮게 하지 말고 좀 내버려 두라고 얘기했어. 고맙지?

I told Will that he should leave you alone. You're welcome.

＊ You're welcome. (상대가 당연히 고마움을 느껴야 된다는 뉘앙스로) 고맙지? 나 잘했지?

B 뭐?! 도대체 왜 그런 거야?

What?! What would you do that for?

A 난 네가 걔를 어떻게 생각하는지 걔가 알았으면 하는 줄 알았는데.

I thought you wanted him to know how you feel about him.

B 그랬지, 근데 난 내 방식대로 얘기하려고 했어. 도움이 되려는 네 마음은 알겠지만 이제 너 때문에 내 상황만 곤란해졌어.

I did, and I was going to tell him in my own way.

🎤

＊ in my own way 내 방식대로 | put + 사람 + in an awkward position ~를 난처한/곤란한 상황에 처하게 하다

---

196 업무 과부하로 머리가 안 돌아갈 때 #고충 #피로감

A 일 얘기는 그만하면 안 될까? 피곤해서 머리가 잘 안 돌아가.

Can we stop talking about work? 🎤

＊ stop -ing 그만 ~하다, ~하는 것을 그만두다

B 그럼, 다른 얘기하자. 사는 건 어때?

Then, let's talk about something else. How's life?

A 늘 바쁘지. 아, 아침마다 요가 수업을 듣고 있어.

Busy as always. Oh, I've been taking yoga every morning.

＊ as always 늘 그렇듯 | take yoga 요가 수업을 듣다

B 잘했네!

Good for you!

정답 **195** I know you mean well, but you just put me in an awkward position. **196** My brain is fried.

197

답변 듣자고 한 말이 아닌데 따박따박 답하려 하는 상대에게   #불만 #맞장구

A 어떤 사람이 한창 미팅 중에 그냥 자리를 박차고 나가냐고?

What kind of person just storms out in the middle of a meeting?

＊ storm out 자리를 박차고 나가다 | in the middle of a meeting 한창 미팅 중

B 음, 아마…

Well, I guess…

A 대답 듣자고 물어본 게 아니야! 당연히 매너는 전혀 없는 사람이겠지.

🎤 _____ A person with no manners whatsoever.

＊ whatsoever 하여간, 어떻든간에 (whatever의 강조 표현)

B 네 말이 맞아.

You're right.

＊ 상대의 말에 맞장구를 칠 때 쓰는 대표적인 표현

198

납득이 안 되는 얘기를 꺼내는 상대에게   #따지기 #이유

A 자, 가서 후딱 끝내버리자!

Okay, let's go and get this over with.

＊ 서둘러 끝마치고 싶은 일이 있을 때는 Let's go and get this over with!

B 저기, 실은 안 하는 게 좋을 것 같아.

Well, actually, I don't think we should do it.

A 왜 이러는 거야? 네가 꺼낸 아이디어잖아.

🎤 _____ You were the one who brought up the idea.

＊ bring up (의견, 화제 등을) 제시하다, 꺼내다

B 그래, 근데 우린 아직 확실한 비즈니스 계획조차 없잖아. 지금 당장 일을 그만두는 건 너무 위험한 것 같아.

I know, but we don't even have a solid business plan yet. I think it's too risky to quit our jobs right now.

＊ solid 탄탄한, 확실한 | quit one's job 일을 그만두다

정답   197 It was a rhetorical question!   198 Where is this coming from?

A 오전 내내 말이 없네. 아무일 없는 거지?

You've been quiet all morning. Is everything okay?

* Is everything okay?는 특히 분위기가 안 좋아 보이는 상대에게 관심을 드러내기 좋은 표현

B 어.

Yes.

A 에이, 하고 싶은 말이 있는 것 같은데.

Come on, 🎤   .

* It look like S + V (보아하니) ~인 것 같은데

B 그래, 우리가 사적으로 나눈 대화를 친구들하고 공유하는 거 정말 마음에 안 들어.

Okay, I really don't appreciate your sharing our private conversation with your friends.

* appreciate 진가를 알아보다. 고마워하다. 환영하다 | private conversation 사적인 대화

A 루크가 우리에게 다시 한 번 기회를 줄 마음이 있을 것 같아?

Do you think Luke would be willing to give us another chance?

B 이미 물어봤는데 딱 잘라 안 된다고 하더라고.

I already asked him, and he flat-out said no.

* flat-out 완전히, 딱 잘라서, 단도직입적으로

A 정말 허망하다. 우리 정말 열심히 공들였잖아.

This is devastating. We worked so hard on this.

* devastating 엄청나게 충격적인/허망한

B 우리가 망친 거니 우리 잘못이잖아. 그냥 받아들여야 해.

We messed it up. It's our fault. 🎤

* mess up 망치다. 엉망으로 만들다

정답 **199** it looks like there's something you need to get off your chest　**200** We just have to deal with it.

299